Excel 365

Curso práctico

Excel 365

Curso práctico

Ricardo Cirelli

La ley prohíbe
fotocopiar este libro

Excel 365. Curso práctico
Thema: UFC Hojas de cálculo
Bisac: COM054000
© Ricardo Cirelli
© De la edición: Ra-Ma 2024

Edición original publicada por Six Ediciones. Ciudad Autónoma de Buenos Aires, Argentina.
Título original: Excel 365 Vol.1, Vol.2, Vol.3, Vol.4
Colección: USERS ebooks
Derechos Reservados © Six Ediciones. Ciudad Autónoma de Buenos Aires, Argentina.

Editado por:
RA-MA Editorial
Calle Jarama, 3A, Polígono Industrial Igarsa
28860 PARACUELLOS DE JARAMA, Madrid
Teléfono: 91 658 42 80
Fax: 91 662 81 39
Correo electrónico: *info@grupoeditorialrama.com*
Internet: *www.ra-ma.es* y *www.ra-ma.com*
ISBN impreso: 978-84-1018-135-9
Depósito legal: M-4786-2024
Maquetación: Antonio García Tomé
Diseño de portada: Antonio García Tomé
Filmación e impresión: Safekat
Impreso en España en febrero de 2024

ÍNDICE

ACERCA DEL AUTOR

Ricardo Cirelli es Técnico Informático, certificado por el Gobierno de la Ciudad de Buenos Aires, y hoy estudia la carrera de Marketing Digital. Sus comienzos fueron en diversas empresas no ligadas a la informática. En el año 2003 abraza definitivamente la rama informática y tecnológica y comienza a trabajar como freelancer en distintos proyectos digitales, a redactar contenidos web y a escribir para proyectos en VISIONART, empresa de servicios digitales y audiovisuales. Esporádicamente, aún colabora con ellos.

Fue supervisor en Telefónica de Argentina, en ADSL y conectividad. Trabajó en el primer proyecto de workspace para Microsoft, Office Live, que integraba una página web y herramientas de trabajo online, para Francia y Canadá. Es experto en Excel y ha brindado cursos y realiza asesorías para empresas y profesionales. Hoy realiza maquetación, auditorías y SEO para prospectos y clientes de forma online, y también asesorías en la misma modalidad y onsite.

PRÓLOGO

Desde el lanzamiento de Microsoft Excel, en 1987, mucha agua ha corrido bajo el puente de las hojas de cálculo, siempre con Excel a la cabeza y evolucionando a medida que la vida electrónica se hacía más interactiva. Hoy Excel se adapta a un entorno online, disponible las 24 horas, los 365 días del año, con solo tener una conexión a Internet. Es así que Microsoft Excel 365 convierte el universo de las hojas de cálculo en un entorno de colaboración en línea con otros equipos de trabajo.

Una vez más, Excel se suma al mundo laboral que es tendencia y, quizá, de ahora en adelante, veamos nuevas versiones adaptadas a ese mundo que se viene: el metaverso.

SOBRE ESTA OBRA

En esta obra aprenderás todo lo referente a esta nueva versión de Excel. No se trata de una mera actualización, sino que se abordará el programa DESDE CERO, ideal para cualquier nivel de conocimiento.

Con imágenes, tips y procedimientos paso a paso, conocerás esta poderosa herramienta, imprescindible en cualquier ámbito laboral.

Verás la manera de realizar cálculos sencillos y complejos, formatos de tablas, formatos condicionales, funciones, gráficos, tablas y gráficos dinámicos, importación de datos desde otras hojas de cálculo o bases de datos, o desde la Web, y mucho más.

Parte 1

Interfaz
Primeros cálculos
Validaciones

1

INTERFAZ

La suite de ofimática Microsoft Office 365, si bien tiene muchas similitudes con las últimas versiones de este paquete, es la versión más acabada hasta el momento de esta popularísima herramienta. Se puede decir que es Office, pero mejor.

Ahora bien, ¿qué tiene de diferente este paquete con respecto a los anteriores? En este capítulo repasaremos las particularidades de Office 365 y conoceremos las características de Excel 365.

1.1 MICROSOFT OFFICE 365

Ya desde su nombre comercial, es posible observar que la intención de **Microsoft** con su **Office 365** es poner a disposición del usuario un paquete de **ofimática** que no dependa de horarios ni ubicaciones, es decir, que esté disponible todo el tiempo, tan solo contando con una conexión a Internet.

Más allá de muchas y renovadas herramientas, que iremos viendo a lo largo de este y los siguientes capítulos, esta versión está enteramente abocada a los espacios de colaboración en línea y al trabajo en equipo en modo remoto. Por esta razón, se ha implementado un paquete que está disponible tanto en la computadora, mediante la instalación tradicional, como de manera online, con tan solo introducir un usuario y contraseña, en *https://office.com*.

Microsoft Excel 365, en su versión online, no cuenta con todas las herramientas de Excel 365, por lo que muchas de las funciones y novedades que se verán en este libro no estarán accesibles en la modalidad web, aunque se espera implementar esta posibilidad en próximas versiones.

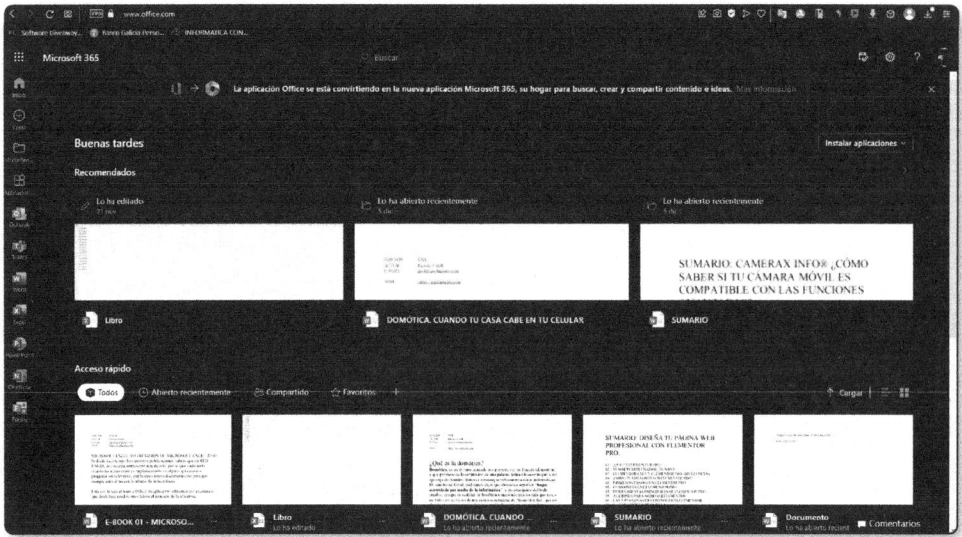

Figura 1.1. La interfaz online que se presenta en la página de *Office* y todas las aplicaciones disponibles.

Por otra parte, con la compra de **Office 365 Familia**, o de cualquiera de las versiones para pymes, tendrás asignado 1 TB de espacio en la nube a través de **One Drive**, y en el caso puntual de la versión Familia, Office brinda 6 TB (1 TB por miembro familiar, hasta 6 personas). De esta manera, cuentas con un espacio personal en el que archivar toda la información importante, y así tenerla disponible para trabajar desde cualquier computadora con una conexión a Internet.

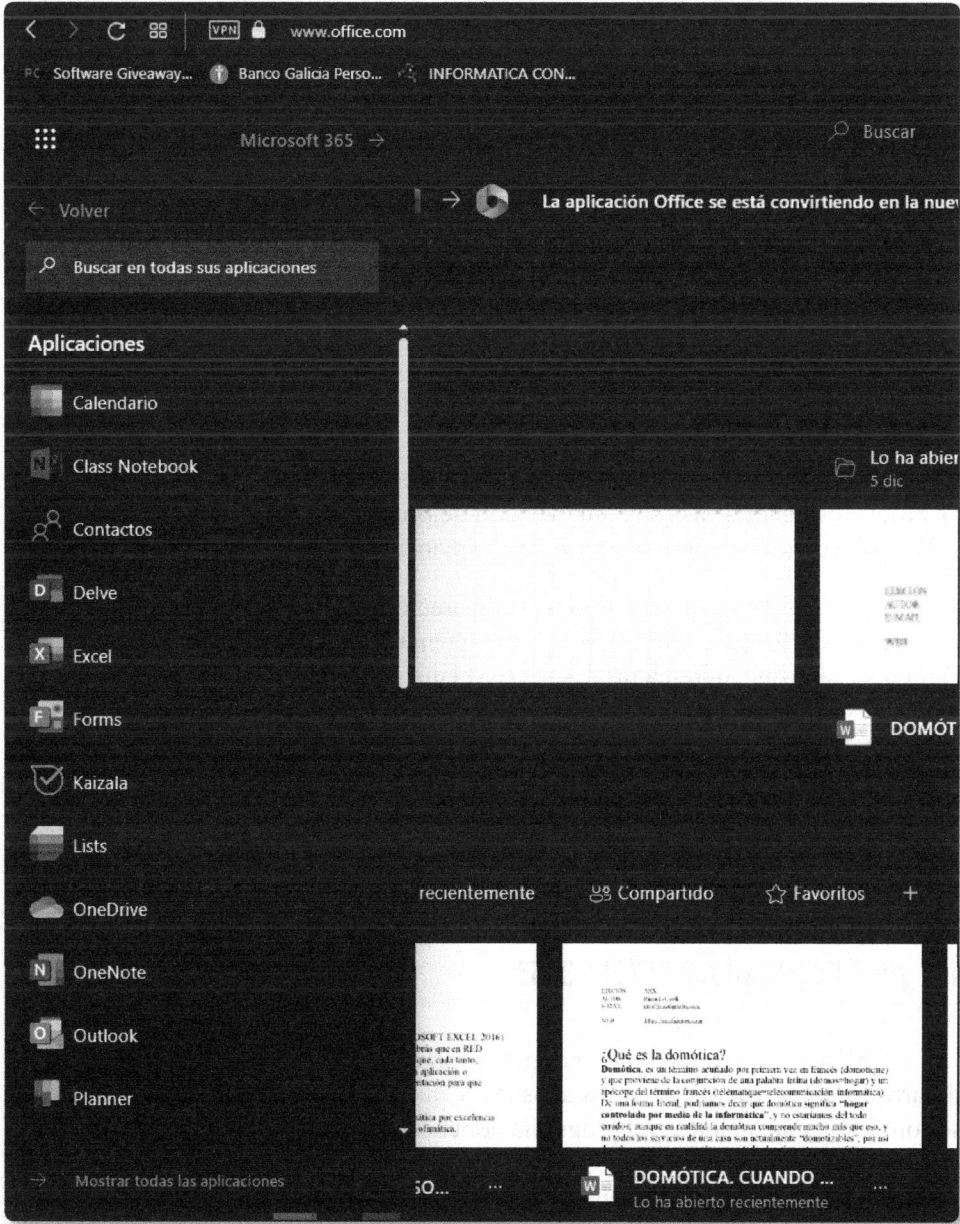

Figura 1.2. La misma interfaz, pero con todas las aplicaciones desplegadas en la ventana lateral izquierda, donde podrás elegir la que necesites para trabajar online, al igual que si estuvieras en la aplicación. También, puedes utilizarlo como espacio virtual de almacenamiento, donde podrás guardar toda la documentación a la que quieras acceder en cualquier momento. Office 365 hace posible esto y mucho más.

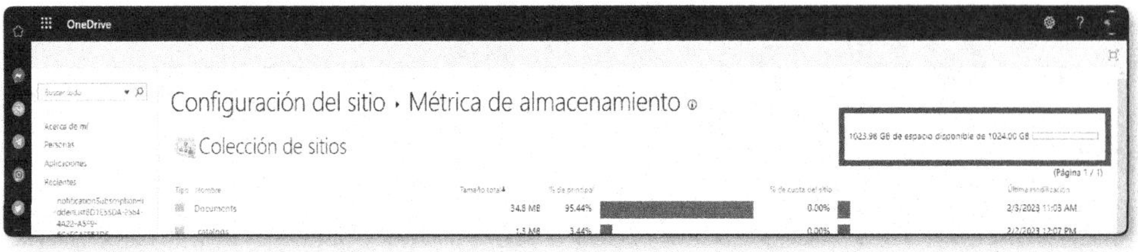

Figura 1.3. Si quieres saber qué cantidad de espacio de almacenamiento virtual tienes disponible, ingresa en *One Drive* y, una vez allí, pulsa en la rueda dentada ubicada en la esquina superior derecha, para entrar en la *Configuración*. Luego ve al primer enlace, *Configuración de One Drive*, en el panel izquierdo, ingresa en *Más configuraciones* y, dentro del apartado *Características y almacenamiento*, presiona en *Métricas de almacenamiento*. Llegarás a esta pantalla, donde verás la capacidad de almacenamiento y el grado de ocupación (en cantidad de GB).

Por supuesto que, como Microsoft lo viene haciendo con cada lanzamiento de productos, tendrás acceso a una versión de prueba por un período de 30 días. En el **IU 246**, explicamos paso por paso de qué manera acceder a esta versión de prueba.

En este libro realizaremos una comparación con las herramientas presentadas en nuestro curso de Excel 2016, y nos detendremos en las mejoras que se han incluido. Asimismo, aprenderás desde cero el manejo integral de Excel 365 y de cada una de sus herramientas. De esta manera, al finalizar estas cuatro entregas, conocerás a fondo y podrás aprovechar toda la potencia que ofrece esta nueva versión de Excel.

Al concluir este capítulo, dominarás a la perfección esta herramienta tan necesaria en cualquier entorno laboral, ya sea de oficina, negocio, emprendimiento e, incluso, entretenimiento.

1.2 ¿QUÉ ES MICROSOFT EXCEL 365?

Microsoft Excel es un programa para la creación de hojas de cálculo desarrollado por Microsoft en los años '80 y que, apenas comenzada su trayectoria, se convirtió rápidamente en el programa por excelencia para realizar hojas de cálculo de oficina. Su **interfaz** intuitiva, su facilidad de uso para efectuar cálculos sencillos, la posibilidad de agregar imágenes y gráficos, y de realizar operaciones complejas lo vuelven imprescindible en cualquier ámbito laboral. La organización que presenta, en forma de **grilla de coordenadas**, hace que crear una hoja de cálculo sea una tarea sencilla, incluso, para quien no esté enteramente familiarizado con esta herramienta.

Microsoft Excel y Excel 365 están preparados para realizar operaciones tanto sencillas como de extrema complejidad (cálculos científicos, estadísticos y contables). En suma, es un programa adaptable a todo tipo de entorno de trabajo. Hoy en día, podríamos decir que su uso resulta indispensable en cualquier instancia de una tarea que debas llevar adelante, de modo que conocer a fondo este programa y sus variadas aplicaciones es fundamental para aumentar tu productividad y minimizar los tiempos.

En esta obra comenzaremos por hacer un reconocimiento de las distintas partes de una hoja de cálculo y, poco a poco, nos iremos adentrando en la resolución de problemas y cálculos cada vez más avanzados. Al llegar al final de estas publicaciones, estarás en condiciones de resolver cualquier cálculo que necesites en tu actividad profesional e, incluso, tendrás lo necesario para hacer análisis cotidianos que te ayudarán a tomar mejores decisiones.

En este libro, no faltarán los gráficos, las guías paso a paso y las infografías que ayudarán a una mejor comprensión de muchos de los conceptos que aquí expondremos.

También, al final de cada capítulo tendrás la posibilidad de realizar una autoevaluación para verificar lo aprendido, y contarás con una guía de ejercicios prácticos sobre lo visto en cada sección.

Al final de cada libro, también dispondrás de un glosario con términos que pueden resultar nuevos para quien no esté familiarizado con Excel.

1.3 ¿QUÉ HAY DE NUEVO EN EXCEL 365?

Ya al abrir Excel 365 encontrarás novedades. Para empezar, la organización de cada uno de los paneles en los que se divide la cinta de opciones es mucho más intuitiva que en las versiones anteriores, y cada herramienta está en su lugar. Esto facilita mucho las cosas al momento de buscar una opción adecuada para la tarea que necesitas realizar, a la vez que permite ahorrar tiempo al poder encontrarla más rápidamente.

En el centro, en el panel **Número** hay también una lista desplegable con los principales formatos que pueden aplicarse al contenido de la hoja de cálculo, tal como si accedieras mediante el menú contextual (presionando el botón derecho del mouse); y **Formato de celdas…**, una opción más directa si lo que quieres es realizar un formateo simple de los datos de una celda.

En todas las pestañas se han agregado muchísimas opciones, algunas muy interesantes, como el botón **Analizar datos**, en la pestaña **Inicio**; el botón **Íconos**, que permite agregar iconos con características especiales de formato para realizar acciones que no podrías hacer con imágenes comunes; **Modelos 3D** y **Captura** (toma una captura de pantalla de cualquier ventana abierta en la computadora). Dentro de esta misma opción, al pie del cuadro es posible realizar un **Recorte de Pantalla**, es decir, tomar una sección cualquiera de las ventanas abiertas y recortarla para convertirla en una imagen que luego puedas utilizar.

En cuanto a la pestaña **Fórmulas**, incluye muchas novedades, desde su administrador de nombres (cuya función también veremos a lo largo de estas entregas), y una gran cantidad de fórmulas nuevas, que se verán en detalle al referirnos a este tema específicamente.

Otra de las novedades de Microsoft Excel 365 es la pestaña **Automatización**, que no estaba presente en ninguna versión anterior de Excel. En esta sección hay varios scripts prediseñados que permiten automatizar ciertas tareas, aunque también puedes usar código en Visual Basic para crear tus propios scripts y automatizar tareas a gusto, o adaptar los scripts predeterminados a tus necesidades.

En **Datos**, una novedad importante es la posibilidad de tener la cotización de diferentes monedas en una tabla, en tiempo real. De la misma manera, también encontrarás información relevante de cualquier país o ciudad del mundo, cuyos datos podrás utilizar dentro de una tabla; o la moneda de un país y su cotización en el tuyo, las posibilidades son variadas. Cuando veamos en específico esta pestaña, volveremos sobre estas herramientas y aprenderás a utilizarlas.

Estas y otras novedades las iremos revisando cuando hablemos de cada una de las pestañas en particular. Por lo pronto, hasta aquí vimos de forma somera lo nuevo que nos aguarda en **Microsoft Excel 365**.

1.4 LA INTERFAZ DE USUARIO

Si bien hasta la última versión de Office 2021, Excel y todas las aplicaciones de Office mantenían un color característico en sus pestañas de menú (en Excel era el verde reconocido en esta aplicación), en esta nueva versión vuelve al clásico color gris, manteniendo solo el verde en la barra superior, donde también encontrarás, hacia la izquierda, el botón **Guardar** y la opción **Autoguardado**, que hace una copia en tu almacenamiento en la nube de One Drive. De esta manera, podrás disponer de una copia actualizada para trabajar desde cualquier computadora conectada a Internet. Luego, si lo deseas, podrás hacer otra copia también en tu almacenamiento local.

A su vez, al seleccionar una pestaña, su título mostrará un subrayado del mismo color que el de la aplicación. De forma sencilla pero altamente visual, podrás saber en qué pestaña de la cinta de opciones estás.

La pestaña **¿Qué desea hacer?**, incluida por primera vez en la versión 2016 de Excel, es reemplazada nuevamente por una caja de búsqueda ubicada en el centro de la **barra de títulos**, en la que, al igual que en su antecesora, podrás consultar en lenguaje coloquial por una función o una forma de realizar cierta tarea, y obtendrás la respuesta en tiempo real y accesible desde esta misma sección.

En la parte derecha de esta misma barra de títulos, además del ya clásico nombre de usuario y sesión iniciada, verás un icono que, hasta esta versión de **Microsoft Excel**, no habías visto: un megáfono; se repite también en la pestaña **Ayuda**, y brinda un canal más de aprendizaje de **Microsoft Excel 365**. Su función es indicar las novedades y los avances que la aplicación traerá en las próximas versiones, y te da la posibilidad de probarlas en el momento en que haces clic en él. En realidad, esta novedad no es privativa de Excel 365, sino que está en todo el paquete Office 365; efectivamente, en cada uno de los programas que integran la suite verás las próximas novedades que se incorporarán y podrás probarlas por anticipado.

Debajo de esta sección se muestran dos botones: **Comentarios**, que muestra todos los comentarios de la hoja (si es que los hay) y permite modificarlos, eliminarlos o añadir uno nuevo; y **Compartir**, para guardar una copia en la nube de One Drive o enviarla adjunta por correo electrónico, en el formato del programa en que estés trabajando o en PDF.

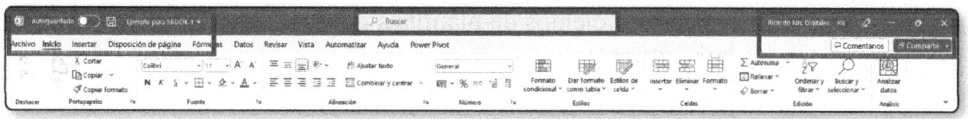

Figura 1.4. Aquí puedes observar todas las secciones comentadas anteriormente y su ubicación en la barra de títulos.

1.5 CINTA DE OPCIONES MEJORADA

Tal como mencionamos al hablar de las novedades de Excel 365, con tan solo abrir esta aplicación verás que todas las herramientas están perfectamente ordenadas en cada uno de los grupos de la cinta de opciones; esta es una mejora sustancial respecto de versiones anteriores, en las que, si bien había un orden, muchas veces el usuario tenía la sensación de que determinada herramienta no encajaba en el conjunto en el que estaba ubicada. Hoy podemos decir que esto ya no es así, y que todas las herramientas están ordenadas con un criterio que hace que la búsqueda resulte más intuitiva. Así se mejora la experiencia del usuario, ya que se minimiza drásticamente el tiempo de edición de los archivos.

De forma predeterminada, dentro de la cinta de opciones de cada menú, encontrarás los elementos que más se utilizarán, y esto también es un gran acierto de parte de Microsoft, al haber interpretado correctamente las necesidades de la mayoría de los usuarios de Excel.

Ahora describiremos en general qué herramientas se ubican en cada uno de los menús y en qué te ayudarán en tu trabajo. En caso de nombrar una particular, mostraremos mediante un recuadro de color rojo en qué lugar de la pestaña se localiza.

1.5.1 Pestaña Archivo

Esta pestaña también se llama BACKSTAGE, o vista Backstage. Podríamos decir que, de no existir, Excel 365 no podría funcionar. Desde su aparición en Excel 2016, de cuya actualización estamos ocupándonos, fue sufriendo algunas modificaciones y agregando algunas opciones, aunque básicamente se mantiene sin cambios relevantes.

No obstante, algunas opciones agregadas son para destacar, como **Publicar**, que permite abrir el complemento **Power BI** destinado a crear de forma interactiva informes y reportes de todo tipo para compartir en línea o trabajar con otros usuarios. También tendrás a disposición cientos de **plantillas** diferentes organizadas por tipo, para emplear en tus hojas de cálculo.

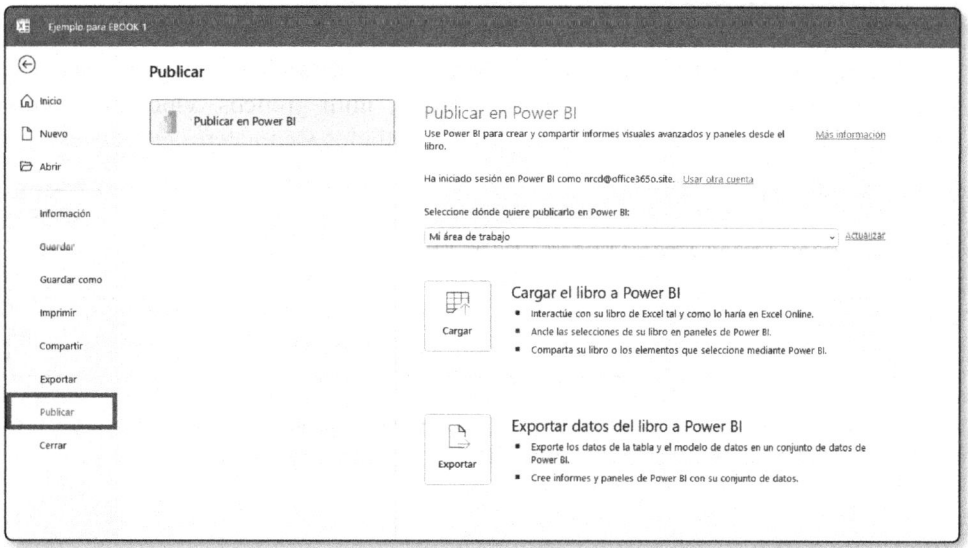

Figura 1.5. Desde la pestaña *Archivo*, también llamada Backstage, podrás crear un nuevo libro, utilizar plantillas prediseñadas para tus hojas de cálculo, guardar los libros nuevos y cambiar todas las opciones de configuración de *Excel 365*.

1.5.2 Pestaña Inicio

Esta pestaña contiene todas las herramientas que permiten dar formato tanto a las celdas como a los datos que ingreses en ellas. Puedes copiar el formato de otras celdas; cambiar la fuente, el tipo de número, la cantidad de decimales y la moneda en la que se expresan las cantidades; insertar **formatos condicionales**, utilizar tablas prediseñadas; insertar y eliminar filas y columnas; ordenar según criterios predefinidos y crear criterios de ordenación propios, entre otras posibilidades.

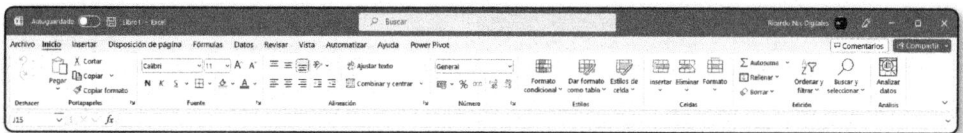

Figura 1.6. Esta es la pestaña *Inicio*, en la que hallarás, de manera organizada, todas las herramientas disponibles para dar formato a tus datos.

1.5.3 Pestaña Insertar

Mediante esta opción, podrás insertar **tablas dinámicas**, imágenes, iconos, formas, imágenes 3D predeterminadas, gráficos, mini gráficos, vínculos a otras páginas, comentarios, texto especial y algunos símbolos y caracteres especiales.

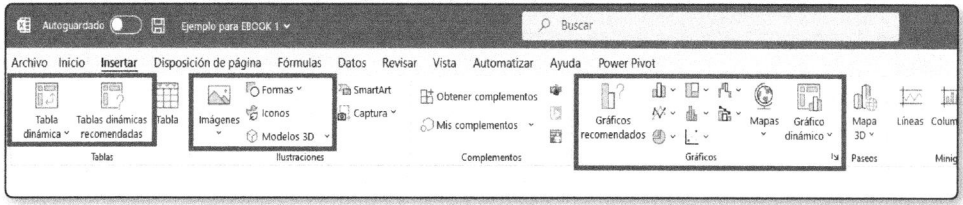

Figura 1.7. Desde la pestaña *Insertar*, puedes incluir en un libro gráficos y tablas dinámicas, imágenes y formas, entre otras opciones muy interesantes.

1.5.4 Pestaña Disposición de página

Desde aquí se gestiona todo lo relacionado con la hoja de cálculo tal como se presentará para la impresión; por supuesto, de forma muy sencilla y perfectamente organizada, característica habitual en esta versión de Excel.

Puedes cambiar los colores predeterminados de Office, generar una paleta de estilos y colores personalizada; modificar la fuente en la que se presentan tanto las coordenadas de filas y columnas, como la predeterminada que usará la hoja de cálculo; variar los márgenes y la orientación de la hoja al imprimir; definir el área de impresión, los saltos de página, fondo, ancho y alto de columnas y filas, y la visualización de la cuadrícula y los encabezados; editar imágenes y texto; en fin, cualquier acción que pueda realizarse en relación con la presentación para la impresión.

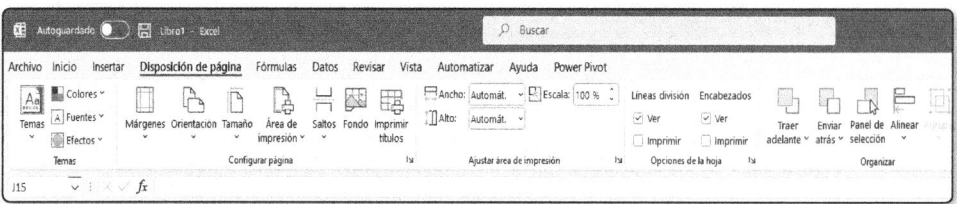

Figura 1.8. Una vista de la pestaña *Disposición de página*, que permite establecer los parámetros de impresión del documento.

1.5.5 Pestaña Fórmulas

Esta es la pestaña más importante de Excel 365, desde la cual podrás gestionar, crear, insertar y modificar las fórmulas de la hoja de cálculo. Todas están organizadas en la Biblioteca de funciones, por tipo de **función** (aritmética, lógica, financiera, de texto, etc.). Desde aquí también podrás asignar un nombre a una celda, grupo de celdas, columna o fila entera, para luego utilizarlo en una fórmula, lo que te facilitará la comprensión de la función, incluso, sin conocer su sintaxis exacta (nos detendremos en esta opción detalladamente cuando veamos en profundidad esta pestaña).

Otra de las posibilidades de trabajo con fórmulas es rastrear un error en una de ellas y solucionarlo.

También tendrás a disposición una buena cantidad de funciones mejoradas y otras nuevas, que harán que realizar cálculos simples o complejos resulte mucho más sencillo con Excel 365.

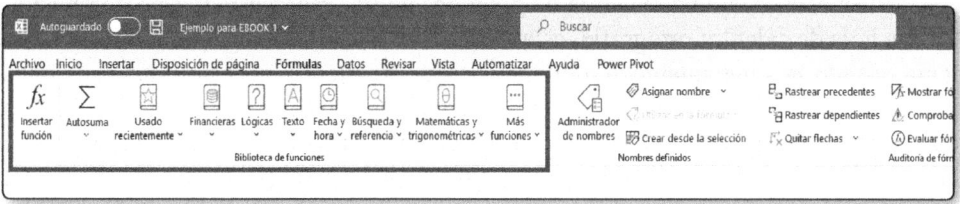

Figura 1.9. Las fórmulas son la columna vertebral de toda hoja de cálculo, y la razón de existir de *Excel*. En esta versión 365, encontrarás nuevas funciones que potenciarán aún más tu capacidad de trabajo. El botón *Más funciones* permite acceder a todas las funciones y fórmulas disponibles, al igual que los botones de la Biblioteca de fórmulas, donde están organizadas por tipo.

1.5.6 Pestaña Datos

Aquí podrás obtener información sobre el comportamiento de los datos de una hoja de cálculo, utilizar información de otras fuentes, como la web o una conexión existente de fuente de datos, de una imagen, de una tabla en otro libro o en otra hoja, e insertar tipos de datos (ya lo vimos de forma muy general cuando mostramos lo nuevo de esta versión del programa, pero volveremos sobre este apartado al analizar esta pestaña en profundidad). También podrás quitar duplicados de una hoja de cálculo, y una opción muy interesante, que estaba en versiones anteriores pero no es muy conocida: la función **Texto en columnas**, que permite tratar los datos de una misma celda, tabulados como si fueran varias columnas. Esto te da la posibilidad, por ejemplo, de eliminar de una sola vez texto innecesario en una columna entera, sin afectar al resto de los datos de la misma celda (no se aplica a fórmulas).

Desde esta pestaña, además, podrás realizar previsiones, analizar distintos escenarios para una mejor toma de decisiones, insertar subtotales, y más (**Figura 1.10.**).

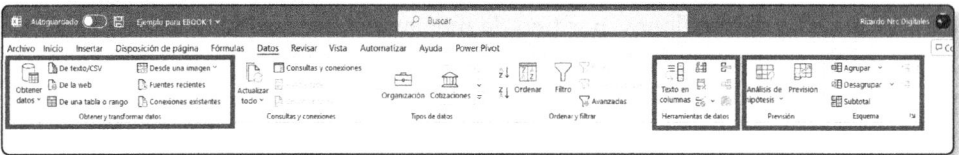

Figura 1.10. La pestaña *Datos* permite insertar los datos de distintas fuentes externas, quitar duplicados e información irrelevante para las hojas de cálculo.

1.5.7 Pestaña Revisar

En esta sección de la cinta de opciones podrás realizar todo tipo de revisión de una hoja de cálculo: ortografía, estadísticas del libro (también hablaremos de este tema cuando nos detengamos en el análisis de este menú), accesibilidad (opciones para personas con capacidades físicas reducidas), traducción de texto (nuevo en Excel), inserción de comentarios, protección de una hoja y un libro mediante contraseñas, y administración de los permisos de acceso de otros usuarios. En Excel 365, el usuario tiene el control.

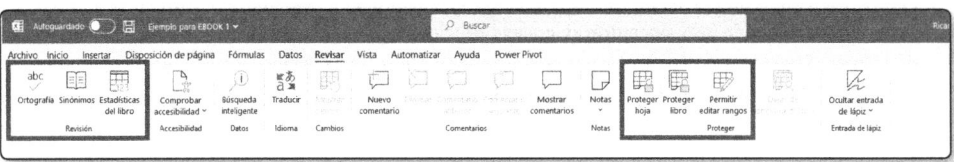

Figura 1.11. Aquí podrás realizar previsiones, proteger tus archivos con contraseña y controlar quiénes pueden o no modificar los datos compartidos.

1.5.8 Pestaña Vista

Este menú se utiliza para controlar la visualización en pantalla de una hoja de cálculo. Dispones de tres tipos de visualización: **Normal**, **Saltos de Página** y **Diseño de página** (todas se verán a lo largo de estas publicaciones).

También podrás quitar elementos como las líneas de la cuadrícula, la barra de fórmulas y los encabezados (las letras y números que dan nombre a columnas y filas), y así disponer de una mayor superficie para visualizar los datos. Esta opción puede restablecerse de manera muy sencilla, activando la **casilla de verificación Líneas**

de cuadrícula, **Barras de fórmulas** o **Encabezados**. También puedes intercambiar fácilmente entre ventanas (si tienes más de una hoja de cálculo activa, aunque para eso aprenderás un **atajo de teclado** de mucha utilidad y no solo para usar en Excel).

Al final de esta cinta de opciones está la sección **Macros**, que, si bien no pertenece a ella (se encuentra en el menú **Programador**, desactivado por defecto), te permitirá acceder a las macros o grabar una nueva. En cuanto a qué es una macro y para qué sirve, lo veremos al llegar a este apartado en profundidad. Por ahora, basta saber que colaboran en la automatización de muchas operaciones, tanto de cálculo, como de borrado de contenido de rangos de datos o **celdas**, movimiento de información, copiado en otras tablas, etc. En el ejemplo de la imagen, se marcó la casilla **Líneas de cuadrícula** y se activó la vista **Normal**.

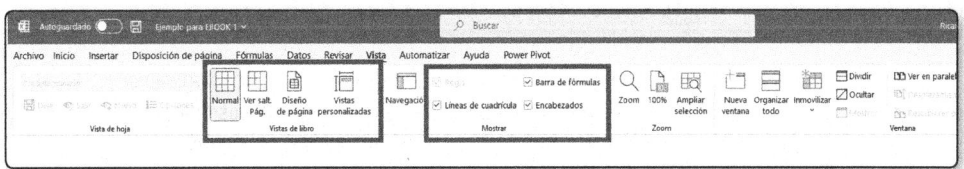

Figura 1.12. La pestaña *Vista*, desde la cual es posible configurar todas las opciones de vistas de la hoja de cálculo, y acceder a las macros guardadas o crear una nueva.

1.5.9 Pestaña Automatizar

En esta pestaña, incorporada por primera vez en esta versión de Excel 365, podrás acceder a los **scripts** predeterminados que automatizan tareas, tales como crear una tabla, darle formato y ordenarla. Es justo decir que las tablas que se generan son más de ejemplo que para automatizar una tarea, aunque si tienes conocimientos sobre programación en **Visual Basic**, podrás hacer que un script funcione de la manera que necesites. Por lo pronto, estos ejemplos sirven más como muestra; de todas maneras, como esta pestaña se encuentra de forma predeterminada, tan solo haremos esta referencia, y no nos detendremos en su profundización.

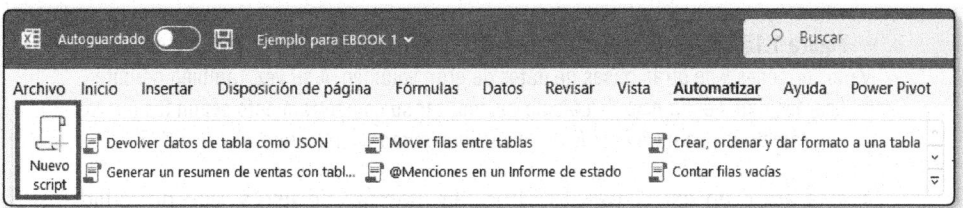

Figura 1.13. En la pestaña *Automatización*, se pueden crear scripts para automatizar tareas (se requiere tener conocimientos sobre programación).

1.5.10 Pestaña Ayuda

Además de la ayuda tradicional, desde esta pestaña puedes ponerte en contacto con el **Servicio Técnico de Office**, enviar comentarios, acceder a video tutoriales, o ver y probar las novedades que se implementarán en futuras versiones o las que se han incluido en esta última edición.

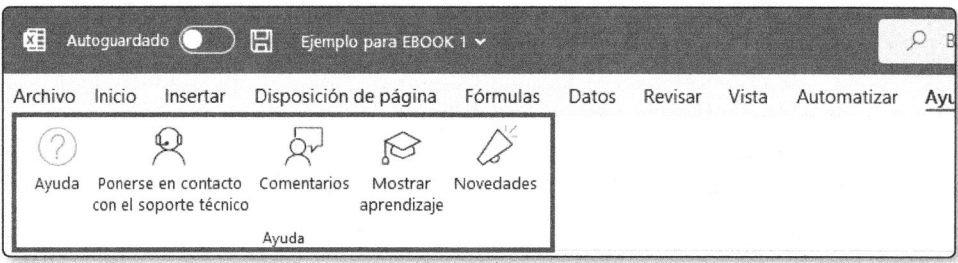

Figura 1.14. La Ayuda, con *Microsoft Excel 365*, tiene otras vías de comunicación para cualquier duda o consulta que tengas. Además, la novísima posibilidad de ver y probar lo nuevo que *Microsoft* ha preparado para sus usuarios.

1.5.11 Pestaña Power Pivot

Esta opción para crear modelos con los datos provenientes de distintas tablas y orígenes ahora viene incorporada en Excel 365. En versiones anteriores, era necesario descargar el complemento e instalarlo para utilizar esta herramienta de **bases de datos relacionales**.

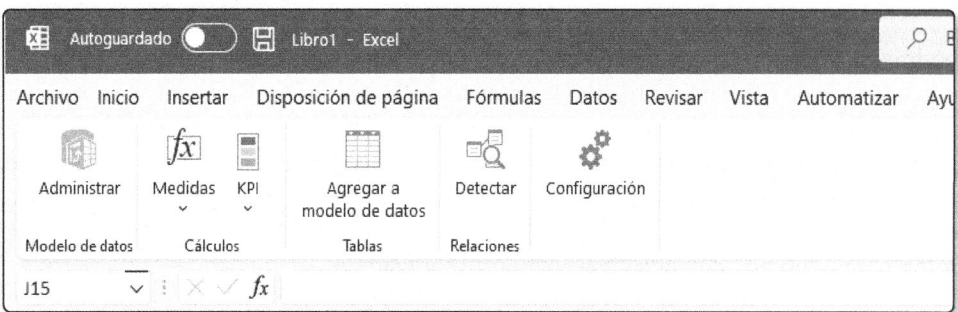

Figura 1.15. *Power Pivot* permite crear modelos de análisis recopilando datos de varios orígenes y de otras bases de datos de gran volumen. A su vez, también permite modificar los datos en la hoja de cálculo y visualizar su comportamiento según los nuevos parámetros. ¿La novedad? Ahora viene incorporado por defecto en *Excel 365*.

Hasta aquí, en este capítulo vimos la interfaz de uso y qué novedades nos esperan en Excel 365. A continuación, empezaremos a introducirnos en un libro de Excel 365, su organización interna, y de qué manera moverse para insertar los datos necesarios para las hojas de cálculo.

1.6 ACTIVIDADES

A continuación se presentan las preguntas y los ejercicios que deberías saber responder y resolver para considerar aprendido el capítulo.

1.6.1 Test de autoevaluación

1. *¿Cuál es la característica más importante de Microsoft Excel 365 respecto de otras versiones?*

2. *¿Por qué Microsoft denominó a este paquete de Office "365"?*

3. *¿Excel, en su versión online, tiene las mismas herramientas que la que puedes instalar en tu computadora?*

4. *¿Qué característica se ha mejorado en la cinta de opciones para facilitar su uso?*

5. *¿Qué característica de la pestaña **Datos** es totalmente nueva en Excel 365?*

6. *Hay una pestaña que es totalmente nueva, incorporada para esta versión por primera vez. ¿Cuál es?*

7. *Si bien **Power Pivot** ya estaba desarrollada en versiones anteriores: ¿cuál es la novedad respecto de este complemento?*

1.6.2 Ejercicios prácticos

1. *Abre Microsoft Excel (la versión que tengas instalada) e investiga en Internet cuántas filas y columnas tiene Excel 365. Luego compáralas con las de tu versión. ¿Hubo algún cambio en ese sentido?*

2. *En office.com averigua cuántas opciones de paquetes de Office hay.*

3. *Busca en Internet (tutoriales o blogs) qué diferencia existe entre Office 365 y Office Online (versión gratuita).*

4. *Investiga los antecedentes para la creación de Excel (**VisiCalc**, **Lotus 1-2-3**), qué fueron incorporando que aún se mantiene en Excel, y cuántas versiones de Excel se comercializaron desde su aparición en 1985.*

5. *Revisa cuáles fueron las transformaciones que fue sufriendo Excel en la pestaña **Archivo** hasta llegar a la actual pestaña Backstage. ¿Incorporó alguna vez botones para acceder a estas opciones? Si la respuesta es afirmativa, investiga en qué versiones fue así.*

2

HOJAS DE CÁLCULO Y PRIMEROS PASOS

En este capítulo veremos de qué manera está organizada la hoja de cálculo de Microsoft Excel y daremos los primeros pasos para utilizarla.

2.1 GRILLA DE TRABAJO

Desde los comienzos de Excel, allá por los años '80, se mantuvo la misma configuración de grilla de coordenadas de sus antecesoras **VisiCalc** y **Lotus 1-2-3**. Es decir, filas con números y columnas con letras, comenzando desde el N°1 y la letra A, respectivamente. Esta organización se mantuvo, ya que los creadores de VisiCalc habían realizado un verdadero hallazgo al organizar la información de esta manera, y hasta el día de hoy, no ha podido ser superada, por lo que sigue manteniéndose igual en todas las versiones desarrolladas.

La grilla de coordenadas, de modo simple, puede describirse como el conjunto de las intersecciones de las filas y las columnas, que, de forma visual, se reflejan en la típica cuadrícula de Excel (por ejemplo, la fila 7, en su intersección con la columna B, da como resultado la coordenada B7).

Cada una de estas coordenadas se denominan **celdas**, o dicho de otra manera: una celda se forma cuando una fila y una columna se encuentran.

Las primeras versiones de Excel tenían un total de 256 columnas y 65536 filas. Con el correr del tiempo y de las versiones, esta cifra se amplió hasta la actualidad, en que esta última versión de Excel 365 tiene un total de 1.048.576 filas y 16.384 columnas. En cuanto a la cantidad de hojas que puedes crear en un libro, estará limitada por la cantidad de memoria disponible del sistema.

Ahora bien, algunos atributos fueron mejorados, como la posibilidad de ensanchar las columnas y hacer las filas más altas, lo cual se logra mediante unos simples movimientos del mouse.

También a partir de Excel empezamos a ver, desde su primera versión, además de las filas y las columnas, una cuadrícula formada por líneas que separan las columnas y otras líneas que separan las filas. A su vez, si haces clic dentro de una celda cualquiera, verás cómo se destaca el número de la fila y la letra de la columna (**Figura 2.1.**).

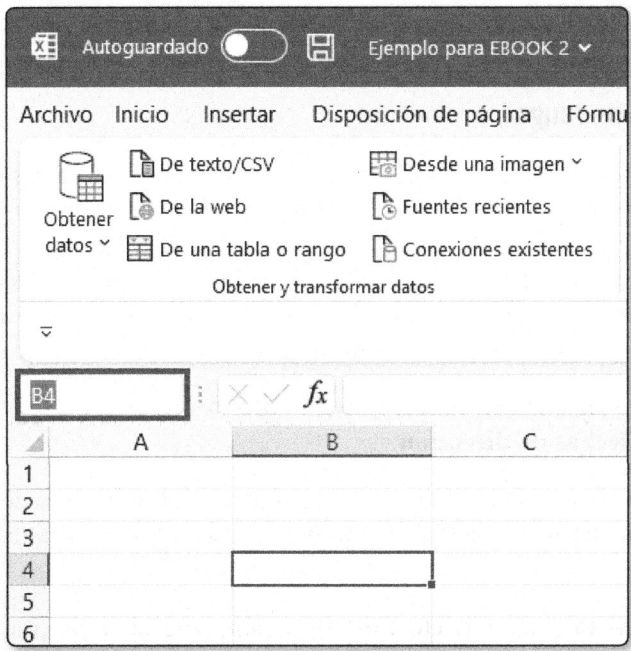

Figura 2.1. Al seleccionar cualquier celda, verás cómo se destacan (en gris más oscuro) la fila y la columna que forman las coordenadas de intersección de la celda. A la izquierda, por debajo de la cinta de opciones, hay una caja de texto que muestra la coordenada de columna y fila. En este ejemplo se ha seleccionado la celda B4.

Para moverte de una celda a otra puedes hacerlo de cuatro maneras diferentes:

▶ **Con el mouse**: haciendo un clic con el botón de selección del mouse, y una vez seleccionada, puedes escribir en ella.

▶ **Flechas de dirección**: una vez posicionado en una celda cualquiera, puedes desplazarte hacia arriba y hacia abajo con los botones de dirección del teclado.

▶ **Tecla ENTER**: solo podrás desplazarte de forma vertical, o de la forma en que esté configurado Excel 365 (más adelante, al analizar las opciones de la pestaña Backstage, veremos cómo configurar la dirección predeterminada de desplazamiento).

▶ **Tecla TAB**: con esta opción, solo podrás desplazarte de forma horizontal, aunque si tienes configurada la tecla **ENTER** para desplazamiento vertical, podrás usar estas dos teclas combinadas para moverte en todas las direcciones.

2.1.1 ¿Qué es un rango?

Un rango de celdas en Excel es una selección de celdas continuas, en forma tanto horizontal como vertical. Muchas veces realizaremos la acción de seleccionar un rango de filas y/o columnas, ya sea para dar formato a todos los datos comprendidos en ese rango, o para realizar cálculos e insertar funciones que afecten a los datos dentro de ese rango específico (veremos este tema más adelante, cuando comencemos a construir las primeras fórmulas).

Para seleccionar un rango, puedes hacerlo con el mouse o con las teclas **MAYÚSC + Flechas de dirección**.

Con el mouse: selecciona la primera celda del rango que deseas marcar y luego, manteniendo presionado el botón del mouse, arrástralo hasta llegar al final del rango.

Tecla MAYÚSC + flechas de dirección: selecciona la primera celda del rango que quieres marcar, pulsa la tecla **MAYÚSC** y, sin soltarla, presiona las teclas con las flechas en la dirección en que deseas seleccionar. Una vez llegado a la última celda, suelta la tecla de dirección y luego suelta la tecla **MAYÚSC**.

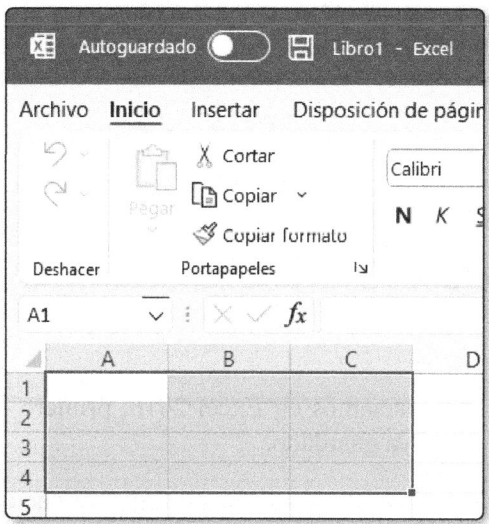

Figura 2.2. Un rango de celdas ya seleccionado. Puedes ver que todas las filas y columnas comprendidas quedan resaltadas en gris más oscuro. En cuanto a la celda, se muestra la primera celda de la serie del rango (A1). En este caso, la selección corresponde al rango *A1:C4* (al ver fórmulas, notarás que *Excel* indica que los rangos de celdas se escriben de esta manera, para que el programa los reconozca como tales).

Para comenzar a llenar celdas, debes ingresar datos en una hoja de cálculo, y esto es muy sencillo: simplemente selecciona la celda en la que quieras ingresar los datos y escribe en ella. Al finalizar, desplázate hasta otra celda o pulsa la tecla **ENTER.**

2.2 USO DE LA CINTA DE OPCIONES

Veremos ahora el uso de la cinta de opciones y de la barra de acceso rápido, dos elementos muy importantes en la organización de Excel 365.

En la cinta de opciones, que es la manera en que Excel 365 organiza sus menús, están todas las herramientas de las que dispone este programa. Recuerda que en el capítulo anterior hablamos sobre esta cinta que reemplazó a las opciones de los menús desplegables de anteriores versiones de Excel.

La cinta de opciones tiene, como ya dijimos, todas las herramientas disponibles en la hoja de cálculo. Tan solo cambiando de pestaña, accederás a esta cinta, donde podrás administrar todas y cada una de las herramientas que utilices en el libro.

Esta cinta es personalizable: pueden agregarse y quitarse herramientas, cambiar las pestañas predeterminadas por otras personalizadas, agregar pestañas que están ocultas, crear pestañas con las herramientas necesarias, etcétera.

Para modificar esta cinta de opciones agregando herramientas, puedes seguir estos pasos:

2.2.1 Crear un nuevo grupo

PASO 1

Al igual como lo hacíamos en Excel 2016, primero debes abrir un libro, puede ser uno nuevo o uno ya guardado.

Con el botón derecho del mouse haz clic en un espacio en blanco dentro de la cinta de opciones. En el menú contextual que se abre, presiona en **Personalizar la cinta de opciones…**

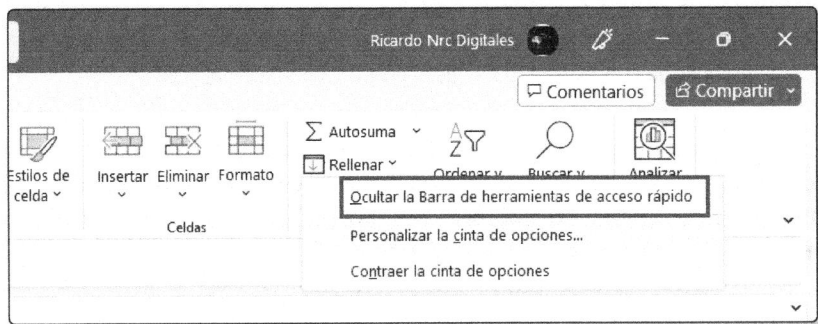

PASO 2

Se abrirá el cuadro de diálogo de **Opciones de Excel**, que te permitirá crear un nuevo grupo o pestaña, marcando en el botón **Nuevo grupo** o bien en **Nueva pestaña**; veremos a continuación la diferencia entre ambas opciones:

- **Nuevo grupo**: agrega un grupo diferente dentro de la pestaña activa. Este grupo podrá tener el nombre que desees para su identificación.

- **Nueva pestaña**: añade una pestaña diferente al libro, que también podrás renombrar y adaptar a tu gusto. Esta pestaña aparecerá dentro de las pestañas del programa; luego podrás agregarle herramientas o distintos grupos con herramientas específicas para cada uno.

Para un primer ejemplo, pulsa en **Nuevo grupo**.

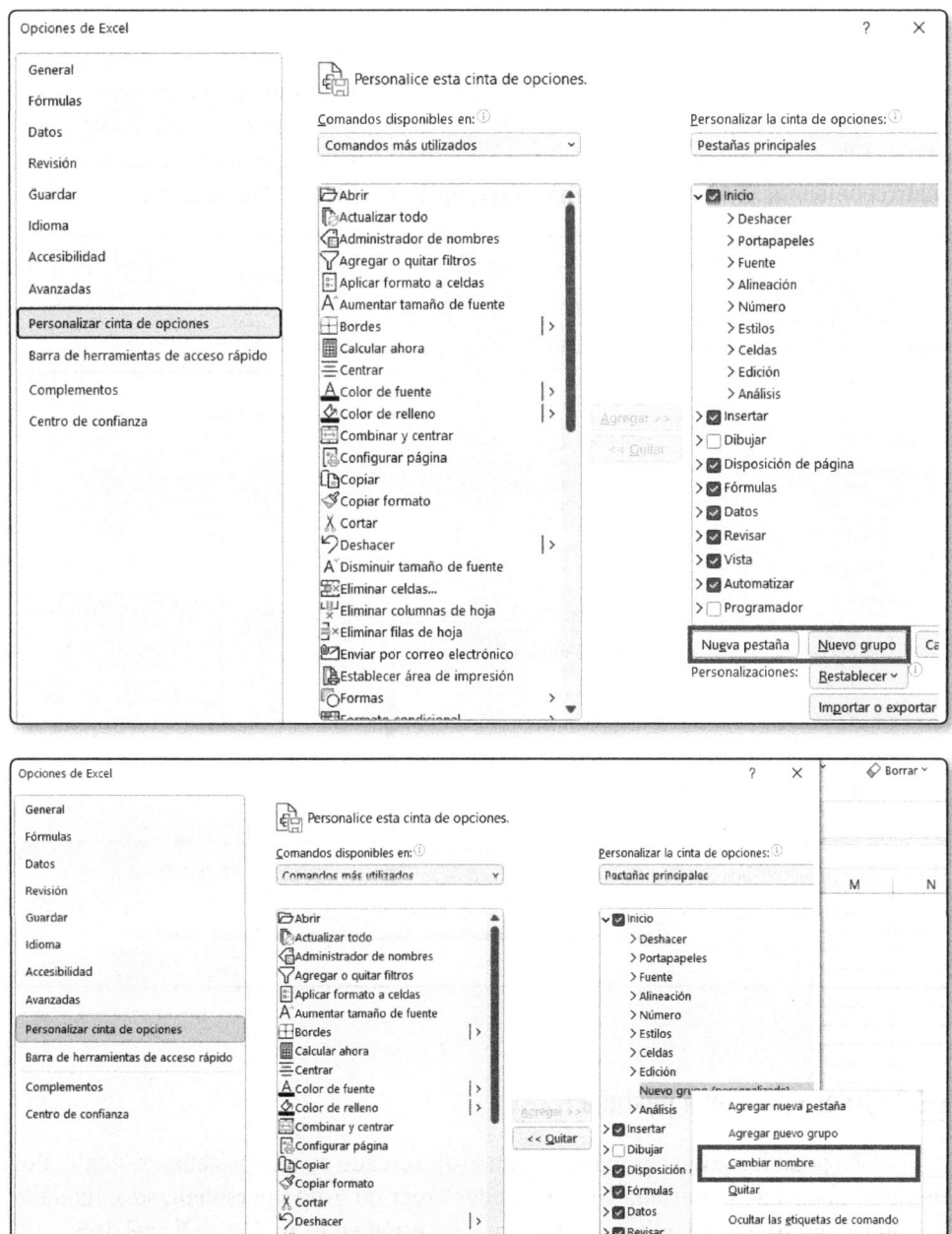

Figura 2.3. Con el botón derecho del mouse sobre el nuevo grupo o pestaña creados, accederás al menú contextual que te permitirá cambiar el nombre del elemento.

PASO 3

Para agregar **comandos** en el grupo **Mis herramientas**, que has creado, selecciona en la ventana de la izquierda el/los comando/s deseado/s **(01)**, y en la ventana derecha, el grupo al que vas a agregarlo. A continuación, pulsa sobre el botón **Agregar (02)**, y lo verás en la ventana derecha debajo del nombre del grupo **(03)**. Al finalizar, presiona el botón **Aceptar (04)**. En este ejemplo se han agregado cuatro comandos: **Subíndice**, **Suma**, **Superíndice** y **Orden ascendente**.

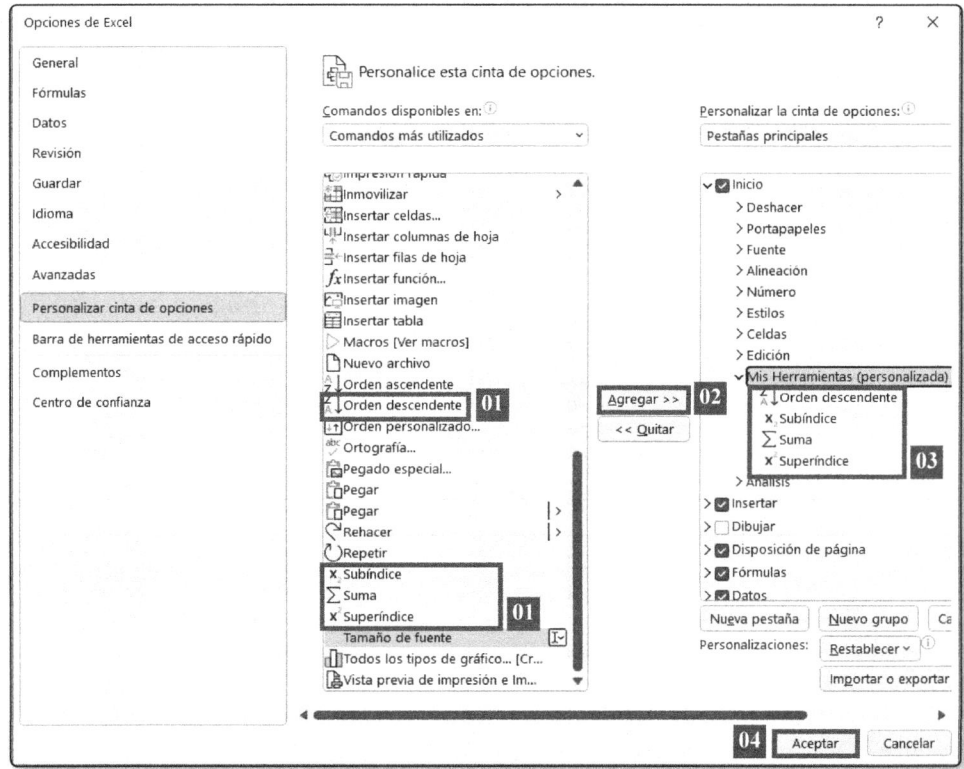

2.2.2 Crear una nueva pestaña

Es posible agregar comandos a un grupo creado en una pestaña existente. Por ejemplo, dentro de la pestaña **Inicio**, puedes crear un grupo personalizado, llamado **Mis herramientas**, y añadir comandos que no están en el **Inicio** de **Excel 365**.

No puedes agregar un comando a un grupo creado por **Excel 365**. Siempre debes crear un grupo para agregar un comando en una cinta de opciones predeterminada.

Con la creación de pestañas es diferente, ya que estas son personalizadas, así como los grupos que crees, y podrás agregar comandos en todo momento, incluso a grupos que ya generaste, lo que con las pestañas y grupos predefinidos no es posible. Por esta razón, se crean ambas instancias.

PASO 1

Repite los pasos 1 y 2 descriptos para la creación de un nuevo grupo, pero en este caso, en el **Paso 2**, selecciona **Nueva pestaña**.

Aquí, a diferencia del grupo, se crean dos instancias nuevas: **Nueva pestaña (personalizada)** y **Nuevo grupo (personalizado)**.

Si quieres cambiar el nombre de una pestaña, puedes hacerlo de la misma manera que para el grupo.

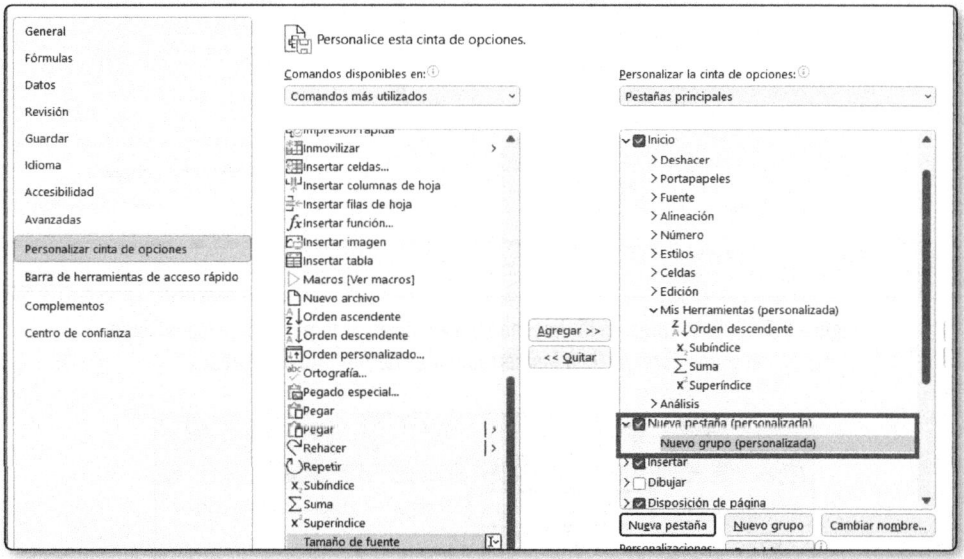

PASO 2

En la ventana de la izquierda selecciona el comando que quieras agregar al nuevo grupo (en el ejemplo lo hemos denominado **Formato**, y agregaremos varias herramientas para tal fin, como **Pegar formato**, **Formato condicional**, **Formato de celdas entre**, **Formato de gráfico** y **Formato de número**). Luego, para crear la nueva pestaña con los comandos, procede como en el paso 3 para los grupos.

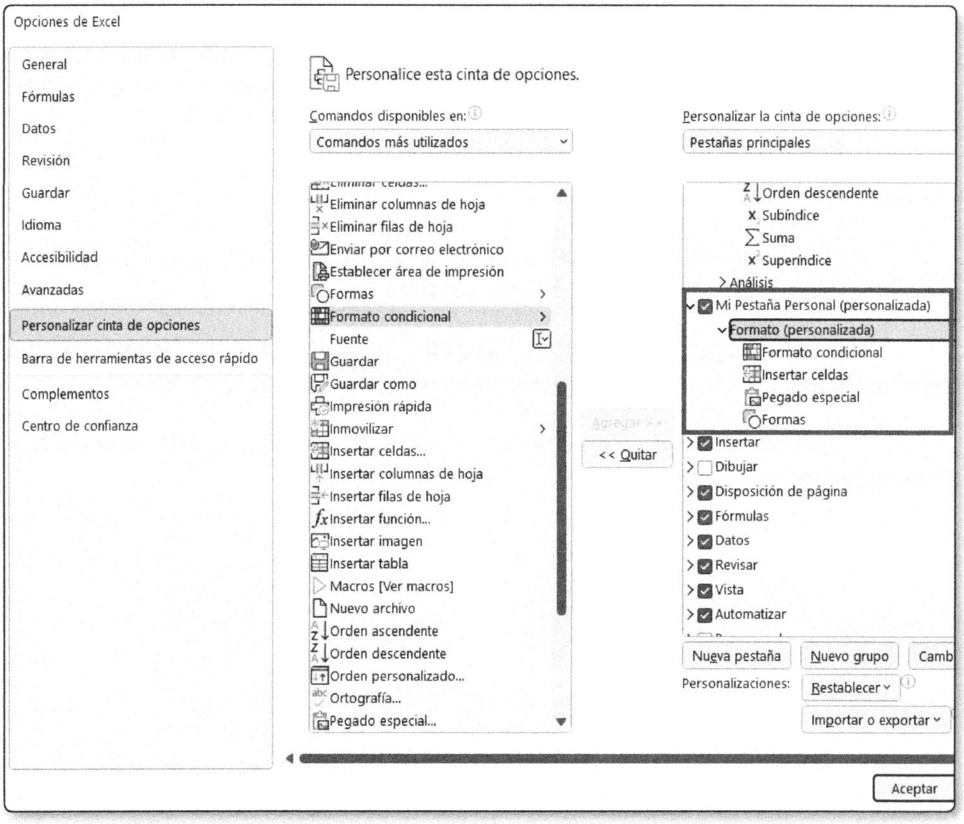

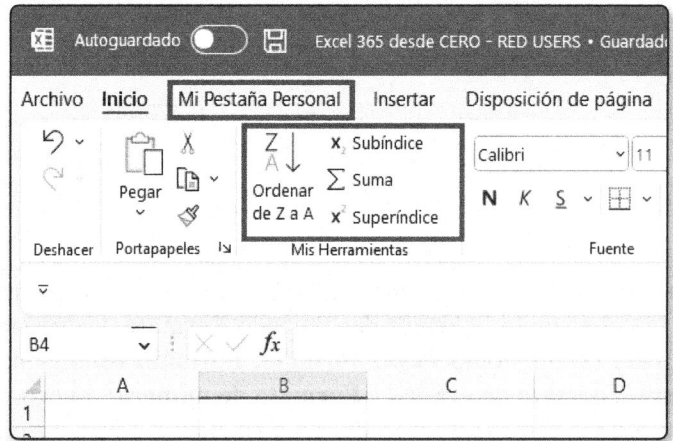

Figura 2.4. En la ventana de la derecha puedes observar la pestaña personalizada
y el grupo *Formato*, con las herramientas de formato agregadas.

Figura 2.5. En esta imagen se observa la pestaña nueva y el grupo creado
en la pestaña Inicio, ya agregados al libro de Excel 365.

2.3 LA VISTA BACKSTAGE

Cuando hablamos de la vista Backstage, no ha cambiado respecto de su versión del 2016. No obstante, ha sufrido algunas modificaciones, como en la sección **Inicio**, donde hay una serie de plantillas prediseñadas. **Más plantillas**, es posible acceder a una colección de plantillas separadas por tipo para utilizar en el libro.

En este sentido, la pestaña de Backstage **Inicio** no se diferencia mucho de **Nuevo**, salvo porque en la primera puedes acceder a los últimos libros abiertos, mientras que en la otra solo puedes acceder a una nueva hoja de cálculo, aunque estarán presentes las plantillas para su creación.

En cuanto a las opciones disponibles, tampoco hay mucha diferencia con Excel 2016, contando con **Información**, que, al igual que en la versión anterior, contiene información sobre el libro, y controles para protegerlo y actualizarlo. Lo que sí se ha modificado es la cantidad de opciones de protección: ahora es posible restringir el acceso a usuarios y darles mayores permisos a otros, cifrar el libro con contraseña, colocar contraseña para modificar algunas partes de la hoja, bloquear celdas, agregar una firma digital y marcar la versión como final, para que todos sepan que es la definitiva.

Luego están los conocidos comandos **Guardar** y **Guardar como…**. Uno guarda los cambios en el libro que se está utilizando, y el otro guarda los cambios realizados por primera vez a un libro, almacena una copia con otro nombre o en otra ubicación del disco o la nube, o también permite guardar el documento para ser abierto con otro programa diferente de Excel o bien para utilizar con macros.

Desde **Imprimir** puedes configurar todas las opciones para la impresión de la hoja o el libro, al tiempo que puedes observar en la vista previa los cambios realizados antes de su impresión.

Compartir incluye las diferentes opciones para compartir en la nube a través de **One Drive**, o para enviar por correo una copia del libro, o en formato PDF.

Exportar, además de exportar el documento a **PDF** o **XPS**, formatos que a veces complican la manipulación de datos, si quieres impedir que la información sea fácilmente modificada, puedes cambiar el tipo de libro de **Excel**. Entre las diferentes opciones, están las siguientes: **Libro habilitado para macros**, para utilizar macros en el documento; **Libro de Excel 97-2003**, que guarda el libro actual con compatibilidad con **Excel** anteriores (desde **Excel 97** en adelante); y **Plantilla**, para poder usar una planilla como base de creación de otras similares.

Más abajo, y en un grupo separado del principal, hay tres menús más: **Cuenta**, **Comentarios** y **Opciones**:

▶ **Cuenta**: contiene todos los datos de la cuenta de **Office 365** contratada, opciones para cambiar el fondo y el tema de **Excel 365**. Desde aquí también puedes administrar tu cuenta de **Microsoft**, acceder a la tienda de **Office** para comprar otros productos, agregar otro espacio de almacenamiento o ampliar el que ya tienes, y administrar la cuenta desde la cual accederás a tu página de suscripción en **Microsoft**. En ella es posible cambiar la contraseña, agregar programas, eliminar o agregar dispositivos para el manejo de los datos en él, ver en qué computadora se inicia sesión para detectar alguna intrusión, modificar la forma en que **Office 365** se actualiza, actualizar el programa en el momento, o desactivar las actualizaciones, entre otras posibilidades.

▶ **Comentarios**: esta opción abre un panel a la derecha de la hoja de cálculo activa donde podrás enviar sugerencias y aprobar o desaprobar una actualización, o un determinado complemento o herramienta.

▶ **Opciones**: al hacer clic sobre este comando, se abre el cuadro **Opciones**, que ya viste en el Paso a Paso anterior, para crear nuevas pestañas. Aquí puedes personalizar **Excel** cambiando los colores de base, la cantidad de hojas predeterminadas en un libro, cómo se guardarán los libros de forma predeterminada, en qué ubicación y una larga lista de etcéteras.

Algo que puede ser muy útil, y que aprenderemos ahora mismo, es determinar de qué manera se moverá el cursor entre celdas al pulsar la tecla **ENTER**. Dijimos que en la hoja de cálculo puedes desplazarte pulsando esta tecla en forma vertical, por defecto, aunque es posible modificar la forma en que el cursor se mueve y predeterminarlo como horizontal. También, llegado el caso, podrás hacer que, de modo predefinido, el cursor se mueva hacia arriba o hacia la izquierda, aunque estas características casi no las usarás, por lo que nos enfocaremos en cambiar la dirección solo hacia la derecha.

La opción que **verdaderamente es una novedad**, (aunque se habilita solo una versión de prueba por 30 días, y luego este paga, ya que no está integrada a **Excel 365**), es el complemento **Power Bi**, el cual, **a grandes rasgos y sin detenernos demasiado en su explicación**, permite publicar en línea, dentro de este complemento, una planilla o parte de ella, y convertirla en un informe avanzado que se puede compartir desde el libro.

Es necesario iniciar sesión en el complemento con la misma cuenta de **Office 365** para poder acceder a sus funcionalidades. Luego, será necesario cargar la planilla con los datos requeridos en el complemento, y de esta manera, trabajar con ellos realizando gráficos, para hacer presentaciones y publicaciones interactivas con otros usuarios.

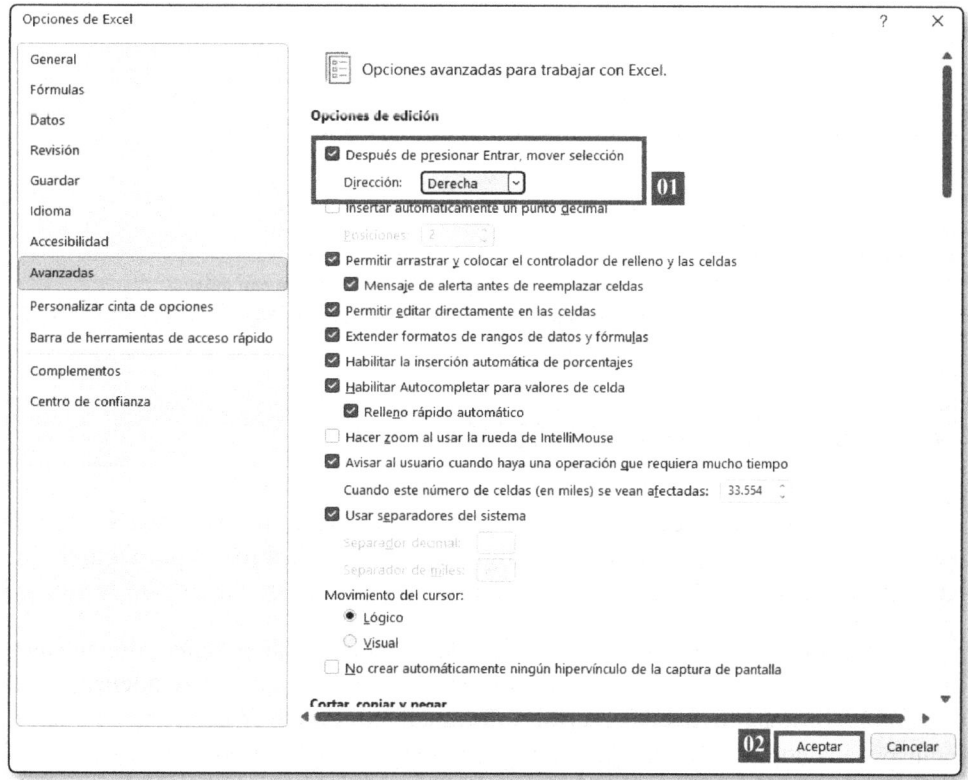

Figura 2.6. Yendo a *Opciones de Excel/Avanzadas*, puedes modificar cómo se indica el movimiento predeterminado del cursor hacia la celda contigua (01). Luego, tan solo debes aceptar los cambios realizados (02).

Un aspecto para tener en cuenta: habrás observado que en algunas opciones, además del nombre del comando, se muestran tres puntos suspensivos (…), y en otros comandos no (por ejemplo, **Guardar** y **Guardar como…**, aunque esta indicación ya no es privativa de **Office**, sino de cualquier programa de cualquier desarrollador). Esto indica algo muy importante, y que es una diferencia fundamental a la hora de evitar errores: cuando veas el comando sin los puntos suspensivos, al pulsar sobre esa opción, la orden se ejecutará directamente, sin ningún tipo de aviso o advertencia. Por el contrario, en el caso de un comando con los puntos suspensivos, antes de aplicar los cambios o ejecutar una orden, te pedirá más información para poder realizarlo, abriendo un cuadro de diálogo. Por lo tanto, si decides no accionar en este sentido, fácilmente puedes salir mediante la tecla **ESC** o pulsando el botón **Cancelar**, del cuadro abierto.

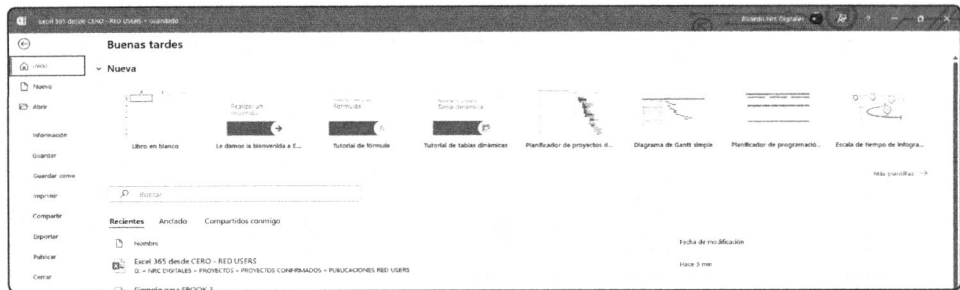

Figura 2.7. La ficha *Archivo* en esta nueva versión viene con más
opciones para configurar, además de la novísima *Publicar*.

2.4 ORGANIZACIÓN INTERNA DE EXCEL 365

La organización de Excel 365 se asemeja a la de un libro (ya sea de lectura o contable); de hecho, por defecto, el programa denomina Libro1 al primer archivo, hasta su primer guardado, en el que le asignarás un nombre.

Dentro del libro están las hojas de cálculo en forma de pestañas, donde vas a ingresar los datos para cada tabla. Cada una de estas hojas de cálculo es independiente de la otra. Por lo tanto, puedes escribir información diferente en cada una de ellas, e incluso, cada hoja de un libro puede convertirse en un nuevo libro (esto lo veremos más adelante con los comandos **Mover o copiar...** del menú contextual de la hoja).

Si bien decimos que cada hoja es independiente, puedes relacionarlas mediante varios tipos de herramientas, para reflejar cálculos de distintas hojas, visualizar gráficos que recogen información de varios libros o tablas dinámicas, que muestren de manera global contenidos en distintas tablas.

Debes tener en cuenta que, si un libro contiene información de otros libros u hojas, estos no podrán ser eliminados sin afectar al resultado del libro que recibe los datos. Ya veremos este tema al introducir fórmulas.

En cuanto a la cantidad de hojas de cálculo que puede contener un libro, esto dependerá de la memoria disponible de la computadora, ya que no existe un límite numérico que pueda definirse con exactitud. Lo recomendable es no exceder las 40 hojas, porque de esta manera se ralentizaría el guardado y actualización del libro. Por defecto, al abrir un nuevo libro, hay tres hojas. Esta cantidad se puede modificar en la pestaña **Archivo/Opciones/General**, en el apartado **Al crear nuevos libros**, eligiendo la cuarta opción, **Incluir este número de hojas:**.

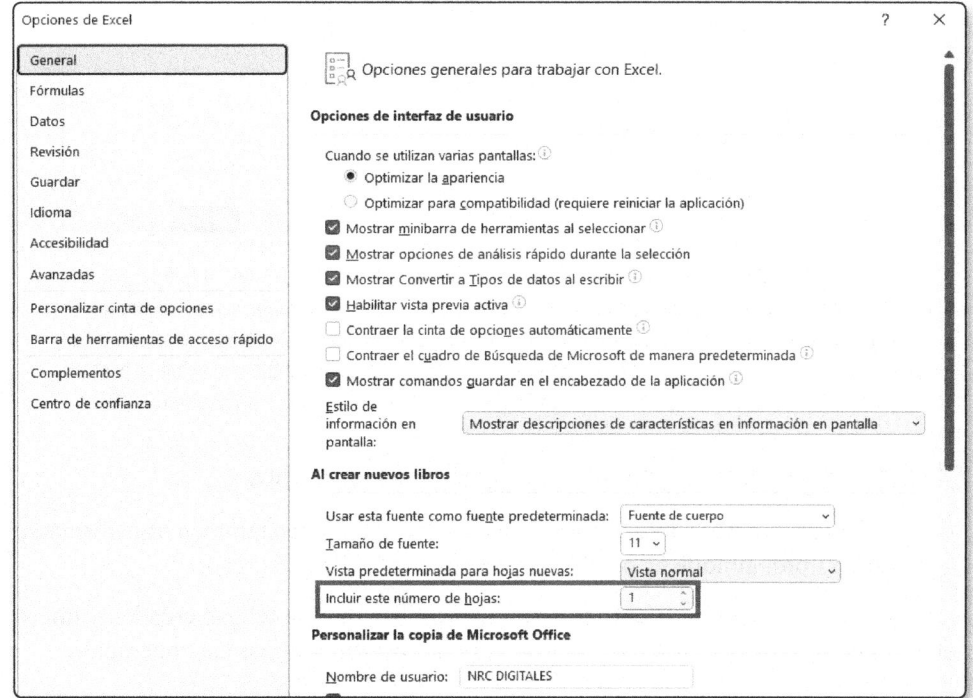

Figura 2.8. Dentro de *Opciones/General*, puedes modificar la cantidad de hojas que *Excel 365* muestra por defecto. En el ejemplo está seleccionada una sola hoja.

Si bien las hojas de cálculo presentan el nombre Hoja1, Hoja2..., etc., puedes modificar su denominación de manera sencilla: haciendo doble clic sobre la hoja y, cuando su nombre se pinte de gris, escribiendo el deseado; por último, pulsa **ENTER** para aceptar el cambio y que quede reflejado en la pestaña correspondiente.

2.4.1 Cambiar el color de pestaña de cada hoja

Una opción muy interesante que apareció por primera vez en **Excel 2000**, y que hasta el día de hoy se mantiene, es la de poder cambiar el color de las pestañas (hojas) de un libro. De esta manera, es posible jerarquizar las hojas según la importancia que tengan dentro de un libro, o simplemente darles un aspecto más profesional, distinguiendo unas de otras como si se tratara de los viejos ficheros con separadores de una oficina.

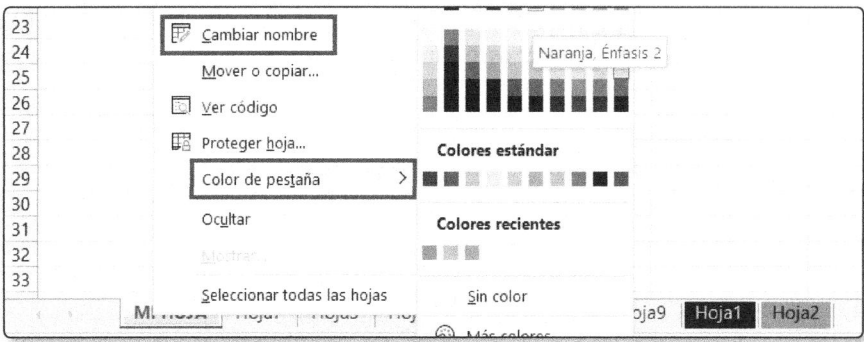

Figura 2.9. En esta imagen se observa, en primer lugar, el menú contextual, al que se accede pulsando el botón derecho del mouse; y marcadas las opciones *Cambiar nombre*, en la que puedes cambiar el nombre de la pestaña, y *Color de pestaña*, mediante la cual cambiarás su color. También es posible modificar el nombre de las hojas, haciendo doble clic sobre la pestaña deseada y, cuando el nombre se pinta de gris, escribiendo sobre él y pulsando *ENTER*.

2.4.2 Mover o copiar una hoja a otra ubicación u otro libro

Hablamos antes sobre que las hojas de un libro pueden también transformarse en un nuevo libro, aunque es posible copiarlas a otro libro ya creado.

Si lo que quieres es copiar la hoja a un libro que ya tengas creado, primero debes tener abierto este libro; de otra manera, no podrás realizar esta operación.

Mediante el siguiente Paso a Paso, aprenderás cómo mover o copiar una hoja a otro libro, ya sea que lo hayas creado con anterioridad o sea nuevo:

PASO 1

Pulsa con el botón derecho del mouse (menú contextual) sobre la hoja que deseas mover. En el menú que se abre, presiona **Mover o copiar...**

PASO 2

Accederás al cuadro de diálogo que te permitirá elegir cualquiera de los libros que tengas abiertos, mediante la lista desplegable que se encuentra debajo de la leyenda **Al libro:**. Al elegir un libro, en el cuadro que se encuentra debajo se mostrarán los nombres de las hojas que este contiene. En nuestro ejemplo, seleccionamos un libro distinto del libro del que moveremos o copiaremos la hoja.

En el cuadro debajo de **Antes de la hoja:**, puedes indicar en qué lugar del libro elegido se colocará la hoja que vas a mover o copiar.

Si seleccionas **(mover al final)**, moverás o copiarás la hoja luego de la última que contenga el libro anfitrión (el que recibe la hoja que estás moviendo o copiando). También puedes elegir colocar la hoja antes de cualquiera de las hojas activas del libro al que la vas a mover, simplemente seleccionando el nombre de la hoja a la que quieres anteponerla, en el cuadro que nos ocupa.

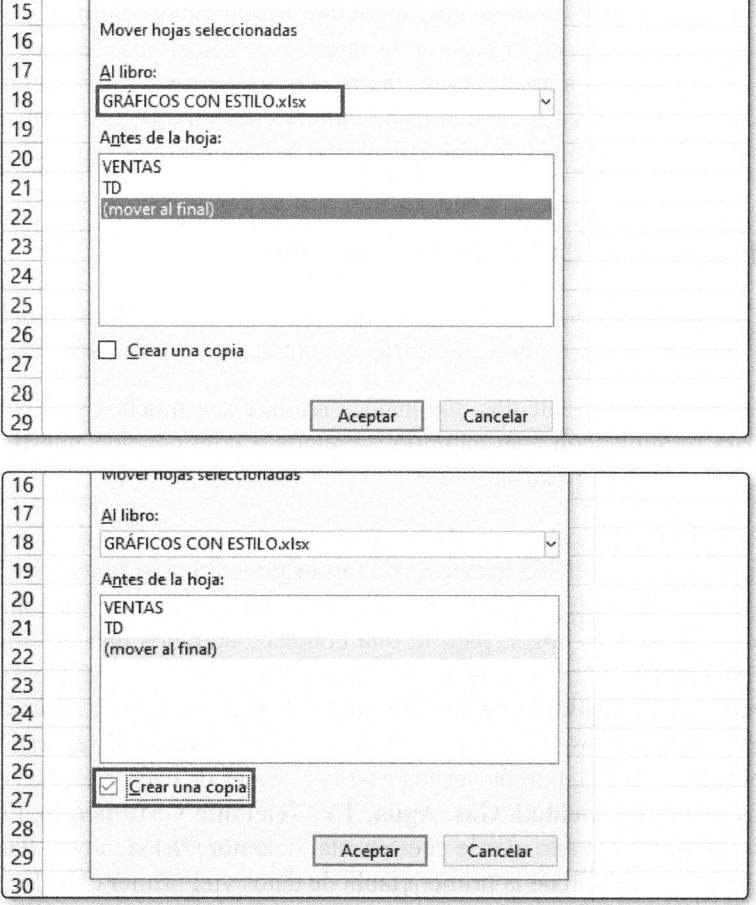

PASO 3

Una vez que hayas seleccionado el libro y la ubicación de la nueva hoja, decidirás si realizar una copia de esta, o la moverás definitivamente desde su ubicación original.

Para copiar la hoja, marca la casilla de verificación de la opción **Crear una copia**. De esta manera, el libro elegido trasladará una copia exacta de la hoja, sin desafectarla del libro de origen.

Ten en cuenta que, al mover una hoja a otra ubicación, esta desaparece del libro de origen, por lo que si tienes fórmulas asociadas a ella, dentro del libro, dejarán de funcionar. En este caso, lo más conveniente sería realizar una copia de la hoja al nuevo destino, y no simplemente moverla.

En cuanto a la barra de estado, el zoom y las vistas, no agregaremos demasiado más, ya que no varían sustancialmente de la versión de Excel 2016. Solo haremos una mención y diremos que, mediante la activación del menú contextual sobre la barra de estado, en la base de la interfaz de Excel 365, se accede a todas las opciones que puedes agregar en esta barra, y que adicionan información sobre la hoja de cálculo, el libro y los elementos que intervienen en ella, tales como cantidad de celdas con datos, cantidad de tablas, cantidad de fórmulas que hay en la hoja, etc.

2.4.3 Introducción de datos y primeros cálculos

Para introducir datos, como mencionamos anteriormente, solo debes hacer clic en la celda en la que quieres insertarlos y comenzar a escribir sobre ella.

En cuanto a los cálculos que puedes realizar son muchos y muy variados, aunque para terminar con este capítulo, veremos a continuación nuestra primera fórmula, que es la de **Autosuma**.

Para introducir esta fórmula no necesitamos ningún tipo de conocimiento matemático, ya que Excel 365 lo calcula de forma automática, simplemente pulsando un botón con el símbolo $\sum$. Realizaremos una hoja para calcular los consumos en los servicios de nuestro hogar, para lo que confeccionaremos una planilla con los gastos más comunes en columnas, y en las filas colocaremos los 12 meses del año. Lo que veremos en una **tabla de doble entrada**, es decir que, en la última celda de cada columna tendremos los gastos anuales de cada servicio por separado, y en la última celda de cada fila, podrás ver los gastos globales de cada mes. Las columnas que usarás serán **Electricidad**, **Gas**, **Agua**, **TV**, **Telefonía** y **Municipio**. En las filas coloca los 12 meses del año, desde enero hasta diciembre. El siguiente Paso a Paso te guiará en la confección de la primera tabla de datos y el primer cálculo.

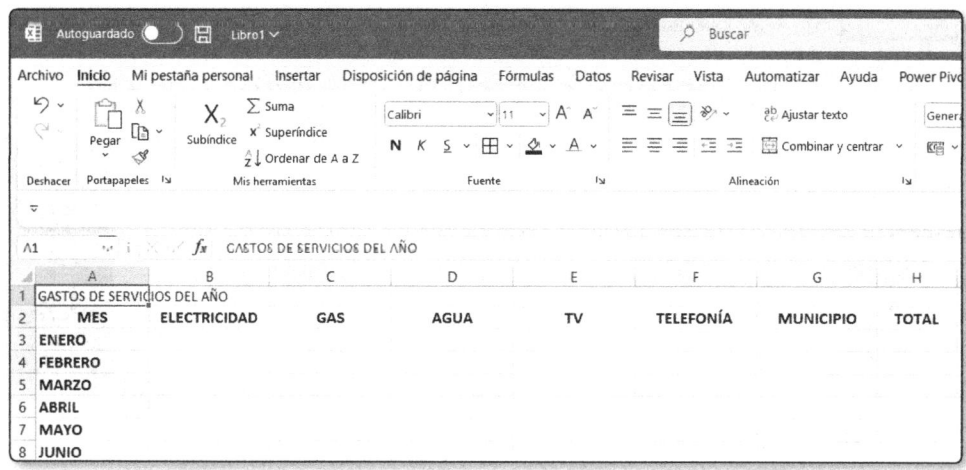

2.4.4 Confección de una tabla y cálculo de datos

PASO 1

Comienza por darle un título a la lista. Para hacerlo, escribe en la celda **A1** **GASTOS DE SERVICIOS DEL AÑO**.

A continuación, en la fila 2 introduce los títulos de las columnas indicados más arriba. Así, en **B2**, escribe **ELECTRICIDAD**; en **C2**, **GAS**; en **D2**, **AGUA**, y así sucesivamente hasta colocar todos los títulos necesarios.

En la primera columna, en **A2**, escribe **MES**, y debajo, los doce meses del año.

Antes de continuar, veremos cómo darle formato a un título para que ocupe varias columnas, utilizando el comando **Combinar y centrar**, que nos permitirá combinar varias celdas adyacentes que se comportarán como si fueran una sola. De esta manera, el aspecto del título lucirá más profesional y abarcará todas las columnas de la tabla.

	INGRESOS Y GASTOS DE SERVICIOS DEL AÑO

	A	B	C	D	E	F	G	H	I	J
1	INGRESOS Y GASTOS DE SERVICIOS DEL AÑO									
2	MES	INGRESOS M	ELECTRICIDA	GA	AGU	T	TELEFONÍ	MUNICIP	OTROS GASTO	TOTAL M
3	ENERO									
4	FEBRERO									
5	MARZO									
6	ABRIL									
7	MAYO									
8	JUNIO									
9	JULIO									
10	AGOSTO									
11	SEPTIEMBRE									
12	OCTUBRE									

Figura 2.10. En esta imagen de la tabla terminada, se observa el rango de celdas *A1:H1*, combinado en una única celda. El nombre que toma la celda tratada, por defecto, es el de la primera celda del rango combinado, en este caso, *A1*.

Tan solo tienes que seleccionar el rango de celdas que deseas combinar, y luego pulsar el botón **Combinar y centrar**. Verás que el texto se ajusta a la cantidad de celdas seleccionadas, y las separaciones entre columnas desaparecen. Luego, puedes también ampliar el tamaño de la letra para destacarlo como título de la tabla.

Puedes darle formato como tabla, desde **Inicio**, en el grupo **Estilos/Dar formato como tabla**, donde podrás elegir entre una variada lista de tablas, o bien utilizar las opciones disponibles en la cinta de opciones.

En la siguiente imagen veremos la celda **A1** combinada.

PASO 2

Una vez creada la tabla, comienza por introducir los datos. Utiliza la tecla **ENTER** para desplazarte hacia abajo, y la tecla **TAB** para moverte hacia la derecha. También puedes trabajar con las flechas de dirección. Haz clic en la primera celda en la que introdujiste los datos, es decir, **B3**.

Un truco para ingresar datos más rápidamente: selecciona todo el rango en el que vas a introducir los datos, comenzando por la primera celda en la que lo harás. Escribe la información en la primera celda y desplázate a la siguiente con la tecla **Tab**. Al finalizar la fila, verás cómo el cursor se posiciona en la siguiente fila y en la primera columna, sin necesidad de desplazarse con las flechas de dirección. Esto te permitirá acortar los tiempos para la introducción de datos en tablas grandes. Si deseas introducir los datos por columna, luego de seleccionar el rango, muévete pulsando la tecla **ENTER**.

PASO 3

En este último paso, realizarás el cálculo anual de gastos por cada servicio (totales de columnas), y el cálculo por mes de gastos por todos los servicios que pagas (totales de filas). Para esto, aprovecha la función del comando **Autosuma**, que se distingue con el símbolo $\sum$. Se encuentra en la pestaña **Fórmulas**, dentro del grupo **Biblioteca de funciones**.

2.4.4.1 ALGUNAS CONSIDERACIONES SOBRE EL USO DE FÓRMULAS

En la tabla que confeccionamos, habrás observado que la fórmula de autosuma **SUMA(B3:B14)**, por ejemplo, está precedida por el signo =, y luego, el nombre de la función y el rango entre paréntesis. Nos detendremos brevemente para comprender mejor la sintaxis de las fórmulas y funciones de Excel.

En todas las fórmulas que ingreses, debes anteponer el signo =, ya que esta es la manera en que Excel reconoce que lo que sigue es una fórmula que deberá calcular. Si no colocas este signo, lo que escribas se interpretará como texto y no se realizará ninguna operación.

Por otra parte, luego del nombre de la función, el rango de cálculo debe ir entre paréntesis, para separarlo del nombre. De esta forma, Excel sabe qué celdas tiene que incluir para el cálculo; en caso de que no lo hicieras así, obtendrás un error del tipo **#¿NOMBRE?**, lo que significa que Excel no puede reconocer el nombre de la función a calcular.

Debes ser muy exacto al momento de escribir una fórmula, porque un punto, una coma o un paréntesis de más o de menos, puede dar por resultado un error o un cálculo inexacto. También presta especial atención al rango o los rangos que encierras entre paréntesis y a las jerarquías de las funciones (todo esto lo comentaremos en detalle al hablar sobre fórmulas). En cuanto a los tipos de errores que puedes encontrar, también lo veremos en el apartado de Fórmulas, más adelante en esta obra.

2.5 OFFICE ONLINE, LA PLATAFORMA DE COLABORACIÓN DE EXCEL 365

Como dijimos al comenzar a hablar de **Excel 365**, una de las características más importantes de esta versión es la posibilidad que ofrece de colaboración en línea.

Para disfrutar de ella, solo debes acceder a *www.office.com* e ingresar con el usuario y la contraseña de tu cuenta de **Office 365**. Podrás utilizar todas las herramientas disponibles en el sitio, así como también administrar tu espacio de almacenamiento en **One Drive**, subir y descargar archivos, y tenerlos disponibles para trabajar desde cualquier computadora con conexión a Internet.

También, si antes activaste la opción de **Autoguardado** en la versión instalada, se almacenará automáticamente el archivo con los cambios realizados directamente en la nube, de modo que siempre dispondrás de la última actualización del archivo **en todo lugar**.

No nos detendremos aquí en la interfaz de usuario de Excel Online, ya que prácticamente no difiere de la que estamos estudiando, por lo que lo aprendido en este curso servirá para que te manejes perfectamente en la versión online.

ACTIVIDADES

A continuación se presentan las preguntas y los ejercicios que deberías saber responder y resolver para considerar aprendido el capítulo.

2.5.1 Test de autoevaluación

1. ¿Cómo podrías definir una coordenada y qué es la grilla de coordenadas?

2. ¿Cuántas filas y columnas tiene la última versión de Excel?

3. ¿Cuántas y cuáles son las formas en que puedes desplazarte por la hoja de Excel 365?

4. ¿Cómo se define un rango de celdas? ¿Con qué signo de puntuación se indica que lo que se está introduciendo es un rango de celdas?

5. ¿Se pueden insertar comandos en los grupos predefinidos de la cinta de opciones? ¿Y grupos?

6. ¿Qué significan los tres puntos suspensivos después de una opción? ¿Es privativo de Excel?

7. ¿Cuál es el máximo de hojas recomendado en un Libro de Excel para evitar dificultades en el guardado/actualización?

8. ¿Qué diferencia hay entre mover y copiar una hoja? ¿Solo es posible mover o copiar hojas en el mismo libro?

9. ¿Qué ocurre si tienes datos asociados a una hoja que moviste de su ubicación original?

10. ¿Para qué sirve el botón Autosuma?

2.5.2 Ejercicios prácticos

1. Abre el libro que creaste en este capítulo. Investiga otras formas de sumar, sin utilizar el botón **Autosuma***.*

2. Averigua cuáles son los símbolos que Excel utiliza para multiplicación y para división.

3. Busca algunas fórmulas sencillas que puedas aplicar en esta tabla para obtener algún dato importante (por ejemplo, qué porcentaje de los ingresos representa cada uno de los ítems en las columnas, por mes).

4. Intenta descifrar la fórmula **SI()***. Para esto, ve al botón* f_x *, busca la función* **SI** *dentro de las funciones lógicas, y analiza su sintaxis.*

5. Consulta en Internet cuáles pueden ser los errores más comunes al trabajar con fórmulas y por qué se producen en general.

3

LIBROS DE TRABAJO Y FÓRMULAS

Comenzaremos a ver cómo crear un libro desde cero, qué formas de guardarlo hay, algunas extensiones de libros que nos servirán en lo sucesivo, y también, de qué manera manipular los datos, agregar filas y columnas, y moverlas.

3.1 ¿ABRIR, CREAR O GUARDAR UNA PLANTILLA?

Muchas veces, en el trabajo con hojas de cálculo te encontrarás ante esta pregunta: ¿qué me conviene hacer? ¿Abrir un libro que tenga alguna semejanza con el que quiero crear, y realizar las modificaciones necesarias, o por el contrario, crear un libro y desarrollarlo desde el principio?

Si bien esta parece ser una pregunta trivial, trabajar con libros ya creados supone un ahorro de tiempo enorme si de lo que se trata es de reutilizar datos que pueden servirte en la nueva hoja que estás confeccionando.

Por lo tanto, aprenderás ahora a guardar un libro con otro nombre en la ubicación que desees, iniciar uno desde cero, abrir un nuevo libro desde uno ya abierto y, también, crear una plantilla, si lo que precisas es generar hojas de cálculo con características similares, y evitar lo engorroso de diseñar la forma de presentación de los datos y la introducción de las fórmulas cada vez.

Para aprender estas cuatro opciones, realizaremos cuatro Paso a Paso; de esta manera, creemos que los conceptos que aquí se viertan se afianzarán con mayor facilidad, y la diferencia entre una operación y otra se comprenderá sin inconvenientes.

3.1.1 Crear un nuevo libro desde uno ya abierto

PASO 1

Abriendo cualquier libro ya creado, o si previamente tenías un libro abierto, haciendo clic en **Archivo**, accederás a la vista Backstage, como ya aprendiste en capítulos anteriores.

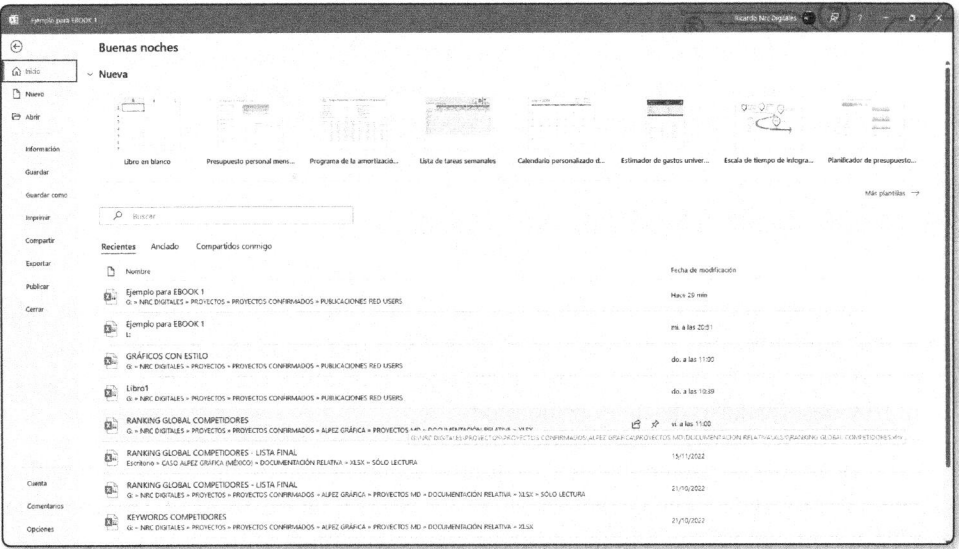

PASO 2

En la parte superior de la vista, encontrarás las plantillas. La primera opción es **Libro en blanco**; al pulsar sobre ella, abrirás un libro nuevo, en el que podrás comenzar a ingresar datos.

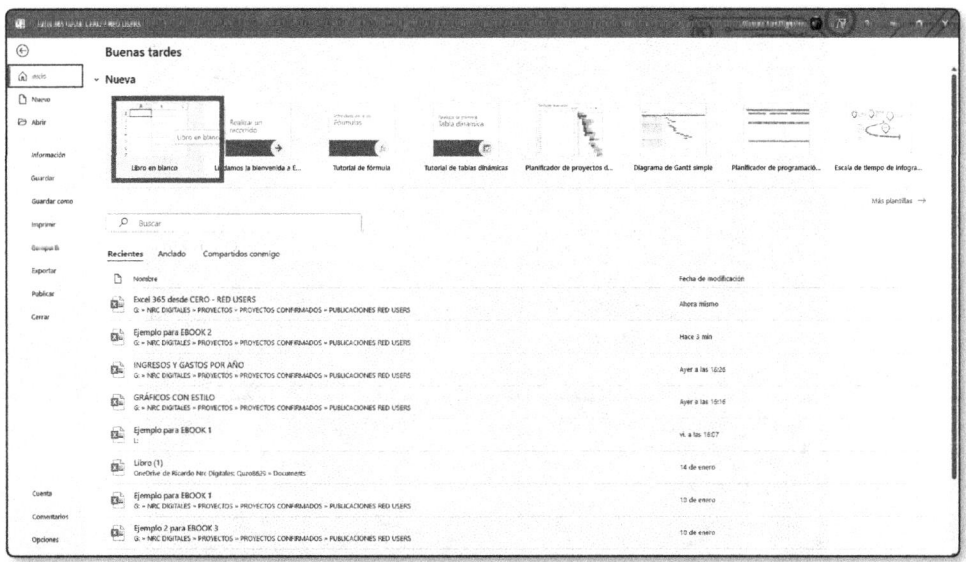

3.1.2 Crear un libro nuevo sin haber abierto otro

PASO 1

Pulsa el botón **Inicio de Windows**; puedes hacerlo con el mouse o con la tecla que se ubica entre **CTRL** y **ALT**, del lado izquierdo y derecho de la barra espaciadora, con el símbolo de Windows.

Si abriste antes este programa, lo encontrarás en la parte superior del menú de **Inicio**, en el apartado **MÁS USADAS**; en el caso de no encontrarlo ahí, hallarás el icono de **Excel** deslizándote hacia abajo, hasta la letra E, en la organización de programas.

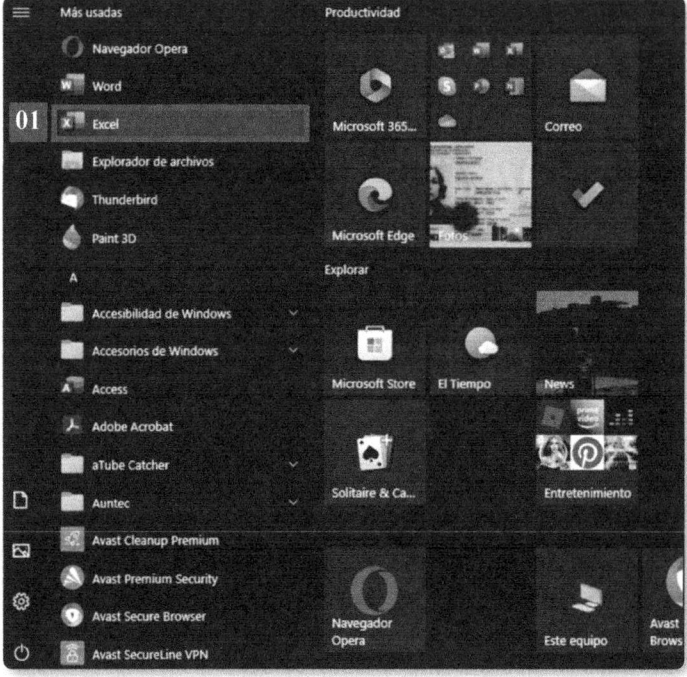

PASO 2

Finalmente, al hacer clic sobre el icono, se abre un nuevo libro. Por defecto, se llama **Libro1**, como ya vimos.

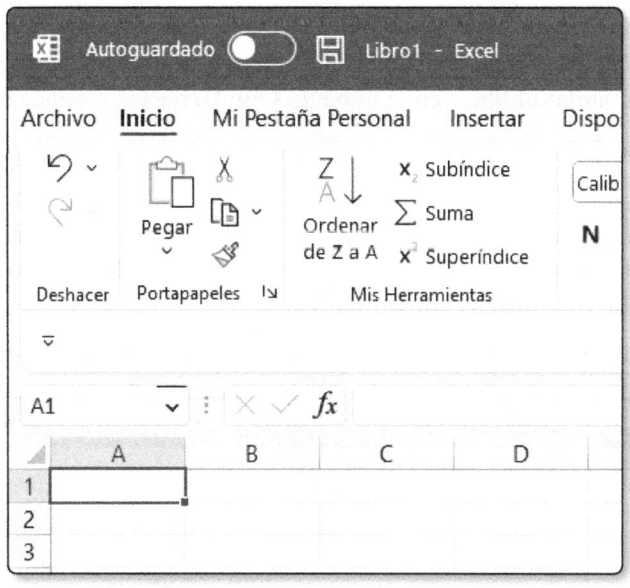

3.1.3 Guardar un libro con otro nombre

PASO 1

Con el libro ya abierto, utiliza cualquiera de las formas que aprendiste para acceder a la vista Backstage.

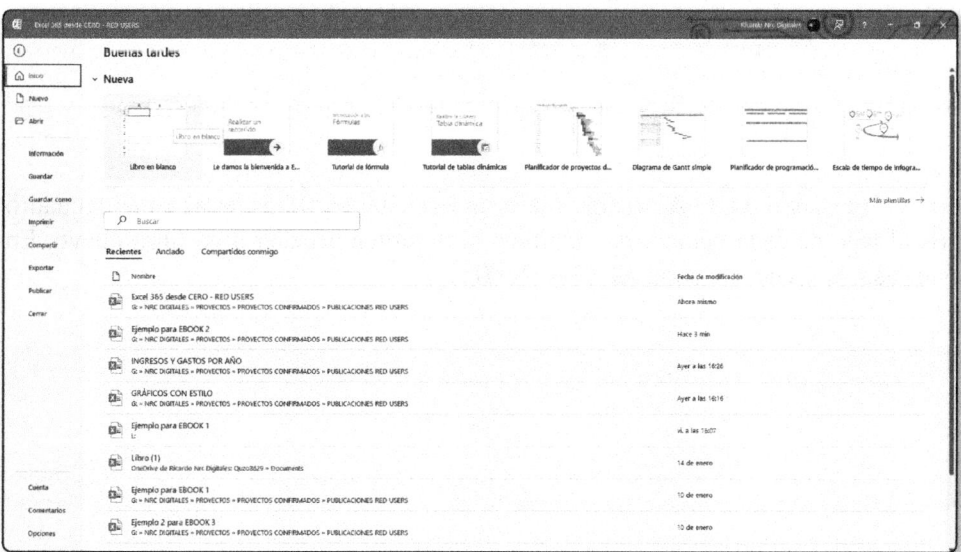

PASO 2

Dentro de Backstage, presiona en **Guardar como** y accederás a las distintas opciones para guardar el libro: en la nube de **One Drive** (a) o pulsando en:

1. **Este PC**, guarda el libro que estás modificando en la misma ubicación que tienes ahora.

2. **Agregar un sitio**, permite añadir otra cuenta de **One Drive** que tengas, o bien otro espacio de **almacenamiento virtual** (**Box**, **Sharefile** y **Egnyte** son los permitidos por el momento).

3. **Examinar**, permite elegir cualquier ubicación en tu computadora.

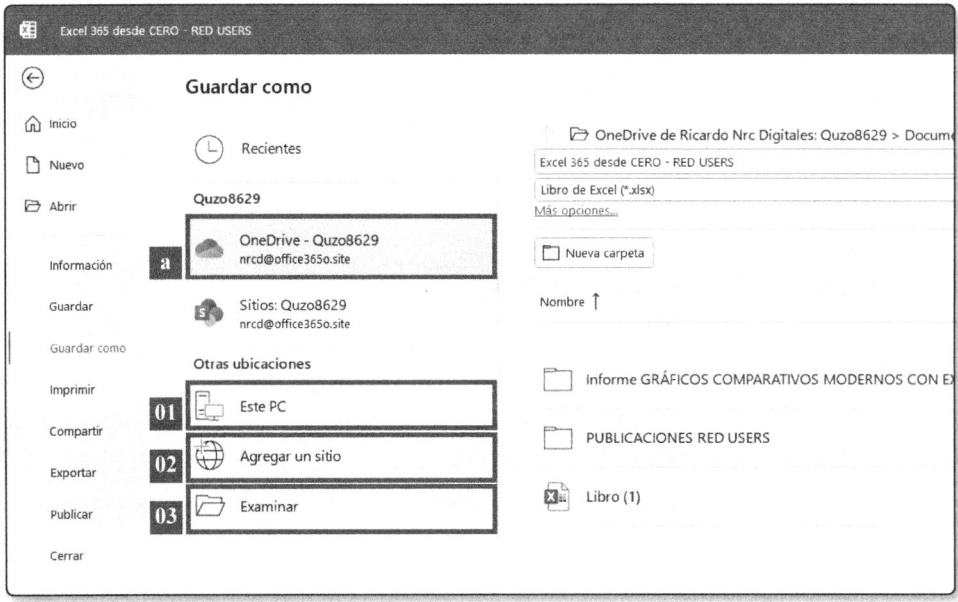

Pulsando **ALT+A** pasarás a la vista Backstage y verás letras en un recuadro gris al lado de cada opción, que también te permiten acceder a un libro nuevo. En este caso, la secuencia sería **ALT+A+N+D**.

Figura 3.1. Al utilizar la combinación de teclas *ALT+A*, debajo de cada una de las opciones aparecerán letras. Solo debes pulsar en el teclado las correspondientes a la acción que quieres realizar.

Existen atajos de teclado con la misma modalidad para abrir todas las pestañas y cada una de las opciones dentro de la cinta, pero no nos detendremos en todos los existentes, ya que no hacen a esta actualización y aprendizaje. Sugerimos, por lo tanto, que a medida que vayas tomando confianza con la herramienta, investigues nuevas maneras de acceder a estos atajos.

Ten en cuenta que, siempre, la primera vez que guardes un libro, se mostrará el conocido cuadro de diálogo **Guardar como...**, desde el que podrás seleccionar la ubicación donde quieres almacenar el archivo, el nombre que le darás y el tipo de documento de que se trata, entre muchas opciones que presenta Excel 365.

3.1.4 Crear una nueva plantilla desde otro libro

PASO 1

Presiona en **Archivo** para acceder a la vista Backstage, como ya aprendiste a hacer.

PASO 2

Accede a la opción del panel de la izquierda **Guardar como…** y haz clic en el botón **Examinar…**.

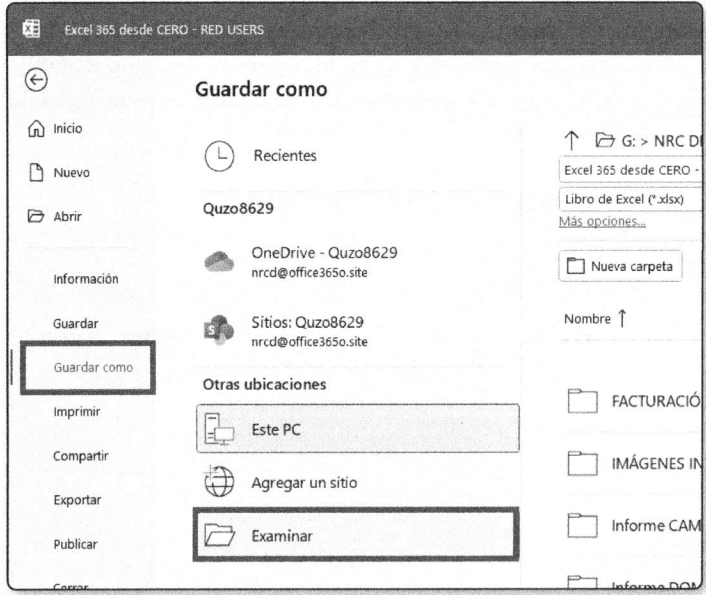

PASO 3

Abre la lista desplegable **Tipo:** y selecciona la opción **Plantilla de Excel**; automáticamente se abrirá la ubicación por defecto de las plantillas de **Office** en tu equipo. Haciendo clic en el botón **Guardar**, podrás disponer de esta plantilla en el momento en que la necesites.

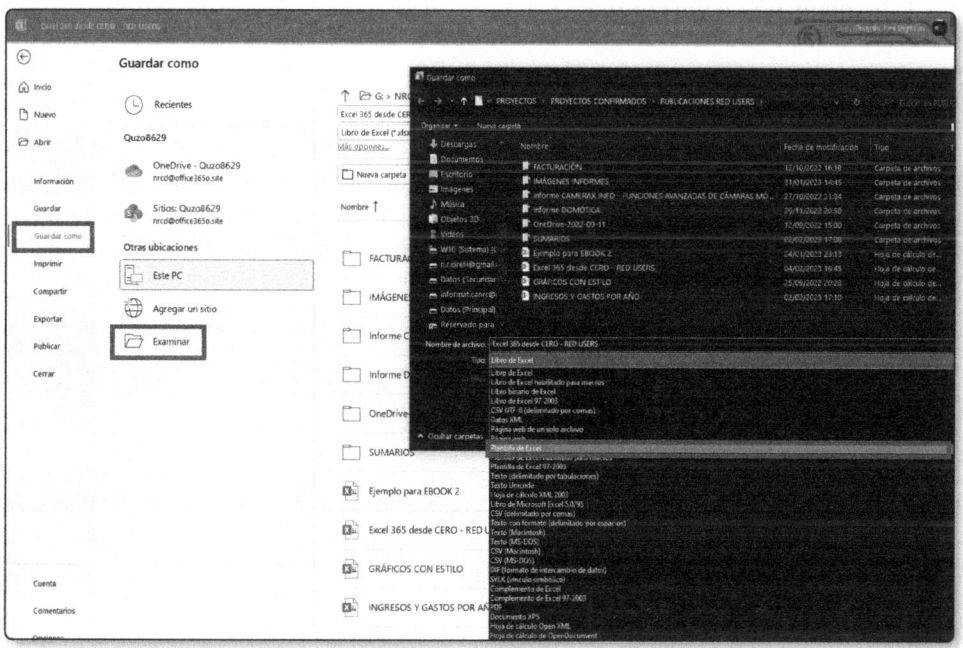

Cuando precisas ver si el archivo fue creado como plantilla correctamente, puedes acceder a la **Vista Backstage/Nuevo**, y en el panel central verás dos pestañas: **Office** y **Personal**. Dentro de esta última aparecerá la plantilla y, si quieres, podrás anclarla para que se muestre entre las principales.

3.2 TRABAJAR CON FILAS Y COLUMNAS

En el anterior capítulo vimos las cuatro formas de moverte en una hoja de cálculo de **Excel 365**. Ahora aprenderás algo que te será de mucha utilidad cuando trabajes con datos en una tabla: las distintas modificaciones que puedes realizar en filas y columnas. En los siguientes Paso a Paso, conocerás la forma adecuada de realizarlo, y verás algunos consejos útiles para mantener los datos seguros al llevar a cabo estas acciones.

Debido a que la operatoria es la misma, ya sea que se trate de filas o de columnas, para no dar lugar a confusiones, no mostraremos los pasos por separado sino que lo haremos para las filas y solo indicaremos el modo de hacerlo para las columnas.

3.2.1 Insertar una o varias filas

PASO 1

Teniendo en cuenta que insertarás una fila o rango de filas encima de la o las que seleccionaste, por defecto, posiciónate en la fila sobre la que quieres insertar otra (por ejemplo, si quieres insertar una fila entre la 10 y la 11, tendrás que ubicarte en la fila 11). Con el botón derecho del mouse, pulsa sobre el número de fila deseado, para abrir el menú contextual.

PASO 2

Presiona en la opción **Insertar**, y verás cómo las filas se desplazan hacia abajo, dando lugar a una o varias filas en blanco. La cantidad de filas que se insertarán será la misma que seleccionaste previamente. Es decir que, si seleccionaste un rango de 3 filas, por ejemplo, el programa devolverá 3 filas adicionales.

Estas nuevas filas heredarán las características de formato y tipo de fuente que tenía la fila utilizada para insertarla, e incluso, se copiarán las fórmulas que haya en la/s fila/s de origen.

Si lo que quieres es insertar una columna o varias, repite los pasos 1 y 2, teniendo en cuenta que la o las nuevas columnas se adicionarán a la izquierda de aquella que selecciones para insertar. De igual manera, esta columna o columnas heredarán las características de las que les dieron origen.

3.2.2 Eliminar una fila

PASO 1

Para este caso procede de forma parecida a la efectuada en el Paso a Paso anterior, es decir, posiciónate sobre la fila que deseas eliminar y pulsa el botón derecho para abrir el menú contextual.

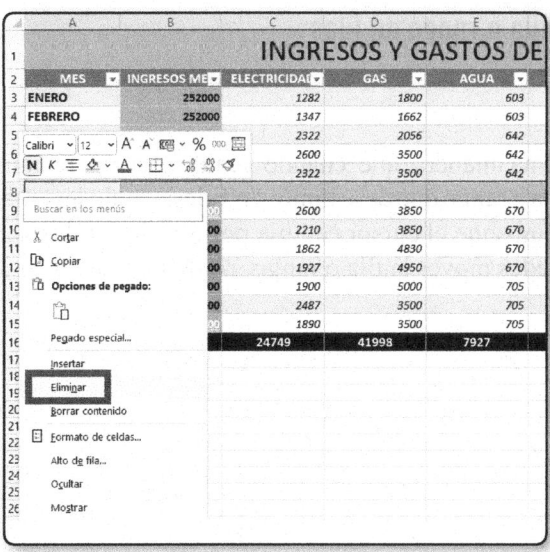

PASO 2

En el menú contextual que se abre, presiona en la opción **Eliminar**; verás que las filas que se encuentran debajo suben una o varias posiciones, ocupando el espacio dejado por la o las filas eliminadas.

2	MES	INGRESOS ME	ELECTRICIDAD	GAS	AGUA	TV	TELEFONÍA	MUNICIPIO
3	ENERO	252000	1282	1800	603	3847	7000	900
4	FEBRERO	252000	1347	1662	603	3847	7000	900
5	MARZO	256200	2322	2056	642	3950	8100	960
6	ABRIL	256200	2600	3500	642	3950	8100	960
7	MAYO	270000	2322	3500	642	3950	8100	960
8	JUNIO	405000	2600	3850	670	4021	8100	1028
9	JULIO	270000	2210	3850	670	4021	8500	1028
10	AGOSTO	282000	1862	4830	670	4021	8500	1028
11	SEPTIEMBRE	282000	1927	4950	670	4021	9000	1028
12	OCTUBRE	298000	1900	5000	705	4150	9500	1200

Respecto de las columnas, la acción que debes realizar es la misma que con las filas: mediante el menú contextual y la opción **Eliminar**, podrás realizarlo sin dificultad.

Antes de proceder con el siguiente Paso a Paso, hace falta aclarar que la acción de mover una fila o un rango de filas es exactamente lo mismo que si cortamos y pegamos la o las filas, mediante el menú contextual, o con la combinación de teclas **CTRL+X** para cortar y **CTRL+V** para pegar, por lo que este paso se presenta más bien como una alternativa al proceso de cortar y pegar.

Hecha esta aclaración, procedamos con el Paso a Paso correspondiente.

3.2.3 Mover una fila o rango de filas

PASO 1

De la misma manera que cuando realizas la operación de insertar filas, posiciónate en la fila o rango que deseas mover, y deslizando levemente el mouse hacia la derecha, observarás que el cursor cambia por una flecha de cuatro direcciones, lo cual indica que puedes mover la fila o rango, como lo muestra la imagen que sigue:

	A	B	C	D	E
1				**INGRESOS Y GASTOS DE S**	
2	**MES** ▾	**INGRESOS ME**▾	**ELECTRICIDAD**▾	**GAS** ▾	**AGUA** ▾
3	ENERO	252000	1282	1800	603
4	FEBRERO	252000	1347	1662	603
5	MARZO	256200	2322	2056	642
6	ABRIL	256200	2600	3500	642
7	MAYO	270000	2322	3500	642
8	JUNIO	405000	2600	3850	670
9	JULIO	270000	2210	3850	670
10	AGOSTO	282000	1862	4830	670
11	SEPTIEMBRE	282000	1927	4950	670
12	OCTUBRE	298000	1900	5000	705
13	NOVIEMBRE	299000	2487	3500	705
14	DICIEMBRE	450000	1890	3500	705
15	TOTALES AÑO	3572400	24749	41998	7927	4
16					

Al mover esta fila o filas, **Excel 365** muestra un recuadro verde en el lugar de destino. Así podrás elegir con certeza el sitio en el que quieres que se ubiquen.

Si deseas mover una columna o rango de ellas, el procedimiento es exactamente el mismo: desplazando levemente el mouse hacia abajo, verás la flecha de cuatro direcciones y podrás mover la columna, como se muestra a continuación.

H	I	J	K	L	M	N	O
AÑO					**PORCENTAJES REPRESENTATIVOS DE LOS INGRESOS**		
MUNICIPIO▾	**TROS GAS**▾	**TOTAL M**▾	**DISPONIB**▾		**MES**	**% GASTOS**	**% DISPONIBLE**
900	120000	135432	116568		ENERO	53,74%	46,26%
900	120000	135359	116641		FEBRERO	53,71%	46,29%
960	135000	153030	103170		MARZO	59,73%	40,27%
960	160000	179752	76448		ABRIL	70,16%	29,84%
960	195000	214474	55526		MAYO	79,43%	20,57%
1028	250000	270269	134731		JUNIO	66,73%	33,27%
1028	190000	210279	59721		JULIO	77,88%	22,12%
1028	165000	185911	96089		AGOSTO	65,93%	34,07%
1028	180000	201596	80404		SEPTIEMBRE	71,49%	28,51%
1200	170000	192455	105545		OCTUBRE	64,58%	35,42%
1200	185000	206742	92258		NOVIEMBRE	69,14%	30,86%
1200	275000	296445	153555		DICIEMBRE	65,88%	34,12%

3.2.4 Copiar una fila o rango de filas

Si lo que necesitas es copiar una fila o rango, además de la opción de seleccionar la o las filas y utilizar la combinación de teclas **CTRL+C** para copiar y **CTRL+V** para pegar, puedes hacerlo con el mouse, de la manera que sigue.

PASO 1

Selecciona con el mouse la o las filas que deseas copiar.

	A	B	C	D	E	F	G
1				INGRESOS Y GASTOS DE SERVICIOS DEl			
2	MES ▾	INGRESOS ME ▾	ELECTRICIDAI ▾	GAS ▾	AGUA ▾	TV ▾	TELEFONÍA
3	ENERO	252000	1282	1800	603	3847	700
4	FEBRERO	252000	1347	1662	603	3847	700
5	MARZO	256200	2322	2056	642	3950	810
6	ABRIL	256200	2600	3500	642	3950	810
7	MAYO	270000	2322	3500	642	3950	810
8	JUNIO	405000	2600	3850	670	4021	810
9	JULIO	270000	2210	3850	670	4021	850
10	AGOSTO	282000	1862	4830	670	4021	850
11	SEPTIEMBRE	282000	1927	4950	670	4021	900
12	OCTUBRE	298000	1900	5000	705	4150	950
13	NOVIEMBRE	299000	2487	3500	705	4150	970
14	DICIEMBRE	450000	1890	3500	705	4150	1000
15	TOTALES AÑO	3572400	24749	41998	7927	48078	101600

PASO 2

Llevando levemente el mouse hacia la derecha, visualizarás la ya conocida flecha de cuatro direcciones que aparece cuando realizas los pasos para mover una fila o rango. A la vez, pulsa **CTRL**, y verás cómo esta flecha cambia, mostrándote el puntero y, sobre él, el signo de suma (+).

	A	B	C
1			INGRESOS Y
2	MES	INGRESOS MES	ELECTRICIDAD
3	ENERO	252000	1282
4	FEBRERO	252000	1347
5	MARZO	256200	2322
6	ABRIL	256200	2600
7	MAYO	270000	2322
8	JUNIO	405000	2600
9	JULIO	270000	2210
10	AGOSTO	282000	1862
11	SEPTIEMBRE	282000	1927
12	OCTUBRE	298000	1900
13	NOVIEMBRE	299000	2487
14	DICIEMBRE	450000	1890

PASO 3

Manteniendo pulsados simultáneamente la tecla **CTRL** y el botón izquierdo del mouse, podrás realizar una copia de la fila o rango que seleccionaste previamente. Para indicarte que se está moviendo o copiando una fila o rango, el programa muestra un recuadro verde del mismo tamaño que el que estás seleccionando.

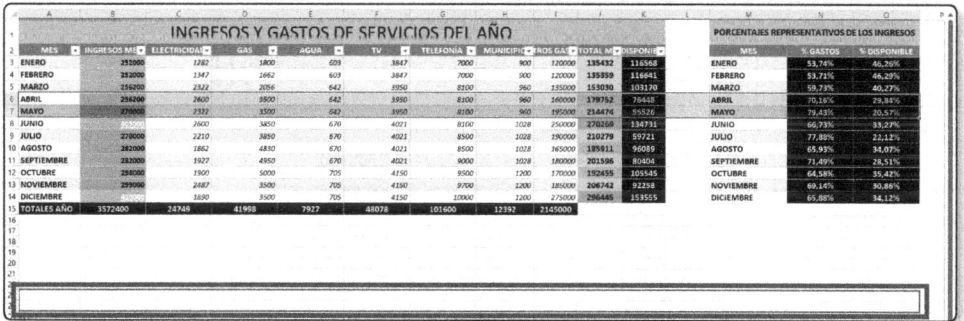

Si lo que deseas es ocultar una fila o rango de filas, debes tener en cuenta que estas no desaparecen, por lo que si no necesitas los datos de ellas, deberás considerar eliminarlas. Solamente no se muestran en la interfaz, pero los datos allí colocados siguen afectando al resultado.

3.2.5 Ocultar una fila o rango

PASO 1

Como ya viste en los pasos anteriores, haz clic derecho del mouse sobre la fila o rango que deseas ocultar.

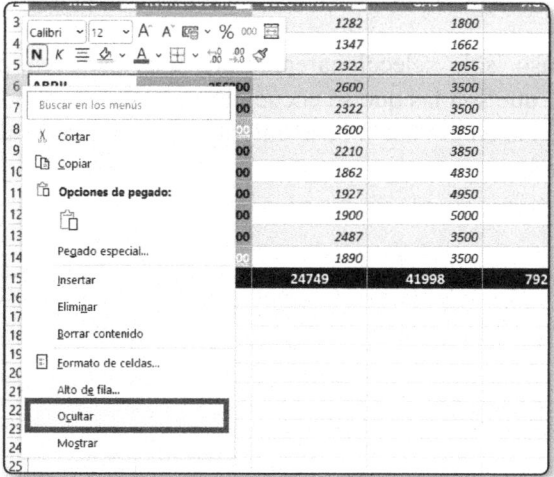

PASO 2

Al pulsar sobre la opción **Ocultar**, verás cómo las filas que seleccionaste dejan de estar a la vista, y en su lugar, aparece una fila más pequeña, que indica que tienes contenido oculto. Esta indicación no aparecía en versiones anteriores de **Excel**, por lo que era más difícil detectar el contenido oculto, y esto podía generar errores en la tabla con la que estabas trabajando.

Para el caso de las columnas, la acción es la misma que para ocultar las filas, mediante el menú contextual. Las columnas seleccionadas "desaparecerán".

3.2.6 Mostrar una fila o rango de filas

PASO 1

En este caso, solo seleccionaremos dos filas para realizar esta acción, y siempre serán dos, que son las que se encuentran por encima y por debajo de la fila más pequeña indicada en el Paso a Paso anterior. Luego accede al menú contextual de la forma habitual.

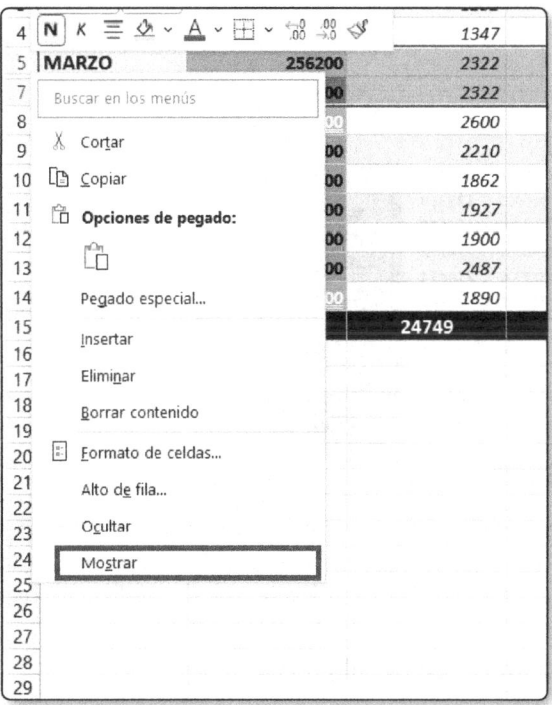

PASO 2

Pulsando en el comando **Mostrar**, podrás ver otra vez la fila o filas ocultas.

Para las columnas se realizan los mismos pasos, pero seleccionando, en todos los casos, las dos columnas que se encuentran a la izquierda y a la derecha de la columna más pequeña que indica que hay columnas ocultas, tal como puedes ver en la siguiente imagen.

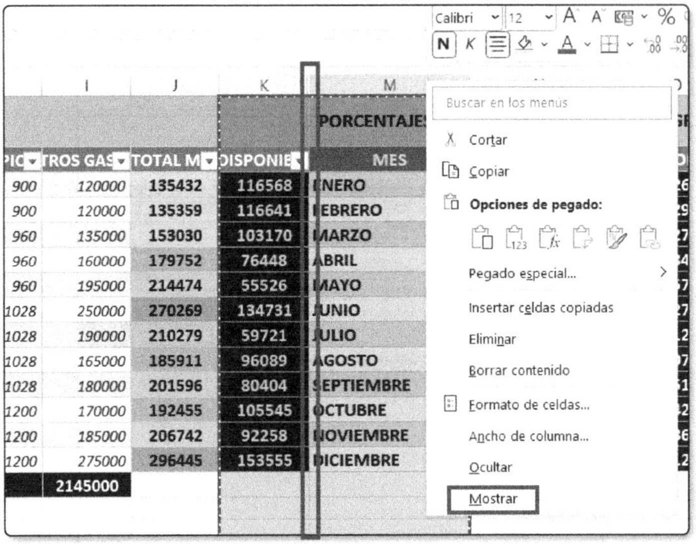

Figura 3.2. Al seleccionar las dos columnas entre las que se encuentra la columna más pequeña (dentro del recuadro rojo), y pulsando en *Mostrar*, podrás visualizar la/s columna/s oculta/s.

3.2.7 Modificar la altura de las filas

PASO 1

Una vez seleccionada la fila o filas cuyo tamaño deseas cambiar, accede al menú contextual.

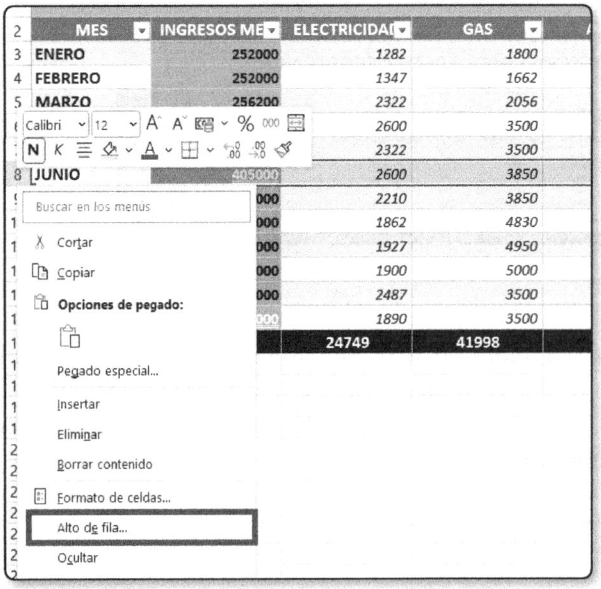

PASO 2

Dentro de dicho menú, pulsa en la opción **Alto de fila...**, que abrirá un cuadro de diálogo.

PASO 3

Dentro de la **caja de texto** que aparece, puedes escribir un número mayor o menor al que muestra este cuadro; luego pulsa **Aceptar**, para implementar los cambios. Por defecto, el cuadro de diálogo mostrará siempre el último redimensionamiento de las filas y, en el caso de seleccionar un rango a redimensionar y de tener disparidad de alturas, se mostrará en blanco.

Si no introduces un número entero, y el alto de filas se define con decimales, debes usar la coma (,) y no el punto (.) del teclado numérico, ya que, de ser así, aparecerá el siguiente error:

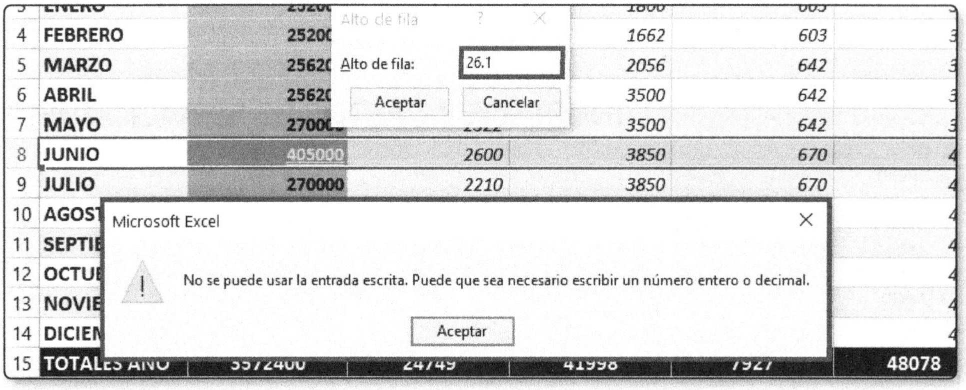

Figura 3.3. Error que se muestra al introducir un punto para los decimales, y no una coma.

Igual procedimiento debes realizar para redimensionar una columna, pero esta vez, selecciona **Ancho de columna...**, para acceder al cuadro de diálogo que permite modificarlo. De la misma manera puedes realizar esta acción con una o varias columnas. Tal como sucede con las filas, si el sistema encuentra disparidad en el ancho de las columnas seleccionadas, mostrará la caja de texto en blanco. Ahora sí, una vez que aprendiste a manejar filas y columnas, estás en condiciones de avanzar en la introducción de datos, su formateo y el uso de las primeras fórmulas.

3.3 INTRODUCIR DATOS EN UNA HOJA DE CÁLCULO

En esta parte de la obra, veremos de qué manera introducir y formatear datos de una o varias celdas, y también, las opciones que existen en la primera cinta de opciones **Insertar**, ya que son las que servirán para dar formato a la hoja de cálculo. Comenzaremos por dar formato a la hoja de cálculo, para lo cual realizaremos una hoja para calcular las entradas de dinero del hogar y los gastos fijos (impuestos y servicios) que se generan por mes y anualmente. Además, para ordenar las cuentas, queremos que esta tabla muestre qué dinero quedará luego de realizar los pagos correspondientes. El objetivo es lograr una tabla como se muestra a continuación:

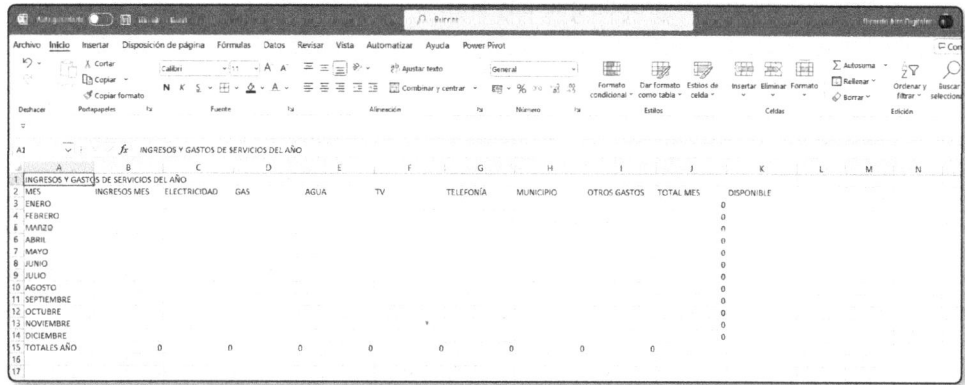

Figura 3.4. La tabla aún sin formatear, en la que realizarás los cálculos para conocer el dinero que tendrás disponible al finalizar los pagos y las compras del mes.

3.3.1 Los grupos y comandos de la pestaña Insertar

Ahora veremos en detalle todos los grupos y comandos que puedes utilizar para dar formato a una hoja de cálculo. Al final de este apartado, utilizando algunas opciones de esta cinta, la hoja deberá verse como se muestra en la siguiente imagen.

MES	INGRESOS MES	ELECTRICIDAD	GAS	AGUA	TV	TELEFONÍA	MUNICIPIO	OTROS GASTOS	TOTAL MES	DISPONIBLE
ENERO	252000	1282	1800	603	3847	7000	900	120000	135432	116568
FEBRERO	252000	1347	1662	603	3847	7000	900	120000	135359	116641
MARZO	256200	2322	2056	642	3950	8100	960	135000	153030	103170
ABRIL	256200	2600	3500	642	3950	8100	960	160000	179752	76448
MAYO	270000	2322	3500	642	3950	8100	960	195000	214474	55526
JUNIO	405000	2600	3850	670	4021	8100	1028	250000	270269	134731
JULIO	270000	2210	3850	670	4021	8500	1028	190000	210279	59721
AGOSTO	282000	1862	4830	670	4021	8500	1028	165000	185911	96089
SEPTIEMBRE	282000	1927	4950	670	4021	9000	1028	180000	201596	80404
OCTUBRE	298000	1900	5000	705	4150	9500	1200	170000	192455	105545
NOVIEMBRE	299000	2487	3500	705	4150	9700	1200	185000	206742	92258
DICIEMBRE	450000	1890	3500	705	4150	10000	1200	275000	296445	153555
TOTALES AÑO	3572400	24749	41998	7927	48078	101600	12392	2145000		

INGRESOS Y GASTOS DE SERVICIOS DEL AÑO

Figura 3.5. La misma hoja de cálculo pero ya formateada.

Ya mencionamos antes los grupos dentro de la cinta de opciones, y también dijimos que en aquellos que ya están preformateados no es posible agregar comandos. De todas maneras, para esta vez, solo necesitarás los comandos por defecto, y no vas a gregar ninguno adicional.

Los dos primeros grupos que hay son:

Grupo Deshacer

Contiene las opciones para deshacer y rehacer una acción. Si pulsas sobre la flecha hacia atrás, desharás la última acción. Por el contrario, si presionas sobre la flecha hacia adelante, reharás la acción deshecha.

Si pulsas sobre la lista desplegable, verás la serie de acciones que podrás deshacer o rehacer, desde el último guardado hasta ahora.

Seleccionando cualquier opción disponible de la lista, llevas la hoja de cálculo al estado que tenía antes de realizar el cambio seleccionado; es decir que si pulsas sobre el último cambio de la lista, regresarás a la hoja tal como estaba inmediatamente después de haber sido guardada por última vez. Si guardas los cambios, ya no podrás deshacer ni rehacer ninguno.

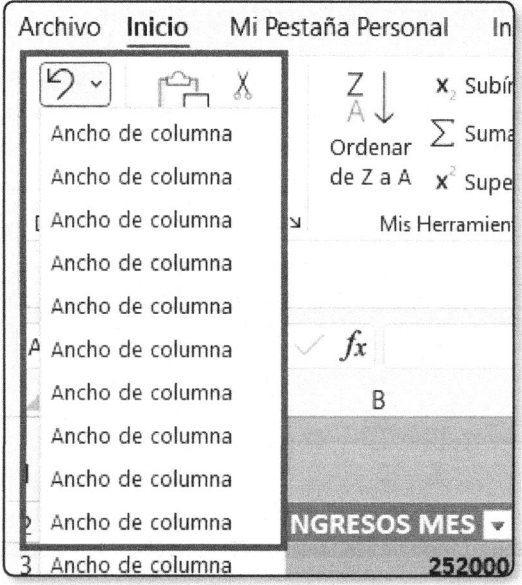

Figura 3.6. El grupo *Deshacer*, con sus botones correspondientes. En la imagen, el cuadro Deshacer con su lista desplegada.

Grupo Portapapeles

En este grupo, verás los comandos que puedes utilizar para mover (botón **Cortar**) o copiar datos (botón **Copiar**). También aquí, mediante la opción **Copiar**

formato, puedes trasladar el formato de la celda o rango de celdas a la nueva posición. La opción **Pegar** y su lista desplegable solo se activarán al seleccionar una celda y pulsar **CTRL+C** o **CTRL+X**, como ya vimos, activando el menú contextual con los comandos **Cortar** o **Copiar**, o bien pulsando los botones correspondientes a una u otra opción de este grupo.

En esta lista desplegable se encuentran los siguientes comandos, también agrupados en subgrupos:

⯈ **Subgrupo Pegar**:

- **Pegar**: pega todos los formatos de la celda o grupo de celdas del origen, y los contenidos, ya sean fórmulas, formatos de número o de texto, comentarios, etc.

- **Fórmulas**: pega solo las fórmulas que están en la celda de origen, manteniendo el formato de la celda destino.

- **Formato de fórmulas y números**: pega solo el formato de números y fórmulas de la celda de origen.

- **Sin bordes**: pega todo excepto los bordes de la celda.

- **Trasponer**: sirve solo cuando copias o cortas un rango de celdas, pega en dirección horizontal un rango vertical y viceversa.

⯈ **Subgrupo Pegar valores**:

- **Valores**: pega solo los valores sin formatear.

- **Formato de valores y números**: pega los formatos de los valores y los números de la celda de origen, sin los formatos de color de borde, celda, formatos condicionales, etc.

- **Formato de valores y origen**: pega los formatos de los valores y los de la celda original (colores, tipo de letra, fondo y líneas).

⯈ **Subgrupo Otras opciones de pegado**:

- **Formato**: pega solo el formato de las celdas, sin los valores que hay en ella.

- **Imagen**: permite insertar una imagen en la celda.

- **Vínculo**: permite pegar los valores vinculados a la celda de origen, de tal manera que si estos cambian, la/s celda/s de destino también lo harán.

- **Imagen vinculada**: permite el tratamiento de los datos y su formateo como si fuera una imagen. Asimismo, los valores de la celda vinculada cambian si se modifica el origen.

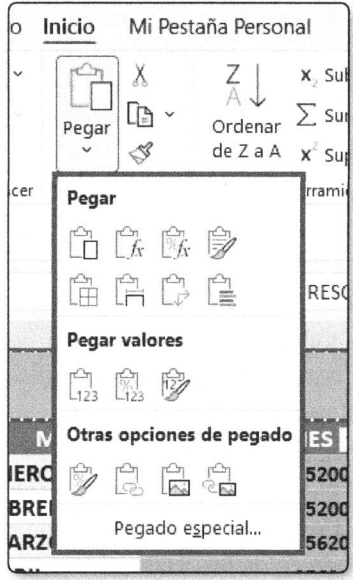

Figura 3.7. Los diferentes comandos, la opción *Pegar* activada y la lista desplegable que contiene los subgrupos mencionados.

En la parte inferior de la lista **Pegar**, está la opción **Pegado especial…**, con la que se accede a más personalizaciones del comando, como puedes ver en la siguiente imagen.

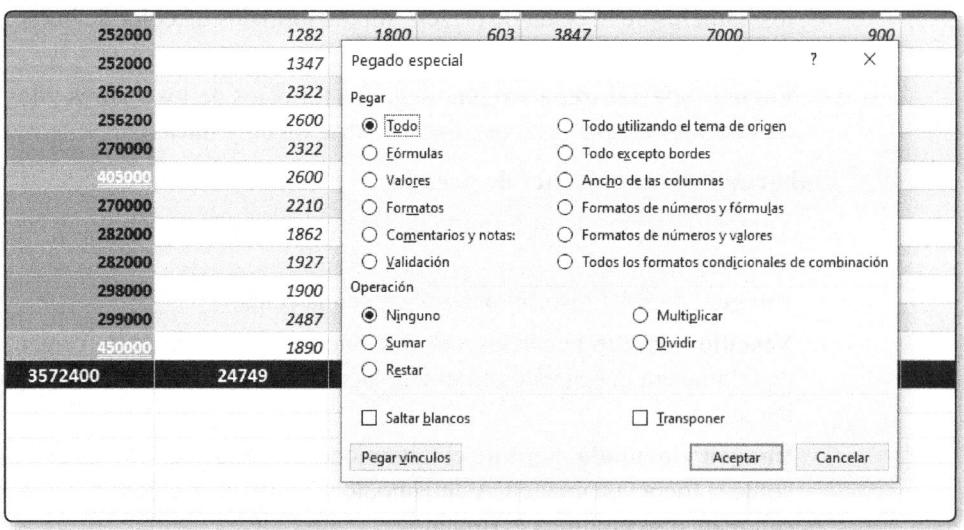

Figura 3.8. El cuadro de diálogo ya abierto, que se activa al seleccionar *Pegado especial…*, en el botón *Pegar* del grupo *Portapapeles*.

Grupo Fuente

- ▸ Lista desplegable **Tipo de fuente**: permite cambiar el tipo y el tamaño de la fuente, con la posibilidad de elegir entre muchos tipos diferentes, ya instaladas y otras para descargar, que podrás agregar a la lista de fuentes.

- ▸ Lista desplegable **Tamaño de fuente**: permite cambiar el tamaño de la fuente. También puedes hacerlo punto por punto, mediante las opciones de **Aumentar tamaño de fuente** o **Disminuir tamaño de fuente**.

- ▸ **Formato de fuente**: puedes elegir entre tres tipos: **Negrita** (N), **Cursiva** (K) y **Subrayado** (S).

- ▸ **Más bordes**: puedes seleccionar todos los bordes (por defecto), o bien, en la lista desplegable, están todas las opciones de formato de bordes, y haciendo clic en **Más bordes...**, accederás al cuadro de diálogo de **Formato de Celdas**, en la pestaña **Bordes**, aunque puedes acceder a todas las opciones de formato de número, incluyendo fuente, bordes, relleno y bloquear o desbloquear celdas.

- ▸ **Color de fuente**: permite cambiar el color de la fuente por colores de la paleta predeterminada, o crear un color particular modificando parámetros RGB (por sus siglas en inglés, de Rojo, Verde, Azul). Estos parámetros de color son los que permiten los diferentes matices de coloración, dependiendo de su combinación. Cada uno de estos colores puede modificarse en una escala que va de 0 a 255. Según cómo combines los tres colores primarios, en lo que a imagen se refiere, será la coloración que obtendrás. También puedes modificarla moviéndote dentro de una paleta con el espectro de colores desde el rojo hasta el índigo. A los costados verás una barra que modificará la luminosidad del color.

- ▸ **Relleno de la celda**: al igual que el color de fuente, puedes personalizar esta opción eligiendo el color que desees de la paleta anteriormente indicada.

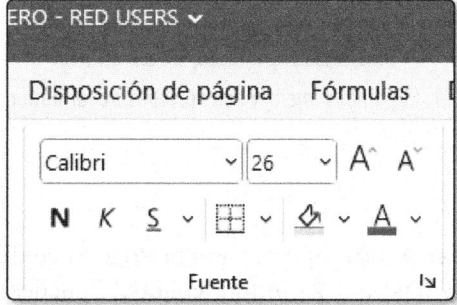

Figura 3.9. El grupo *Fuente*, con las diferentes opciones mencionadas más arriba.

Grupo Alineación

Permite alinear por encima, al centro y por debajo en línea horizontal, los valores y números de una celda; también, establecer la alineación dentro de la celda de los valores (**Izquierda**, **Centro**, **Derecha**) y la orientación del texto (horizontal, vertical, oblicua), ajustar el texto, y combinar y centrar varias celdas en una sola.

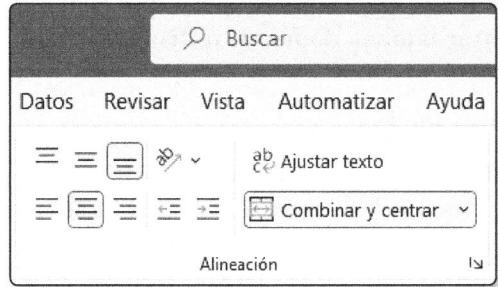

Figura 3.10. El grupo *Fuente*, con las diferentes opciones mencionadas más arriba.

Grupo Número

En este grupo se encuentran todas las opciones de número, con la posibilidad de elegir entre los de la lista desplegable, donde también se accede al cuadro de diálogo de **Formato**. A través de la opción **Más formatos de número...**, hay formatos especiales de contabilidad (Euro, USD, ARS, y muchos otros, accediendo al cuadro de diálogo **Formato**), estilo **Porcentaje**, **Millares** (que agrega una coma para separar millares) y a los botones para agregar o quitar decimales.

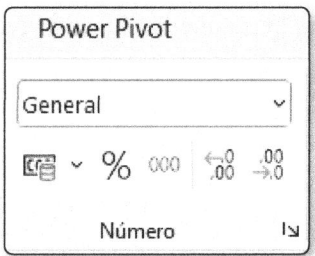

Figura 3.11. El grupo *Número*, y sus opciones de formato numérico.

Grupo Celdas

Permite **Insertar**, **Eliminar** y dar **Formato** a las celdas. Mediante el cuadro de diálogo **Insertar celdas...** o **Eliminar celdas...** puedes fácilmente agregar o quitar una celda o rango de ellas.

En cuanto a la opción de **Formato** de este grupo, nos detendremos brevemente para describir los comandos de los subgrupos que la conforman.

▼ **Subgrupo Tamaño de celda**:

Aquí encontrarás los comandos que permiten establecer la altura y el ancho de una fila o columna, autoajustar las filas y columnas al texto, o definir una altura o ancho de fila o columna predeterminados, de manera que cuando insertes una nueva fila o columna, esta tenga el tamaño ya asignado.

▼ **Subgrupo Visibilidad**:

En este grupo verás el menú desplegable con las opciones para ocultar o mostrar filas o columnas, e incluso, una opción más que permite ocultar una hoja determinada.

▼ **Subgrupo Organizar hojas**:

Tiene todo lo necesario para trabajar con una hoja de cálculo, mover o copiar una hoja y establecer el color de pestaña.

▼ **Subgrupo Protección**:

Permite proteger una hoja con contraseña, bloquear una celda para que no se pueda modificar (requiere proteger la hoja) y acceder al cuadro de diálogo **Formato de celdas...**

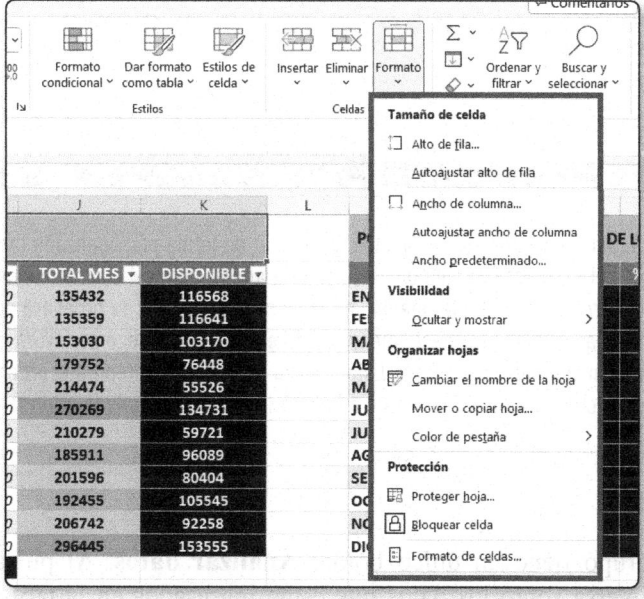

Figura 3.12. El grupo *Celdas* con los distintos subgrupos dentro del grupo *Formato*.

Grupo Edición

Se utiliza para editar el contenido de una celda. Contiene el botón **Autosuma** (cuya función ya vimos al finalizar el capítulo anterior). Permite rellenar un rango específico de celdas con el contenido de otras, borrar todo el contenido o el formato sin borrar el contenido, quitar hipervínculos (ya lo veremos detalladamente al hablar de las opciones de **Insertar**), y ordenar de forma ascendente, descendente o personalizada, como se observa en la imagen que acompaña este apartado.

También en este grupo puedes acceder a las opciones de búsqueda y selección, con la posibilidad de reemplazar un dato seleccionado por otro.

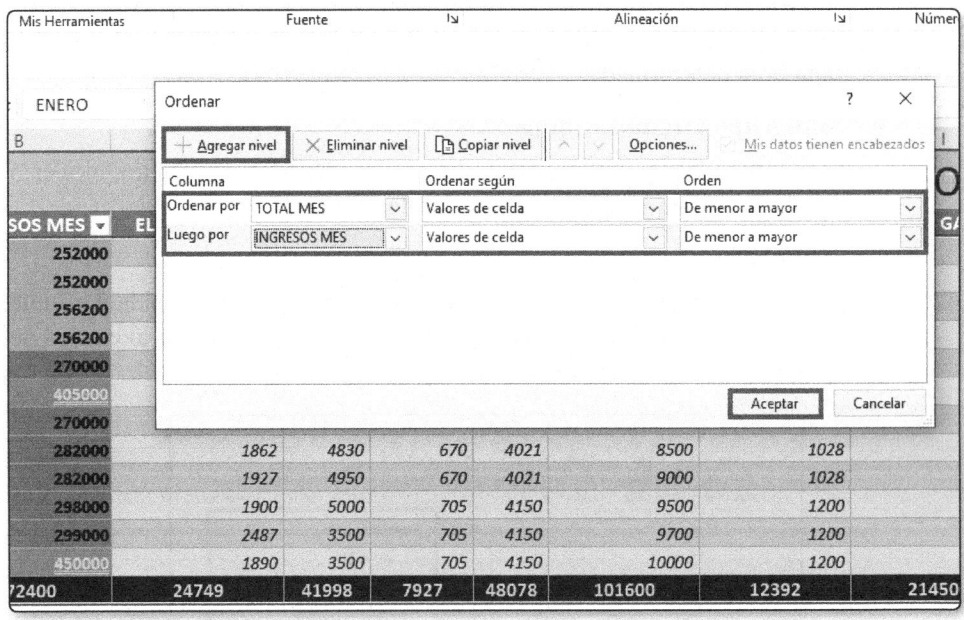

Figura 3.13. Dentro del grupo *Edición* puedes ordenar de forma personalizada las distintas columnas de tu proyecto de hoja de cálculo. Para añadir un nivel de ordenación, pulsa en el botón *Agregar nivel*. En la imagen, al hacer clic en *Aceptar*, se ordenará por *TOTAL MES* de forma ascendente (es decir, menor importe a mayor), y luego por *INGRESOS MES*, también de menor importe a mayor. Esto implica que no se mantendrá el orden de los meses, lo cual, en este caso, puede dificultar la comprensión de la información.

Grupo Análisis

Este grupo tiene un único botón, **Analizar datos**. Al pulsarlo, presenta información diversa sobre los datos que están ingresados en la tabla, y analiza la información para poder realizar un mejor análisis de los datos vertidos.

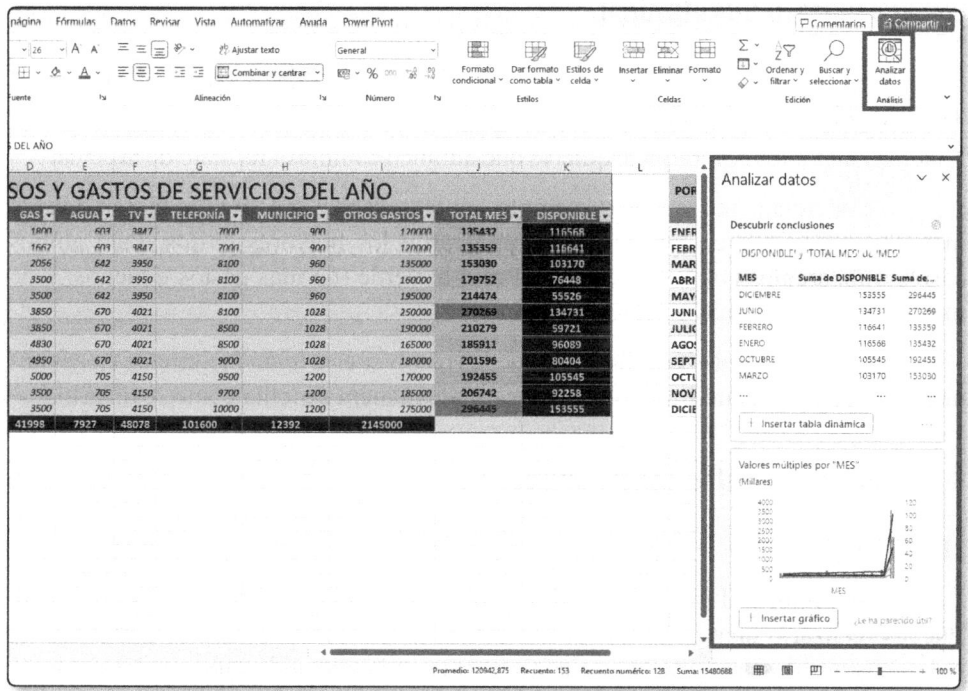

Figura 3.14. Al pulsar en *Analizar datos*, del grupo *Análisis*, accedes a mucha información de análisis basada en los datos incluidos en la hoja de cálculo.

Dejamos para el final el **Grupo Estilos**, ya que aquí veremos un tipo de formato muy útil que nos ayuda a visualizar datos en una celda que cumplan una determinada condición. Estamos hablando del **Formato condicional**, que se encuentra en este grupo, y que veremos a continuación.

Dentro de este grupo también están las opciones de dar formato como tabla. Vale aclarar que los datos ingresados en una tabla no se comportarán de la misma manera que los ingresados normalmente y luego formateados. **Excel 365** propone las tablas como una forma de presentar los datos de manera homogénea y sin diferencias de diseño. Por esta razón, las tablas están preformateadas, y al agregar una columna por fuera de la tabla, esta no tendrá las mismas características. Asimismo, tampoco las fórmulas se comportarán de igual modo en una tabla o en una hoja formateada, ya que estos datos se presentan como **matriz de cálculo**.

Nuestra recomendación es que utilices este formato de tablas solo si no se van a modificar las columnas, o al finalizar todo el proceso de creación de la hoja de datos.

3.4 EL FORMATO CONDICIONAL

Supongamos que en la tabla que ya formateaste y que guardaste con el nombre **INGRESOS Y GASTOS POR AÑO**, quieres tener a la vista varios datos, y si la relación entre ellos se modifica, quieres que también cambie el formato de la celda.

Concretamente en este ejemplo, deseas saber qué meses fueron los de mayores ingresos y en qué meses se generaron los mayores gastos. Para ambos casos, utilizaremos colores que van del rojo al verde (de más gastos a menos, y de menores ingresos a mayores, respectivamente).

Con el **Formato condicional** puedes resolver este tema fácilmente en apenas unos clics. El siguiente Paso a Paso muestra de manera sencilla cómo realizarlo.

3.4.1 Utilizar formatos condicionales

PASO 1

Selecciona el rango de celdas al que vas a aplicar el formato condicional. Puedes realizarlo una sola vez, mediante **CTRL** y arrastre del mouse, para ambas columnas que deseas formatear, o una vez para cada uno, si lo que quieres es que la información que se resalte sea distinta. Como en este caso lo que queremos es que los mayores números vayan hacia el verde y los menores hacia el rojo en ambos casos, selecciona ambas columnas.

PASO 2

Puedes elegir uno de los formatos condicionales prediseñados o crear un formato que cumpla criterios que tú establezcas. Haz esto último para personalizar aún más tu tabla, seleccionando la opción **Administrar reglas...**

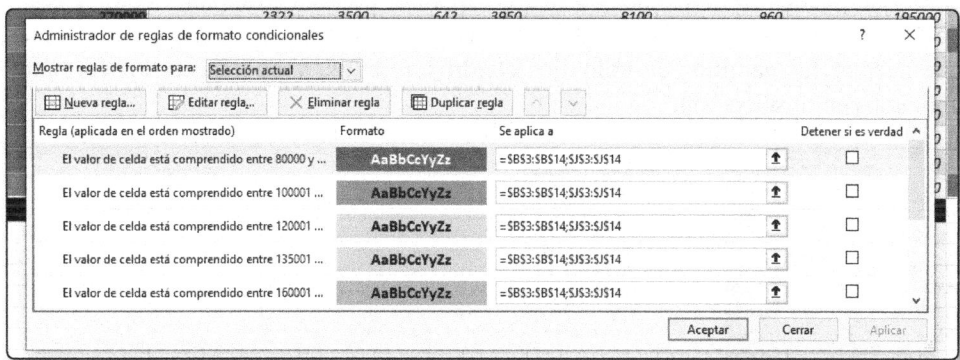

PASO 3

Tienes la opción de crear una **Nueva regla**, **Editar** una que ya hayas creado, **Eliminar** una regla o duplicarla, para modificarla a partir de datos ya ingresados. También puedes aplicar las reglas a los rangos seleccionados, o bien a toda la hoja de cálculo pulsando en la lista desplegable. En todos los casos, ve al cuadro de diálogo que se muestra en la siguiente imagen, donde debes elegir el tipo de regla entre varias opciones, y qué parámetros establecer para el formato, con la opción de elegir entre mayor o igual que, menor o igual que, igual a, no igual a, y que tengan un texto determinado, entre otras.

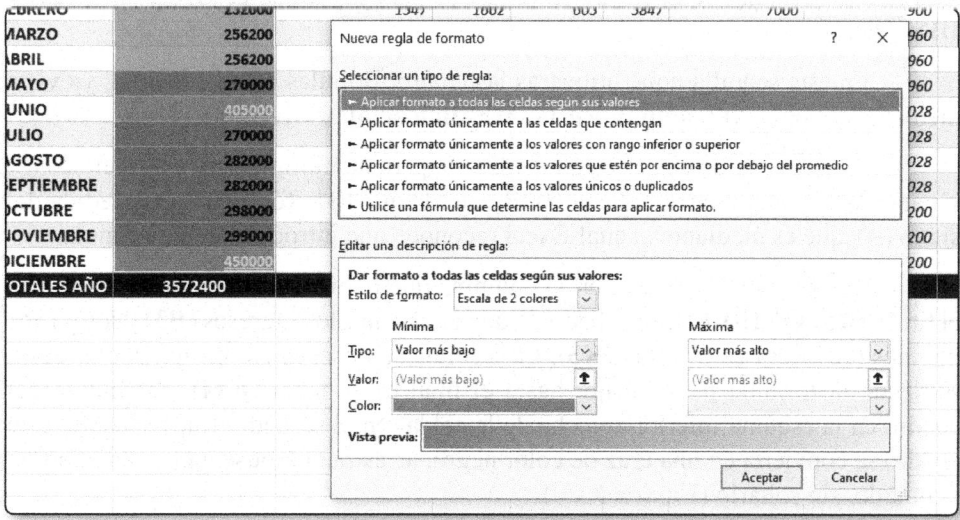

PASO 4

Acto seguido, accede al botón **Formato…**, que se encuentra a la derecha de la ventana de Vista previa (en la que se observa cómo quedará la celda una vez aplicado el formato). Nuevamente, accede al cuadro de diálogo **Formato de celdas**, en el que puedes cambiar todas las características de fuente, tamaño, color y color de fondo. Realiza todas las modificaciones y pulsa **Aceptar**. Luego, solo tienes que aceptar los cambios en todos los cuadros abiertos, y podrás ver los formatos aplicados en tu selección.

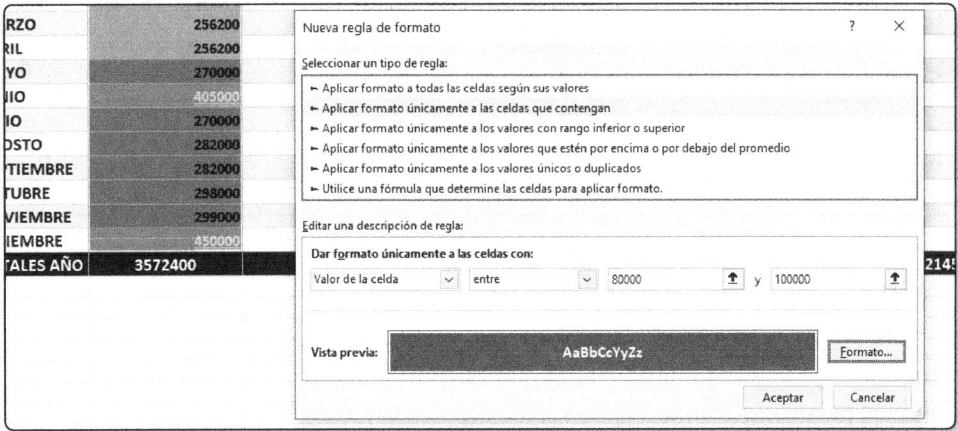

3.4.2 ¿Cómo introducir fórmulas en la tabla?

Para finalizar, veremos ahora la manera de introducir las fórmulas que utilizaremos en esta hoja. Para lograrlo, vas a crear una segunda tabla, que mostrará porcentajes respecto de los ingresos para las **variables GASTOS MES** y **DISPONIBLE**.

En esta sencilla hoja, utilizarás las cuatro fórmulas básicas (**Suma**, ya vista mediante el botón **Autosuma**), **Resta**, **Multiplicación** y **División**).

Para la resta usarás el guión medio (-), para la multiplicación el asterisco (*) y para la división la barra oblicua (/). Recuerda que toda fórmula va precedida del signo (=), que es mediante el cual **Excel** reconoce que introdujiste una fórmula.

Comienza por agregar, en la columna que habías creado antes, la que lleva el título **DISPONIBLE**, el resultado de una resta entre los ingresos (**B3**) y los gastos del mes (**J3**); será en la celda (**K3**). La fórmula se observa en la siguiente imagen. Extiende la fórmula hacia abajo, hasta el final de la tabla (**K14**), valiéndote del cuadro en la esquina inferior derecha de la celda (en el recuadro rojo). Cuando este cuadro se convierta en una cruz de color negro, arrastra el mouse, pulsando el botón izquierdo, sin soltarlo (**Figura 3.15.**).

BUSCARV =B3-J3

	A	B	C	D	E	F	G	H	I	J	K
1	INGRESOS Y GASTOS DE SERVICIOS DEL AÑO										
2	MES	INGRESOS MES	ELECTRICIDAD	GAS	AGUA	TV	TELEFONÍA	MUNICIPIO	OTROS GASTOS	TOTAL MES	DI
3	ENERO	252000	1282	1800	603	3847	7000	900	120000	135432	=B3-
4	FEBRERO	252000	1347	1662	603	3847	7000	900	120000	135359	
5	MARZO	256200	2322	2056	642	3950	8100	960	135000	153030	
6	ABRIL	256200	2600	3500	642	3950	8100	960	160000	179752	
7	MAYO	270000	2322	3500	642	3950	8100	960	195000	214474	
8	JUNIO	405000	2600	3850	670	4021	8100	1028	250000	270269	
9	JULIO	270000	2210	3850	670	4021	8500	1028	190000	210279	
10	AGOSTO	282000	1862	4830	670	4021	8500	1028	165000	185911	
11	SEPTIEMBRE	282000	1927	4950	670	4021	9000	1028	180000	201596	
12	OCTUBRE	298000	1900	5000	705	4150	9500	1200	170000	192455	
13	NOVIEMBRE	299000	2487	3500	705	4150	9700	1200	185000	206742	
14	DICIEMBRE	450000	1890	3500	705	4150	10000	1200	275000	296445	
15	TOTALES AÑO	3572400	24749	41998	7927	48078	101600	12392	2145000		
16											
17											

Figura 3.15. Esta fórmula va en la primera celda vacía en la tabla, es decir, en *K3*. Luego, vas a copiarla en toda la columna.

Una vez obtenidos los totales, toca ahora crear la tabla de los porcentajes.

El porcentaje (**%**) se toma también como una de las fórmulas básicas, por lo que lo veremos por separado. Igualmente, para sacar el porcentaje, lo haremos a la vieja usanza, es decir, multiplicando el total de gastos (la variable) por 100 y dividiéndolo por el total de ingresos (que sería el 100% de cada mes). Luego mostraremos lo mismo, pero utilizando porcentaje.

Crea la tabla de porcentajes a un costado de la tabla de los gastos, y genera las fórmulas de porcentaje, tanto para la variable **GASTOS MES** como para la variable **DISPONIBLE**. Quedará de la siguiente manera:

L	M	N	O
	PORCENTAJES REPRESENTATIVOS DE LOS INGRESOS		
	MES	% GASTOS	% DISPONIBLE
	ENERO		
	FEBRERO		
	MARZO		
	ABRIL		
	MAYO		
	JUNIO		
	JULIO		
	AGOSTO		
	SEPTIEMBRE		
	OCTUBRE		
	NOVIEMBRE		
	DICIEMBRE		

Figura 3.16. La tabla creada para introducir los porcentajes.

3.4.3 Introducción de los porcentajes y cálculo

Como paso final, queda introducir los porcentajes correspondientes a la parte de los ingresos que representan los gastos mensuales, y la parte que representa el dinero disponible luego de los gastos.

Como dijimos, haremos el cálculo de la "vieja escuela", utilizando la regla de tres simple, con los siguientes datos para el caso de total del mes:

100%=INGRESOS
VARIABLE=TOTAL MES

Para el cálculo del porcentaje del disponible, tomaremos como variable la columna **DISPONIBLE**.

La fórmula de % es igual a la **VARIABLE**, multiplicada por 100 y dividida por el valor que representa el 100%, es decir los **INGRESOS**. Esto surge de aplicar la regla como sigue:

Si "**INGRESOS**" representa el 100%
VARIABLE representa X

Despejando X tenemos que
X=**VARIABLE***100/**INGRESOS**

O lo que es lo mismo, en la hoja de cálculo:
=**J3*100/B3** para la variable **%GASTOS**
=**K3*100/B3** para la variable **%DISPONIBLE**

Solo resta copiar la fórmula a las demás celdas de la columna para aplicar los cambios en todos los meses, y modificar el formato de la celda al formato **Porcentaje**, mediante cualquiera de las opciones disponibles para hacerlo.

En la siguiente imagen, puedes ver los porcentajes calculados para cada mes de las variables **GASTOS** y **DISPONIBLE**.

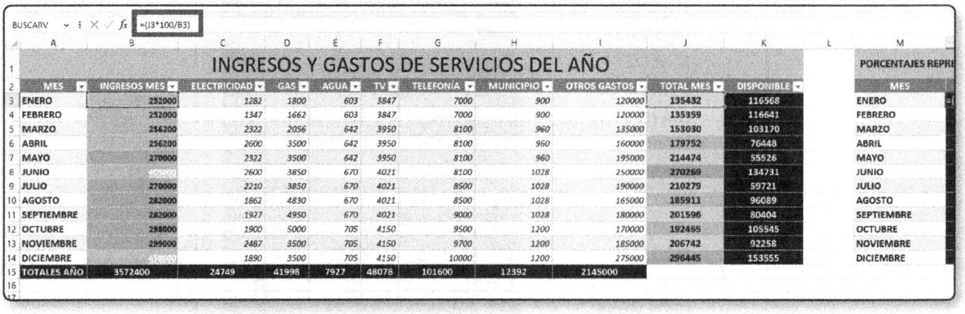

Figura 3.17. Una vez aplicados los cambios, obtendrás los porcentajes correspondientes a cada uno de los ítems calculados.

Si quisieras agregar el símbolo de porcentaje, en la fórmula debes modificar el formato de número a **Porcentaje** y multiplicar todos los términos de la ecuación *1/100.

La fórmula quedaría como sigue:

=(J3*100/B3)*1/100 para **%GASTOS**
=(K3*100/B3)*1/100 para **%DISPONIBLE**

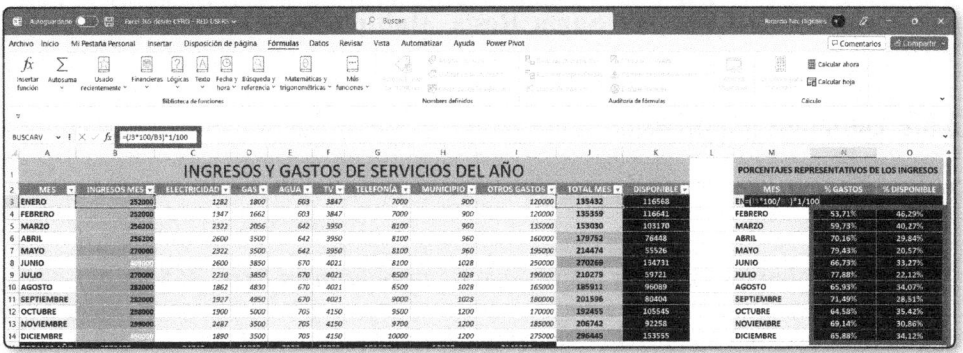

Figura 3.18. Modificando el formato de celda a *Porcentaje* y multiplicando la ecuación *1/100, obtienes el valor de porcentajes con el símbolo, sin afectar al resultado.

3.5 ACTIVIDADES

A continuación se presentan las preguntas y los ejercicios que deberías saber responder y resolver para considerar aprendido el capítulo.

3.5.1 Test de autoevaluación

1. ¿En qué casos conviene más crear un libro nuevo que abrir uno ya existente y guardarlo con otro nombre?

2. ¿Qué es una plantilla y cómo se crea?

3. En la opción **Guardar como…** *de la vista* **Backstage**, *¿cuál es la opción que vas a utilizar si quieres guardar un libro con otro nombre?*

4. ¿Qué atajos de teclado conoces para abrir un libro de forma más rápida?

5. *Los procedimientos para* **Insertar**, **Eliminar**, **Mover**, **Copiar**, **Ocultar** *o* **Mostrar**, *o* **Modificar** *el tamaño de filas, ¿son los mismos que para las columnas? ¿Alguno varía? En caso afirmativo, ¿cuál?*

6. *Una vez que aplicaste el comando* **CTRL+C**, *¿cuál es la opción del subgrupo* **Pegar**, *para pegar solo las fórmulas de una celda?*

7. *¿Qué es el formato condicional y para qué se utiliza?*

8. *¿Cuáles son los signos para* **Suma**, **Resta**, **Multiplicación** *y* **División**?

3.5.2 Ejercicios prácticos

1. *Investiga en Internet cuáles son los errores que pueden producirse al ingresar fórmulas.*

2. *Averigua sobre las fórmulas nuevas que se introducen en Excel 365.*

3. *Investiga qué es, en Excel 365, un valor absoluto y uno relativo.*

4. *Consigue información sobre qué significa anidar una fórmula y cuántas veces se puede hacer en Excel 365.*

4

VALIDACIÓN

En este capítulo comenzaremos por ver cómo validar una celda o rango de celdas para introducir exactamente los datos que necesitamos.

4.1 LA VALIDACIÓN DE DATOS

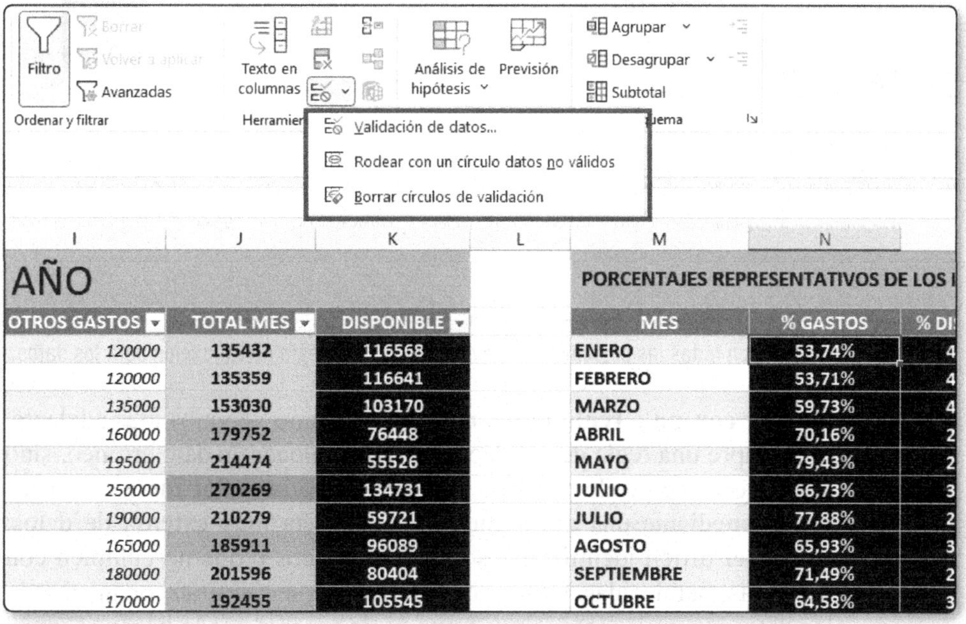

Figura 4.1. Dentro de la pestaña de *Datos*, encontrarás el grupo *Herramientas de datos*, donde se ubica el botón *Validación de datos*. Aquí se despliegan las diferentes opciones que hay para él.

Algunas veces es necesario tener un mejor control de los datos ingresados en las hojas de cálculo compartidas. En otras ocasiones, habrá que restringir los datos que otros ingresan, para evitar errores en las fórmulas presentes.

La validación de datos es una excelente herramienta para realizar esta tarea. Para utilizar esta opción, tienes que dirigirte a la pestaña **Datos** y, en el grupo **Herramientas de datos**, hallarás el botón **Validación de datos**.

Como puedes ver en la imagen anterior, al desplegar la lista al costado de dicho botón, se muestran tres opciones, que son:

▾ **Validación de datos…**: permite acceder al cuadro de diálogo para crear una instancia de validación de datos, como veremos más adelante.

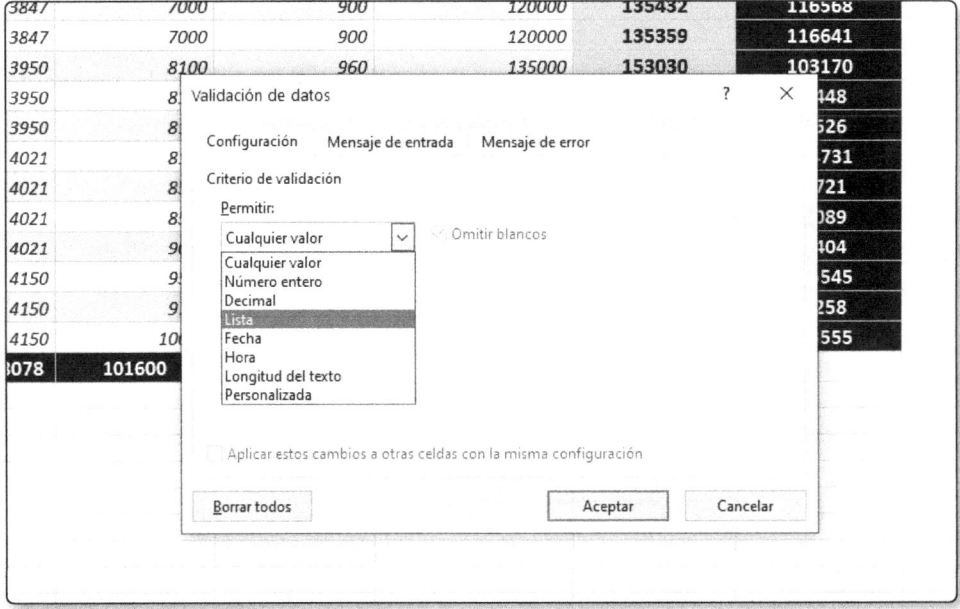

Figura 4.2. El cuadro con todas las posibilidades de creación de una regla de validación para los datos.

▾ **Rodear con un círculo datos no válidos**: como veremos más adelante, no siempre una regla de validación impide colocar un dato erróneo, sino que a veces se puede permitir la inserción de un valor fuera de dichas reglas, mediante una advertencia. En una lista muy extensa de datos, puede ser difícil identificar los valores erróneos o que no cumplen con las reglas establecidas. Utilizando esta opción, se rodearán con un círculo los datos que no se comporten como es de esperar que lo hagan (**Figura 4.3.**).

⬡ **Borrar círculos de validación**: pulsando este botón, todos los círculos que contengan datos no válidos desaparecerán (**Figura 4.4.**).

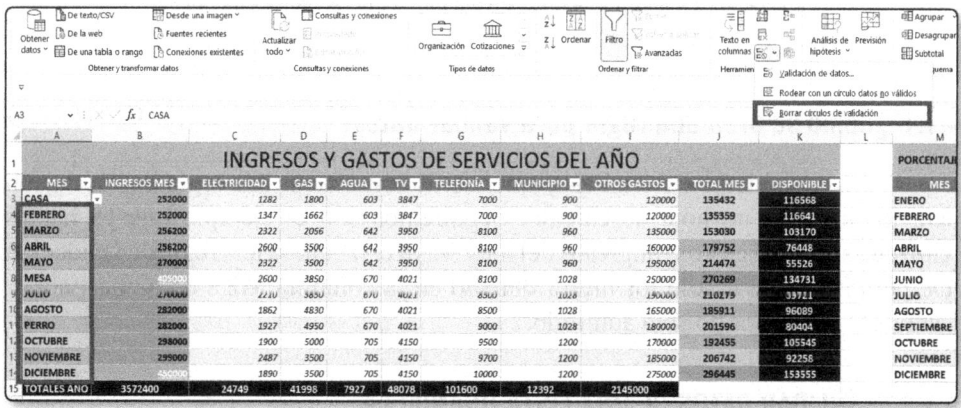

Figura 4.3. Si pulsas *Rodear con un círculo datos no válidos*, observarás que los datos no permitidos, o no validados, aunque pueden ingresarse, se enmarcarán dentro de un círculo en color rojo, para informar en qué lugar están aquellos que no cumplen con las reglas de validación.

Figura 4.4. Al presionar la opción *Borrar círculos de validación*, se eliminan los círculos que rodean a los datos no válidos.

Es preciso indicar que este borrado es solo de los círculos, ya que las reglas de validación configuradas continuarán aplicándose. Únicamente podrán eliminarse accediendo al cuadro de diálogo **Validación de datos**.

A continuación, veremos cómo funciona la **Herramienta de Validación de datos**.

Imagina que quieres restringir un número a un máximo de 8 dígitos, por ejemplo, el número de documento de identidad de una persona. Si se ingresa una cantidad de dígitos mayor, aparecerá un mensaje y se impedirá hacerlo.

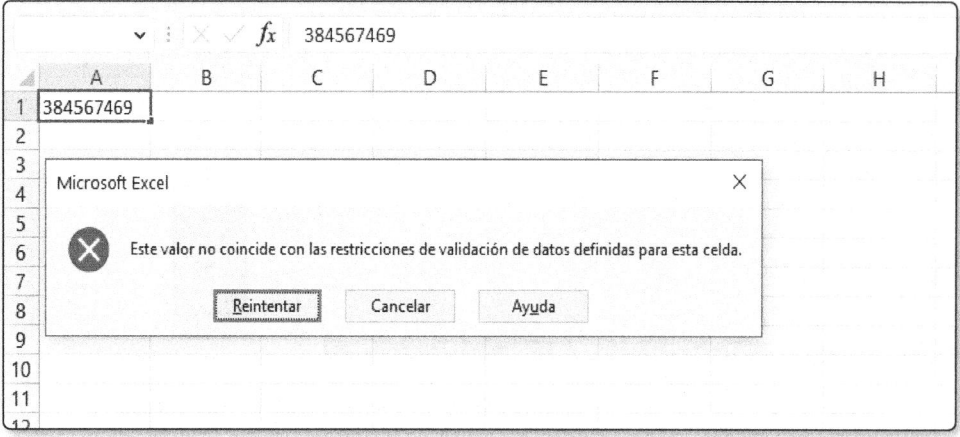

Figura 4.5. Al ingresar un dato no válido, el sistema muestra el siguiente mensaje de error. Al pulsar en *Reintentar*, se podrá ingresar nuevamente el número de manera correcta. Si cancelas, no se realizará ningún cambio en la hoja de cálculo.

4.1.1 ¿Cómo se crea una regla para validar datos?

En el siguiente Paso a Paso, aprenderás cómo crear una regla de validación para los datos de tu hoja de cálculo. Seguiremos con el ejemplo que ya habías realizado sobre los gastos e ingresos del mes. Vas a crear ahora una regla de validación que permita ingresar solo los meses del año en la columna **MES** de ambas tablas. Cualquier otro valor no será admitido.

4.1.1.1 VALIDAR DATOS DE UNA LISTA USANDO LA HERRAMIENTA DE VALIDACIÓN

PASO 1

Confeccionarás una lista con el nombre de los doce meses del año. Puedes hacerlo en la misma hoja o en otra, incluso, en un libro diferente. En este ejemplo vas a hacerlo en una segunda hoja llamada **DATOS**. Para identificarlas, puedes colorear las pestañas como ya aprendiste a hacer.

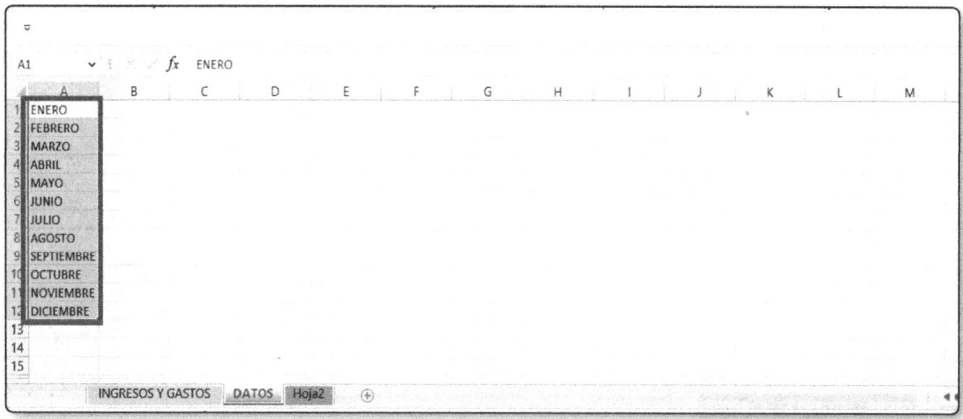

PASO 2

En la hoja de cálculo, en la pestaña **INGRESOS Y GASTOS**, selecciona el rango de filas correspondientes al **MES** en ambas tablas. Atención: selecciona solo las columnas en las que quieres introducir y validar los elementos de la lista; los encabezados y toda otra fila o columna que no entre en esta validación deberán quedar fuera de la selección.

PASO 3

Posiciónate en la pestaña **Datos** y elige, de su cinta de opciones, el grupo **Herramientas de datos**. Pulsa sobre el botón **Datos**, ya identificado previamente en este capítulo. Se abrirá la ventana del cuadro de diálogo **Validación de datos**.

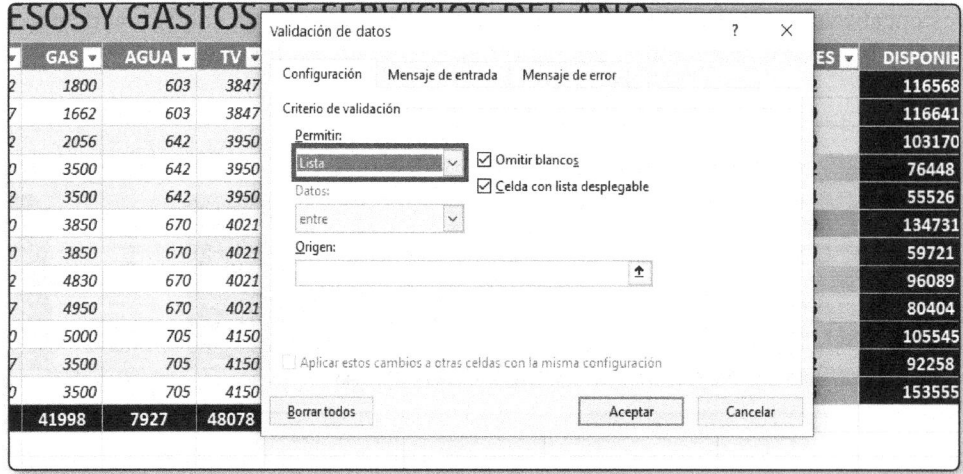

En la pestaña **Configuración** de este cuadro, dentro de **Criterio de validación**, en la lista desplegable **Permitir**, selecciona la opción **Lista**.

Al hacerlo, se presentarán en el cuadro dos casillas de verificación a la derecha del desplegable:

▼ **Omitir blancos**: marcarás esta casilla cuando necesites ajustar la lista solo a las celdas que contengan valores, omitiendo las celdas en blanco por debajo de esta.

◤ **Celda con lista desplegable**: si lo que quieres es que cada celda de este criterio de validación te permita seleccionar de la lista el valor deseado, activa esta celda; de lo contrario, déjala desactivada. Por defecto, esta opción, al igual que la anterior, aparecen activadas.

También se mostrará una caja de texto donde podrás colocar manualmente el rango donde se encuentren los datos a ingresar o, pulsando en el botón con la flecha, seleccionar con el mouse dicho rango. El criterio de validación se aplicará a todos los rangos previamente seleccionados.

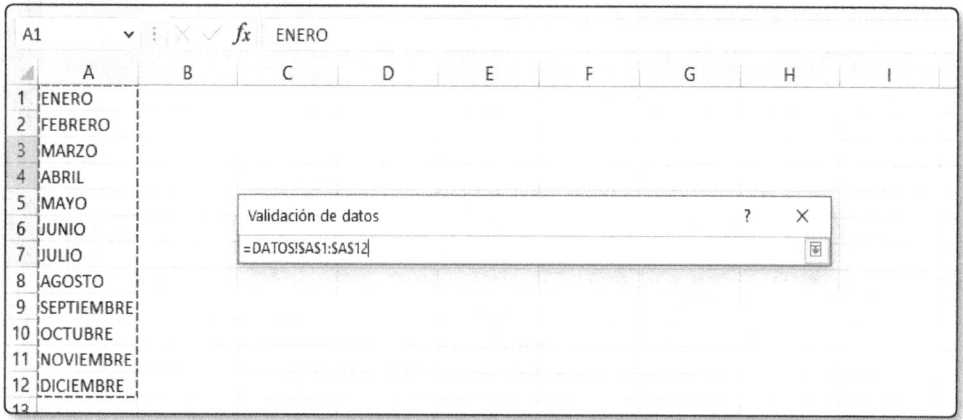

Figura 4.6. El origen de los datos en la caja de texto indica en qué ubicación se encuentra la lista de datos que deseas validar.

PASO 6

Al aceptar los cambios realizados, verás la lista desplegable con los datos de validación ingresados.

	MES		INGRESOS MES	ELECTRICIDAD	GAS	AGUA	TV	TELEFONÍA
3	ENERO		252000	1282	1800	603	3847	70
4			252000	1347	1662	603	3847	70
5			256200	2322	2056	642	3950	81
6			256200	2600	3500	642	3950	81
7			270000	2322	3500	642	3950	81
8			405000	2600	3850	670	4021	81
9	JULIO		270000	2210	3850	670	4021	85
10	AGOSTO		282000	1862	4830	670	4021	85
11	SEPTIEMBRE		282000	1927	4950	670	4021	90
12	OCTUBRE		298000	1900	5000	705	4150	95

Si escribes un valor diferente de cualquiera de la lista, el sistema mostrará un error y te impedirá continuar hasta que no pulses en la opción **Reintentar** (si lo que quieres es reingresar el dato) o **Cancelar** (si deseas dejar el dato que ya estaba y no realizar cambios en la celda, el valor de la celda regresará al que tenía antes del intento de modificación).

Figura 4.7. Este es el mensaje de error que se muestra si no ingresas un elemento de la lista de validación.

4.1.2 Otros criterios de validación

Algunas veces es necesario tener en cuenta otros criterios, tales como ingresar un número entero mayor que uno predeterminado (por ejemplo, si no se admiten celdas con valor 0, hay que generar esta condición) o agregar datos entre fechas determinadas que no pueden ser anteriores o posteriores a las dadas en la condición de validación, entre otros criterios que veremos a continuación:

▼ **Número entero**: esta opción se utiliza si lo que quieres es introducir números y solo números que cumplan con una determinada condición, entre las que se encuentran:

● **Entre**: de esta manera se estipula un número mínimo y un número máximo. Por ejemplo, si estás realizando una regla de validación para ingresar edades de trabajadores activos, podrías estimar esta lista en 18 de Mínimo (la edad mínima para ser un trabajador legal), y 70 como valor Máximo (la edad en que un trabajador debe jubilarse). Cualquier otro dato por debajo o por encima de este será rechazado por el programa.

- **No está entre**: de manera análoga, podrías generar un listado que NO INCLUYA ciertos valores. Por ejemplo, si quieres que una celda no tenga valores entre 5 y 10, establece como mínimo 5 y como máximo 10; todos los valores que estén entre el mínimo y el máximo serán rechazados.

- **Igual a**: si solo quieres aceptar un único número y rechazar todos los otros, por ejemplo, para que se cumpla una condición en una fórmula, establece este criterio de validación.

- **No igual a**: de la misma manera, esta opción rechazará un único número (el que establezcas) y permitirá todos los demás.

- **Mayor que**: cuando deseas restringir los ingresos de una lista a números mayores a uno determinado (por ejemplo, si quieres ingresar datos solo de personas que tengan de 18 años en adelante, de una lista dada, debes establecer este valor en 17.

- **Menor que**: a la inversa del caso anterior, si quieres ingresar datos de personas que no tengan más de 70 años, por ejemplo, pero sin límite de edad desde 1, la restricción será <71.

- **Mayor o igual que**: en el caso del ejemplo para Mayor que, con esta opción no necesitas establecer 19, sino el valor buscado, es decir, 18.

- **Menor o igual que**: análogamente, con Menor que, no necesitas sumar uno para llegar a 70, con esta opción se resuelve.

▼ **Decimal**: solo valores del tipo decimal, no se permiten enteros. Los criterios son los mismos que para los números enteros recién vistos.

▼ **Fecha**: permite solo formatos de fecha, pudiendo elegir entre los diversos criterios de validación ya vistos.

▼ **Hora**: igual que Fecha, pero permite formatos solo de hora.

▼ **Longitud del texto**: es posible establecer la cantidad de caracteres de una cadena de texto; los criterios de validación son los mismos que para las condiciones anteriores.

▼ **Personalizada**: si lo deseas, puedes validar datos que cumplan con una determinada fórmula; los que no lo hagan, serán rechazados.

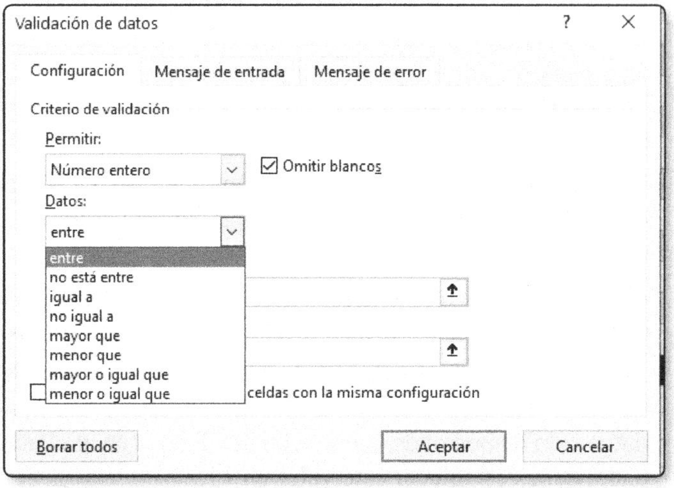

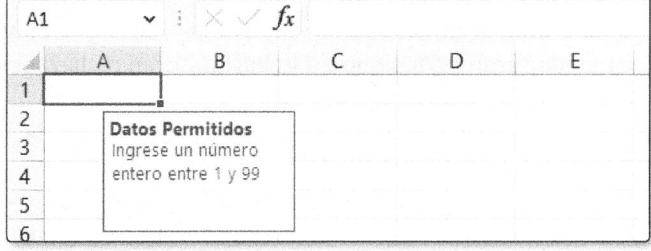

Figura 4.8. El cuadro de diálogo *Validación de datos*, con la lista desplegable de todas las opciones para establecer criterios de validación.

4.1.3 Personalizar el mensaje de error de validación

En el cuadro **Validación de datos**, hay otras dos fichas, **Mensaje de entrada** y **Mensaje de error**. Ahora veremos qué significa cada una, y realizaremos sendos Paso a Paso para establecerlos en las validaciones.

Un mensaje de entrada es aquel que aparece al seleccionar una celda e indica qué tipo de datos se pueden ingresar. Este mensaje es personalizable. Por ejemplo, si la regla de validación es que no se permita ingresar un número menor que 1 y mayor que 99, podrías escribir el siguiente mensaje para que, al seleccionar la celda, se muestre al usuario:

Datos permitidos
Ingrese un número
entero entre 1 y 99

Figura 4.9. De esta manera se muestra el mensaje de entrada al seleccionar la celda con la regla de validación.

Como ya has visto, si creas una regla de validación de datos e ingresas un valor no permitido, **Excel 365** mostrará un mensaje de error y no te permitirá continuar (Figura 4.10.).

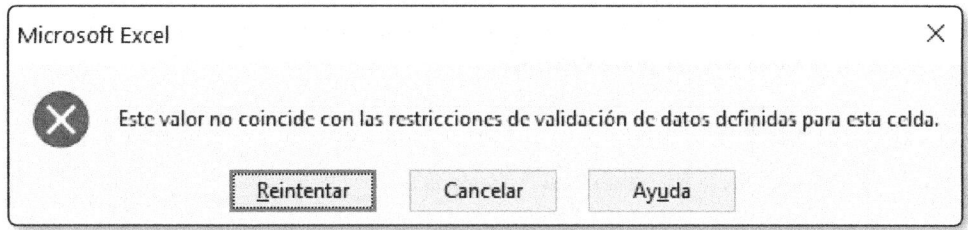

Figura 4.10. El mensaje de error predeterminado de Microsoft **Excel 365**.

Pero el mensaje no es demasiado claro acerca de qué dato debes ingresar para que sea validado; solo indica que hay una restricción, pero no nos dice qué estás haciendo mal.

Para esto existe la ficha **Mensaje de error**, que además de determinar el tipo de mensaje que se mostrará, permite definir el título del mensaje y el texto que se verá al ingresar un valor no válido.

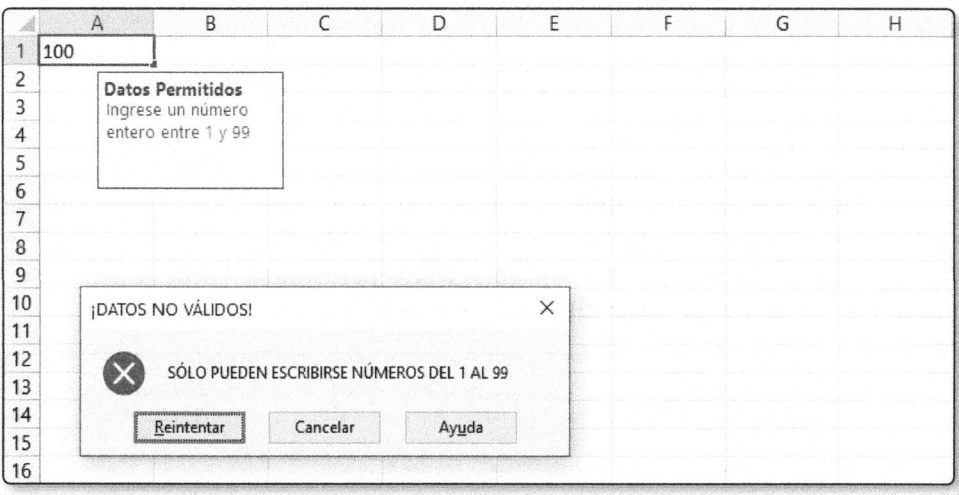

Figura 4.11. Personalizando el mensaje de error, puedes indicar de forma clara qué datos son válidos en esta celda y así evitar la ambigüedad del mensaje predefinido, que no da ninguna explicación acerca de los datos que se permiten.

En los siguientes Paso a Paso, veremos de qué forma podemos personalizar los mensajes de entrada y de error, y qué opciones de mensajes de error existen para validar un dato determinado.

4.1.3.1 CREAR UN MENSAJE DE ENTRADA DE DATOS PERSONALIZADO

PASO 1

Activa el cuadro de diálogo **Validación de datos** como ya sabes hacer y presiona en la ficha **Mensaje de entrada**.

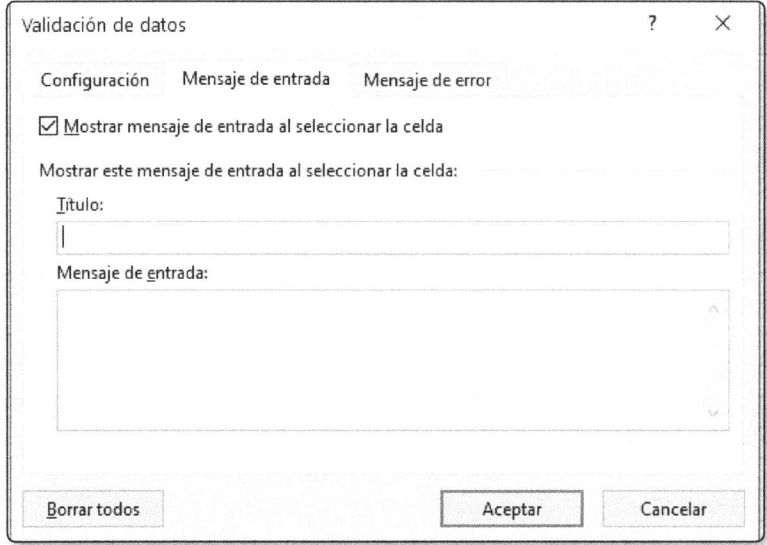

PASO 2

En la caja de texto **Título** escribe el título que corresponde, que se verá de forma destacada en la celda cuando la selecciones. Para este ejemplo, utiliza un título genérico, que puede ser, por ejemplo, **Datos permitidos**. Puedes escribirlo en mayúsculas si quieres destacar aún más la advertencia.

PASO 3

En el textbox **Mensaje de entrada**, escribe el mensaje que quieras dar a los usuarios; siguiendo con este ejemplo, podría ser el siguiente:
"Ingrese un número entero entre 1 y 99"

Deja activada la opción **Mostrar mensaje de entrada** al seleccionar la celda, para que el mensaje se muestre en esa circunstancia.

Solo queda aceptar los cambios para ver el siguiente mensaje al seleccionar la celda:

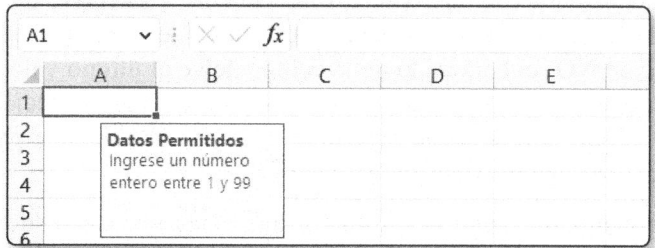

Figura 4.12. El mensaje de entrada ya configurado para la celda en la que se ingresarán los datos cuya regla de validación aplicarás.

4.1.3.2 PERSONALIZAR EL MENSAJE DE ERROR

PASO 1

En la pestaña **Datos** busca el grupo **Herramientas de datos** y accede a la ventana de **Validación de datos**; allí selecciona la ficha **Mensaje de error**.

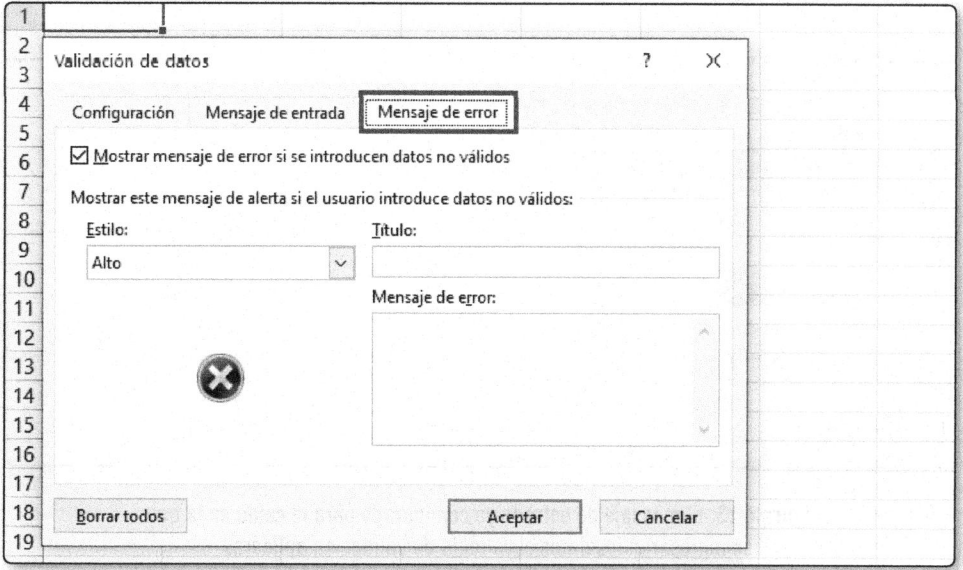

En el panel de la izquierda, donde se encuentra la lista desplegable, puedes seleccionar el estilo de mensaje que se mostrará. Haremos aquí un breve paréntesis para explicar cuáles son las restricciones que se aplicarán según elijas una u otra opción.

- ⯈ **Alto**: si eliges esta restricción, se podrán ingresar en la celda solo los valores que determines en las reglas de validación.

- ⯈ **Advertencia**: se recibirá un mensaje en el que podrás decidir si continúas introduciendo el dato no válido (botón **SÍ**), si cancelas dicha modificación (botón **NO**), o directamente **Cancelar**, que produce un resultado semejante al botón **NO**, aunque con una diferencia. Si haces clic en **NO**, el contenido de la celda vuelve al último valor introducido; por el contrario, si presionar en **Cancelar**, quedará seleccionado el valor no válido que intentas ingresar y la celda seleccionada para introducir algún otro valor o aceptar el que está.

- ⯈ **Información**: solo se informará que estás introduciendo un valor no válido, y las opciones serán **Aceptar** o **Cancelar**. Al aceptar, podrás introducir el valor no válido, y al cancelar, se retrotraerá el valor al último válido o al último introducido.

Una vez hechas estas aclaraciones, continuemos con el Paso a Paso que nos ocupa. Para la restricción que queremos aplicar, selecciona el estilo **Alto**, dado que quieres que, al introducir un registro no válido, te impida continuar.

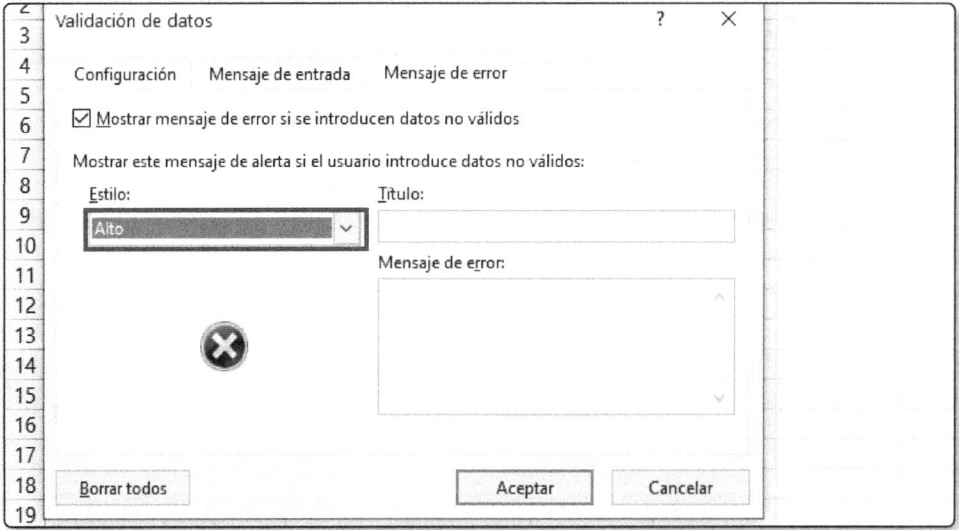

Figura 4.13. El mensaje de entrada ya configurado para la celda en la que se ingresarán los datos cuya regla de validación aplicarás.

PASO 2

En el textbox **Título**, escribe algo como lo que sigue:

"¡DATOS NO VÁLIDOS!"

En este caso, puedes escribirlo en mayúsculas y, para enfatizar, agregarle los signos de exclamación.

También en el textbox **Mensaje de error**, escribe la advertencia para el usuario; en este caso, sería algo así:

"SÓLO PUEDEN ESCRIBIRSE NÚMEROS DEL 1 AL 99"

Acepta los cambios.

Cuando escribas un valor no válido, el mensaje deberá mostrarse como se ve en la imagen.

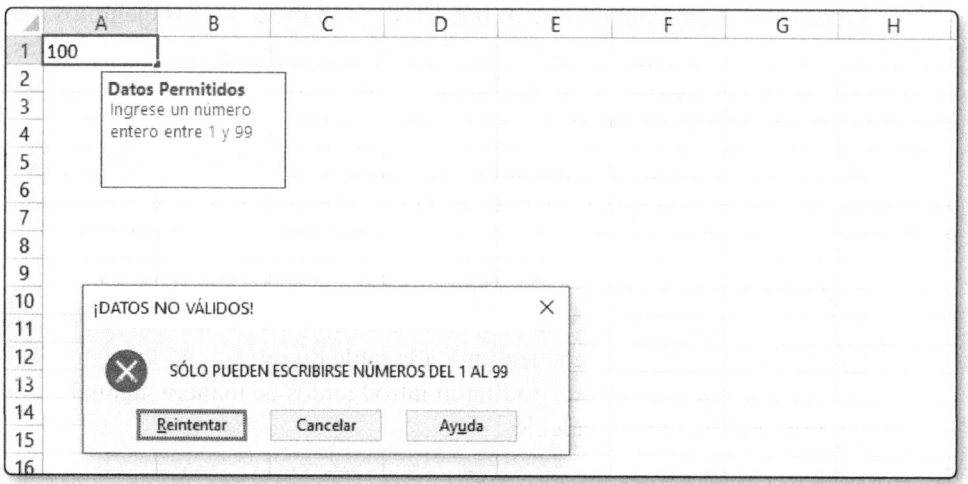

No es conveniente llenar la hoja de cálculo de reglas de validación, ya que eso retrasará notablemente la carga de datos debido a la constante interrupción de los mensajes de error. Lo más adecuado es una regla de validación para un rango definido y funciones que puedan indicar que hay un error en la introducción de datos (cuando veamos funciones, especialmente la función **SI**, trataremos esta cuestión en detalle).

4.2 LOS ERRORES EN EXCEL 365

Ahora que hemos hablado de las cinco fórmulas iniciales y de validación de datos, veremos a continuación los errores más comunes al momento de crear e introducir fórmulas, y cómo subsanarlos.

Antes de nada, haremos una salvedad: si bien hablamos de "mensajes de error", a veces estos errores no son tales, sino una devolución de un mensaje que nos informa que el cálculo introducido no puede ser realizado debido a la falta de algún dato, pero que cuando ese dato esté completo, arrojará un resultado correcto. Por ejemplo, si en una función, uno de los **argumentos** refiere a un valor que no está en la tabla, devolverá un error de tipo **#N/A**. Pero quizás el error solo sea momentáneo, porque ese dato, finalmente será ingresado, ya sea a mano o mediante algún otro cálculo, y entonces sí, la función tendrá todos los argumentos requeridos para dar un resultado. De todas formas, más adelante veremos una función especial, llamada **SI.ERROR**, que resuelve estos fallos aparentes en una tabla.

Los errores más comunes que se pueden dar son ocho. En los ejemplos que presentaremos a continuación, no nos detendremos en ver las funciones utilizadas, ya que solo están para ejemplificar el error. Más adelante en este mismo capítulo analizaremos funciones avanzadas.

En la siguiente lista enumeraremos estos errores, sus causas, cómo resolverlos, y mostraremos gráficamente, en dos imágenes, el error y la solución. Pongamos manos a la obra:

> ▸ **Error #N/A**: en algunas versiones en español de **Excel**, puedes verlo también como error **#N/D**. Se presenta cuando uno o varios argumentos de una función no se encuentran en la tabla de referencia. Pueden haber sido borrados o bien aún no fueron introducidos de manera manual o por otra fórmula que los calcule.

1F x 2C		f_x	=BUSCARV(G2;A1:E12;3;FALSO)					
	A	B	C	D	E	F	G	H
1	ALUMNO	1 CUATRIMESTRE	2 CUATRIMESTRE	3 CUATRIMESTRE	4 CUATRIMESTRE			
2	A	6	10	5	3			#N/D
3	B	7	4	7	10			
4	C	10	5	4	7			
5	D	5	8	9	10			
6	E	1	5	10	6			
7	F	7	7	7	8			
8	G	9	9	10	10			
9	H	5	5	10	10			
10	I	5	4	9	10			
11	J	6	3	2	5			
12	K	3	3	1	1			

Figura 4.14. Reproducción del error *#N/A* en la función *BUSCARV*.

Solución Error #N/A: introducir manualmente el valor que falta, o bien mediante la función **SI.ERROR**, que devuelve un valor que le asignes cuando el resultado es un error. El valor que devuelve puede ser numérico o de texto.

H2		fx	=SI.ERROR(BUSCARV(G2;A1:E12;3;FALSO);"")					
	A	B	C	D	E	F	G	H	I
1	ALUMNO	1 CUATRIMESTRE	2 CUATRIMESTRE	3 CUATRIMESTRE	4 CUATRIMESTRE			
2	A	6	10	5	3			
3	B	7	4	7	10			
4	C	10	5	4	7			
5	D	5	8	9	10			
6	E	1	5	10	6			
7	F	7	7	7	8			
8	G	9	9	10	10			
9	H	5	5	10	10			
10	I	5	4	9	10			
11	J	6	3	2	5			
12	K	3	3	1	1			
13								

Figura 4.15. La fórmula *SI.ERROR* resuelve este error y otros del mismo tipo que veremos luego.

▸ **Error #¡VALOR!**: se produce cuando uno de los parámetros o argumentos de una fórmula o función contiene caracteres no válidos (texto, un espacio, un símbolo, etc.).

H2		fx	=BUSCARV(G2*A1;E12;3;FALSO)					
	A	B	C	D	E	F	G	H	I
1	ALUMNO	1 CUATRIMESTRE	2 CUATRIMESTRE	3 CUATRIMESTRE	4 CUATRIMESTRE			
2	A	6	10	5	3		A	#¡VALOR!
3	B	7	4	7	10			
4	C	10	5	4	7			
5	D	5	8	9	10			
6	E	1	5	10	6			
7	F	7	7	7	8			
8	G	9	9	10	10			
9	H	5	5	10	10			
10	I	5	4	9	10			
11	J	6	3	2	5			
12	K	3	3	1	1			
13								

Figura 4.16. Error de *#¡VALOR!* al calcular un término de la fórmula que contiene caracteres no válidos.

Solución Error #¡VALOR!: si estás realizando un cálculo que necesite números, el formato de las celdas a calcular debe ser numérico. Si el error persiste, lo recomendable sería verificar en las celdas si no hay algún espacio o carácter no permitido.

H2		fx	=BUSCARV(G2;A1:E12;3;FALSO)				
	A	B	C	D	E	F	G	H
1	ALUMNO	1 CUATRIMESTRE	2 CUATRIMESTRE	3 CUATRIMESTRE	4 CUATRIMESTRE			
2	A	6	10	5	3		A	10
3	B	7	4	7	10			
4	C	10	5	4	7			
5	D	5	8	9	10			
6	E	1	5	10	6			
7	F	7	7	7	8			
8	G	9	9	10	10			
9	H	5	5	10	10			
10	I	5	4	9	10			
11	J	6	3	2	5			
12	K	3	3	1	1			
13								

Figura 4.17. En este caso, lo que había delante del número no permitía que el cálculo se realizara correctamente. Al quitarlo, se pudo calcular perfectamente la fórmula.

▶ **Error #¡REF!**: se muestra cuando no se encuentra la referencia en uno de los argumentos, generalmente, al mover o quitar una fila o rango de filas, o una columna o rango de estas que se utilizaban en el cálculo de la fórmula o función (**Figura 4.18.**).

Solución error #¡REF!: si aún no has guardado los últimos cambios realizados en la hoja de cálculo, intenta deshacer las últimas modificaciones hasta resolverlo y continúa desde ahí o, si ya fueron guardados los cambios, inserta una fila o columna (o rango de estas) y reemplaza en la fórmula los argumentos que se muestren con el valor de error (**Figura 4.19.**).

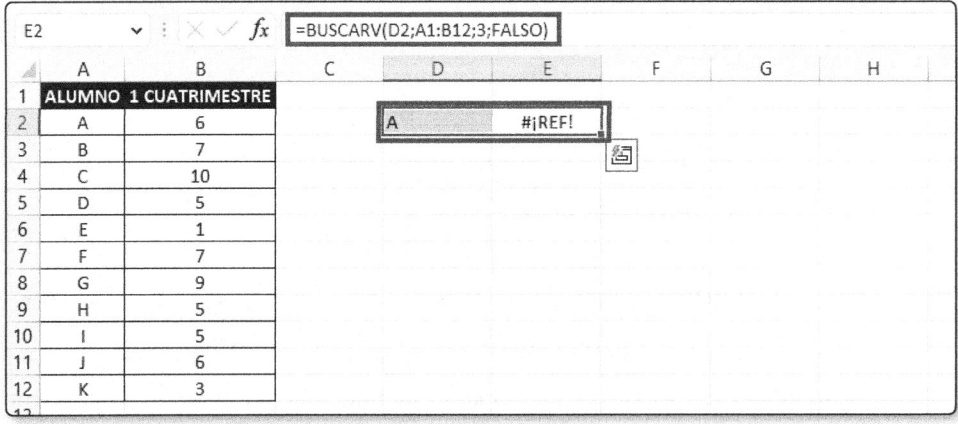

E2		fx	=BUSCARV(D2;A1:B12;3;FALSO)				
	A	B	C	D	E	F	G	H
1	ALUMNO	1 CUATRIMESTRE						
2	A	6		A	#¡REF!			
3	B	7						
4	C	10						
5	D	5						
6	E	1						
7	F	7						
8	G	9						
9	H	5						
10	I	5						
11	J	6						
12	K	3						

Figura 4.18. Error de referencia *#¡REF!* que aparece cuando se elimina una celda o rango de celdas incluidas en una fórmula o función.

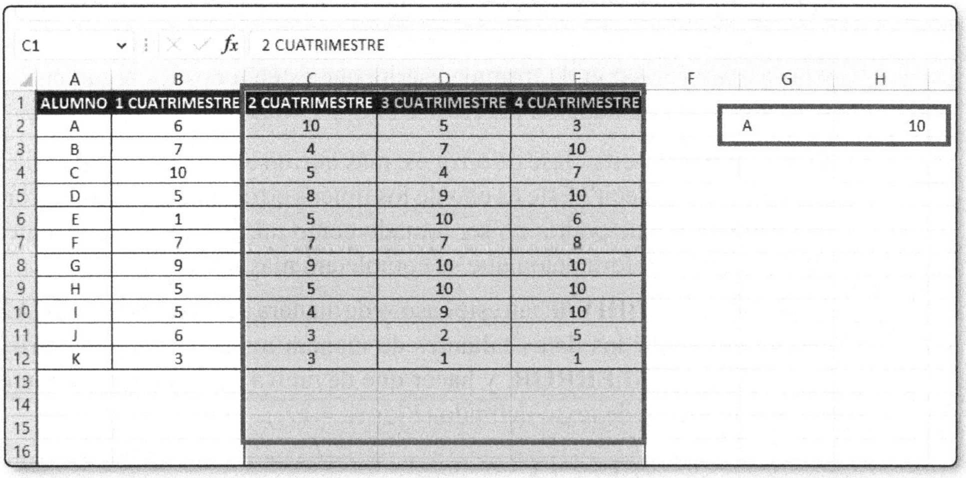

Figura 4.19. Solucionar el error *#¡REF!* implica, o bien retroceder con alguna eliminación de columna o fila realizada antes de guardar los cambios, o volver a editar una columna o fila con los mismos datos de la que se había eliminado.

▶ **Error #¿NOMBRE?**: este error se produce cuando **Excel** no puede reconocer el nombre de la fórmula o función que estás llamando. Por lo general, se trata de un error de escritura de alguno de los términos o argumentos de la fórmula o función, o de la falta de un signo de separación (según la configuración que tengas, puede ser la coma (,), o punto y coma (;). Recuerda que si estás refiriéndote a un rango de celdas, ya sea vertical u horizontal, o a un rango en ambas direcciones, debes colocar dos puntos (:).

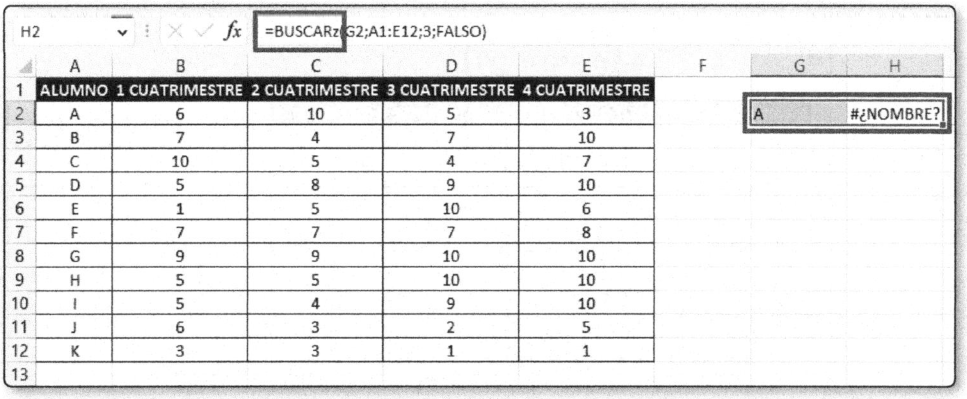

Figura 4.20. Este tipo de error se presenta siempre que introduces una fórmula o función y no escribes correctamente el nombre. También puede suceder que en alguna parte de la función falte algo, como un signo de puntuación, un *, un paréntesis, etc.

Solución error #¿NOMBRE?: la solución es revisar si el nombre de la función está bien escrito, para lo cual puedes abrir el asistente de fórmulas y buscarla o revisar en la fórmula escrita que estén todos los argumentos y los signos de puntuación necesarios (**Figura 4.21.**).

▶ **Error #¡DIV/0!**: esta clase de error es, más que un error, una advertencia. ¿Qué queremos decir? Este es uno de los típicos errores, junto con el error ya visto #**N/A**, que podría no ser tomado como tal, ya que posiblemente falte introducir información que se completará más adelante.

Solución Error #¡DIV/0!: en este caso, y de manera análoga al error #**N/A**, hay ue introducir los datos faltantes de manera manual o enmascararlo bajo la fórmula **SI.ERROR**, y hacer que devuelva una celda vacía o un valor numérico o de texto definido (**Figura 4.22.**).

H2		fx	=BUSCARV(G2;A1:E12;3;FALSO)				
	A	B	C	D	E	F	G	H
1	ALUMNO	1 CUATRIMESTRE	2 CUATRIMESTRE	3 CUATRIMESTRE	4 CUATRIMESTRE			
2	A	6	10	5	3		A	10
3	B	7	4	7	10			
4	C	10	5	4	7			
5	D	5	8	9	10			
6	E	1	5	10	6			
7	F	7	7	7	8			
8	G	9	9	10	10			
9	H	5	5	10	10			
10	I	5	4	9	10			
11	J	6	3	2	5			
12	K	3	3	1	1			

Figura 4.21. Aquí estaba mal escrito el nombre de la función, y por esa razón daba el error de #¿NOMBRE?. Al rescribirlo correctamente, el error se corrige.

H2		fx	=PROMEDIO(C2:C12)				
	A	B	C	D	E	F	G	H
1	ALUMNO	1 CUATRIMESTRE	2 CUATRIMESTRE	3 CUATRIMESTRE	4 CUATRIMESTRE			
2	A	6		5	3		A	#¡DIV/0!
3	B	7		7	10			
4	C	10		4	7			
5	D	5		9	10			
6	E	1		10	6			
7	F	7		7	8			
8	G	9		10	10			
9	H	5		10	10			
10	I	5		9	10			
11	J	6		2	5			
12	K	3		1	1			

Figura 4.22. Aquí se ve claramente que el error se produce porque falta ingresar información en la hoja de cálculo, que estará disponible cuando se obtengan los datos de la celda que cumple la función de denominador en la división errónea.

▶ **Error #¡NUM!**: cuando **Excel** no puede calcular un resultado determinado porque excede las capacidades del programa o es demasiado grande para su manejo, o no puede trabajar con ciertos números, como los imaginarios, que no están contemplados, se presenta este error. También, en algunas funciones, un argumento no esperado puede producirlo.

| H2 | ▼ ⋮ ✕ ✓ *fx* | =SI.ERROR(PROMEDIO(C2:C12);"") |

	A	B	C	D	E	F	G	H
1	ALUMNO	1 CUATRIMESTRE	2 CUATRIMESTRE	3 CUATRIMESTRE	4 CUATRIMESTRE			
2	A	6		5	3		A	
3	B	7		7	10			
4	C	10		4	7			
5	D	5		9	10			
6	E	1		10	6			
7	F	7		7	8			
8	G	9		10	10			
9	H	5		10	10			
10	I	5		9	10			
11	J	6		2	5			
12	K	3		1	1			
13								
14								

Figura 4.23. Una buena manera de solucionar el error *#¡DIV/0!* es introducir la función *SI.ERROR*, que devuelve un valor definido por el usuario.

Solución Error #¡NUM!: la única solución es tratar de reemplazar el cálculo por otro que arroje el mismo resultado y sea asequible para el programa, o bien dividir el cálculo en varias subfunciones que lleguen al mismo resultado.

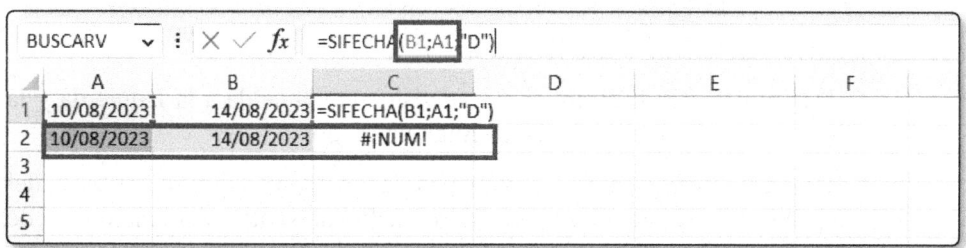

| BUSCARV | ▼ ⋮ ✕ ✓ *fx* | =SIFECHA(B1;A1;"D") |

	A	B	C	D	E	F
1	10/08/2023	14/08/2023	=SIFECHA(B1;A1;"D")			
2	10/08/2023	14/08/2023	#¡NUM!			
3						
4						
5						

Figura 4.24. En este ejemplo se ve que, al introducir una función de fecha, la fecha del primer argumento es posterior a la última, y esto da un error de *#¡NUM!*.

▶ **Error #¡NULO!**: este error se presenta cuando se utiliza un operador incorrecto en una función o cuando el operador no se encuentra. En general, cuando **Excel** no puede determinar el rango que debe calcular, muestra este error.

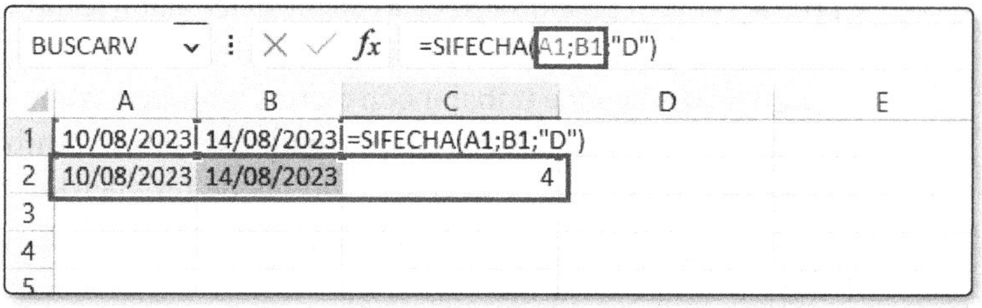

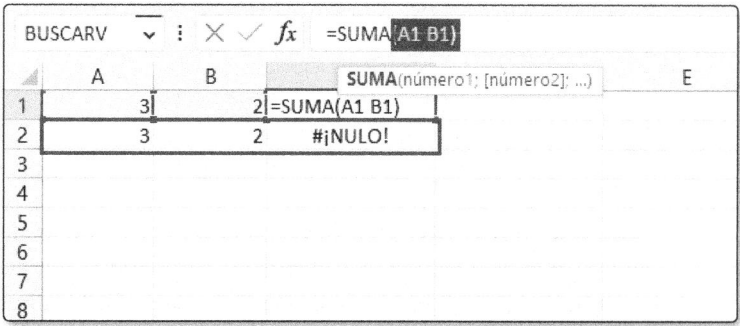

Figura 4.25. Al cambiar el orden de los argumentos en la
función, se resuelve el error que se había producido.

Solución Error #¡NULO!: debes verificar que los operadores que se
están usando sean los correctos. Si omites el operador, deberás agregarlo
en la fórmula. Los operadores pueden ser varios, pero los que se usan con
más frecuencia son:

Figura 4.26. Se presenta un error *#¡NULO!* cuando, como en este caso,
se usan los operadores incorrectos al escribir la función.

▷ **Dos puntos (:)**–Indican, como ya viste, que la celda a la izquierda y la
que se ubica a la derecha conforman un rango.

▷ **Coma o punto y coma (, / ;)**–Dependiendo de la configuración local del
sistema, estos operadores de unión pueden presentarse en cualquiera de
las dos formas. En este caso también, si la configuración aceptara comas
como operadores de unión y escribes punto y coma, recibirás un error,
aunque no es el que nos ocupa. Lo mismo ocurre a la inversa.

▷ Básicamente, este error se presenta **cuando omites el operador**, y no por
escribir uno diferente.

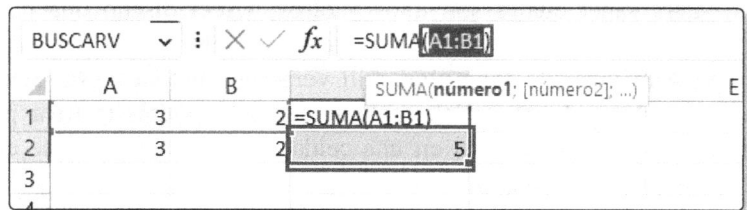

Figura 4.27. Al escribir correctamente el operador que genera
este error, el valor *#¡NULO!* desaparecerá.

▸ **Error ########**: se debe en todos los casos a la imposibilidad de mostrar
el valor completo de la celda. Dicho en otras palabras, la cantidad de
caracteres o números ingresados en la celda excede el ancho de la
columna. Es un error muy común que se presenta al manejar cadenas
muy largas (**Figura 4.28.**).

Solución error ########: simplemente, redimensionando la columna que
muestra este error, por los medios disponibles para hacerlo, podrás ver el
contenido sin dificultad.

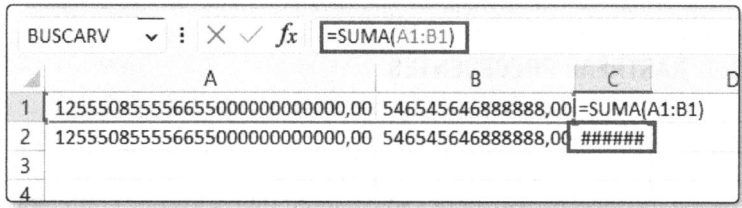

Figura 4.28. El error *########* se muestra cuando el contenido de la celda excede su ancho.

4.2.1 Precedentes y dependientes

Hablaremos ahora sobre los **precedentes** y los **dependientes** en **Excel 365**
(y en todos los **Excel** desde, al menos, 2007).

▸ Los **precedentes** de una fórmula indican qué celdas se utilizaron para
obtener el resultado.

▸ En contrapartida, los **dependientes** indican qué celdas serán afectadas si
se realiza un cambio en la fórmula; en otras palabras, qué celdas dependen
de la fórmula que se está analizando.

Para saber cuáles son unos y otros, **Excel** diseñó una herramienta muy sencilla, pero a la vez muy efectiva, que se encuentra en la pestaña **Fórmulas**, en el grupo **Auditoría de fórmulas**. Allí verás dos botones: **Rastrear precedentes** y **Rastrear dependientes**. Cabe aclarar que solo podrás rastrear precedentes y/o dependientes si te posicionas en una celda con fórmulas, ya que el contenido no depende ni precede a ningún otro valor.

Bien, ahora que sabes qué es un precedente y qué es un dependiente, te preguntarás ¿para qué sirve conocerlos? Esto es muy útil cuando quieres realizar un cambio en una hoja de cálculo y necesitas saber, por ejemplo, qué celdas se verán afectadas por esta modificación. Pulsando **Rastrear dependientes**, podrás saberlo.

Por otra parte, puedes usar el botón **Rastrear precedentes** si deseas saber qué celdas se utilizan para crear una fórmula o función y determinar si una modificación afectará a los resultados finales, en caso de que, por ejemplo, necesites eliminar o cambiar de posición una fila o columna.

En el siguiente Paso a Paso aprenderás a rastrear precedentes para tener un mayor control sobre las fórmulas y la manera en que afectan a los resultados. Es muy sencillo de realizar y brinda mucha información:

4.2.1.1 RASTREAR PRECEDENTES

PASO 1

Como paso previo, debes seleccionar una celda que contenga alguna fórmula; por ejemplo, en la hoja de cálculo selecciona la celda **K3**.

K3   =B3-J3

	MES	INGRESOS MES	ELECTRICIDAD	GAS	AGUA	TV	TELEFONÍA	MUNICIPIO	OTROS GASTOS	TOTAL MES	DISPONIBLE

INGRESOS Y GASTOS DE SERVICIOS DEL AÑO

MES	INGRESOS MES	ELECTRICIDAD	GAS	AGUA	TV	TELEFONÍA	MUNICIPIO	OTROS GASTOS	TOTAL MES	DISPONIBLE
ENERO	252000	1282	1800	603	3847	7000	900	120000	135432	116568
FEBRERO	252000	1347	1662	603	3847	7000	900	120000	135359	116641
MARZO	256200	2322	2056	642	3950	8100	960	135000	153030	103170
ABRIL	256200	2600	3500	642	3950	8100	960	160000	179752	76448
MAYO	270000	2322	3500	642	3950	8100	960	195000	214474	55526
JUNIO	405000	2600	3850	670	4021	8100	1028	250000	270269	134731
JULIO	270000	2210	3850	670	4021	8500	1028	190000	210279	59721
AGOSTO	282000	1862	4830	670	4021	8500	1028	165000	185911	96089
SEPTIEMBRE	282000	1927	4950	670	4021	9000	1028	180000	201596	80404
OCTUBRE	298000	1900	5000	705	4150	9500	1200	170000	192455	105545
NOVIEMBRE	299000	2487	3500	705	4150	9700	1200	185000	206742	92258
DICIEMBRE	450000	1890	3500	705	4150	10000	1200	275000	296445	153555
TOTALES AÑO	3572400	24749	41998	7927	48078	101600	12392	2145000		

PASO 2

Una vez hecho esto, dirígete a la pestaña **Fórmulas** y, en la cinta de opciones, busca el grupo **Auditoría de fórmulas**. En él se ubica el botón de **Rastrear precedentes**.

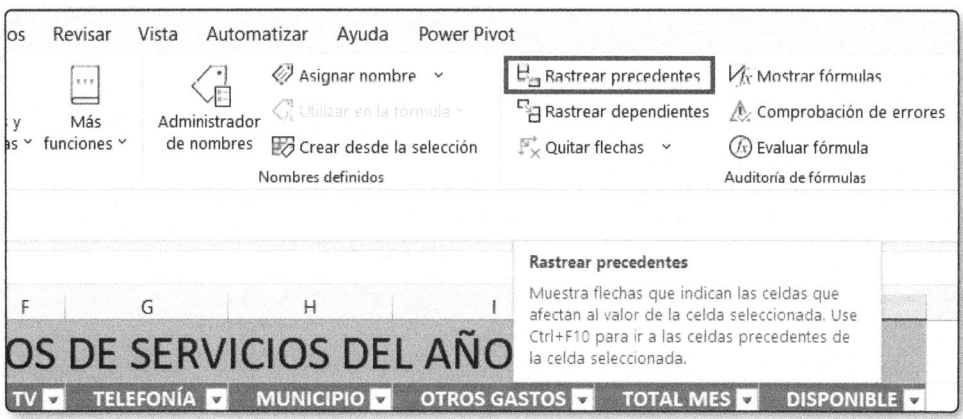

PASO 3

Al pulsar en el botón indicado, podrás observar que la celda **K3** tiene como precedentes las celdas **J3** y **B3** (ya que se trata de una sustracción entre ellas). Cada uno de los precedentes en la línea azul está marcado con un punto o nodo. De esta manera, puedes saber, dentro de la línea, cuáles son los precedentes de la fórmula analizada.

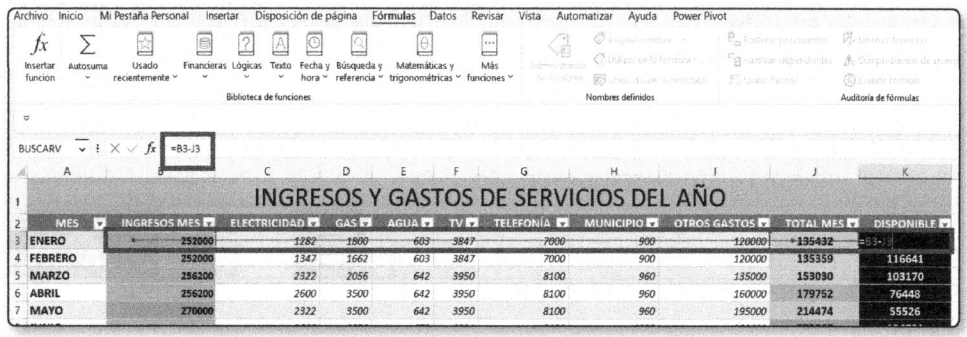

Más adelante veremos algunas fórmulas de mayor complejidad y analizaremos sus precedentes y dependientes de la forma en que lo estamos haciendo ahora.

El siguiente Paso a Paso muestra cómo analizar los dependientes de la misma celda, es decir, cómo saber a qué otras celdas afecta una modificación de este resultado.

4.2.1.2 RASTREAR DEPENDIENTES

PASO 1

Con la celda **K3** seleccionada, dirígete al grupo **Auditoría de fórmulas** y elige **Rastrear dependientes**.

PASO 2

Al pulsar el botón, y tal como hiciste con la opción **Rastrear precedentes**, podrás detectar todos los dependientes de la fórmula seleccionada; es decir, a qué celdas afectará una modificación de **K3**.

Es muy importante tener en claro cuál es cada uno de estos elementos, porque te permitirá saber cuál será el resultado al modificar una fórmula y en qué situaciones conviene no hacer cambios para no alterar los resultados.

Para eliminar las flechas, dentro del grupo de **Auditoría de fórmulas**, debajo de los dos botones antes mencionados, verás el botón **Quitar flechas**, con una lista desplegable en la que podrás optar entre tres acciones: **Quitar flechas** (quita todas las flechas, ya sean precedentes o dependientes), **Quitar precedentes** (quita todos los precedentes marcados) o **Quitar dependientes** (quita todos los dependientes que se encuentren).

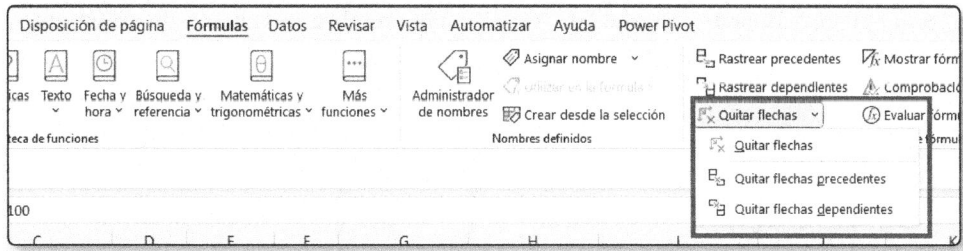

Figura 4.29. El botón *Quitar flechas* con la lista desplegada, mostrando susdistintas opciones.

4.3 LA FUNCIÓN SI

Muchas veces te encontrarás ante la necesidad de realizar un cálculo dependiendo de si una condición determinada se cumple o no en una celda. Hemos visto en las funciones **SUMAR.SI**, **CONTAR.SI** y **CONTAR.SI.CONJUNTO** cómo es posible sumar o contar valores en celdas que cumplan con cierta condición o con varias condiciones, respectivamente.

Pero a veces es necesario establecer parámetros más complejos o realizar cálculos que requieren no solo una suma o establecer una comparación en la que, si un valor es verdadero (es decir, que cumple con una condición) la celda arroje un resultado, y si es falso (es decir, que no la cumple) se muestre otro. Para esto se utiliza la función **SI**, que, precisamente, analiza una celda y, si determina que cumple con la condición dada, muestra un resultado, y en caso contrario, otro. Su sintaxis es:

SI(prueba_lógica; [valor_si_verdadero]; [valor_si_falso]

Vamos a realizar la prueba lógica sobre la celda cuyo valor queremos comparar, utilizando los operadores lógicos ya vistos (<><=, etc.). Luego daremos un valor para la condición verdadera, y otro distinto si la condición no se comprueba.

Construiremos en este Paso a Paso, con un ejemplo práctico, una función **SI** que devuelva 0 si un valor es menor o igual a 5, y 1 para los demás casos en los que no se cumpla. Lo haremos con el asistente para **Insertar función**.

4.3.1.1 CONSTRUIR LA FUNCIÓN SI USANDO EL ASISTENTE PARA FUNCIONES

PASO 1

Accede al asistente para **Insertar función** de la forma en que ya sabes hacerlo y, en el cuadro **Buscar**, escribe **SI**. A continuación, abre la ventana de argumentos que mostrará tres cuadros de texto.

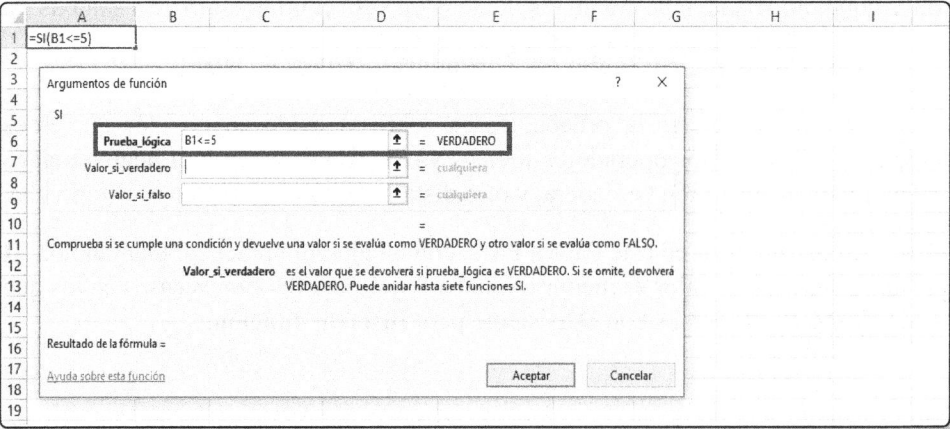

PASO 2

Pulsa en el cuadro **Prueba_lógica**. Coloca la celda sobre la cual vas a establecer la comparación de argumentos, es decir, B20. Según lo establecido, la condición es que si un número es menor o igual que 5, devuelva 0, y si es mayor, 1. Entonces, tendrás que utilizar el operador lógico (<=).

En el primer cuadro de texto quedará la siguiente operación:
B20<=5

PASO 3

Ahora vas a determinar el valor que quieres que devuelva la fórmula si la condición del primer argumento se cumple; en el ejemplo es 0.

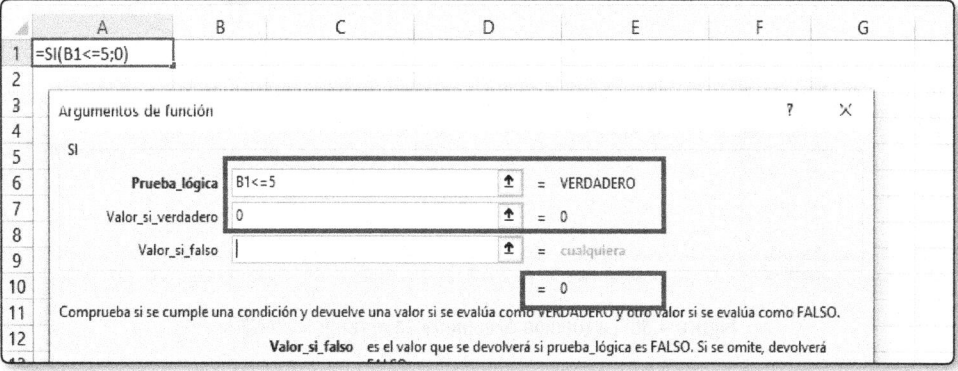

PASO 4

En el tercer cuadro de texto establecerás el valor que devolverá la función si la condición no se cumple, es decir, el **Valor_si_falso**. Fija el valor en 1.

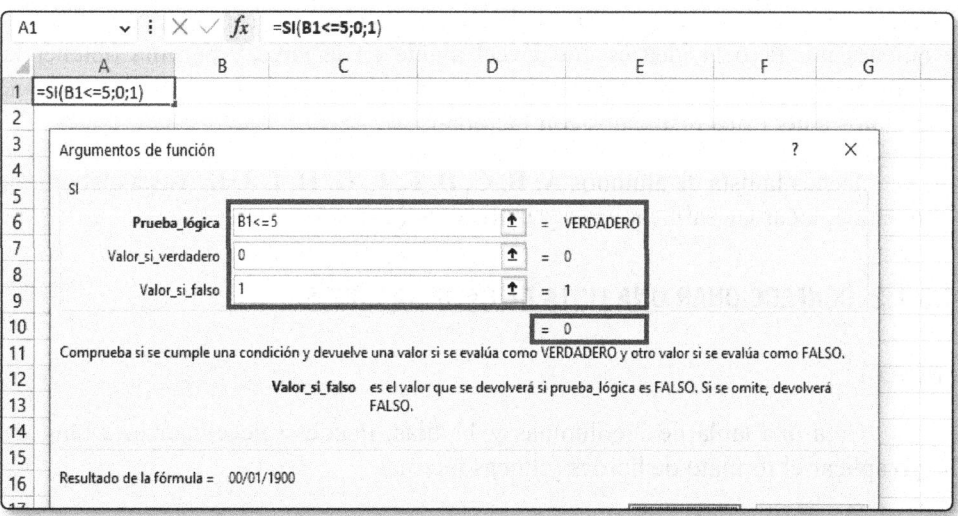

Solo queda aceptar los cambios y la función se insertará en la celda seleccionada. Para copiar la función a toda la columna que quieras comparar, utiliza el puntero en cruz del mouse ubicado en la esquina inferior derecha de la celda, como ya viste anteriormente.

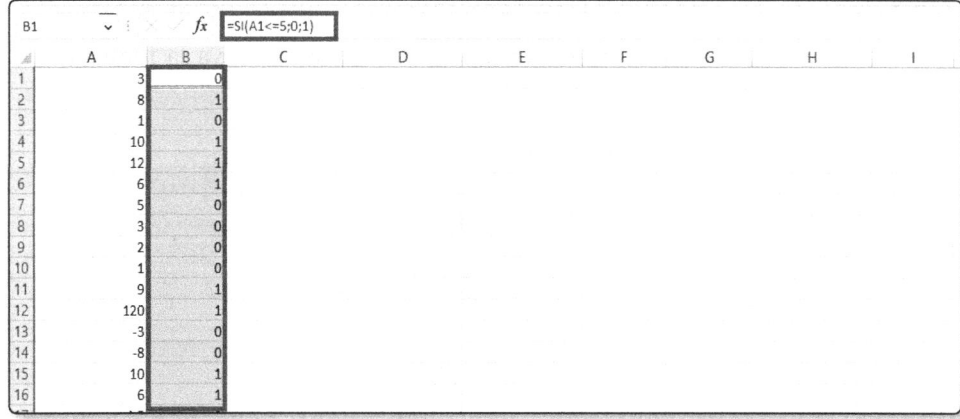

Figura 4.30. La función *SI* copiada en el rango *C20:C30*.

Ahora bien, no solo puedes hacer que la función **SI** devuelva números, sino que también puedes obtener letras o una frase o leyenda que te ayude a distinguir aún más la condición o realizar una discriminación de datos en dos sentidos.

Veamos un ejemplo. Un profesor quiere saber quiénes son los alumnos aprobados y no aprobados de un curso. Claro que podría revisar uno por uno las calificaciones, promediarlas y, luego de hacer un conteo, saber quiénes aprobaron y quiénes no. Pero la idea es que **Excel** ayude en la tarea y permita obtener la información rápidamente. Veamos de qué manera, con lo aprendido hasta aquí, podríamos tener estos resultados con facilidad.

Tienes la lista de alumnos **A**, **B**, **C**, **D**, **E**, **F**, **G**, **H**, **I**, **J**, **K**. Vas a elaborar la lista para colocar las calificaciones y realizar este cálculo.

4.3.1.2 CONFECCIONAR UNA LISTA DE CALIFICACIONES

PASO 1

Crea una tabla de 7 columnas y 11 filas. Puedes seleccionar este rango y luego aplicar el formato de bordes y líneas internas.

Archivo	Inicio	Mi Pestaña Personal	Insertar	Disposición de página	Fórmulas	Datos	Revisar	Vista	Automatizar	Ayuda

Pegar — Ordenar de Z a A — Calibri — 11 — A A — N K S

	A	B	C	D	E	F	G	H
1								
2								
3								
4								
5								
6								
7								
8								
9								
10								
11								
12								
13								
14								

PASO 2

En las columnas coloca los siguientes títulos: **ALUMNO**, **1° CUATRIMESTRE**, **2° CUATRIMESTRE**, **3° CUATRIMESTRE**, **4° CUATRIMESTRE, CALIF. FINAL** y **RESULTADO**.

En las filas, debajo del título de columna **ALUMNO**, escribe las letras, **A, B, C…, etc.**

A1 — fx — ALUMNO

	A	B	C	D	E	F	G	H
1	ALUMNO	CUATRIMEST	2° CUATRIMESTRE	3° CUATRIMESTRE	4° CUATRIMESTRE	CALIF. FINAL	RESULTADO	ACCIÓN A TOMAR
2	A							
3	B							
4	C							
5	D							
6	E							
7	F							
8	G							
9	H							
10	I							
11	J							
12	K							
13								

PASO 3

Debajo de la columna **CALIF. FINAL**, en la celda **F2** escribe la siguiente función y cópiala a todo el rango:

=PROMEDIO(B2:E2)

Nos detendremos aquí para analizar esta función, ya que en un comienzo nos dará un error dado que un promedio es una suma de valores, que luego se divide por la cantidad de términos intervinientes. Puesto de otra manera: escribir esta función es lo mismo que hacer la siguiente operación:

=(B2+C2+D2+E2)/4

Ahora bien, ¿qué ocurre cuando divides por 0, o lo que es lo mismo, cuando a 0 lo divides por un número cualquiera? El resultado es 0.

En consecuencia, esta función **PROMEDIO(B2:E2)** dará como resultado un error de tipo **#¡DIV/0!**.

Hablamos antes sobre la función **SI.ERROR**, y dijimos que permite corregir los errores en las celdas. Esto no es del todo cierto, ya que el error persiste, solo que podemos hacer que no se muestre, porque, en este caso, no es un error de cálculo, sino un error que se presenta mientras las celdas vacías no estén completas con datos. En el ejemplo, al no tener ninguna calificación en las columnas de **CUATRIMESTRE**, la función divide por 0, lo que da como resultado el error antes mencionado.

Este es un buen momento para conocer cómo se comporta **SI.ERROR** en una fórmula o función. Su sintaxis es: **SI.ERROR(Valor o función que contiene el error; Valor_alternativo)**. En el ejemplo, el valor que contiene el error es la función:

PROMEDIO(B2:E2).

El valor alternativo puede ser cualquier valor que quieras que se muestre en vez del error, puede ser un número, un símbolo, un texto (siempre debes escribirlo entre comillas para que se muestre) o, como en este ejemplo, si escribes "", se dejará la celda vacía.

También debes tener en cuenta que esta función **siempre** se escribe antes de la función que genera el error, y cierra el cálculo con el valor alternativo. Es decir que precede y procede a la función cuyo resultado es el error.

Veámoslo de manera lógica. Lo primero que hará Excel en esta función **combinada** (ya que hay más de una función en la celda) es calcular el primer valor que se presenta (en este caso, la primera función). Quiere decir que lo primero que evaluará es si la función a la que está afectada **SI.ERROR**, efectivamente, es un error. Si la evalúa como **Verdadero**, completará la celda con lo que hayas designado como valor alternativo y finalizará el procedimiento. Si la evaluación de error da como resultado **Falso**, calculará el **PROMEDIO** y registrará el resultado en la celda de la función.

PASO 4

En la celda **G2**, aplica una función **SI**, que evalúe los datos de la celda **F2**, y, de acuerdo con el resultado obtenido, complete la celda con **APROBADO** o **NO APROBÓ**. La función que deberás insertar entonces es esta:

=SI(F2>=7;"APROBADO";"NO APROBÓ).

Es decir que la función analizará la celda **F2** y verificará si se cumple la operación, en este caso, si **F2** es mayor o igual que 7. Si lo es, imprimirá **APROBADO** en la celda **G2**, y para todos los demás casos en los que la condición no se cumpla, imprimirá **NO APROBÓ**.

Copia la función a las demás celdas de la columna **G** por cualquiera de los métodos que ya has aprendido.

G2		fx	=SI(F2>=7;"APROBADO";"NO APROBÓ")						
	A	B	C	D	E	F	G	H	
1	ALUMNO	1° CUATRIMESTRE	2° CUATRIMESTRE	3° CUATRIMESTRE	4° CUATRIMESTRE	CALIF. FINAL	RESULTADO	ACCIÓN A	
2						0	NO APROBÓ		
3						0	NO APROBÓ		
4						0	NO APROBÓ		
5						0	NO APROBÓ		
6						0	NO APROBÓ		
7						0	NO APROBÓ		
8						0	NO APROBÓ		
9						0	NO APROBÓ		
10						0	NO APROBÓ		
11						0	NO APROBÓ		
12						0	NO APROBÓ		
13									

PASO 5

Establece tres formatos condicionales, uno en el rango **A2:A12**, otro en el rango **F2:F12**, y el último en **G2:G12**.

a) Para el rango **F2:F12** fija una escala de colores, desde rojo (el menor valor) hasta verde (los más altos); desde valores por debajo o iguales a 4, hasta valores mayores a 9.

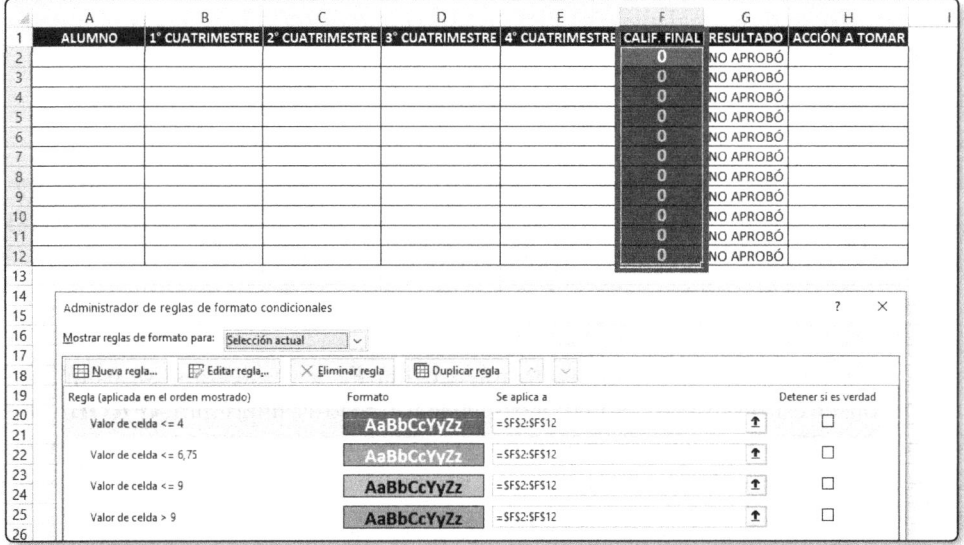

b) Para el rango **G2:G12** también establece una escala de colores, aunque en este caso solo serán dos, ya que resaltarán los resultados **APROBADO** (VERDE) y **NO APROBÓ** (ROJO), como se muestra en la siguiente imagen.

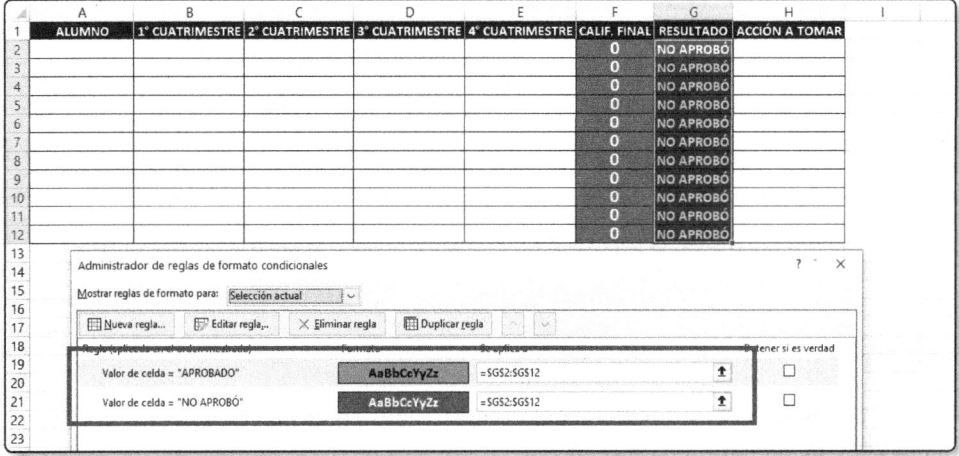

c) Queda ahora establecer el comportamiento que tendrá el rango **A2:A12**, que sería el de los nombres. En este punto, queremos que se resalten los que tengan la categoría **NO APROBÓ**, para saber quiénes no accederán a un recuperatorio, en caso de que estimemos realizar esta acción. Esto se hace mediante una fórmula en la que, si se cumple la condición establecida, se aplicará el formato determinado.

Entonces escribe la siguiente función:

=SI(G2="NO APROBÓ";VERDADERO())

Esta fórmula se aplicará al rango **A2:A12**.

Así, cuando tengas una condición **NO APROBÓ** en la columna **G**, automáticamente se pintará la celda de la fila con esta condición, con el formato establecido.

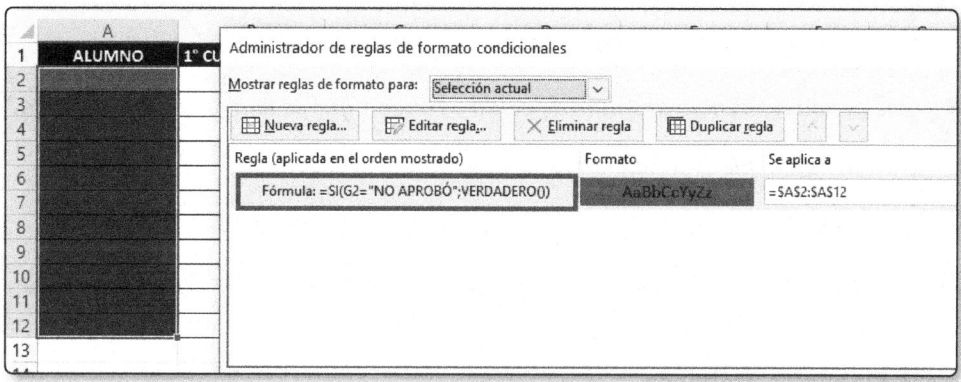

Figura 4.31. Aquí se ve cómo funciona el formato para los nombres.

De esta manera, verás rápidamente y podrás listar con facilidad los alumnos que no aprobaron y aquellos que sí lo hicieron.

4.4 ACTIVIDADES

A continuación se presentan las preguntas y los ejercicios que deberías saber responder y resolver para considerar aprendido el capítulo.

4.4.1 Test de autoevaluación

1. ¿En qué consiste crear una regla de validación de datos?

2. ¿Es posible personalizar el mensaje de error de validación? ¿Y agregar un mensaje de entrada que se muestre en la celda? ¿Cómo lo harías?

3. ¿Qué regla de validación deberías colocar si quieres restringir el ingreso de números a una cantidad específica?

4. ¿Cuáles son los ocho errores más comunes de Excel 365? ¿Cómo se resuelven?

5. Hay dos errores entre los ocho que podrían tomarse como errores momentáneos, ya que requieren completar información. ¿Cuáles son?

6. ¿Qué resuelve la función **SI.ERROR** *y cómo actúa?*

7. ¿Para qué sirve la función **BUSCARV**? *¿Cuáles son sus argumentos?*

8. ¿Qué es una referencia absoluta de celda o rango y qué es una referencia relativa?

9. ¿Qué significa que una función esté "anidada"?

10. ¿Cuántas anidaciones de funciones permite realizar Excel 365?

11. ¿Cuántas anidaciones de funciones son recomendables? ¿Por qué?

4.4.2 Ejercicios prácticos

1. Cuando Excel introdujo las funciones matriciales, se introdujo también un nuevo tipo de error, el **#¡DESBORDAMIENTO!**. *Investiga qué significa desbordamiento, qué es una matriz desbordada y cómo pueden solucionarse estos errores.*

2. Averigua si existe algún cálculo que utilice la función **BUSCARV** *anidada y para qué se utilizó.*

3. Investiga cuáles son las funciones más utilizadas, además de las vistas en este libro.

4. Realiza una hoja de cálculo en la que apliques, al menos, cuatro funciones avanzadas.

GLOSARIO

▶ **Almacenamiento local**: es lo opuesto al almacenamiento virtual, es decir, se refiere al almacenamiento de archivos y programas en el disco rígido (HDD) o disco de estado sólido (SSD); es el almacenamiento utilizando el hardware de la computadora.

▶ **Almacenamiento virtual**: cualquier espacio de almacenamiento en Internet, que permite ampliar la capacidad de almacenamiento de la computadora como si se tratara de un disco adicional; además, permite tener disponibles, desde cualquier equipo con Internet, los archivos allí almacenados. Algunos de los más conocidos son Drive (Google), ASUS WebStorage (ASUS) y One Drive (Microsoft).

▶ **Argumento:** cada una de las partes inseparables de una función de una hoja de cálculo que está separada por comas o punto y coma, y que realiza un cálculo específico para llegar al resultado conjunto.

▶ **Atajo de teclado**: combinación de teclas predefinida que facilita la ejecución de una orden más o menos compleja.

▶ **Barra de títulos**: nombre que se da a la barra fija del color característico de la aplicación en la que se está trabajando (azul en Word, verde en Excel, celeste en Outlook y One Drive, etc.), y que contiene el título del documento una vez guardado.

▶ **Bases de datos relacionales**: ,odelo de bases de datos. Su funcionamiento se basa en la creación de tablas diferentes con información específica, para luego relacionarlas mediante identificadores únicos (ID), y extraer así la información relevante de varias tablas y presentarla en una tabla única.

▶ **Caja de texto**: en programación orientada a objetos, la caja de texto o TextBox es un objeto en el que se puede escribir dentro de una especie de cuadro que permite entradas alfanuméricas (es decir, números y letras). Se desarrolló en Visual Basic (muchas funciones de Windows, en sus comienzos, estaban basadas en este lenguaje); sirve para introducir información en formularios, aunque también puede usarse para mostrar información al usuario.

▶ **Casilla de verificación**: objeto agregado a un formulario que, mediante el marcado de un cuadro, con el puntero del mouse, permite activar o desactivar una acción o condición de un cuadro de diálogo. También, al igual que la caja de texto y el propio cuadro de diálogo, se desarrolló con Visual Basic, aunque luego se extendió a otros programas y lenguajes.

▶ **Celda:** en Microsoft Excel, cada una de las intersecciones entre una fila y una columna, que da como resultado una coordenada (por ejemplo, A4), y en la que se coloca información para realizar los cálculos y crear las funciones.

▶ **Cinta de opciones**: cada una de las opciones disponibles en las pestañas del menú de Excel 365. Su nombre proviene de la disposición horizontal, en forma de cinta. Reemplaza a la disposición de las opciones que aparecían anteriormente al desplegar un menú, en forma de lista.

▶ **Comando:** cada uno de los enlaces, botones, opciones y cuadros que permiten realizar alguna acción en un programa. Como ejemplos, citaremos **Guardar**, **Formato**, **Alinear al centro**, **Color de texto**, etc.

▶ **Formato condicional**: tipo de formato de Microsoft Excel y otras hojas de cálculo que formatea una celda o grupos de celdas según si cumplen o no una condición estipulada. Se puede cambiar el tipo de fuente, fondo, color de letra, bordes, entre otros parámetros.

▶ **Función:** automatización de cálculos matemáticos en Excel, que tiene, por lo general, dos o más argumentos inseparables de esta, y que realizan tareas específicas para arribar a un resultado concreto.

▶ **Grilla de coordenadas**: nombre dado a la manera de ordenar la interfaz de usuario de Excel por letras y números, correspondientes a columnas y filas, y cuya intersección entre ambas da una coordenada (por ejemplo, B2 se corresponde con la segunda columna y fila de la hoja de cálculo).

▶ **Interfaz:** proviene del inglés interface; formato que un programa presenta en pantalla para interactuar con el usuario. Es el conjunto de botones, menús, enlaces y otras herramientas que el usuario utiliza para ingresar los datos.

▶ **Lista desplegable**: herramienta empleada en programación que sirve para agregar varios elementos o herramientas y poder optar por una entre varias. Se distingue por su semejanza con una caja de texto (textbox), como las de las cajas de búsqueda en la web, y a la derecha tiene una flecha hacia abajo que, al hacer clic sobre ella, despliega un menú de opciones.

▶ **Lotus 1-2-3**: sucesor de VisiCalc, y único precedente entre este y Excel, de interfaz algo más avanzada. Permitía realizar operaciones algo más complejas. Su sistema estaba basado en MS-DOS, que era el estándar hasta el momento, y tuvo gran éxito asociado con IBM, hasta la llegada de Windows. Como no supieron hacer el cambio a las nuevas plataformas, sucumbieron ante la llegada de la interfaz de usuario del sistema de Microsoft. Cuando reaccionaron, ya era tarde y Excel se convirtió en el programa de hojas de cálculo más vendido, y lo sigue siendo.

▶ **Macro:** función de Excel y de otros programas que graba una secuencia de tareas u operaciones, que luego se pueden repetir. Generalmente, estas secuencias se asocian a botones que permiten automatizar tareas y ganar tiempo de edición de tablas y hojas de cálculo.

▶ **Matriz de cálculo**: también llamada fórmula matricial de Excel, es una fórmula capaz de procesar varios valores a la vez. Lo que una fórmula matricial hace es evaluar todos los valores individuales de esa matriz, y luego realiza cálculos de acuerdo con las condiciones reflejadas en la fórmula.

▶ **Menú contextual**: menú que se abre siempre que se pulsa el botón derecho del mouse, y que se refiere exclusivamente al objeto que se está manipulando. Por esta razón se lo denomina contextual, porque se presenta y refiere al contexto, es decir, al entorno en el que se está trabajando. En el teclado se puede ver entre las teclas CTRL y Windows (representada por la clásica ventana del logo), a la derecha de la barra espaciadora.

▶ **Ofimática:** acrónimo de dos palabras inglesas; Office + informatic= Offimatic). Significa "oficina informática" y designa a todas las herramientas informáticas (hojas de cálculo, bases de datos, procesadores de textos, presentaciones, etc.) que sirven para automatizar procesos y minimizar tiempos en la creación de documentos, informes y procesamiento de tareas en una oficina.

▶ **Plantilla:** en Excel es, básicamente, una hoja de cálculo preformateada que se guarda para que esté disponible en la aplicación, sin necesidad de buscarla en el disco duro.

▶ **Ruta del archivo**: cadena de texto que indica dónde se encuentra el archivo buscado dentro de un árbol de carpetas. Los niveles se marcan con el separador (\).

▶ **Script:** fragmento de código escrito en algún lenguaje de programación existente, con la finalidad de agregar funcionalidad a un programa, base de datos u hoja de cálculo. El fin de un script es automatizar tareas.

▼ **Tabla de doble entrada**: tipo de tabla en hojas de cálculo que presenta resultados tanto en el eje de coordenadas "y" (vertical), como en el eje "x" (horizontal), o lo que es lo mismo, que presenta resultados para los datos de las columnas y de las filas.

▼ **Tabla dinámica**: tipo de tabla de Microsoft Excel que permite agrupar los datos provenientes de otra u otras tablas de una manera más ordenada. También permite reorganizar los datos para visualizarlos de un modo más conveniente, sin afectar el resultado.

▼ **Variable:** en una ecuación, la variable es el valor susceptible de ser modificado dentro de una fórmula o función de Excel; lo contrario a esto es una constante.

▼ **Ventana emergente**: "también llamada "popup", son ventanas que se abren al hacer clic en un botón o un enlace. Si bien el diseño de ventana emergente se aplica al diseño web, es posible usar este término toda vez que en Excel se abre una ventana por encima de otra o de otro cuadro de diálogo.

▼ **VisiCalc:** primer antecedente de Excel, desarrollado por Dan Bricklin y Bob Frankston en 1979, y lanzado al mercado con la computadora Apple II. El porqué de sus filas y columnas (ya en la primera versión la hoja de cálculo fue definida así) se debe a que el modelo de diseño se basaba en las tablas de cálculo que se enseñaban en la universidad. Más información, en https://hipertextual. com/2014/01/visicalc-primera-hoja-calculo.

▼ **Visual Basic**: lenguaje de programación orientada a objetos, en el que se basaron los primeros programas desarrollados por Microsoft para sus suites Office, hoy ya en desuso, aunque se utiliza para realizar macros para Excel y otros programas de Office, gracias a su versatilidad y compatibilidad con la suite de Microsoft.

Parte 2

Gráficos
Uso de datos
Apariencia visual

5

GRÁFICOS, GRÁFICOS DINÁMICOS Y MINIGRÁFICOS

En este capítulo nos enfocaremos en los gráficos, y veremos también las otras dos opciones presentes en esta versión: los gráficos dinámicos (incluidos por primera vez en Excel 2000) y los minigráficos (cuya primera versión apareció en Excel 2010).

5.1 INTRODUCCIÓN

Los gráficos de **Excel** se han convertido, desde hace mucho tiempo, en una herramienta imprescindible a la hora de presentar los datos de una forma asequible y comprensible para cualquier tipo de exposición; por ejemplo, una reunión para analizar el presupuesto de un proyecto, una presentación de un producto, informes de ventas y evolución de capital, entre otras situaciones. En algunos ámbitos laborales y de oficina, casi no se concibe un informe si no se presenta un gráfico que lo acompañe.

La herramienta de gráficos de **Excel 365** incorpora numerosas opciones que te ayudarán cada vez que necesites insertar un gráfico en una hoja de cálculo, y veremos todas ellas en detalle en este capítulo.

Al terminar de leerlo, sabrás escoger el modelo más adecuado según el tipo de datos que desees presentar, y también aprenderás a modificar las series de datos y la información que se presenta, para que el resultado tenga la apariencia que quieras.

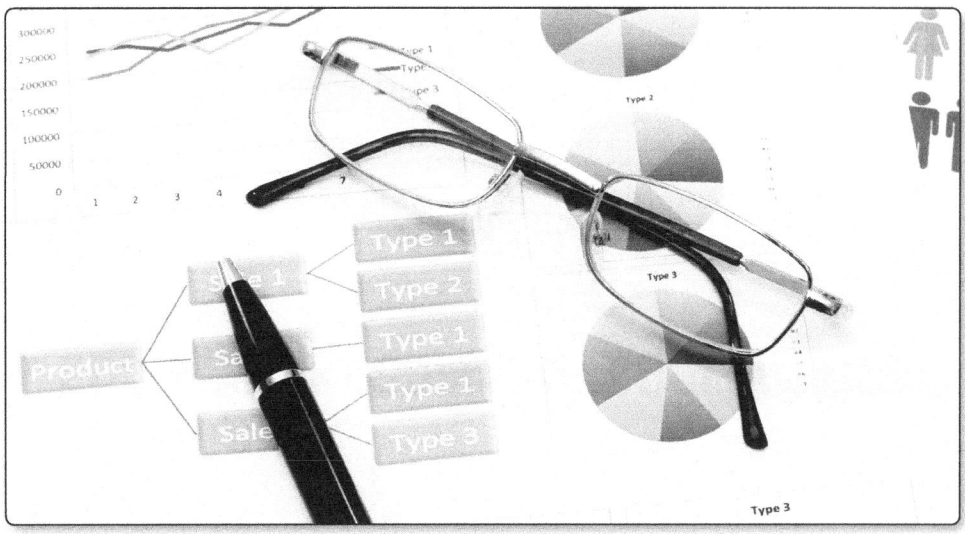

Figura 5.1. Los gráficos son imprescindibles en variados ámbitos.

La herramienta de gráficos de **Excel 365** incorpora numerosas opciones que te ayudarán cada vez que necesites insertar un gráfico en una hoja de cálculo, y veremos todas ellas en detalle en este capítulo.

Al terminar de leerlo, sabrás escoger el modelo más adecuado según el tipo de datos que desees presentar, y también aprenderás a modificar las **series de datos** y la información que se presenta, para que el resultado tenga la apariencia que quieras.

Para conocer la nueva opción de creación de gráficos utilizando los iconos (exclusivos de **Excel 365**), te recomendamos leer el Informe USERS #246 – Gráficos modernos con Excel, donde conocerás a fondo la técnica para insertar iconos que se vean como tales, pero se comporten como las barras de un gráfico.

A lo largo de este capítulo, conocerás otras opciones de gráficos, como los **minigráficos** y los **gráficos dinámicos**, y estarás en condiciones de elegir qué tipo será más conveniente para tu presentación.

5.2 GRÁFICOS DE EXCEL 365

Los gráficos son fundamentales en la vida de cualquier empresa, negocio, escuela o institución, ya que permiten representar, en unos pocos trazos, una situación financiera, un estado de cuentas, el porcentaje de efectividad de la enseñanza (por materias o general), o el uso de herramientas en un taller o fábrica, por poner solo algunos ejemplos prácticos. También hay muchísimos otros usos que permitirán, de un simple vistazo, realizar un análisis pormenorizado para tomar decisiones más acertadas y con menos riesgo.

En efecto, los gráficos colaboran activamente en la toma de decisiones, al permitir la visualización y el análisis del comportamiento de una determinada cantidad de datos.

5.2.1 Datos

No todos los gráficos que ofrece **Excel 365** servirán para presentar cualquier tipo de datos. Es muy importante saber qué datos representa mejor cada subgrupo de gráficos, para así poder elegir el que mejor se adecue a cada requerimiento.

Imagina esta situación: necesitas ver la evolución de las ventas de tu negocio en los últimos 12 meses, ya que quieres hacer una proyección para el año siguiente, con el fin de medir objetivos y metas cumplidas al finalizar el año entrante. Mal podrías realizar esta medición con un gráfico de barras o con uno de torta o dona. Lo más acertado será utilizar un gráfico de líneas o de dispersión, aunque recomendamos el de líneas para este caso porque así podrás ver el comportamiento de las ventas en una línea de tiempo.

En la siguiente imagen verás de qué manera acceder al grupo **Gráficos**, que se encuentra en la pestaña **Insertar** de la cinta de opciones de **Excel 365**.

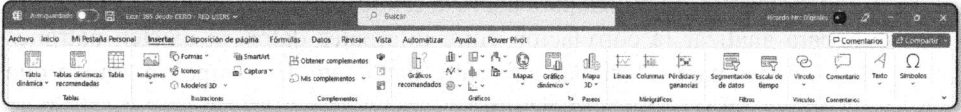

Figura 5.2. Ubicación del grupo *Gráficos* en la pestaña *Insertar*, donde podrás elegir el tipo de gráfico que necesites para tu presentación de datos.

Observa que en el grupo, además de todos los tipos de gráficos que puedes utilizar, encontrarás un botón más destacado: **Gráficos recomendados**. Pulsando sobre él, accedes a la selección de gráficos sugerida por Excel 365 de acuerdo con los datos seleccionados en la hoja de cálculo.

De esta manera, el programa te indicará el tipo de gráfico más adecuado para los datos seleccionados en la tabla, con lo cual evitas el procedimiento de prueba / error para encontrar el que corresponda, ya que no todos los gráficos, aunque sean del grupo correcto, te servirán para presentar la información. A continuación, verás en detalle en qué situaciones conviene aplicar cada uno de los subgrupos de gráficos de **Microsoft Excel 365**.

ⓘ **ATENCIÓN**

No nos centraremos en detalle en cada modelo de gráfico, sino que veremos cada uno de los tipos; el modelo de gráfico quedará a tu criterio y elección, sabiendo cuál es el dato que mejor representa.

- ▶ **Gráfico de columnas**: este tipo de gráficos es uno de los más comunes, y suele utilizarse cuando quieres comparar visualmente los valores de varias categorías.

- ▶ **Gráfico de líneas**: también es de los más habituales; puedes usarlo cuando tienes que mostrar una tendencia en un eje de tiempo (días, meses, años), o para establecer una tendencia por categorías de datos.

- ▶ **Gráfico circular o de anillos**: se utiliza para establecer proporciones de un todo, es decir que servirá únicamente cuando el total de los datos sea el 100%. Resulta muy útil para graficar proporciones de compuestos en medicina o química, por ejemplo.

- ▶ **Gráfico de jerarquía**: permite comparar partes con un todo, o cuando varias columnas de categorías formen parte de una jerarquía.

- ▶ **Gráfico de estadísticas**: como su nombre lo indica, se utiliza en estadísticas; úsalo cuando tengas que hacer un análisis de este tipo.

- ▶ **Gráfico de dispersión**: muestra la relación entre conjuntos de valores, por ejemplo, se utiliza para analizar tendencias de los datos en el tiempo, para analizar la correlación entre diferentes datos, si existen patrones comunes para relacionar diferentes datos, etc. Es el tipo de gráfico que utilizaremos en nuestro ejemplo.

▶ **Gráfico de cascada**: muestra cómo se descompone un valor en sus componentes individuales. Sirve en general para mostrar datos financieros y los cambios de una cuenta a lo largo del tiempo.

▶ **Gráfico de embudo**: presenta el desarrollo de un proceso de ventas, desde el primer contacto del cliente o prospecto, hasta su conversión, y ayuda a visualizar la parte del proceso de ventas en donde existe la mayor pérdida de oportunidades. También es frecuente su uso en marketing y marketing digital, para analizar el proceso de los visitantes de un sitio hasta el momento en que se convierten en clientes o se suscriben.

▶ **Gráfico de cotizaciones**: solo es útil en caso de que se necesite analizar cotizaciones o la contribución de un valor a una determinada categoría.

▶ **Gráfico de superficie**: representa datos tridimensionales en un mapa de color, y a cada valor se le asigna un color diferente. Se utiliza para la visualización de datos geoespaciales y modelización matemática. Puede usarse para medir la densidad de población en determinado lugar y tomar decisiones en base a esa información (por ejemplo, para enfocar publicidad en las áreas más pobladas o realizar campañas más agresivas en determinada región, y así optimizar los costos de publicidad).

▶ **Gráfico radial**: permite medir el comportamiento de un conjunto de variables (por ejemplo, el rendimiento de un atleta en varias disciplinas). Es un tipo de gráfico específico, por lo que su uso no está tan difundido.

5.2.2 Datos que utilizarás para el gráfico

En este ejemplo, el objetivo es mostrar cuál fue la tendencia de tus gastos en relación al dinero disponible, para cada mes, para así saber cuál es tu capacidad de ahorro al final del año respecto del comienzo, y cuál fue la suba del gasto.

En este caso, tomarás de la hoja de **INGRESOS Y SERVICIOS** la tabla que representa los porcentajes de gastos y disponibles.

En el siguiente Paso a Paso, verás de qué manera insertar un gráfico en una hoja de cálculo y hacer que muestre los datos que deseas analizar.

PASO 1

Selecciona el área de la tabla de la que obtendrás los datos; en este ejemplo, será la tabla secundaria, en la que se encuentran los porcentajes de gastos respecto de los ingresos, y el porcentaje de disponible luego de todos los gastos.

PORCENTAJES REPRESENTATIVOS DE LOS INGRESOS		
MES	**% GASTOS**	**% DISPONIBLE**
ENERO	53,74%	46,26%
FEBRERO	53,71%	46,29%
MARZO	59,73%	40,27%
ABRIL	70,16%	29,84%
MAYO	79,43%	20,57%
JUNIO	66,73%	33,27%
JULIO	77,88%	22,12%
AGOSTO	65,93%	34,07%
SEPTIEMBRE	71,49%	28,51%
OCTUBRE	64,58%	35,42%
NOVIEMBRE	69,14%	30,86%
DICIEMBRE	65,88%	34,12%

PASO 2

En la pestaña **Insertar**, en la cinta de opciones, accede al **Grupo Gráficos**. Aquí tienes dos opciones: puedes elegir el gráfico que consideres que se adapta mejor a tus necesidades, o bien hacer clic en el botón **Gráficos recomendados**, para que **Excel 365** muestre una selección de aquellos que mejor se adaptan a los datos que desees reflejar.

ⓘ ATENCIÓN

Si no estás seguro de qué gráfico utilizar, lo mejor será elegir la segunda opción, que, en general, es la más acertada. Luego, podrás realizar las modificaciones que creas convenientes, como harás a continuación con el gráfico ya creado.

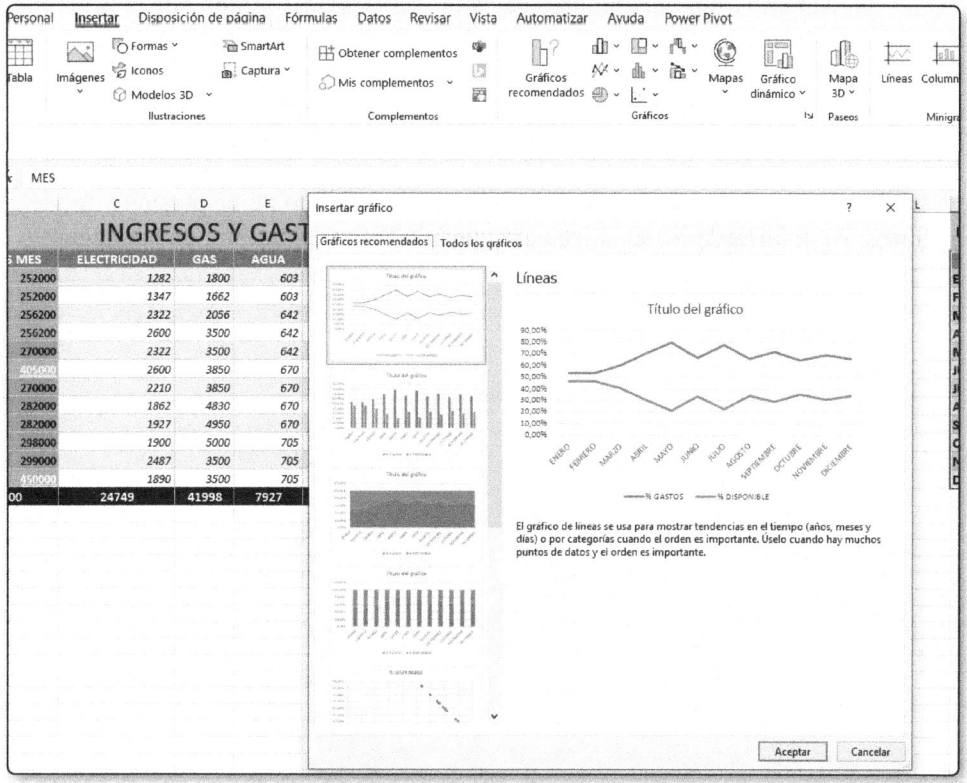

PASO 3

Una vez seleccionado el gráfico, puedes elegir insertarlo en una nueva **Hoja de cálculo** (opción recomendable) o en la misma hoja de la tabla, si el espacio que tienes es suficiente para esta acción.

5.2.3 Personalizar el gráfico

Una vez que creaste el gráfico, solo resta personalizarlo, es decir, elegir un título, los **ejes** que se mostrarán, si presentará todas las **leyendas** o no, los ejes de los valores, la letra, la posición de las leyendas, el color de la fuente, el fondo del gráfico, etc.

No veremos el procedimiento detallado para este paso, sino que indicaremos de qué manera personalizar el gráfico teniendo en cuenta que esta es una de las tantas opciones de personalización posibles. Tendrás que investigar entre todas las disponibles y ver cuál te satisface. Aquí brindaremos la información sobre el modo de manejar los diferentes controles para personalizar el gráfico.

A cotinuación comenzarás a personalizar el gráfico de dispersión y modelo de líneas. Al finalizar la personalización, quedará como se muestra en la imagen:

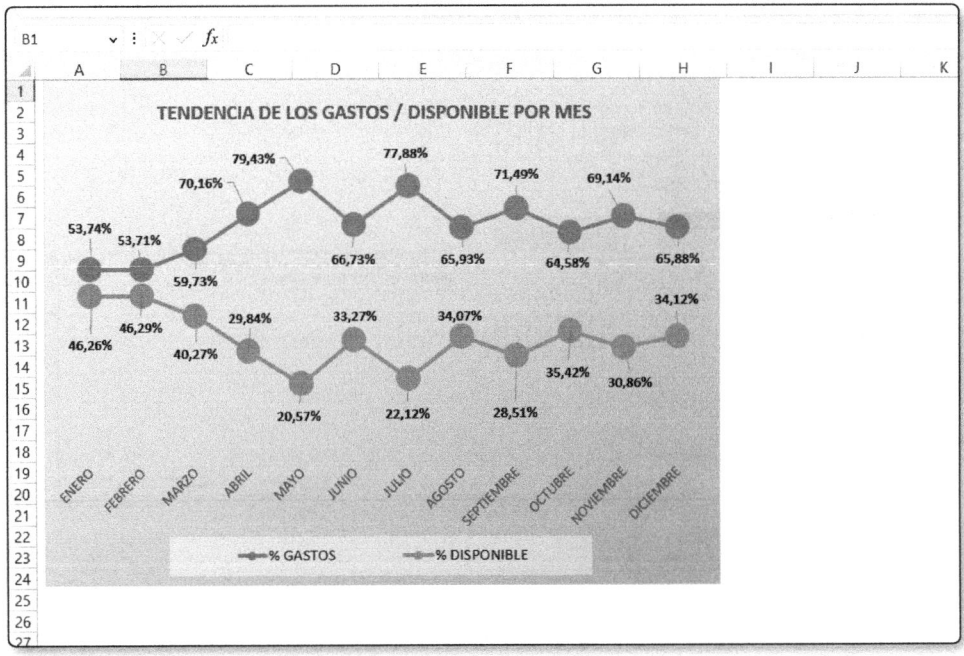

Figura 5.3. El gráfico totalmente personalizado.

Lo primero que harás será quitar las líneas de división del **eje principal**, de la siguiente forma:

1. Haciendo clic en cualquiera de las líneas, se seleccionarán todas, como puedes ver en la siguiente figura:

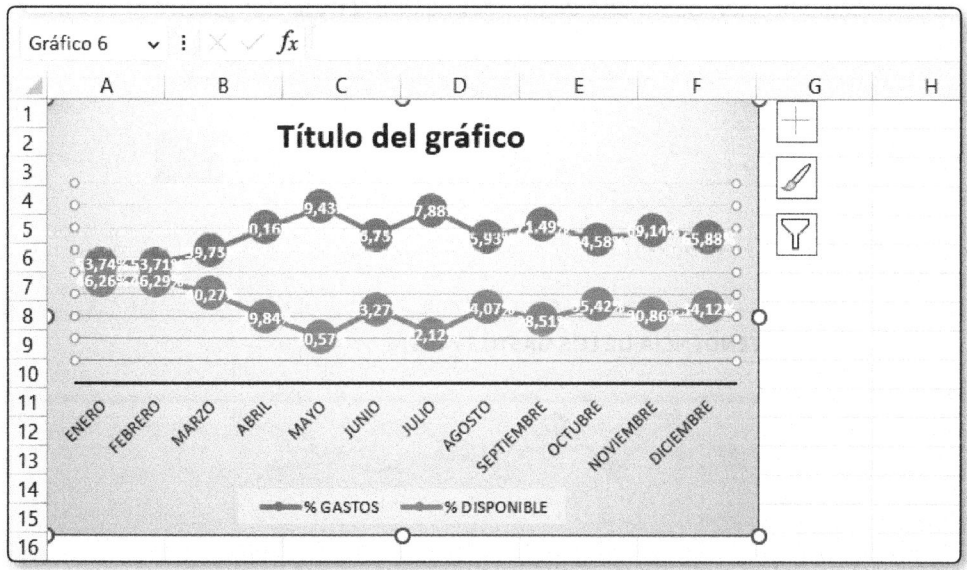

Figura 5.4. Las líneas del eje principal, seleccionadas para quitar.

2. A continuación, pulsa la tecla **SUPR** y habrás borrado las líneas, sin afectar al gráfico.

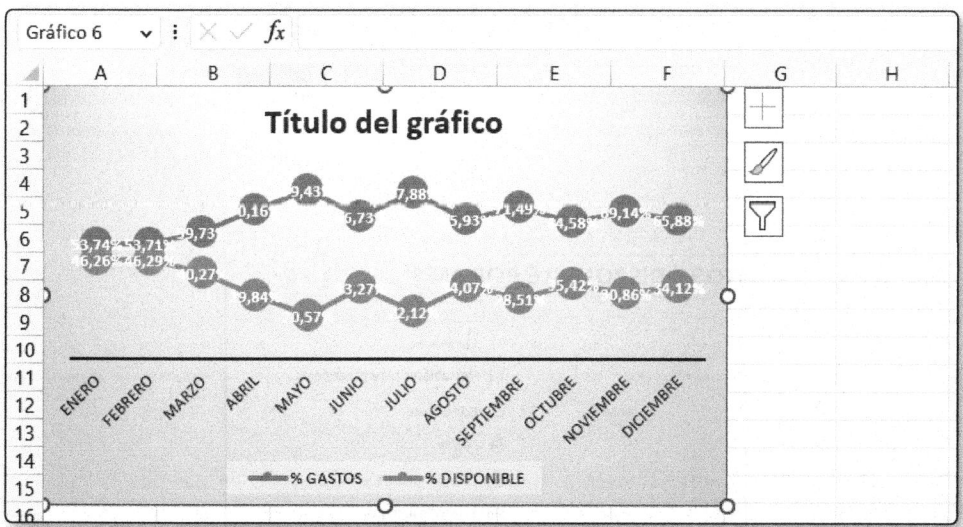

Figura 5.5. Pulsando *SUPR* (*DEL* en algunos teclados), se eliminan las líneas de división del eje principal.

Ahora procederás a cambiar el título del gráfico, y lo llamarás, por ejemplo: **TENDENCIA DE LOS GASTOS / DISPONIBLE POR MES**.

Para esto, haz doble clic dentro del cuadro **Título del gráfico** y escribe el texto deseado.

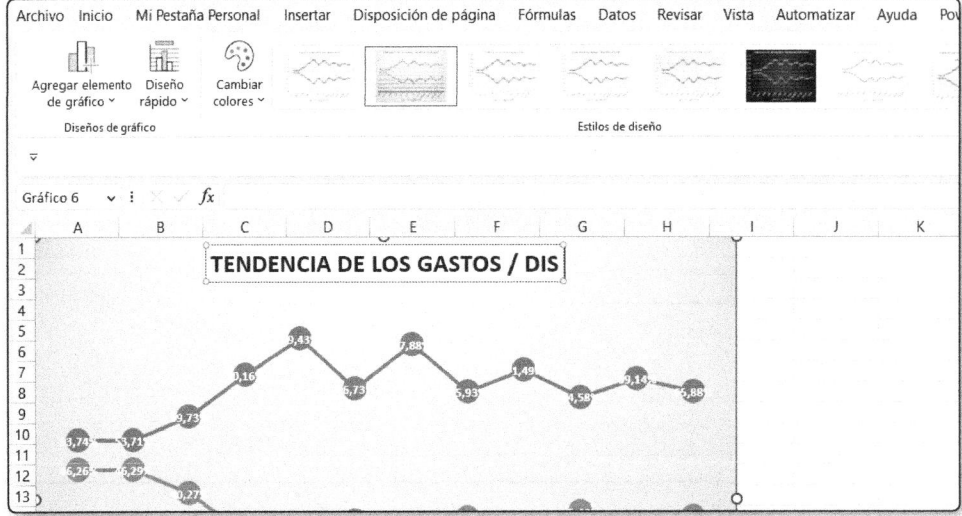

Figura 5.6. Haciendo doble clic sobre la etiqueta *Título del gráfico*, podrás ponerle el nombre que quieras.

El paso siguiente es cambiar el color de fuente por uno que contraste más con el gris del fondo. Hazlo así: pulsa con el botón derecho del mouse sobre la etiqueta y, del menú contextual, elige la opción **Fuente…**

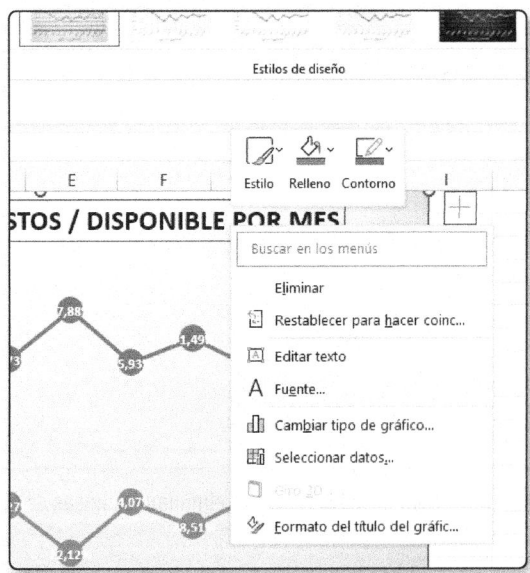

Figura 5.7. Al hacer clic en la etiqueta con el botón derecho del mouse, accederás al menú contextual con la opción *Fuente…*

En el cuadro de diálogo que se abre, presiona el botón **Color de fuente** para cambiarlo por el que quieras.

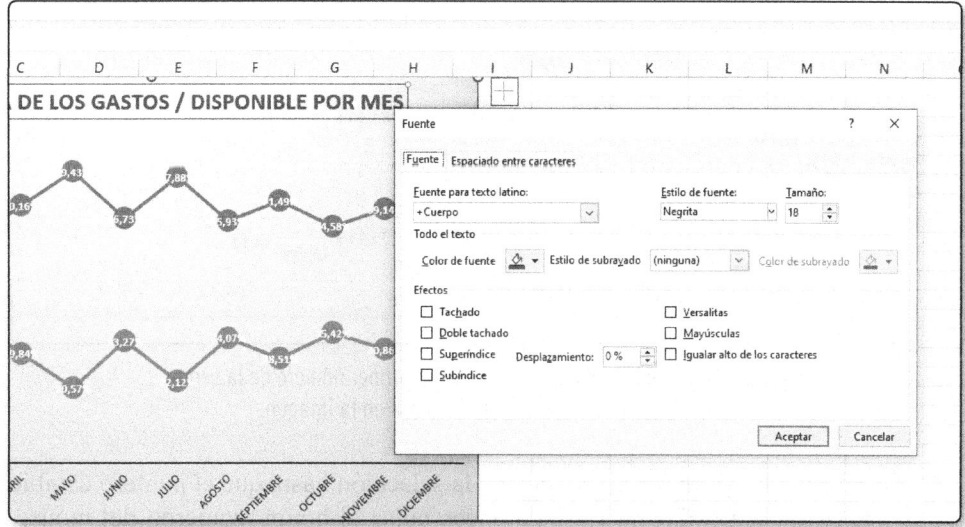

Figura 5.8. El cuadro de diálogo *Fuente…* dentro del cual, seleccionando el color de la lista con el icono del balde, podrás cambiar el color de la fuente. Para este ejemplo utilizamos el Azul *#3216DC*. El tamaño de la fuente queda como estaba.

Continuando con la personalización, ahora cambia el color de las series de números, en ambas series de datos, ya que el blanco no ofrece mucho contraste con los tonos del gráfico. Procede como se indica a continuación:

Haz clic derecho sobre el primer número de una de las dos series de datos y, del menú contextual, selecciona **Fuente…**. Luego, en el cuadro de diálogo ya conocido, cambia el color y el tamaño de la fuente por Negro 12. El tipo de fuente queda por defecto. Haz lo mismo con la serie siguiente.

En este momento puedes hacer dos cosas: dejar los números superpuestos en los puntos, en cuyo caso sería recomendable una fuente dos puntos más pequeña, por ejemplo, de tamaño 10; o mover las etiquetas de números de manera tal que el punto quede limpio y la etiqueta se ubique encima de este. Esto queda a tu criterio.

No obstante, si quieres hacer que las etiquetas se desplacen del punto, como se muestra en la primera imagen, procede de este modo. Haz clic una vez, espera uno o dos segundos y luego una segunda vez en el primer número de la serie; verás que el contorno se muestra como en la siguiente imagen.

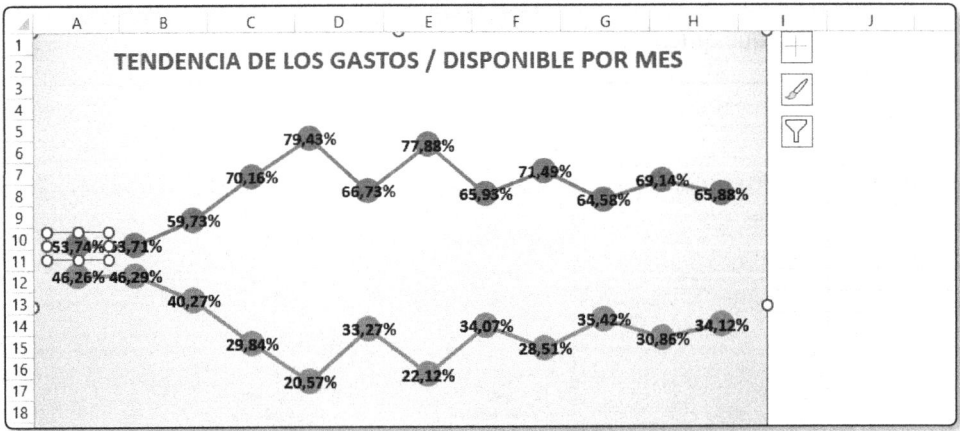

Figura 5.9. Al hacer clic dos veces sobre el primer número de la serie,
el cuadro cambia al que se muestra en la imagen.

Posiciónate en uno de los lados de la selección hasta que el puntero cambie a una flecha de cuatro direcciones. Entonces pulsa el botón izquierdo del mouse, mantenlo presionado, y mueve el mouse hacia la posición deseada. Luego haz lo mismo con todos los números de ambas series.

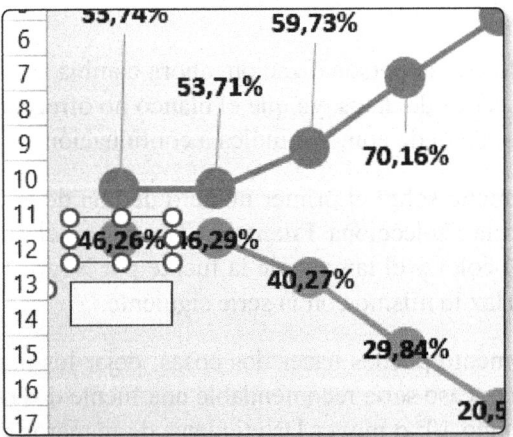

Figura 5.10. Pulsando sobre la selección y arrastrando el mouse hacia la posición indicada, podrás mover la etiqueta y dejar libre el punto, como se muestra en esta imagen. El cuadro vacío que se ve es la posición en la que se ubicará la etiqueta una vez desplazada.

De manera análoga a como lo hiciste con la primera etiqueta, procede con el resto de los elementos (los meses del año y las referencias al pie).

Si lo deseas, también puedes cambiar el fondo:

▼ Haz doble clic sobre cualquier parte sin datos del área del gráfico.

▼ A la derecha de la hoja de cálculo, verás que se abre una ventana adosada a la principal.

▼ Despliega la opción **Relleno** pulsando sobre >.

▼ En la lista, selecciona **Relleno degradado**.

▼ Notarás que el gráfico cambia de color al azul por defecto, mostrando un degradado desde el blanco al azul.

Si lo deseas, puedes dejarlo así o puedes agregar colores de degradado y puntos para degradado, lo que hará que este efecto sea más gradual; puedes mover los puntos de degradado, e incluso combinar otros colores, cambiar la transparencia o hacer los colores más nítidos. En este ejemplo, modificamos varios parámetros para dejarlo como mostramos en la primera imagen. Veamos cómo hacer para que el gráfico quede igual que el de la imagen:

1. El tipo de degradado quedará como el degradado por defecto. Lo que sí harás será cambiar el color.

   Para este caso utilizamos tres colores: verde #669D41, naranja #E6AE64 y amarillo #FFE669. Procede como se indica:

   • En el menú **Relleno**, a la derecha de la hoja de cálculo, en **Ángulo**, ingresa 45°.

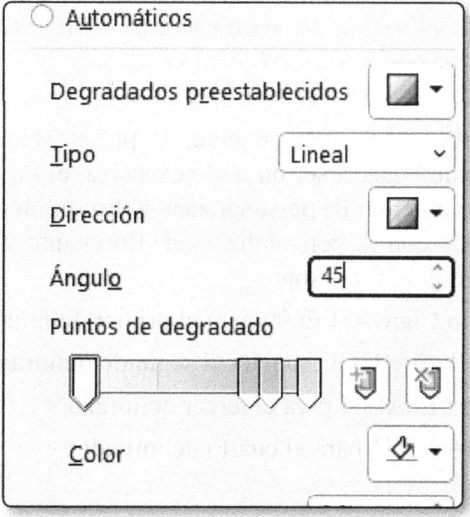

Figura 5.11. El *Textbox* con desplegable, en el que podrás cambiar el ángulo del degradado.

2. En la barra con delimitadores que se muestra en la imagen siguiente, posiciona los cuatro delimitadores que aparecen por defecto en la siguiente graduación:

- Delimitador 1: Posición 1%
- Delimitador 2: Posición 48%
- Delimitador 3: Posición 83%
- Delimitador 4: Posición 100%

Figura 5.12. En la barra con los delimitadores coloca los cuatro en las posiciones arriba indicadas. Los niveles de transparencia y brillo serán los que se determinan por defecto, es decir, 0 para ambos ítems.

3. Elige también los colores para el gráfico.

Si bien sabes que, estéticamente, la presentación de colores de este gráfico puede llegar a ser un tanto excesiva, el fin es que te familiarices con las herramientas de personalización disponibles. Hecha la aclaración, continuemos con la personalización. En cuanto a los colores elegidos para este gráfico, estos son:

- Amarillo Claro #FFE699 para el primer delimitador
- Verde Claro #B3CEA0 para el segundo delimitador
- Naranja #E6AE64 para el tercer delimitador
- Verde #669D41 para el cuarto delimitador

Figura 5.13. Los delimitadores con sus colores asignados según las escalas indicadas.

Para cambiar los colores a los indicados puedes guiarte por el siguiente procecimiento:

PASO 1

Pulsa sobre el delimitador que quieres cambiar (por ejemplo, el primero, que tiene el amarillo #FFE699) y despliega a continuación la paleta de colores en el icono con el balde.

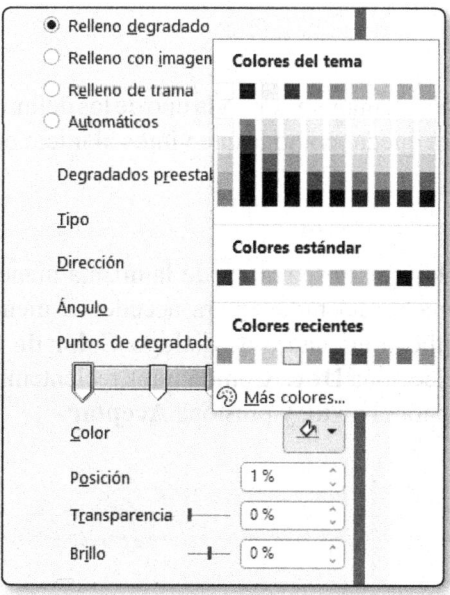

PASO 2

Selecciona **Más colores…** y en el cuadro de diálogo que se abre, pulsa en el textbox **Hex:** y escribe #ffe699 (da lo mismo que lo hagas con mayúsculas o minúsculas). Una vez que lo hayas colocado, haz clic en **Aceptar**.

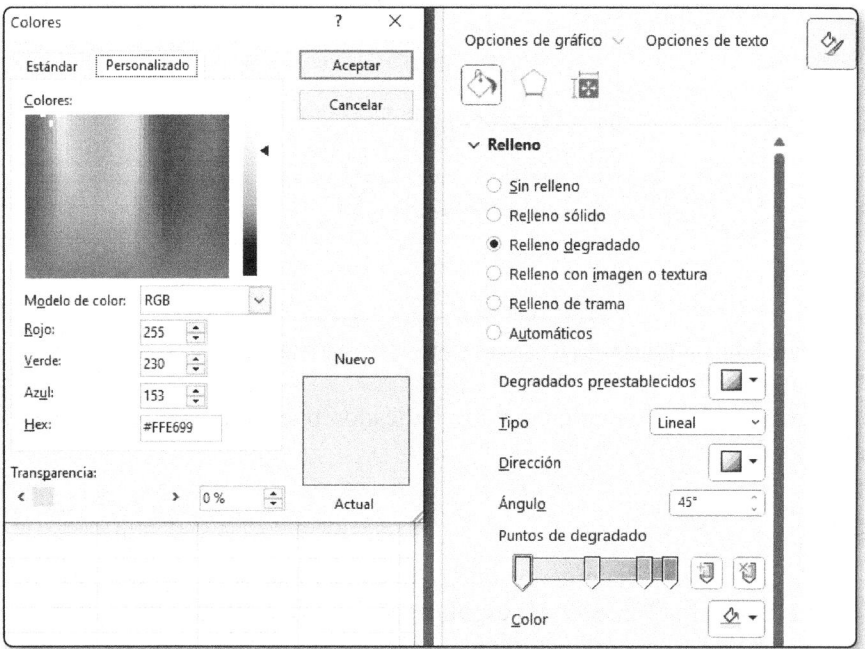

PASO 3

Procede de la misma manera con cada uno de los delimitadores seleccionados; al final la imagen deberá quedar como la que vimos al inicio de esta personalización.

PASO 4

El formato de los meses se realiza de la misma manera que con los títulos. Pulsa con el botón derecho del mouse para acceder al menú contextual. Elige la opción **Fuente…**, despliega el cuadro de diálogo **Color de fuente**, luego haz clic sobre **Más colores** y selecciona **Hex:**. Como vimos recientemente, coloca #3216DC, que es el tono elegido para el texto, y presiona **Aceptar**.

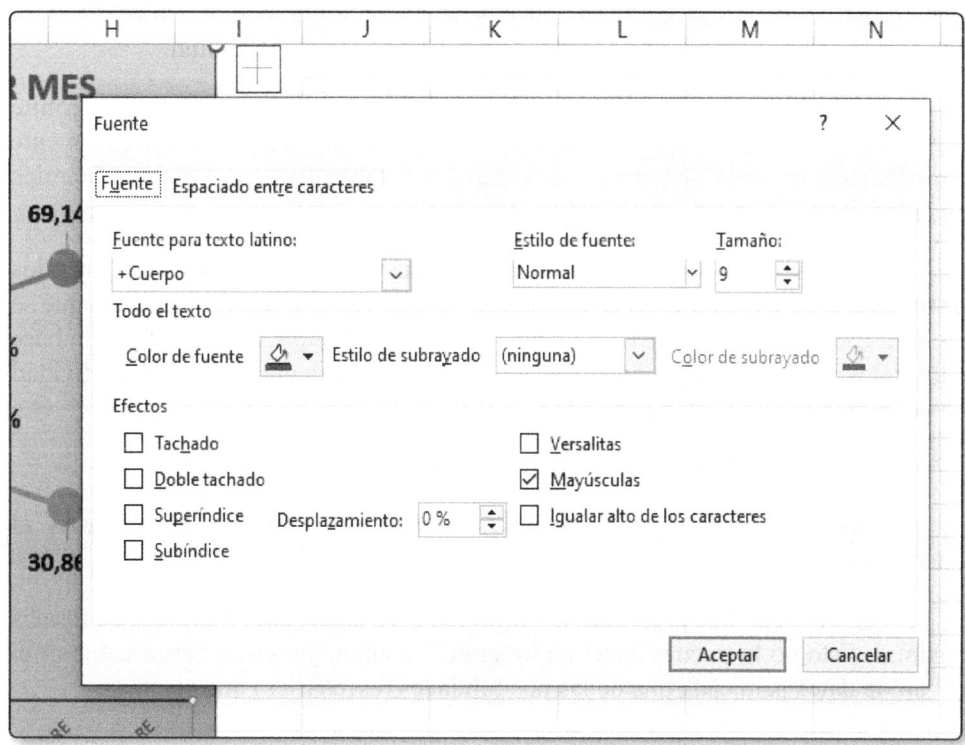

PASO 5

Por último, realiza los mismos pasos descriptos para la leyenda, y así podrás modificar el tamaño de fuente, el color, etc.

Ya has visto cómo personalizar un gráfico desde cero o desde la configuración predefinida que da **Excel 365**.

Hay muchas más posibilidades de personalización, pero sería engorroso enumerarlas todas.

Nuestra sugerencia es que investigues qué otras opciones pueden ser útiles para ti; ya tienes las herramientas para poder hacerlo.

5.3 GRÁFICOS DINÁMICOS

Dedicaremos esta sección a los gráficos dinámicos. En este punto ya estás en condiciones de crear, personalizar y seleccionar los datos que deseas mostrar en un gráfico, por lo que ahora verás qué puedes hacer con un gráfico dinámico. Primero explicaremos brevemente qué es y en qué se diferencia de uno común.

Un gráfico dinámico tiene asociada una **tabla dinámica**, con lo cual permite organizar los datos de diferentes maneras. Este gráfico se actualiza automáticamente a medida que se modifica la forma de visualizar la tabla. Esto permite una dinámica en la lectura de los datos y su presentación, que no se logra con un gráfico simple.

Imagina esta situación: administras una escuela y quieres mostrar los distintos grupos de alumnos que aprobaron, los que van A Marzo (AM), a los que se les hará Examen Escrito (EE), Examen Oral (EO) y Multiple Choice (MC). En base a los datos arrojados, tienes que crear una estadística para determinar la efectividad de la enseñanza en tu establecimiento.

Un gráfico dinámico te ayudará en esta tarea, ya que, agregando

filtros dinámicos, podrás ver los distintos grupos, las calificaciones y el estado de cada uno de ellos.

También podrás presentar la información agrupada en los gráficos de formas distintas. Esto no lo puedes hacer en un gráfico común, ya que deberías cambiar el **origen de datos** para cada una de las posibilidades (escenarios) que plantees.

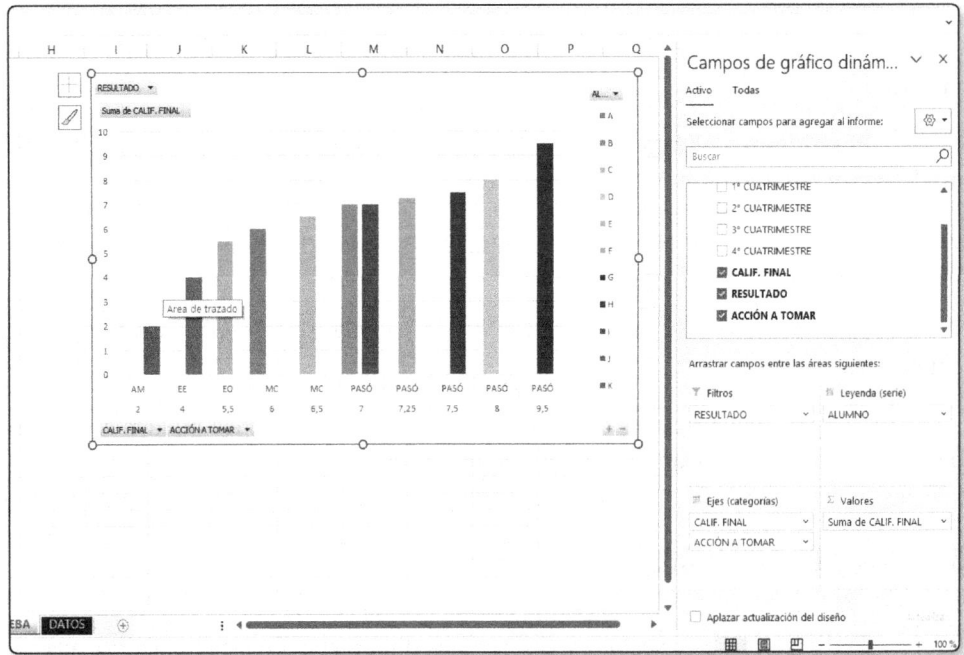

Figura 5.14. Gráfico dinámico creado en base a la tabla vista de calificaciones de la escuela.

5.3.1 ¿Cómo crear un gráfico dinámico?

En esta sección aprenderás a crear un gráfico dinámico mediante el siguiente Paso a Paso.

PASO 1

Selecciona la tabla desde la que extraerás los datos para el gráfico dinámico. En este ejemplo es la tabla vista anteriormente, de calificaciones de alumnos.

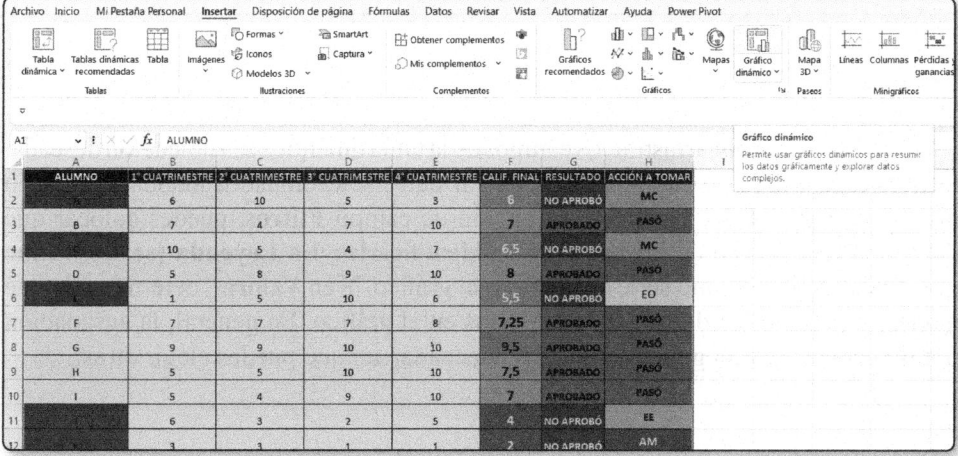

PASO 2

Una vez que hayas seleccionado la tabla, en la pestaña **Insertar**, en el **grupo Gráficos**, selecciona la opción **Gráficos dinámicos** y pulsa en el botón.

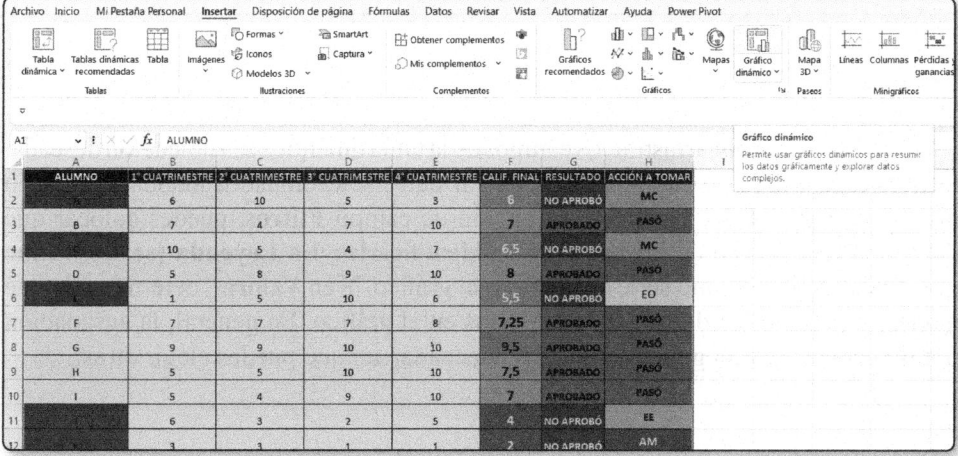

PASO 3

En el cuadro de diálogo abierto, selecciona las distintas opciones que necesites para el gráfico dinámico; estas son similares a las vistas para crear un gráfico. Elige si el gráfico se insertará en una hoja nueva o en una existente; en este ejemplo, será en una existente.

En la imagen puedes ver las opciones para establecer los parámetros para la creación del gráfico dinámico, así como también si se insertará en una hoja ya creada o en una nueva.

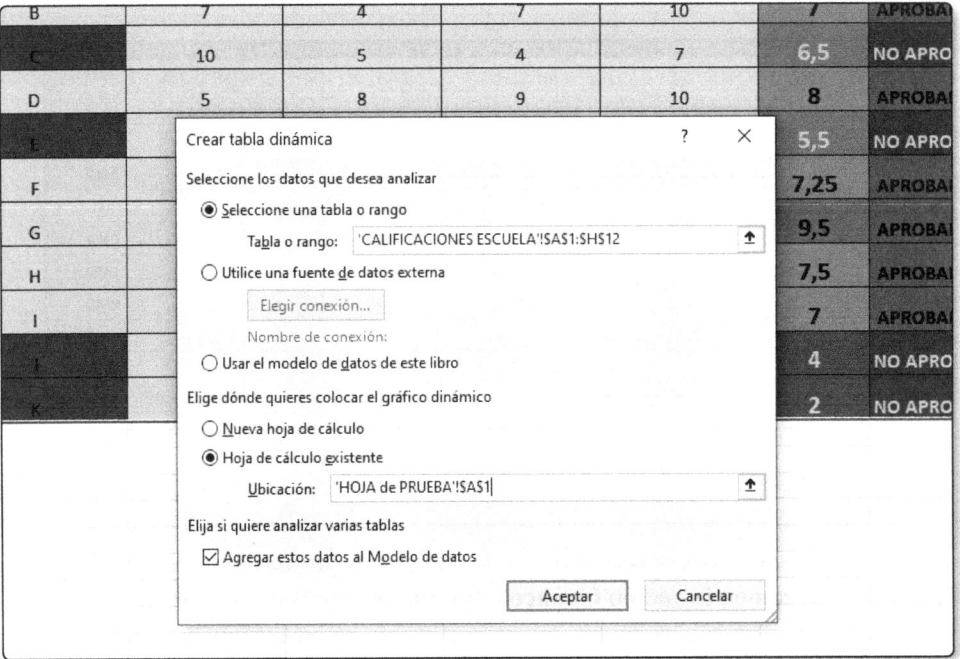

PASO 4

Comienza por arrastrar los campos de la tabla dinámica a la ubicación deseada. Puedes crear filtros de campos para mostrar datos seleccionados manualmente. En las categorías de **Ejes**, debajo de la opción de campo **Filtros**, puedes colocar qué datos se verán debajo de las barras, para identificarlas. En **Leyenda (serie)**, define qué deseas mostrar como serie de datos en el gráfico. Y en **Valores**, determina de qué manera agruparás los datos para mostrarlos en el gráfico. En general, la agrupación por defecto al crear el gráfico es la más adecuada, aunque puedes elegir otras.

En esta imagen puedes ver las distintas áreas del gráfico dinámico y los campos seleccionados

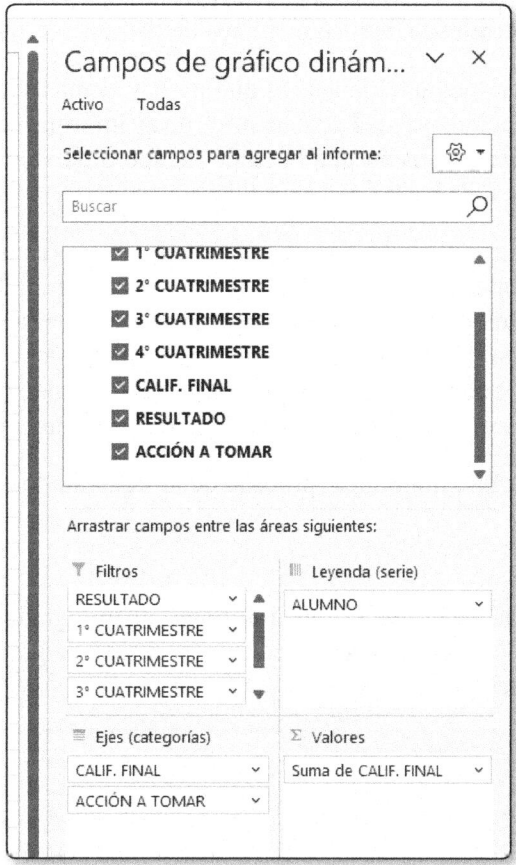

Como puedes observar, según cómo desees presentar los datos, el gráfico cambiará. Esto no podrías realizarlo con un gráfico común.

Finalmente, es posible personalizar el gráfico de la misma forma en que lo hiciste con los gráficos normales.

5.4 MINIGRÁFICOS

Esta sección sobre gráficos de Microsoft Excel 365 no estaría completa si no incluyéramos estas pequeñas imágenes con las que puedes acompañar los datos: los minigráficos.

Estos gráficos tienen una particularidad respecto de los que ya hemos visto: solo pueden analizar datos en rangos verticales (una columna) u horizontales (una fila), y se insertan en una única celda. Sirven, por ejemplo, para visualizar la evolución de un determinado dato en una línea de tiempo.

Otra característica que tienen, es que no hay demasiados tipos de gráficos para realizar esta acción, ya que toman muy poca información y, como dijimos anteriormente, analizan datos en una línea de tiempo o de valores. Se puede optar entre gráficos de línea, de barras, y de pérdidas y ganancias.

También, una vez creado el minigráfico, si lo deseas (como en el ejemplo que veremos), puedes copiarlo en otras celdas, y este se adaptará a los datos asociados en el rango de la celda donde lo copies. Por ejemplo, en el caso que veremos, en el rango **B2:E2** están los datos del primero al cuarto cuatrimestre para el alumno **A**. Al crear el minigráfico y copiarlo hacia abajo, obtendrás el gráfico para el alumno B en el rango **B3:E3**, para el **C** en el rango **B4:E4**, y así sucesivamente.

Para insertar un minigráfico, procede de la siguiente forma:

PASO 1

Selecciona la celda en la que insertarás el minigráfico, y en la pestaña **Insertar**, en la opción **Minigráficos**, selecciona el tipo de gráfico que desees. En este ejemplo, es **Líneas**.

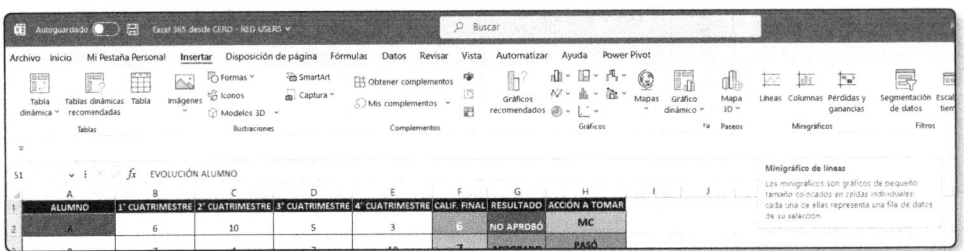

PASO 2

En el cuadro de diálogo que se abre, selecciona en qué celda quieres que se reflejen los datos, y el rango de celdas que afectará al minigráfico.

Una vez seleccionadas estas opciones, pulsa **Aceptar**.

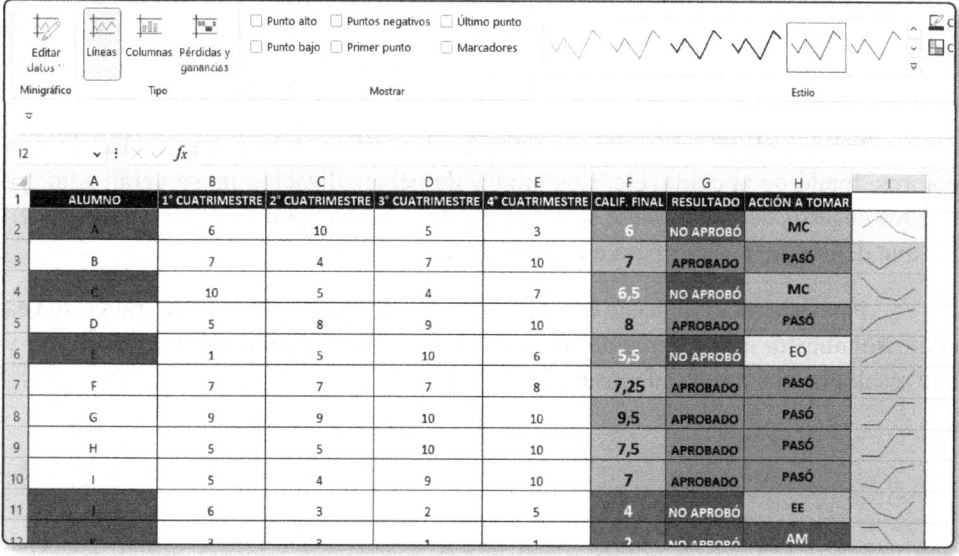

ALUMNO	1° CUATRIMESTRE	2° CUATRIMESTRE	3° CUATRIMESTRE	4° CUATRIMESTRE	CALIF. FINAL	RESULTADO	ACCIÓN A TOMAR
A	6	10	5	3	6	NO APROBÓ	MC
B	7	4	7	10	7	APROBADO	PASÓ
C	10	5	4	7	6,5	NO APROBÓ	MC
D	5	8	9	10	8	APROBADO	PASÓ
E	1	5	10	6	5,5	NO APROBÓ	EO
F	7				7,25	APROBADO	PASÓ
G	9				9,5	APROBADO	PASÓ
H	5				7,5	APROBADO	PASÓ
I	5				7	APROBADO	PASÓ
J	6				4	NO APROBÓ	EE
K	3				2	NO APROBÓ	AM

Crear Minigráficos

Elija los datos para el grupo de minigráficos

Rango de datos: B2:E2

Elija la ubicación donde se colocarán los minigráficos

Ubicación: $I$2

Aceptar   Cancelar

PASO 3

Si lo deseas, puede copiar el minigráfico a las celdas donde quieras representar los mismos datos para otros alumnos.

Los minigráficos copiados para todos los datos en fila de cada alumno.

Observa que la línea realiza una evolución diferente de acuerdo con los datos que toma para la muestra.

ALUMNO	1° CUATRIMESTRE	2° CUATRIMESTRE	3° CUATRIMESTRE	4° CUATRIMESTRE	CALIF. FINAL	RESULTADO	ACCIÓN A TOMAR	
A	6	10	5	3	6	NO APROBÓ	MC	
B	7	4	7	10	7	APROBADO	PASÓ	
C	10	5	4	7	6,5	NO APROBÓ	MC	
D	5	8	9	10	8	APROBADO	PASÓ	
E	1	5	10	6	5,5	NO APROBÓ	EO	
F	7	7	7	8	7,25	APROBADO	PASÓ	
G	9	9	10	10	9,5	APROBADO	PASÓ	
H	5	5	10	10	7,5	APROBADO	PASÓ	
I	5	4	9	10	7	APROBADO	PASÓ	
J	6	3	2	5	4	NO APROBÓ	EE	
					2	NO APROBÓ	AM	

A continuación, te mostraremos cómo puedes personalizar el minigráfico, ya que al ser gráficos muy acotados, la forma de personalización es diferente de la vista en los casos anteriores. Veremos las distintas opciones a las que accederás en la pestaña **Minigráfico**.

Acerca de esta pestaña, como sucede muchas veces en Excel 365, se muestra únicamente cuando insertas este objeto en una hoja de cálculo, ya que afecta solo a este elemento. Hay muchos ejemplos en Excel 365 de pestañas que se activan cuando se inserta un elemento. Por ejemplo, al insertar una imagen, verás la pestaña **Formato de Imagen**, desde la que podrás generar varias acciones para modificar el formato de la imagen que hayas agregado.

Entonces, seleccionando la celda en la que está el gráfico, accedes a la pestaña **Minigráfico** y su cinta de opciones. Allí verás varios grupos:

- **Minigráfico**: permite cambiar la fila o columna desde la que tomas la información para el minigráfico.

- **Tipo**: aquí eliges el formato del gráfico entre los que se presentan.

- **Mostrar**: defines qué puntos del minigráfico deseas mostrar, tales como el punto más bajo, el más alto, los puntos negativos, el primero y el último punto, marcadores, etc.

- **Estilo**: determina cómo se verá el gráfico, sus colores y el color de los puntos. También puedes definir el color del minigráfico y el de los marcadores.

- **Grupo**: permite modificar algunos de los parámetros de comportamiento del grupo, como agrupar y desagrupar los minigráficos, borrarlos, y poco más.

Puedes elegir un estilo predefinido de gráfico o bien personalizarlo con colores, fondo de la celda, etc. Los modos de personalización no se verán aquí, ya que los cuadros de diálogo que se presentan fueron analizados en cada momento en los que definimos colores para algún elemento.

Para esta sección, basta con saber que puedes hacer que tu minigráfico se vea como se muestra en la siguiente imagen, de una forma totalmente personalizada y que resalte en el conjunto de los datos.

ALUMNO	1° CUATRIMESTRE	2° CUATRIMESTRE	3° CUATRIMESTRE	4° CUATRIMESTRE	CALIF. FINAL	RESULTADO	ACCIÓN A TOMAR	EVOLUCIÓN ALUMNO
A	6	10	5	3	6	NO APROBÓ	MC	
B	7	4	7	10	7	APROBADO	PASÓ	
C	10	5	4	7	6,5	NO APROBÓ	MC	
D	5	8	9	10	8	APROBADO	PASÓ	
E	1	5	10	6	5,5	NO APROBÓ	EO	
F	7	7	7	8	7,25	APROBADO	PASÓ	
G	9	9	10	10	9,5	APROBADO	PASÓ	
H	5	5	10	10	7,5	APROBADO	PASÓ	
I	5	4	9	10	7	APROBADO	PASÓ	
J	6	3	2	5	4	NO APROBÓ	EE	
K	3	3	1	1	2	NO APROBÓ	AM	

Figura 5.15. Los minigráficos, ya personalizados y en colores contrastantes, para que puedan verse en el conjunto.

5.5 ACTIVIDADES

A continuación se presentan las preguntas y los ejercicios que deberías saber responder y resolver para considerar aprendido el capítulo.

5.5.1 Test de autoevaluación

1. ¿Qué es un gráfico en Excel 365?

2. ¿Qué tipo de gráfico deberías usar si quieres representar partes de un todo?

3. Tienes una agencia de empleo y quieres determinar de forma visual las características de los postulantes para ver si aplican o no al puesto. ¿Qué gráfico poco común sería el adecuado?

4. ¿Qué son los gráficos dinámicos en Excel 365 y en qué se diferencian de los comunes?

5. ¿Cómo se agrega un filtro dinámico a un gráfico dinámico?

6. ¿Cómo se realiza un degradado de colores en un gráfico?

7. ¿Qué son los minigráficos y para qué sirven?

8. En el rango A1:J6 quieres insertar un minigráfico, ¿cómo lo haces?

9. ¿Puedes insertar cualquier tipo de gráfico como minigráfico?

5.5.2 Ejercicios prácticos

1. Investiga qué otros gráficos podrían representar los datos del gráfico de dispersión realizado en el presente capítulo.

2. Busca otras formas de presentar gráficamente los datos utilizados en ambos ejemplos (gráficos y gráficos dinámicos).

3. Investiga en Internet otros usos poco comunes de los gráficos.

4. Averigua similitudes y diferencias de los gráficos de otras hojas de cálculo en el mercado, respecto de los de Excel 365.

6

TABLAS Y TABLAS DINÁMICAS

En el capítulo anterior vimos características de los gráficos y las similitudes y diferencias entre los comunes y los dinámicos. Dijimos que estos últimos son gráficos a los que se les adosa, por decirlo de alguna manera, una tabla dinámica. En esta sección veremos todo lo relativo a tablas y tablas dinámicas, en qué se diferencian, por qué a veces es necesario convertir una simple planilla de Excel en una tabla y cuáles son sus propiedades.

6.1 ¿PARA QUÉ SE NECESITAN LAS TABLAS?

Empezaremos por definir qué es una tabla en Excel y en qué se diferencia de una hoja de datos, para luego llegar al centro de la pregunta que inicia este segmento del capítulo.

Una hoja de datos es cualquier hoja de Excel en la que se ingresan datos e información; puede contener o no fórmulas, y puede tener o no un determinado formato, como colores de celdas, bordes, números y cualquier otro.

Una **tabla**, en cambio, si bien puede parecer morfológicamente lo mismo que una hoja de datos, tiene características que no siempre pueden aplicarse a esta, como las siguientes:

➤ **Nombres de campo**: una tabla en Excel tiene nombres de campo definidos por el tipo de datos que contiene. Por ejemplo, puedes tener una tabla de ventas, en la que las columnas se llamarán "Producto", "Cantidad", "Precio", "Descuento", "Importe", etc.

	A	B	C	D	E
1	ID ▼	Vendedor ▼	Producto ▼	Precio ▼	Mes ▼
2	1	Maca Prabo	Móvil	250 €	Enero
3	2	Maca Prabo	Tablet	350 €	Enero
4	3	Merk Adona	PS4	400 €	Marzo
5	4	Carl Refur	Tablet	350 €	Marzo
6	5	Merk Adona	Anti-Virus	130 €	Enero
7	6	Mikal Campo	Auriculares	25 €	Febrero
8	7	Maca Prabo	PS4	400 €	Enero
9	8	Mikal Campo	PC	600 €	Febrero
10	9	Mikal Campo	Anti-Virus	130 €	Febrero
11	10	Mikal Campo	PS4	400 €	Febrero
12	11	Hasan Chezro Mero	Anti-Virus	130 €	Enero
13	12	Merk Adona	Auriculares	25 €	Enero
14	13	Mikal Campo	PC	600 €	Enero
15	14	Carl Refur	PS4	400 €	Febrero

Figura 6.1. Tabla de Excel.

▼ **Fórmulas automáticas**: los formatos de las tablas permiten aplicar fórmulas automáticamente a las filas que se agregan; de esta manera, no tendrás que preocuparte por añadirlas o copiarlas en otras celdas. En una hoja de datos, siempre que insertes una fórmula, deberás copiar todas las que desarrollaste en las otras filas. También puedes agregar una columna que realice una determinada operación, y esa operación automáticamente se repetirá en todas las filas de dicha columna, sin necesidad de copiar fórmulas. Si tienes una fila con totales, que será la suma de la columna, tampoco debes preocuparte, porque Excel 365 agregará esa suma por ti.

▼ **Filtrado de datos**: en una tabla hay **filtros** incorporados que ayudan a encontrar fácilmente los datos dentro de ella, u ordenar la tabla según tu necesidad. No importa la cantidad de columnas que quieras ordenar, los datos estarán organizados y a tu disposición en segundos. Puedes manejar y controlar grandes volúmenes de datos, literalmente, con apenas dos o tres clics.

▼ **Estilos y formatos**: las tablas tienen estilos y formatos predefinidos que permiten visualizar fácilmente y con menos posibilidad de error los datos que agregues.

ⓘ CASOS ESPECIALES

Si bien muchas veces no es necesario utilizar un formato de tablas, existen casos particulares en los que esta opción se hace ineludible.

Hablamos particularmente de ciertas fórmulas y funciones especiales que requieren que el formato de donde se extraerán los datos sea una tabla. Uno de esos casos es el de las tablas dinámicas, que veremos en este mismo capítulo.

Todas estas diferencias hacen que una tabla, en muchos casos, sea preferible a una hoja de datos. Ahora bien, una tabla no siempre es recomendable; a veces, una hoja de datos es la opción más conveniente para manejar la información, por ejemplo:

- ▹ En aquellos casos en que la cantidad de datos y variables que manejas es pequeña, y las fórmulas son simples y no necesitan un gran desarrollo.

- ▹ Cuando los datos de una fila o columna no guardan relación entre sí y con otros datos.

- ▹ Cuando realizas un análisis de datos simple, sin cálculos complejos, como mucho, sumas o promedios.

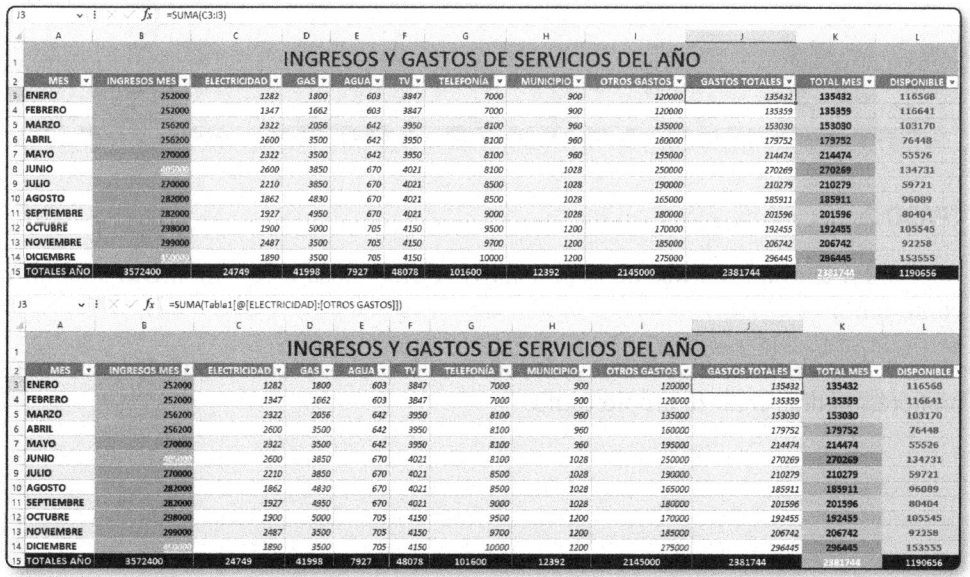

Figura 6.2. Estas dos agrupaciones de datos parecen iguales, pero no lo son, y puedes darte cuenta por la fórmula que visualizas en cada uno de los dos ejemplos. La primera corresponde a una hoja de datos y la segunda, a una tabla.

Yendo a la pregunta del comienzo, ¿para qué crees que pueden precisarse las tablas? Sin contar los casos "especiales", en los que sí o sí son necesarias, las tablas son la forma ideal de procesar, organizar y manipular grandes cantidades de datos con el fin de tomar mejores decisiones para tu empresa o trabajo en base a la información que puedes obtener de ellas.

A continuación veremos cómo transformar una hoja de datos en una tabla, para, llegado el caso, utilizar estos datos con fórmulas especiales que así lo requieran, o para realizar una tabla dinámica (como veremos en la próxima sección). Lo haremos mediante un sencillo Paso a Paso, que te llevará a transformar tu hoja de datos en una tabla. Tomaremos como ejemplo la hoja de datos de la Figura 1.

PASO 1

Selecciona los datos que vas a transformar en tabla en la hoja de datos.

Las filas y columnas que transformarás en tabla, ya seleccionadas.

| A1 | ⌄ : × ✓ fx | INGRESOS Y GASTOS DE SERVICIOS DEL AÑO | | | | | | | | | |

INGRESOS Y GASTOS DE SERVICIOS DEL AÑO

MES	INGRESOS MES	ELECTRICIDAD	GAS	AGUA	TV	TELEFONIA	MUNICIPIO	OTROS GASTOS	GASTOS TOTALES	TOTAL MES	DISPONIBLE
ENERO	252000	1282	1800	603	3847	7000	900	120000	135432	135432	116568
FEBRERO	252000	1947	1662	603	3847	7000	900	120000	135359	135359	116641
MARZO	256200	2322	2056	642	3950	8100	960	135000	153030	153030	103170
ABRIL	256200	2600	3500	642	3950	8100	960	160000	179752	179752	76448
MAYO	270000	2322	3500	642	3950	8100	960	185000	214474	214474	55526
JUNIO	405000	2600	3850	670	4021	8100	1028	250000	270269	270269	134731
JULIO	270000	2210	3850	670	4021	8500	1028	190000	210279	210279	59721
AGOSTO	282000	1862	4830	670	4021	8500	1028	165000	185911	185911	96089
SEPTIEMBRE	282000	1927	4950	670	4021	9000	1028	180000	201596	201596	80404
OCTUBRE	298000	1900	5000	705	4150	9500	1200	170000	192455	192455	105545
NOVIEMBRE	299000	2487	3500	705	4150	9700	1200	185000	206742	206742	92258
DICIEMBRE	450000	1890	3500	705	4150	10000	1200	275000	296445	296445	153555
TOTALES AÑO	3572400	24749	41998	7927	48078	101600	12392	2145000	2381744	2381744	1190656

PASO 2

En el grupo **Estilos** de la pestaña **Insertar**, pulsa en el botón **Dar formato como tabla**.

Accederás a los distintos formatos de tablas predeterminados, o, si lo prefieres, podrás crear tu propio estilo.

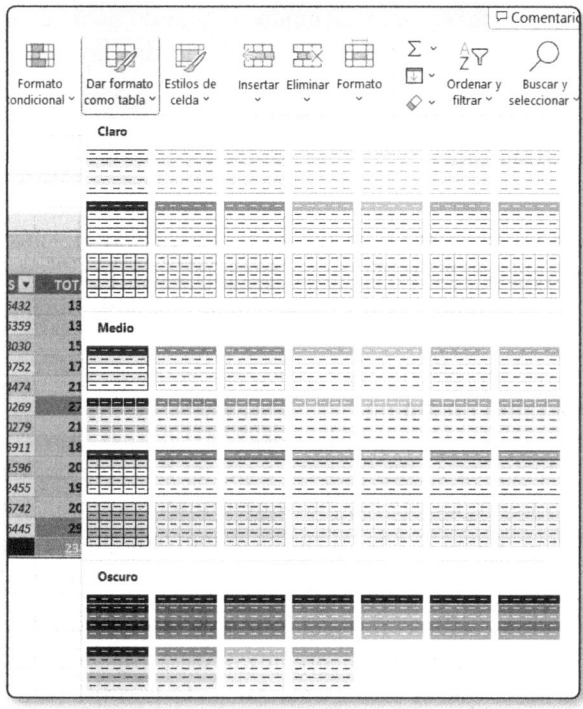

PASO 3

Accederás al cuadro **Crear tabla**, en el que podrás definir dónde verás la nueva tabla. Si lo que deseas es convertir la hoja de datos en tabla, deja la opción predeterminada; por el contrario, si quieres conservar la hoja de datos como tal e insertar una tabla en otra ubicación, hoja o libro, haz clic en la flecha hacia arriba ⬆.

fx	INGRESOS Y GASTOS DE SERVICIOS DEL AÑO								

B	C	D	E	F	G	H	I	J	K
INGRESOS M	ELECTRICIDA	GA	AGU	TV	TELEFONI	MUNICIP	OTROS GAST	GASTOS TOTAL	TOTAL M
252000	1282	1800	603	3847	7000	900	120000	135432	135432
252000	1347	1662	603	3847	7000	900	120000	135359	135359
256200	2322	2056	642	3950	8100	960	135000	153030	153030
256200	2600	3500	642	3950	8100	960	160000	179752	179752
270000	2322	3500	642	3950	8100	960	195000	214474	214474
405000	2600	3850	670	4021	8100	1028	250000	270269	270269
270000	2210	3850	670	4021	8500	10		279	210279
282000	1862	4830	670	4021	8500	10		911	185911
282000	1927	4950	670	4021	9000	10		596	201596
298000	1900	5000	705	4150	9500	12		455	192455
299000	2487	3500	705	4150	9700	12		742	206742
450000	1890	3500	705	4150	10000	12		445	296445
3572400	24749	41998	7927	48078	101600	12392			2381744

Crear tabla   ?   ×

¿Dónde están los datos de la tabla?

$A$1:$L$15   ⬆

☑ La tabla tiene encabezados.

Aceptar   Cancelar

De esta manera habrás transformado tu hoja de datos en tabla y ya podrás trabajar con todas las características de Excel 365 destinadas a este elemento.

6.2 LAS TABLAS DINÁMICAS

Pasemos ahora a hablar de las tablas dinámicas. Aquí verás qué es una tabla dinámica, su diferencia con las tablas, para qué puedes utilizar tablas dinámicas, qué ventajas ofrecen, y por último, cómo confeccionar una tabla dinámica desde cero.

6.2.1 ¿Qué es una tabla dinámica?

Una tabla dinámica es un formato especial de tabla de **Microsoft Excel** y **Excel 365** que permite organizar los datos de diferentes formas, agruparlos según una característica determinada y visualizarlos organizadamente, según qué se quiera analizar.

En otras palabras, es una tabla capaz no solo de organizar los datos y filtrarlos de modo eficiente, sino también de organizar esos mismos datos de diferentes formas, según el criterio que se desee analizar. Esto permite resumir el análisis de grandes cantidades de datos para la toma de mejores decisiones basadas en criterios específicos.

La gran diferencia con las tablas es, precisamente, su capacidad de organizar los datos de distintas maneras, sin alterarlos, ni alterar el orden u organización de la tabla de origen. También, analizar un segmento de los datos es una característica que una tabla común no tiene. Aquí presentamos otras diferencias que pueden llegar a ser de utilidad para decidirte a usar tablas o tablas dinámicas:

- **Flexibilidad**: permiten cambiar la perspectiva de los datos y la forma de presentarlos; por ejemplo, puedes agregar, quitar o reorganizar los campos de una tabla dinámica para presentar los datos según sea conveniente.

- **Mejor análisis de los datos**: puedes agrupar, filtrar y organizar los datos para analizarlos de la manera en que lo prefieras. Incluso, puedes quitar alguna información y colocar otra para analizar otra perspectiva. Además puedes calcular automáticamente totales, subtotales, promedios, máximos y mínimos.

- **Resumen de datos**: mediante las tablas dinámicas y su posibilidad de quitar y agregar columnas de datos, puedes hacer un resumen de la información y volcarla en un gráfico dinámico, o en un gráfico, o directamente puedes hacer una tabla resumen.

- **Actualización automática**: si usas una tabla dinámica, no debes actualizar los datos, ya que, al modificar la tabla de origen, los datos de la tabla dinámica se actualizarán automáticamente.

Tal como ocurre con las tablas y las hojas de datos, no siempre será conveniente ni útil usar una tabla dinámica. Te recomendamos realizar un análisis en base a estas indicaciones, para determinar si debes usar tablas dinámicas o, por el contrario, si con una tabla podrías obtener lo que precisas:

- Si el volumen de los datos no es tan importante, tal vez te funcione mejor una tabla que una tabla dinámica.
- Si necesitas que tus datos permanezcan de forma estructurada y no puedan modificarse, es recomendable usar una tabla.
- Si deseas aplicar formatos visuales a los datos, la mejor opción es una tabla.

Por otra parte, a continuación exponemos los casos en los que una tabla dinámica es la mejor alternativa:

- Si trabajas con grandes conjuntos de datos, y tienes que filtrarlos y mostrarlos de diferentes maneras, seguramente la tabla dinámica satisfará tus requerimientos.
- Si presentarás los datos en diferentes formatos visuales, como gráficos, resúmenes y tablas, la mejor opción también será la tabla dinámica.
- Si harás análisis más complejos y personalizados, como la comparación entre diferentes categorías de datos, la tabla dinámica es lo mejor.

En resumen, básicamente deberás tener en cuenta cuál es la mejor forma de presentar los datos para tu proyecto y, si necesitas presentarlos en distintas modalidades, sin duda una tabla dinámica será tu aliada para esta tarea.

6.2.2 Creación de una tabla dinámica

Como lo prometimos, ahora aprenderás a crear una tabla dinámica empezando desde cero. Para hacerlo, utilizaremos otra hoja de datos que ya conoces, que es la de alumnos y tipos de exámenes según puntaje.

En este Paso a Paso, generarás la tabla dinámica, y te mostraremos de qué maneras puedes agrupar los datos para obtener distinta información. Comencemos.

PASO 1

Selecciona la tabla u hoja de datos desde la que vas a extraer la información para la tabla dinámica: pulsa directamente en el botón de la pestaña **Insertar**, en el grupo **Tablas**, subgrupo **Tabla dinámica/De una tabla o rango**. Otra posibilidad es pulsar directamente en el botón con el icono de una tabla dinámica, en el mismo grupo **Tablas**. Accederás al cuadro de diálogo **Tabla dinámica desde la tabla o el rango**.

(i) NOTA

Si no sabes cuál es la tabla dinámica que deseas crear y los datos que vas a utilizar para su confección, puedes pulsar en Tablas dinámicas recomendadas. Excel 365 listará una serie de tablas dinámicas predefinidas en base a los datos encontrados en el rango de datos de la futura tabla. Es una opción muy útil para crear una tabla dinámica en cuestión de minutos. Si no tienes una idea clara de qué datos vas a presentar en tu tabla dinámica, esta puede ser de gran ayuda.

PASO 2

En el cuadro de diálogo **Tabla dinámica desde la tabla o el rango**, podrás seleccionar la tabla o rango de los datos, elegir si esta tabla la colocarás en la misma hoja de cálculo, en otra que ya existe en este u otro libro, o en una nueva hoja. Para esta ocasión, crearás una hoja especialmente en el mismo libro que se llamará TD (Tabla Dinámica), y te posicionarás en la celda A1.

También, antes de aceptar, puedes dejar marcada o desmarcar la casilla **Agregar estos datos al Modelo de datos**, si lo que quieres es analizar información de varias tablas.

En este caso déjala marcada, ya que es la opción por defecto, y pulsa **Aceptar**.

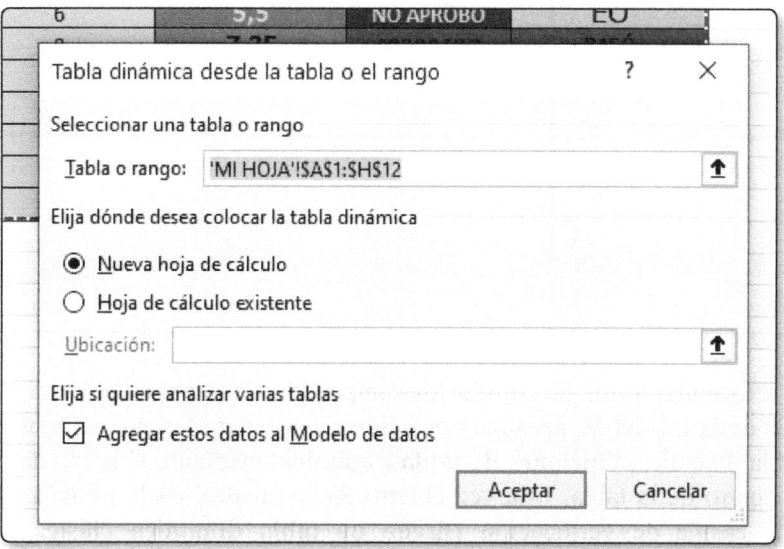

PASO 3

En el siguiente cuadro podrás insertar los diferentes campos que conformarán la tabla dinámica. En este punto, cabe aclarar que las modificaciones que se verán aquí las harás en el cuadro de la derecha, **Campos de tabla dinámica**, y los cambios que vayas realizando se verán reflejados en el cuadro de la izquierda.

Este es el cuadro que verás una vez que hayas creado la tabla dinámica y antes de insertar los campos. A la derecha podrás ver los campos disponibles y que puedes arrastrar hasta las áreas que aparecen a la derecha. Si tienes activada la casilla **Diseño de tabla dinámica clásica**, podrás arrastrar estos campos hasta el cuadro de tabla dinámica, ver cómo se va modificando y hacer los cambios necesarios.

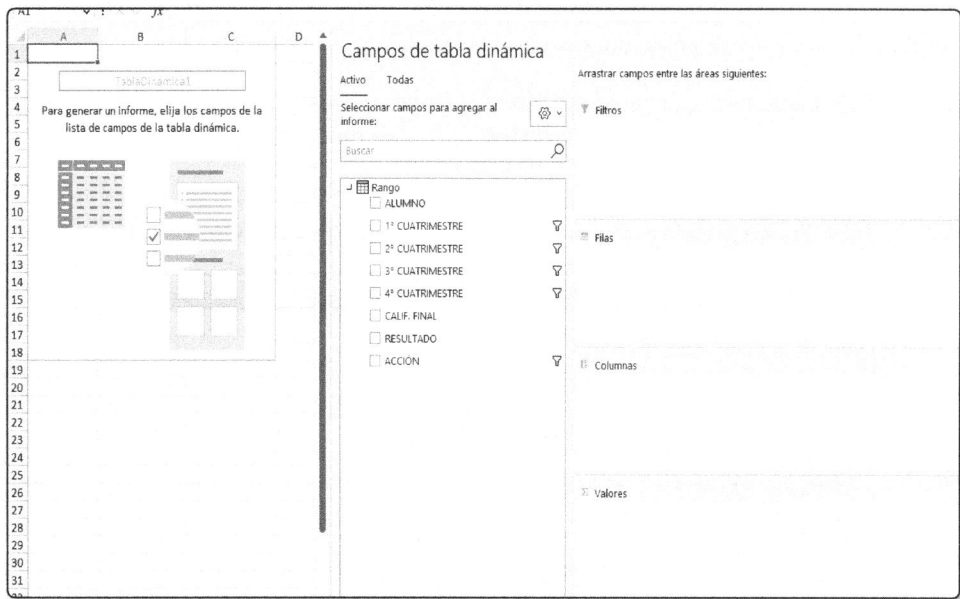

Existe una forma de colocar los campos directamente en el cuadro de tabla dinámica de la izquierda, pero para eso deberás acceder al menú de configuración de la tabla dinámica, **Opciones de tabla dinámica**, mediante el botón derecho del mouse, dentro de la tabla. Una vez abierto dicho cuadro, en la pestaña **Mostrar**, marca la casilla de verificación **Diseño de tabla dinámica clásica (permite arrastrar campos en la cuadrícula)**.

Podrás cambiar el nombre de la tabla dinámica, mostrar u ocultar campos, modificar nombres de columnas, y muchas opciones de formato de la tabla dinámica. También tendrás dos pestañas adicionales al crear la tabla dinámica: **Analizar tabla dinámica** y **Diseño**. En la primera podrás realizar modificaciones en los campos de la tabla, configurar las listas de campo o bien acceder al cuadro **Opciones de tabla dinámica**. En la segunda podrás modificar el formato de la tabla dinámica, los colores de celdas, si muestran los encabezados de las filas y columnas, etc.

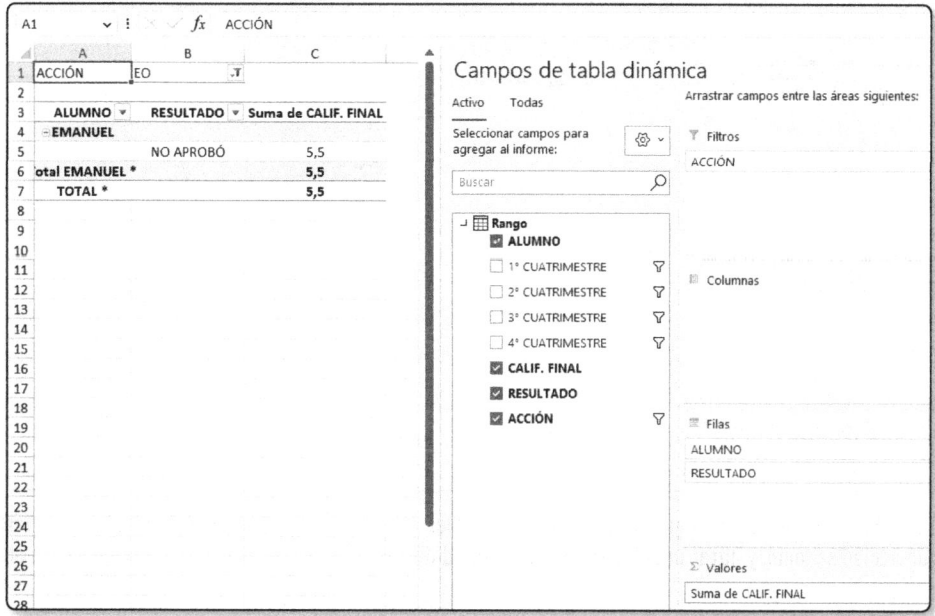

Figura 6.3. Una forma de ordenamiento, según los datos que quieras mostrar. Aquí se presenta una tabla por alumno, que filtra el tipo de acción a tomar y muestra los resultados. Esta tabla es útil si quieres ver agrupados a los alumnos por tipo de acción a tomar, es decir, si quieres ver los que tienen Examen Oral (EO), Examen Escrito (EE), Multiple Choice (MC), etc.

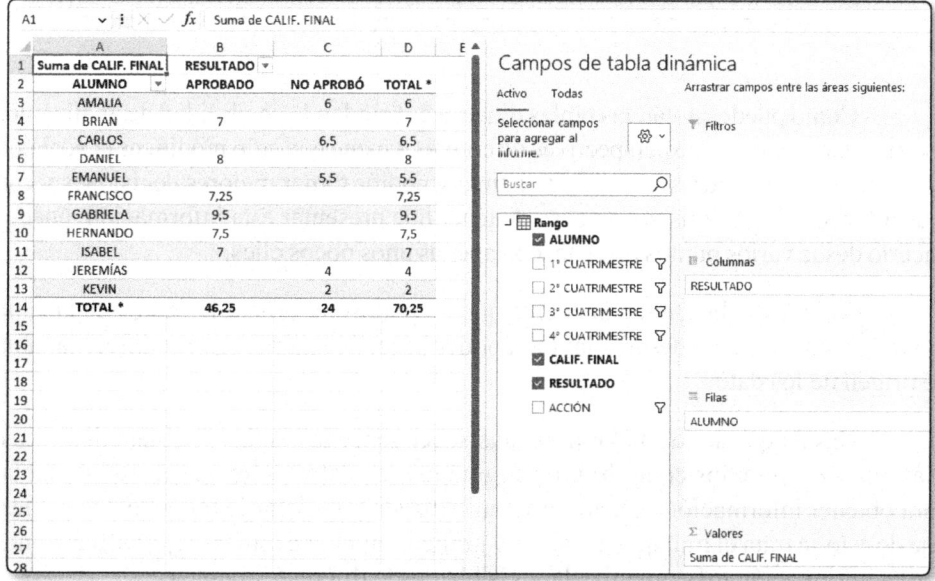

Figura 6.4. En este tipo de ordenamiento puedes ver solo los alumnos que aprobaron y los que no aprobaron, y el puntaje final de cada uno.

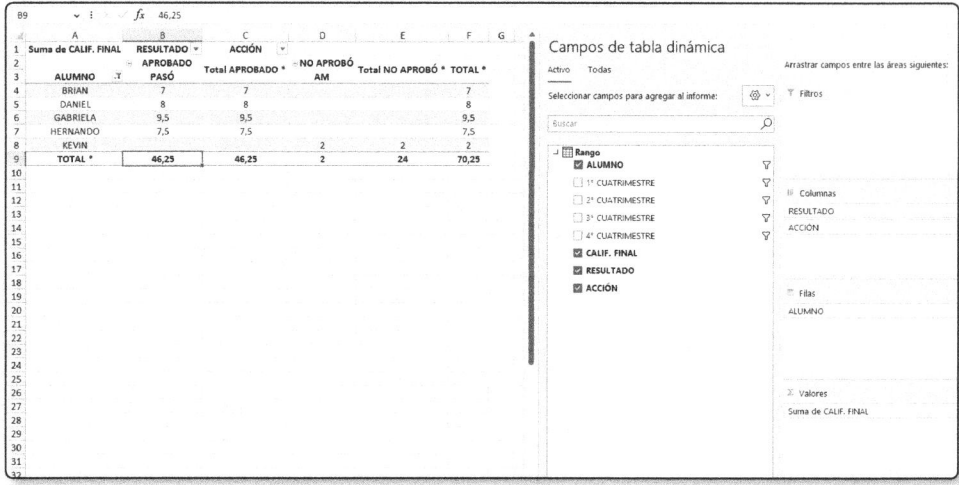

Figura 6.5. También podrías querer ver encolumnados los alumnos que aprobaron, los que no aprobaron, qué acción se tomó, y filtrar una determinada cantidad de alumnos, o uno solo, y ver qué ocurrió con él.

ⓘ **NOTA**

En los casos en que un filtro que realices sea contradictorio, por ejemplo que tomes los alumnos solamente aprobados y filtres, por ejemplo, AM (A Marzo), el resultado no aparecerá reflejado, ya que la acción corresponde al grupo que NO APROBÓ. Debes considerar estas cuestiones a la hora de organizar los filtros, campos y resultados.

Como puedes notar, las tablas dinámicas brindan la posibilidad de analizar los mismos datos pero desde perspectivas diferentes, ya que con solo modificar la posición de los campos, obtendrás una visión distinta y podrás tomar mejores decisiones y con más información. Asimismo, en caso de tener que presentar esta información, puedes hacerlo desde varios puntos de vista, con apenas unos pocos clics.

También debes tener en cuenta que no podrás modificar los datos de la tabla dinámica directamente desde ella. Para poder hacerlo, tendrás que modificar la tabla de origen de los datos.

Hasta aquí, todo lo que necesitas saber sobre las tablas y tablas dinámicas. Más adelante veremos cómo filtrar y segmentar los datos de un gráfico o una tabla, para obtener información mucho más puntualizada y mejorar la toma de decisiones, que de esto se trata el trabajo con tablas y gráficos: ayudar a tomar mejores decisiones con la información más organizada y visible desde diferentes puntos.

6.3 ACTIVIDADES

A continuación se presentan las preguntas y los ejercicios que deberías saber responder y resolver para considerar aprendido el capítulo.

6.3.1 Test de autoevaluación

1. ¿Qué es una tabla en Excel 365?

2. ¿Qué diferencia existe entre una tabla y una hoja de datos?

3. Nombra dos razones por las que sería conveniente utilizar una hoja de datos, y dos razones por las que lo adecuado sería una tabla.

4. ¿Qué son las tablas dinámicas en Excel 365, y en qué se diferencian de una tabla común?

5. ¿Cómo se crea una tabla dinámica?

6. ¿Puedes darle el formato que quieras a una tabla dinámica o, por el contrario, este es muy limitado?

7. ¿Puedes escribir dentro de una tabla dinámica? Y si quieres modificar los datos, ¿cómo puedes hacerlo?

6.3.2 Ejercicios prácticos

1. Busca otras formas de presentar datos, que no sea en tablas ni en tablas dinámicas (tampoco ningún tipo de gráficos).

2. Investiga en Internet otros usos poco comunes de las tablas dinámicas.

3. Averigua similitudes y diferencias de las tablas y tablas dinámicas de otras hojas de cálculo en el mercado, respecto de las de Excel 365.

7

FILTROS Y SEGMENTACIÓN DE DATOS

El filtrado de datos es una opción muy utilizada hoy en día por cualquier empresa que necesita analizar la información recibida desde distintas fuentes, como puede ser el equipo de marketing, ventas, información financiera o contable, producción, etcétera.

7.1 ¿PARA QUÉ SIRVE FILTRAR O SEGMENTAR DATOS?

Mediante el filtrado de datos, puedes conocer información específica de una tabla que aúne todas las variables de distintas fuentes, y determinar uno o varios criterios de búsqueda y presentación de datos (hasta dos) que puedan servirte para presentar un informe, por ejemplo, de ventas por región. A lo largo de este capítulo, irás construyendo esta tabla y trabajarás sobre ella los distintos conceptos que presentemos en esta sección.

El filtrado o la segmentación de datos –que, como verás más adelante, son muy diferentes entre sí– son herramientas que permiten mostrar la información que necesitas al momento en que la precisas, sin tener que hacer una tabla por separado, con la información que deseas obtener.

Luego, si quieres, puedes copiar a una nueva tabla la información así filtrada.

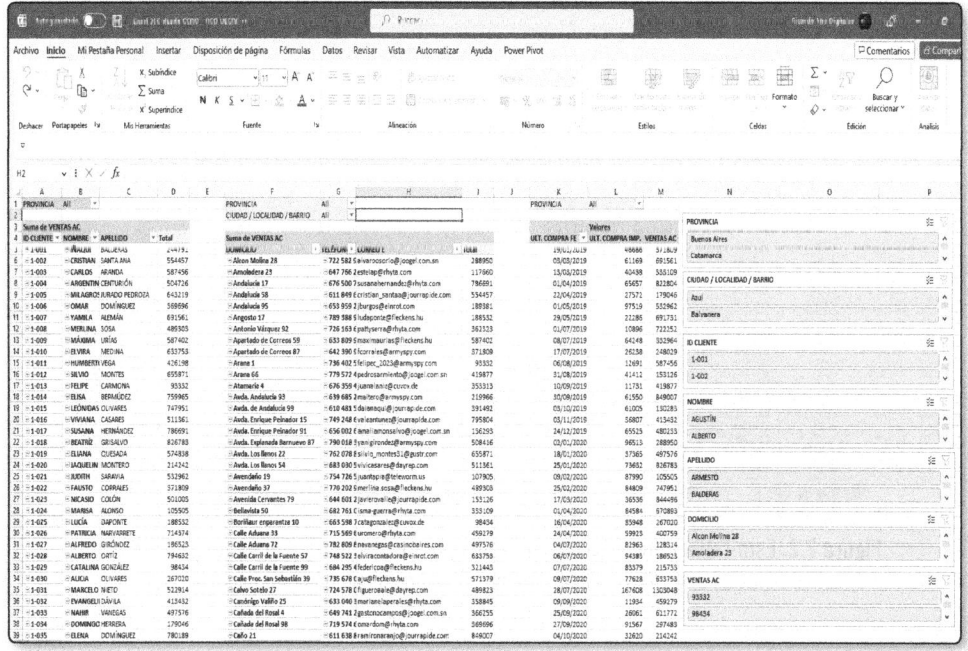

Figura 7.1. Filtrado de datos en una tabla.

Aprenderás a continuación todo lo necesario para filtrar los datos de una tabla o de un gráfico dinámico de manera eficiente, para obtener la información requerida, despejando el campo de toda otra información que, si bien debe estar en la tabla, por el momento no quieres ver.

En este capítulo trabajaremos sobre el filtrado y la segmentación de datos en relación a los gráficos y las tablas.

7.2 EL FILTRADO DE DATOS

Supongamos que tienes una base de datos de clientes creada en **Excel** que, además de la información usual (Nº de Cliente, Nombre, Apellido, Dirección, Teléfono y Dirección de e-mail), cuenta también con fecha de la última compra, valor de la última compra, importe, ciudad y localidad o barrio e importe acumulado de este cliente. Imagina que tienes un mínimo de 1000 clientes. Usaremos una tabla con menos datos para ejemplificar, y en vez de 1000 líneas tendrá 100; es decir, algo así:

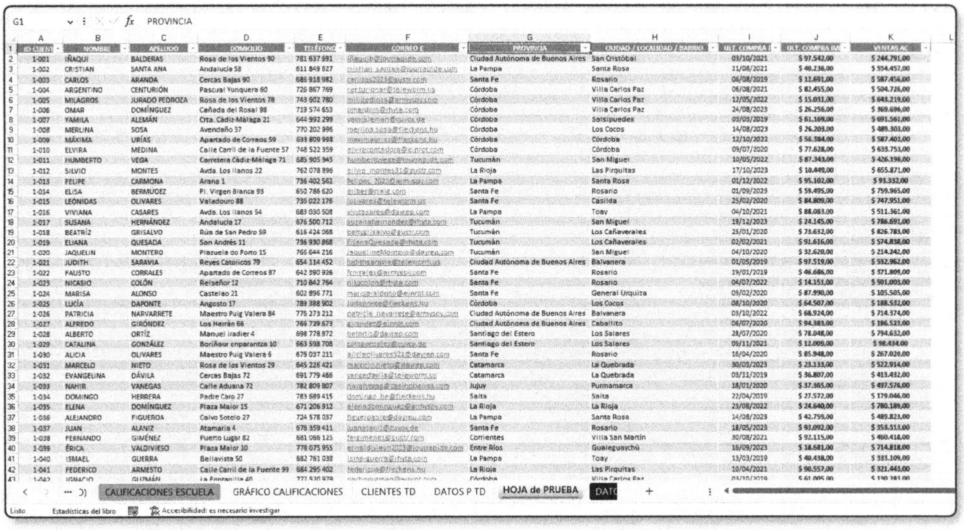

Figura 7.2. Esta tabla tiene demasiados datos para poder encontrar lo que se necesita, pero gracias a los filtros, podrás localizar fácilmente cualquier tipo de datos.

Concretamente, lo que quieres saber es cuántos clientes de esta lista viven en Ciudad Autónoma de Buenos Aires, porque quieres realizar una campaña regional y necesitas conocer esta información.

Pues bien, recuerda lo que aprendiste en el capítulo anterior acerca de las ventajas de presentar los datos en una tabla, por sobre la presentación de una hoja de datos.

En este caso, al convertir la hoja de datos en una tabla, podrás fácilmente obtener la información requerida con apenas uno o dos clics. Sigue el Paso a Paso que se brinda a continuación:

PASO 1

Posiciónate en la columna que tiene los datos por filtrar, es decir, Provincia, y haz clic en el botón de la derecha ▼:

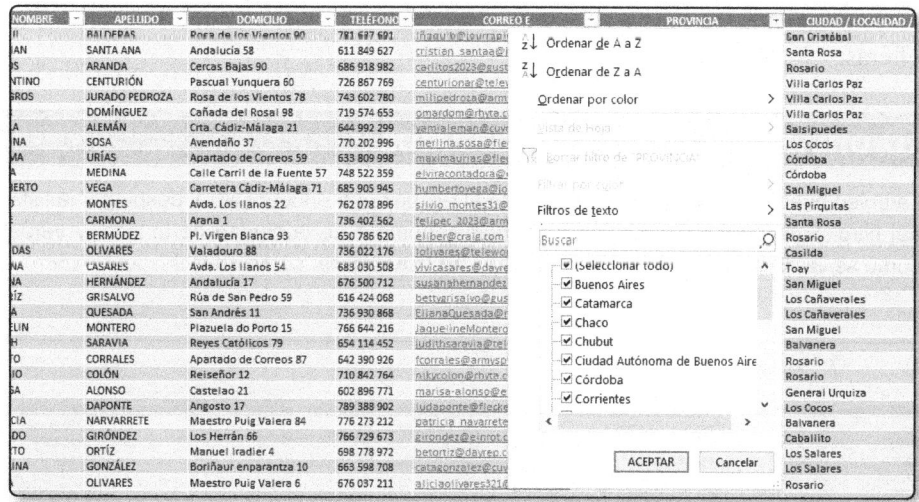

PASO 2

Al desplegarse la lista con las ciudades contenidas en la tabla, selecciona la que desees. En este ejemplo, "Ciudad Autónoma de Buenos Aires"; lo harás de esta manera:

Desmarca la opción **Seleccionar todo**, y verás cómo se desmarcan todas las opciones de ciudades para filtrar.

A continuación, marca la ciudad que deseas filtrar, haciendo clic en la casilla de verificación ubicada a la izquierda del nombre de ciudad.

Obtendrás la lista filtrada por el nombre de la ciudad elegida.

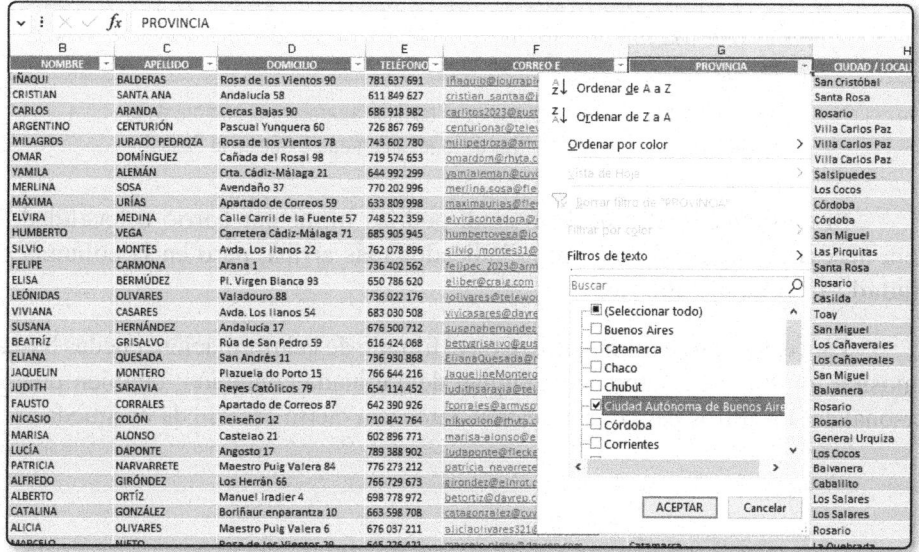

Siguiendo los pasos indicados obtendrás la lista de clientes de la ciudad que prefieras.

ⓘ OTRA FORMA DE FILTRAR LOS DATOS

También puedes filtrar los datos utilizando el textbox que encuentras al desplegar la lista del filtro. Simplemente comienza a escribir el nombre de la ciudad de la lista, y verás cómo se va filtrando a medida que avanzas en la escritura, como en la Figura 7.3.

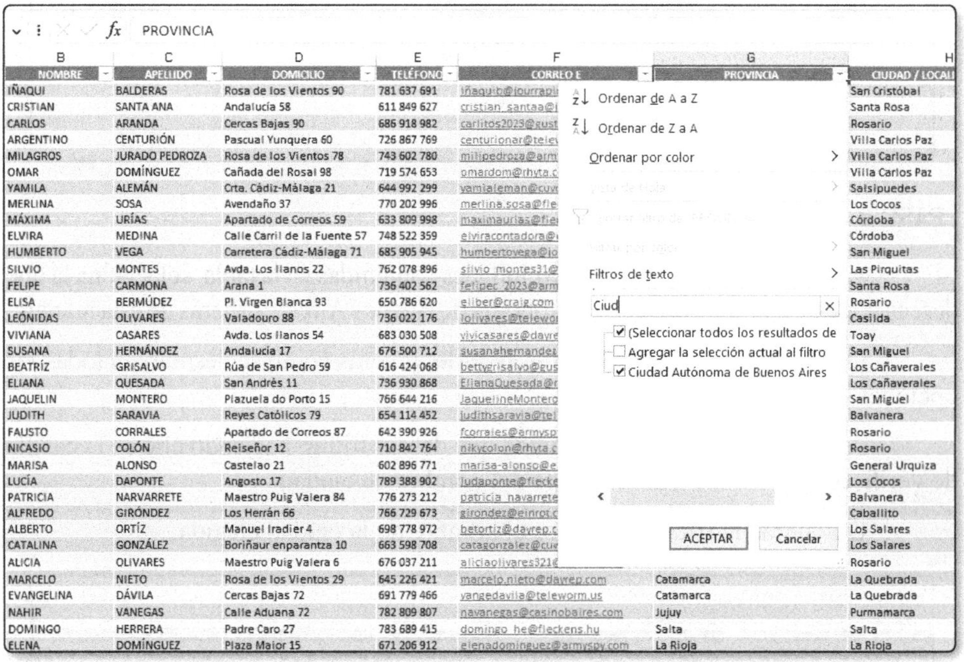

Figura 7.3. A medida que escribes en el textbox, aparecerá el nombre de la ciudad buscada, pudiendo filtrar de la misma manera que en el Paso 2.

Si quisieras, dentro de la ciudad, podrías filtrar por barrio o localidad, si fuera necesario, siguiendo los pasos indicados más arriba, pero en la columna de **Ciudad / Localidad / Barrio**.

Para esto te sirve filtrar datos. Con el filtrado de la información, puedes buscar y mostrar un grupo de datos que cumplan determinada condición; también puedes personalizar los filtros para que muestren datos con cierto criterio de búsqueda.

Esto te ayudará a separar la información importante de la que es irrelevante para la búsqueda que estés haciendo en el momento, y podrás tomar mejores decisiones o realizar análisis pormenorizados de los datos.

Recuerda, como vimos en el capítulo anterior, que una tabla tiene características que la hoja de datos simple no ofrece, y que en este caso, al necesitar analizar una gran cantidad de información, quizá sea el formato ideal para que trabajes. De este modo, podrás encontrar más fácilmente la información solicitada, utilizando los poderosos filtros que se incorporan con las tablas.

7.3 OTROS FILTROS AVANZADOS

Además de esta forma de filtrar los datos, que es la más sencilla que ofrece **Microsoft Excel 365**, existen otras menos habituales pero igualmente poderosas que veremos a continuación, y que están incluidas en los filtros de las tablas.

▸ **Filtros de texto**: al desplegar la lista para filtrar pulsando el botón que ya conoces en la columna deseada, por encima del textbox, encontrarás un desplegable llamado **Filtros de texto**.

Si colocas el mouse sobre esta línea, sin hacer clic, verás que se despliega hacia tu derecha una nueva lista con varias opciones:

▸ **Es igual a…**: con esta opción accederás al cuadro de diálogo **Autofiltro personalizado**, en donde tendrás dos opciones para filtrar mediante el criterio "Es igual a…"; Es igual a… "Ciudad Autónoma de Buenos Aires", según el filtro de ejemplo, y luego puedes elegir "Y" u "O", donde podrás filtrar dos criterios distintos. Por ejemplo, si utilizas "Y", estás indicando que, además de la primera capa de filtrado, el criterio debe cumplirse también para la segunda capa (**Figura 7.4.**).

ⓘ ATENCIÓN

Este tipo de filtrado puede llevarte a un error, ya que si colocas un nombre de ciudad, por ejemplo, Córdoba, con el criterio **Contiene** y luego marcas "Y", y como segundo criterio colocas "Buenos Aires", no filtrará ningún dato, ya que no existe una celda que incluya "Córdoba y Buenos Aires", o "Córdoba Buenos Aires". Si quisieras buscar ambas provincias, lo correcto sería establecer, si quieres, el criterio **Contiene**, pero marcar "O". De esta manera, el filtro funcionará según se encuentre cada una de las dos posibilidades.

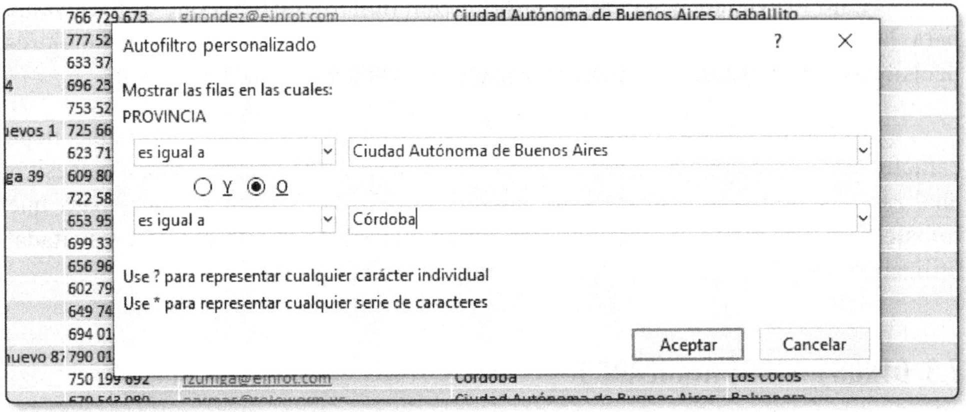

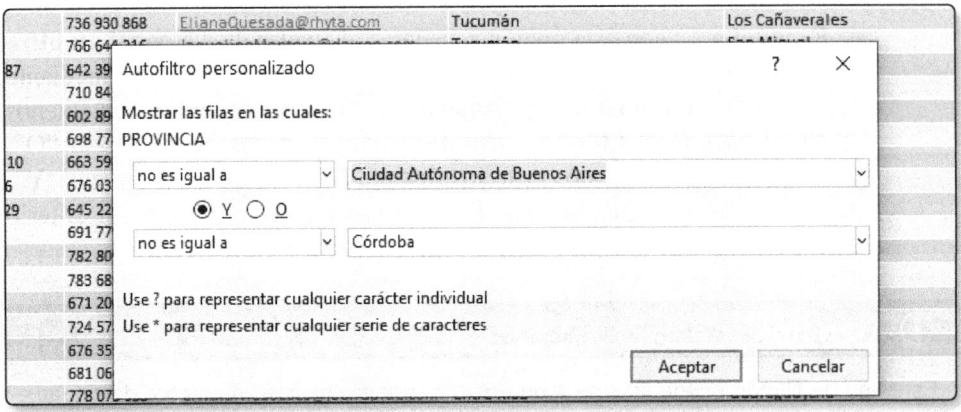

Figura 7.4. Utilizando el criterio *Es igual a...*, y el parámetro "O", podrás filtrar los datos correspondientes, en este caso, a dos provincias diferentes. En el ejemplo verás el filtro que se aplica con los datos del cuadro de diálogo y el criterio especificado.

▶ **No es igual a...**: filtra todos los datos que no sean iguales a el o los criterios especificados. En este caso, sí puedes utilizar el parámetro "Y", si lo que quieres es que los datos que coloques para el filtrado no aparezcan en la selección. Por ejemplo, quieres que filtre todos los datos EXCLUYENDO "Córdoba" y "Buenos Aires".

Figura 7.5. En este caso, si utilizas el criterio *No es igual a...* y el parámetro "Y", estarás excluyendo los datos que especifiques en el cuadro de diálogo *Autofiltro personalizado*. En el ejemplo verás todas las provincias excepto Córdoba y Ciudad Autónoma de Buenos Aires.

▶ **Comienza por...**: puede ocurrir que no sepas exactamente el nombre que estás buscando, pero sí, la primera o las dos primeras letras. Entonces podrías utilizar este filtro que te será de suma utilidad cuando no tienes la información exacta de lo que estás buscando. De esta manera defines la lista y puedes encontrar más fácilmente el dato requerido. Puedes definir un segundo criterio de búsqueda, por ejemplo, **Comienza por...** "San", o **Comienza por...** "Ca", y así se filtrarán los grupos que empiezan con San (Santa Fe, Santa Cruz, Santiago del Estero), pero también los que empiezan con Ca (Catamarca). El parámetro que utilizarás en este caso será "O", ya que "Y" no filtrará resultados, obviamente, porque ninguna palabra puede comenzar con dos criterios diferentes.

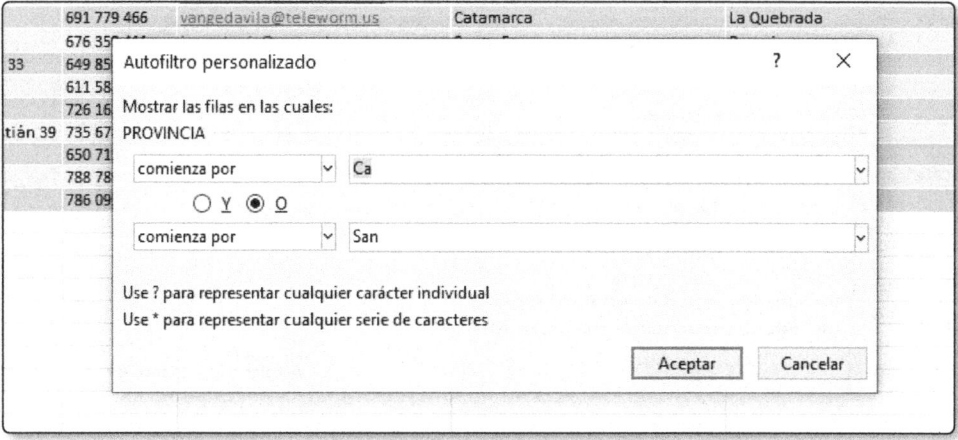

Figura 7.6. Si no sabes exactamente el nombre del dato que buscas, puedes encontrarlo mediante el filtro *Comienza por...*

▶ **No comienza por...**: asimismo, si por ejemplo sabes que un nombre o dato determinado que buscas no comienza de una determinada manera, puedes excluirlo del filtro, para acotar la búsqueda a los que sí son posibles. Debes usarlo con "Y" para que funcione adecuadamente (**Figura 7.7.**).

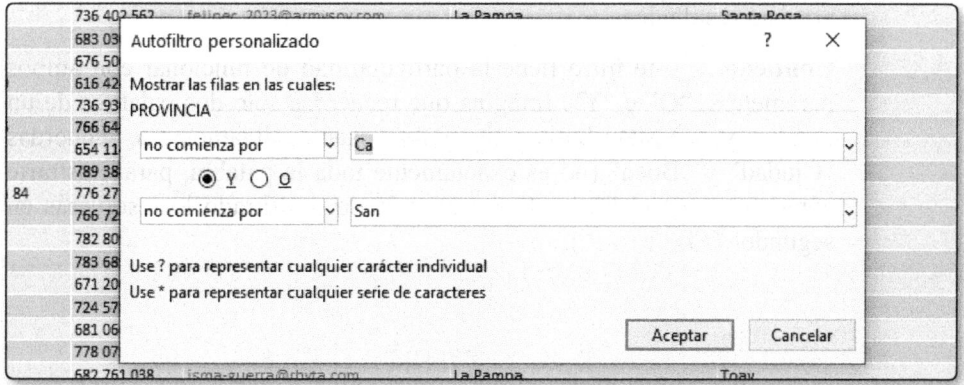

Figura 7.7. Este filtro sería la antítesis del anterior; utilizándolo, excluyes uno o dos criterios de datos, y te quedas con los posibles.

▶ **Termina con…:** con este tipo de filtro puedes localizar los datos por una terminación que recuerdes. Supongamos que buscas Buenos Aires, pero no Ciudad Autónoma, y no recuerdas que es "Buenos Aires", solo recuerdas "Aires" (entendemos que es un ejemplo muy simple, y hasta pueril, ya que Buenos Aires es un nombre conocido, pero a veces los ejemplos deben ser básicos para que se entienda el funcionamiento de algo, y en este ejemplo nos sirve).

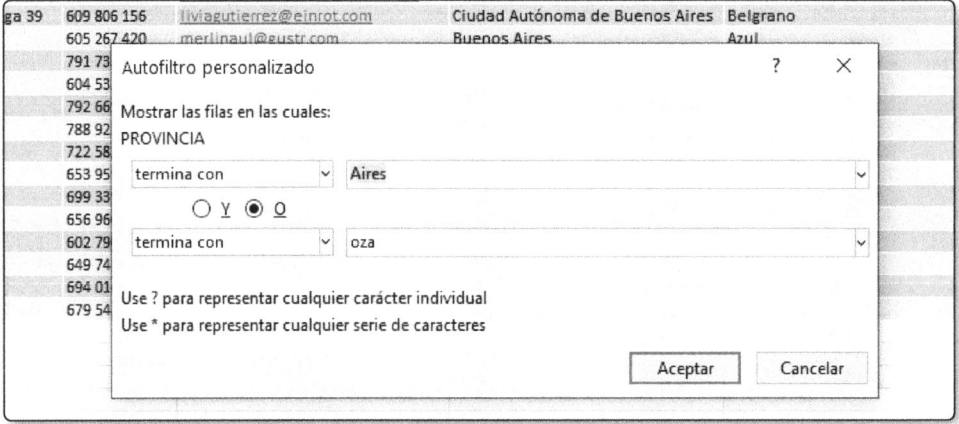

Figura 7.8. Aplicando este filtro, obtendrás los datos de la lista del presente ejemplo.

Podrás encontrar todos los terminados en Aires (ya sea Buenos Aires, Ciudad Autónoma de Buenos Aires, o si existiera en la lista, cualquier otro dato terminado con esta palabra) usando el parámetro "O", ya que la terminación de un nombre o cualquier palabra puede ser una sola. Por ejemplo, si buscas Buenos Aires y también buscas Mendoza, el filtrado deberás hacerlo como "Aires" O "oza"; si utilizas Y, como parámetro, no arrojará resultados.

▶ **Contiene…:** este filtro tiene la particularidad de funcionar con ambos parámetros, "O" e "Y". Imagina que recuerdas solo dos palabras de un nombre y necesitas buscar el nombre exacto; digamos que recuerdas "Ciudad" y "Buen" (no es exactamente toda la palabra, para mostrarte cómo funciona el filtro). Con este método de filtrado lo resolverás en segundos (**Figura 7.9.**).

ⓘ NOTA PARA ESTE FILTRO

Una particularidad que debes tener en cuenta para utilizar el filtro **Contiene…** es que, si bien puede funcionar con ambos parámetros (“**Y**” y “**O**”), los casos en los que **Y** funcionará como filtro serán solo aquellos en los que el nombre buscado contenga ambos datos. Por ejemplo, si buscas “**Ciudad Autónoma de Buenos Aires**”, puedes utilizar “**Y**”, poniendo como datos para el filtro “**Ciudad**” Y “**Aires**”, y obtendrás el resultado deseado. Si utilizas los mismos datos con “**O**”, además agregarás “**Buenos Aires**” al resultado. Pero si intentas filtrar por “**Ciudad**” Y “**Men**”, no obtendrás resultado alguno, aunque si este mismo filtro lo aplicas con el parámetro “**O**”, obtendrás en la lista de ejemplo “**Ciudad Autónoma de Buenos Aires**” y “**Mendoza**”.

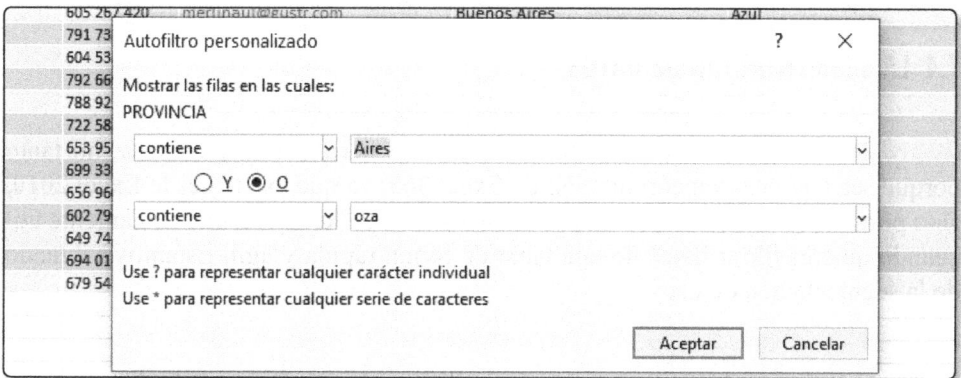

Figura 7.9. De esta manera puedes filtrar los datos utilizando el comando *Contiene…*, si no recuerdas todo el nombre pero sí alguna parte.

▶ **No contiene…**: es exactamente el contrario del filtro anterior. Mostrará los datos que no contengan determinada información. Resulta útil cuando quieres excluir determinados datos de los parámetros.

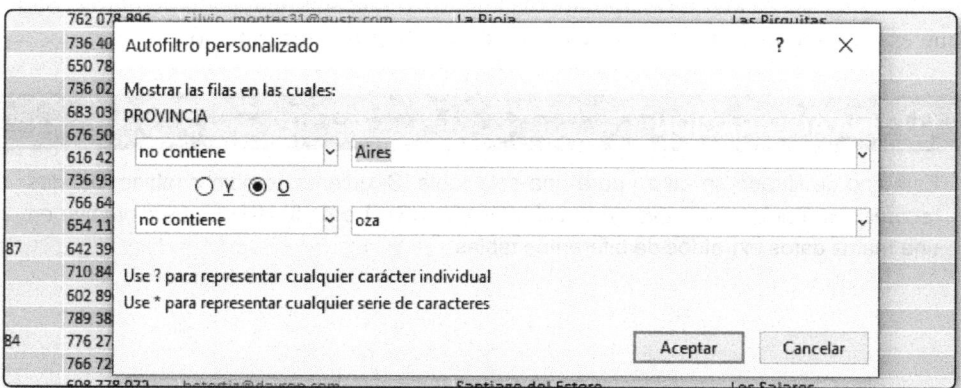

Figura 7.10. El filtro *No contiene…* en acción.

7.3.1 Filtros personalizados

También existe una tercera opción de filtro de datos: los filtros personalizados. En realidad, accediendo a la opción **Filtros de texto** y seleccionando **Filtro personalizado**, llegas al mismo cuadro de diálogo de **Filtros de texto…** y puedes utilizar cualquiera de los que se mostraron anteriormente, por lo que no podemos hablar de una nueva opción en sí, sino de otra forma de acceder a los filtros personalizados.

No es necesario que coloques siempre dos datos a filtrar; si necesitas uno solo, puedes hacerlo y dejar la segunda opción en blanco.

7.4 LA SEGMENTACIÓN DE DATOS

Para finalizar este capítulo, veremos una herramienta novedosa, no tanto porque sea una nueva incorporación de Excel 365, ya que existe desde Excel 2010, sino porque no es muy empleada por los usuarios de Excel y resulta sumamente útil cuando quieres filtrar datos de una tabla de forma rápida y ágil. Estamos hablando de la segmentación de datos.

7.4.1 ¿Qué es exactamente la segmentación de datos?

Son pequeñas tablas que crea Excel 365 en base a la información de las columnas que deseas filtrar, con botones interactivos para un filtrado más rápido. Concretamente, es una manera más ágil de utilizar los autofiltros, si no necesitas usar los filtros de texto.

En este Paso a Paso aprenderás a realizar una segmentación de datos; verás que es sumamente sencillo y muy útil a la hora de filtrar información.

ⓘ UNA ACLARACIÓN

Este tipo de filtrado se utiliza para una sola tabla. Si quieres combinar tablas, puedes recurrir a la función exclusiva de Excel 365 **APILARV()** o **APILARH()**, que devuelve en una matriz datos extraídos de diferentes tablas.

PASO 1

Posiciónate en cualquier celda de la tabla y dirígete a la Pestaña **Insertar** de Excel 365.

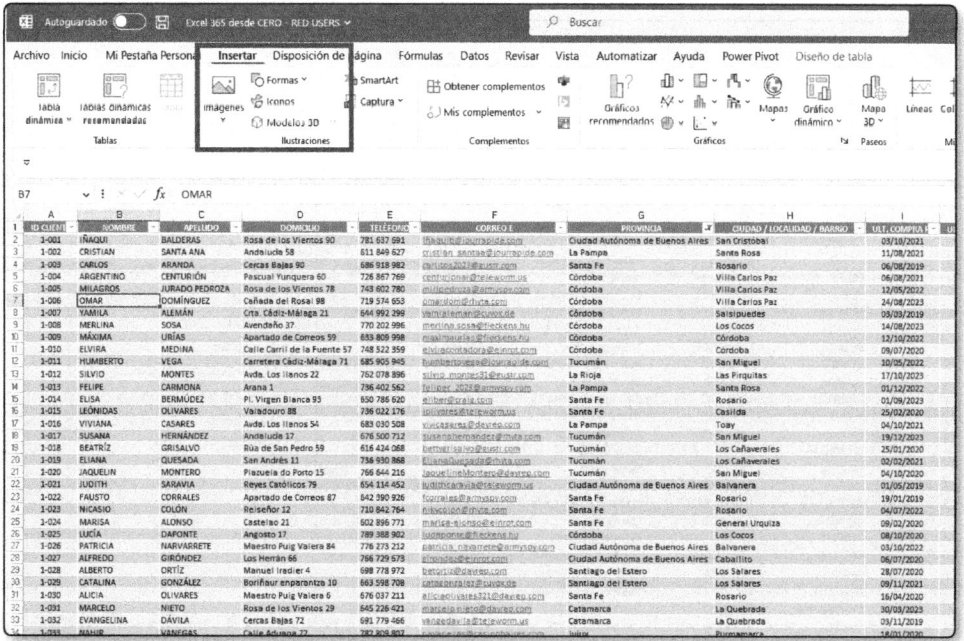

PASO 2

En la cinta de opciones de **Insertar**, busca el botón **Segmentación de datos**, dentro del Grupo **Filtros**. Pulsa sobre él.

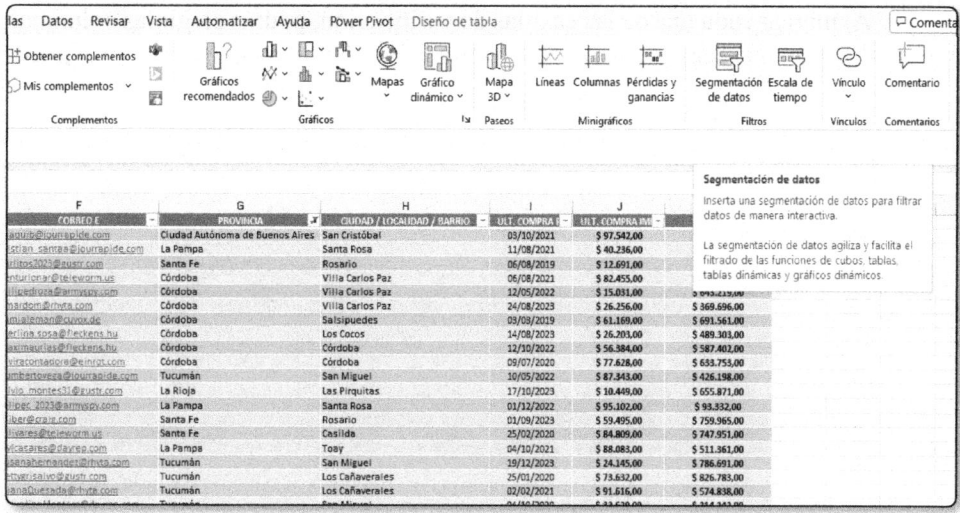

PASO 3

Se abrirá el siguiente cuadro con los nombres de todas las columnas filtrables de la tabla activa.

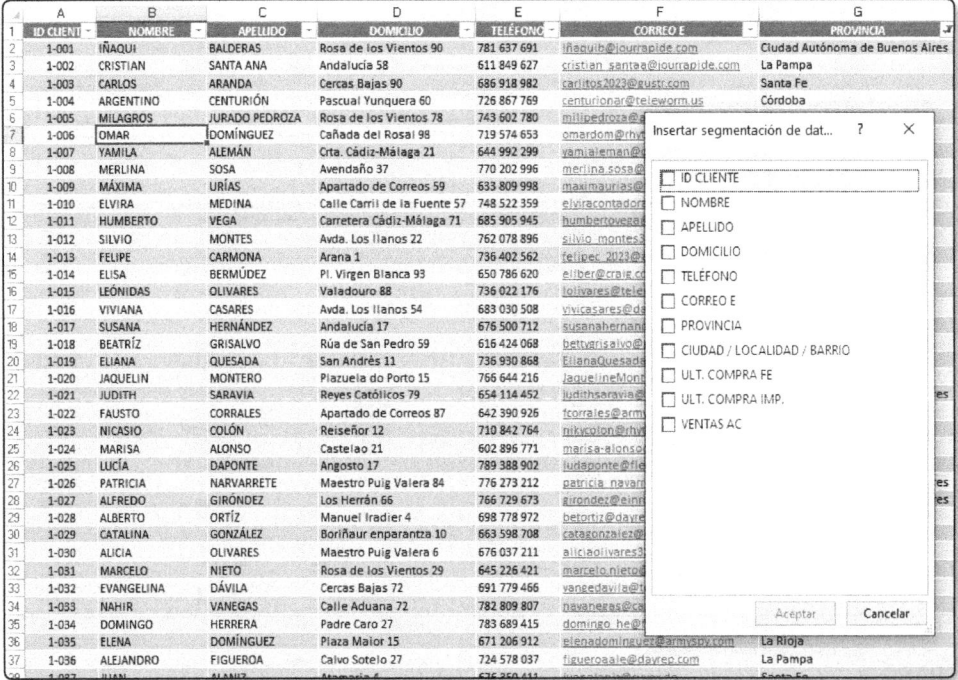

PASO 4

Al marcar cada una de las casillas de verificación, podrás elegir las columnas que se filtrarán en la segmentación de los datos. Para finalizar, haz clic en **Aceptar**.

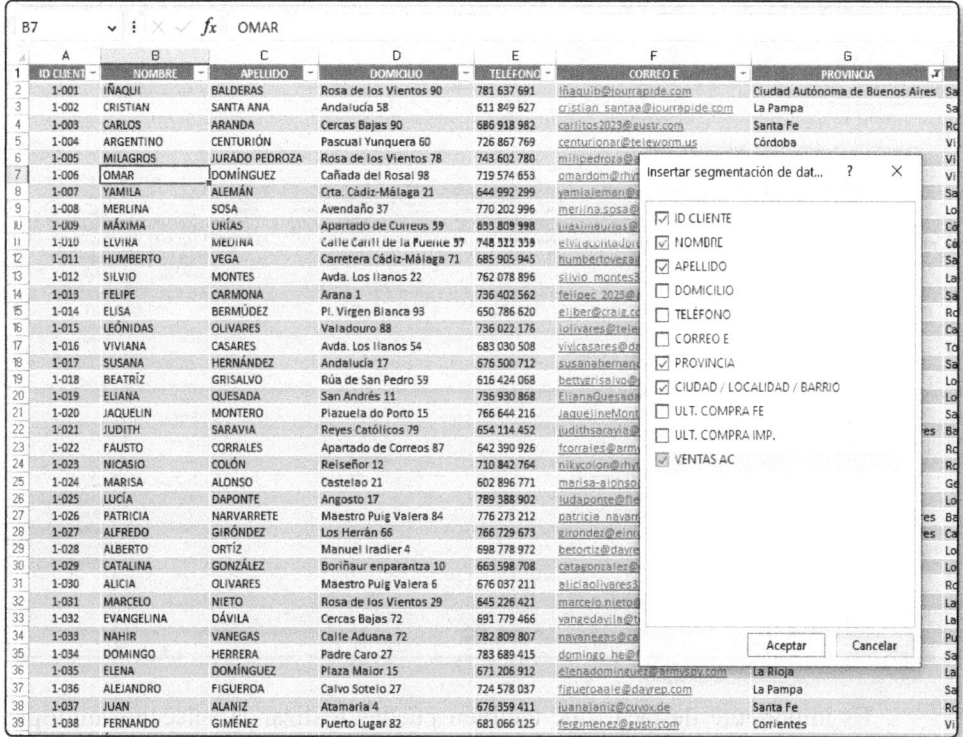

PASO 5

Mediante las tablas de segmentación, podrás filtrar la información que necesites. Puedes filtrar una o varias columnas de datos, pero a medida que vayas realizando los filtros, las opciones de filtrado estarán en consonancia con la primera columna filtrada.

Es decir que si filtras la información de Córdoba, ya no tendrás disponibles, por ejemplo, las ciudades o barrios de Buenos Aires, ni los clientes de otra provincia.

Observa que el icono de filtro cambió y ahora tiene una cruz de color naranja. Si pulsas sobre ella, quitarás el filtro.

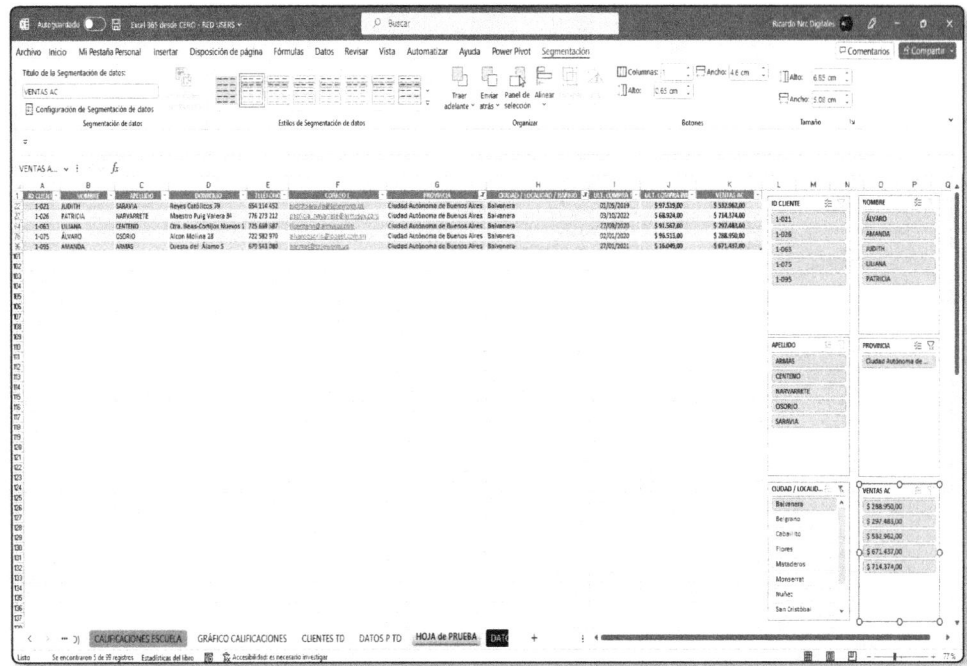

Es importante destacar que también puedes realizar la selección múltiple pulsando sobre el icono de la lista con tildes, a la derecha y en el lado superior de cada una de las tablas. De esta manera, puedes filtrar datos, por ejemplo, de varias provincias, y los resultados se filtrarán en las demás tablas (**Figura 7.11.**).

También puedes realizar el filtrado de los datos de varias tablas, incluso si no están en la misma hoja de cálculo; se hace de la siguiente manera. Una vez creadas las tablas de segmentación, pulsa el botón derecho del mouse en la tabla y en la opción **Conexiones de informes…** se abrirá el cuadro de diálogo que se ve en la **Figura 7.12.**

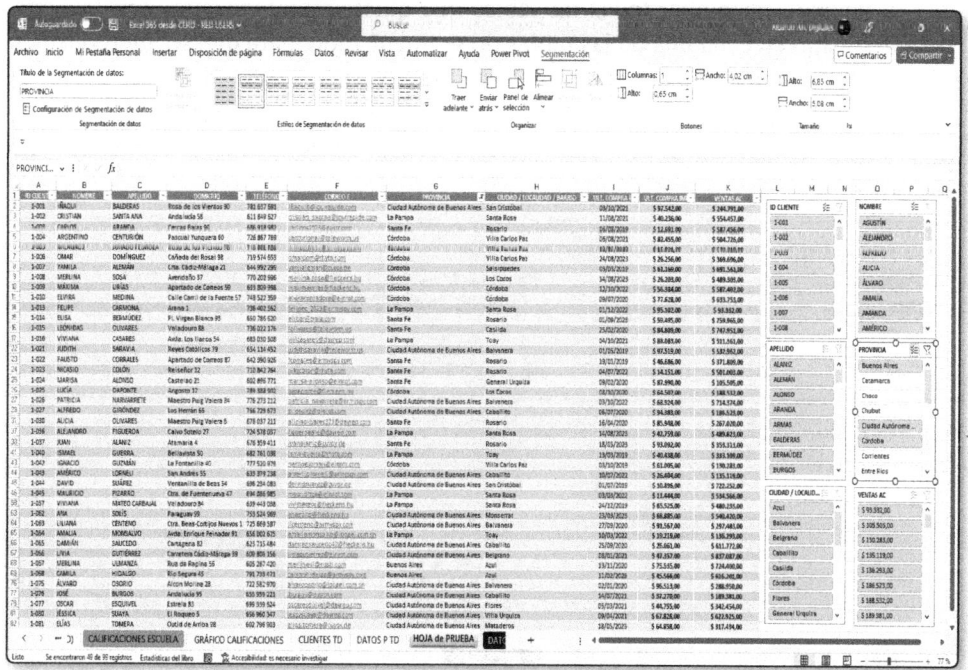

Figura 7.11. Estas son las tablas de segmentación con el filtro
múltiple activado en la tabla de PROVINCIA.

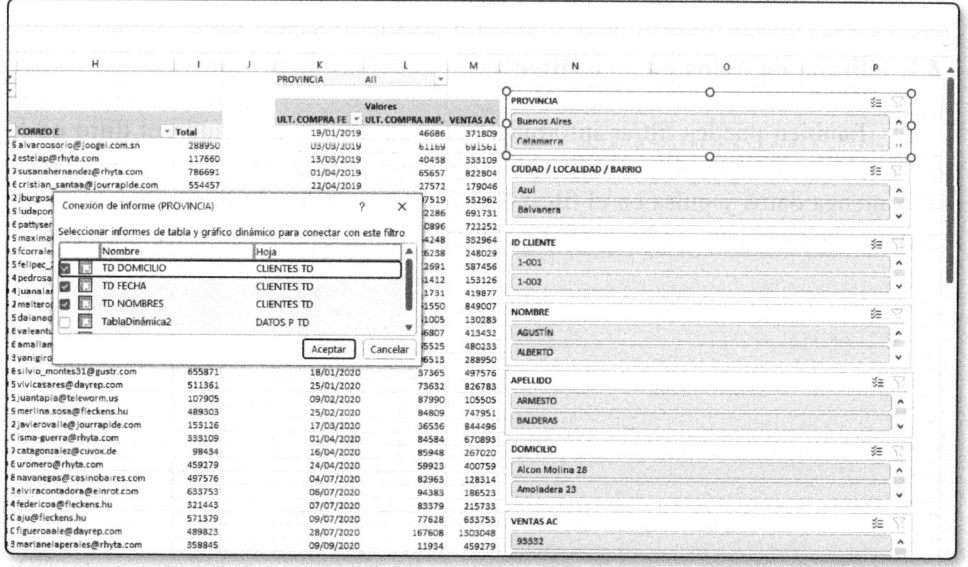

Figura 7.12. El cuadro de diálogo Conexión de informes, en el que podrás
ver o agregar todas las tablas disponibles y conectarlas entre sí.

Podrás seleccionar todas las tablas que quieras interconectar, pero deberás hacer lo mismo en cada una de las tablas de segmentación, para que se interconecten entre sí. De esta manera podrás filtrar los datos de varias tablas.

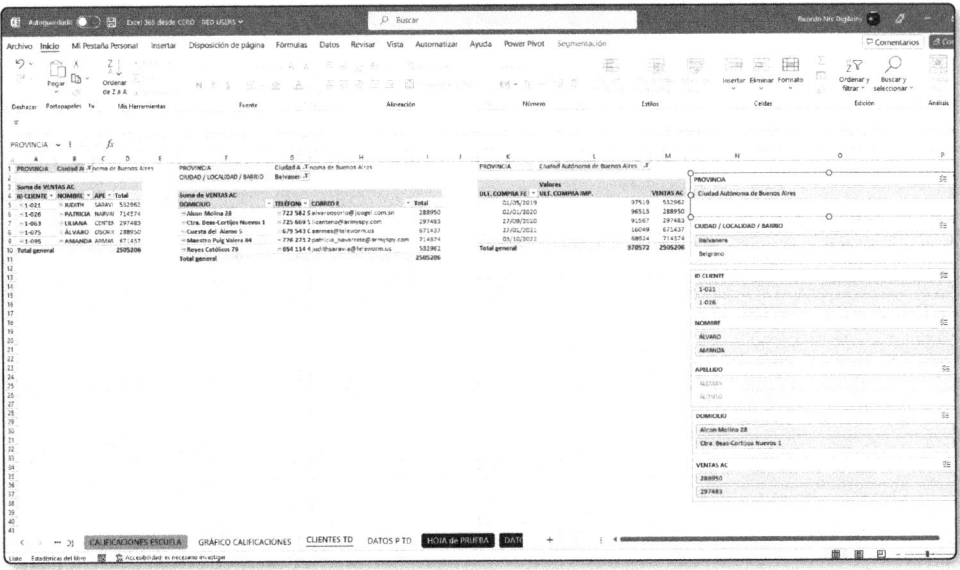

Figura 7.13. Este es un filtrado de múltiples tablas. Observa que en cada tabla dinámica queda seleccionado el dato filtrado en la segmentación.

7.4.2 Filtrado de datos de un gráfico

También puedes filtrar información de un gráfico utilizando el filtro de la parte superior derecha de este. Simplemente, posiciónate en un área del gráfico que contenga datos y pulsa en el filtro. Luego puedes seleccionar cualquiera de las opciones que aparecen o, si lo prefieres, varias a la vez (**Figura 7.14.**).

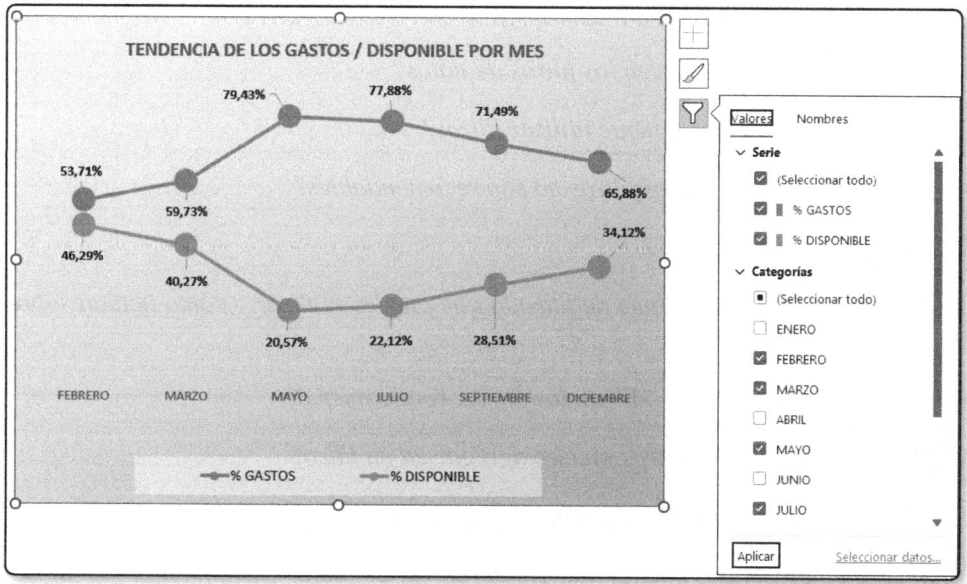

Figura 7.14.

A continuación, veremos cómo cambiar la apariencia visual de las tablas y gráficos en Excel 365, elegir los colores, tipos de letra, fuente, colores de líneas y de celdas, y todo lo que hace al aspecto visual de las tablas. Luego ya nos enfocaremos en el análisis de datos, donde verás cómo crear hipótesis para anticiparte a posibles cambios y tomar mejores decisiones, y aprenderás a crear diferentes escenarios para analizar mejor los imprevistos que puedan presentarse.

7.5 ACTIVIDADES

A continuación se presentan las preguntas y los ejercicios que deberías saber responder y resolver para considerar aprendido el capítulo.

7.5.1 Test de autoevaluación

1. ¿Qué son y para qué sirven los filtros de datos?

2. ¿En qué casos es conveniente utilizar filtros?

3. ¿Hay casos en los que los filtros no son recomendables?

¿Cuáles, si los hay?

4. Nombra al menos tres tipos de filtrado que puedes realizar y cómo actúan sobre los datos.

5. ¿Los parámetros "O" e "Y" de los filtros, son lo mismo?

6. ¿Hasta cuántos parámetros puedes agregar en un filtro?

7. ¿En qué consiste la segmentación de datos de Excel 365?

8. Al segmentar datos, ¿puedes hacerlo desde varias tablas a la vez?

9. ¿Cómo puedes segmentar datos provenientes de varias tablas?

10. ¿Qué es la selección de datos múltiple y cómo se utiliza?

7.5.2 Ejercicios prácticos

1. Investiga si existen otras formas de segmentar datos de varias tablas en Excel 365. Una pista: es una función exclusiva que ya has visto.

2. Investiga si otros proveedores y desarrolladores de hojas de cálculo ofrecen segmentación de datos, y si difiere mucho del método de Microsoft Excel 365.

8

PERSONALIZACIÓN

En los capítulos anteriores hemos visto cómo crear los distintos tipos de tablas y gráficos que ofrece Microsoft Excel 365. Claro que para que tus presentaciones e informes estén completos, no basta con la exactitud de la información y que esta se encuentre actualizada, sino que también necesitas darle una imagen atractiva y hacer que visualmente resulte agradable. De esto se trata lo que veremos en este capítulo: la personalización de las tablas o tablas dinámicas.

8.1 ¿POR QUÉ ES NECESARIO PERSONALIZAR LAS TABLAS?

La personalización y optimización de tablas y tablas dinámicas no es una cuestión solamente estética, ya que si aprendes a modificar la apariencia y el estilo de las tablas, podrás resaltar aún más la información que presentas en ellas y darle más importancia a uno u otro dato, según sea conveniente, lo que aumentará también su legibilidad y comprensión por parte de las personas a las que esta información esté destinada.

Es decir que, al personalizar una tabla o tabla dinámica, estás haciendo que tu trabajo se vea no solo más bonito, sino también más comprensible, lo que redundará en beneficio para ti y para quienes necesiten hacer un análisis más rápido de la información presentada.

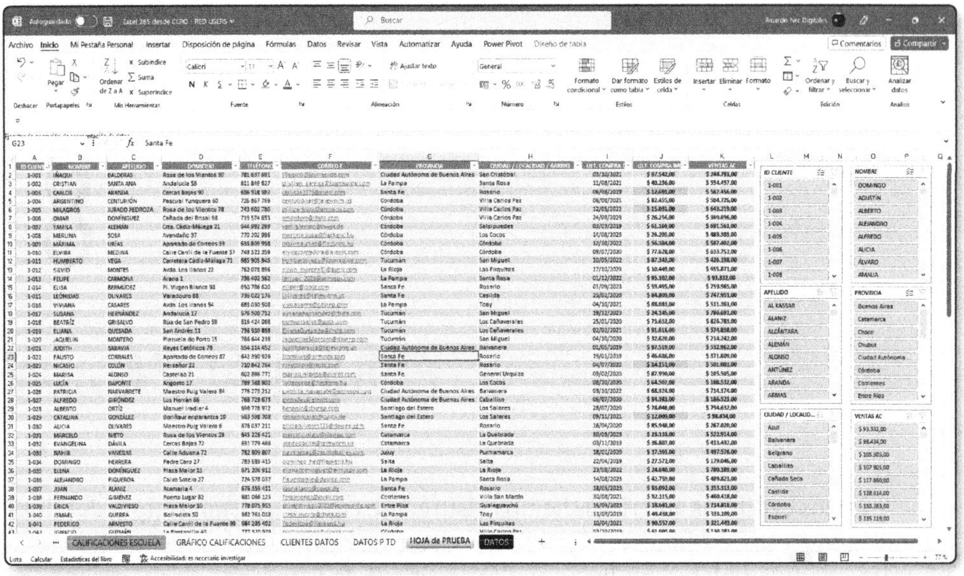

Figura 8.1. Personalización de tablas.

8.1.1 Personalizaciones disponibles

Personalizar tablas o tablas dinámicas es una tarea bastante sencilla y ofrece varias opciones que enumeraremos a continuación, las cuales te ayudarán a mostrar los análisis de forma mucho más profesional y fácil de comprender.

En cuanto a las herramientas de personalización que Excel 365 incluye, podemos mencionar las siguientes (haremos una enumeración de todas herramientas y luego pasaremos a desarrollarlas):

Tablas:

- Renombrar tablas
- Ocultar columnas y filas
- Cambiar el estilo de la tabla
- Agregar y personalizar subtotales automáticos
- Formatos condicionales en las tablas

Tablas dinámicas:

- Cambiar el estilo de la tabla dinámica
- Agregar campos y columnas
- Personalización del formato de los datos
- Ordenar y filtrar datos
- Formato condicional de tablas dinámicas
- Personalización de la segmentación de datos

8.1.1.1 RENOMBRAR UNA TABLA

Renombrar tablas no solo tiene como objetivo que puedas reconocer mucho más fácilmente de qué tipo de datos estás hablando cuando te refieres a una tabla (no es lo mismo reconocer qué datos tiene la "Tabla 3", que la tabla "Vendedores"), sino que facilita aún mucho más la comprensión de una función de cálculo al incluir el nombre de la tabla en la función.

Sobre este punto vale la aclaración: Excel 365 utiliza, para cálculos y funciones de tablas o tablas dinámicas, el nombre de la tabla para referirse al rango de celdas correspondiente. Por lo tanto, si por ejemplo, necesitas calcular el total de ventas de un período, antes de impuestos, y estos datos están repartidos en dos tablas –Impuestos y Ventas totales–, quizá sea más fácil si el cálculo se hace así: VENTAS TOTALES!-IMPUESTOS!, en vez de tener que recordar qué tabla es la de ventas totales y cuál la de impuestos en el caso de que fuera de este modo: TABLA 1!-TABLA 6!.

Como mencionamos antes, renombrar una tabla es un procedimiento muy sencillo, que puedes hacer de esta manera:

> ▶ Una vez que creas la tabla de la forma en que aprendiste a hacer en el capítulo anterior, verás que aparece una nueva pestaña en el menú de **Excel 365**: **Diseño de tabla**. En el primer grupo de esta pestaña, **Propiedades**, encontrarás un textbox con la etiqueta **Nombre de la tabla**. Escribe allí el nombre que desees darle, y la tabla cambiará su denominación por la elegida. A partir de este momento, podrás utilizar el nombre de tu tabla en las funciones y cálculos que realices.

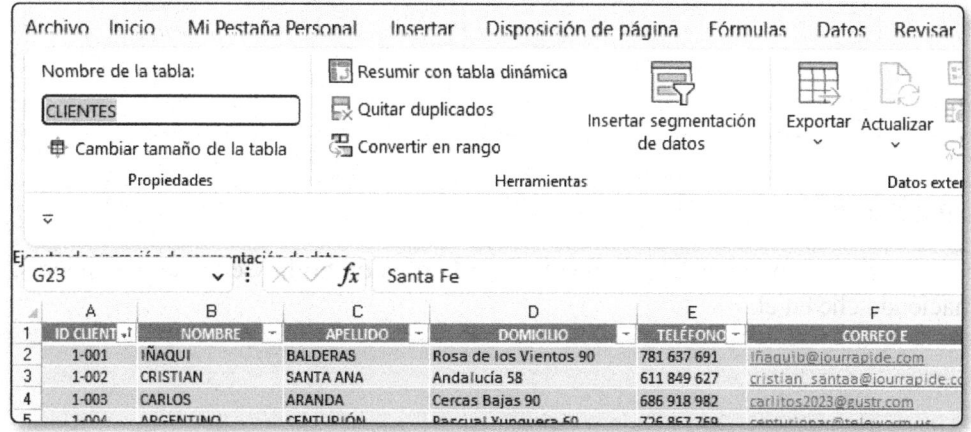

Figura 8.2. En la pestaña *Diseño de tabla*, haz clic en el textbox del *Grupo Propiedades*, y podrás cambiar el nombre de la tabla con facilidad.

8.1.1.2 OCULTAR COLUMNAS Y FILAS

A veces puede ocurrir que necesites ocultar alguna o algunas columna/s o fila/s de una tabla. A decir verdad, este tipo de personalización no difiere mucho de ocultar columnas y filas para cualquier hoja de datos de Microsoft Excel, por lo que solo lo mencionaremos, sabiendo que la forma de hacerlo es la misma que para cualquier fila o columna.

CAMBIAR EL ESTILO DE LA TABLA

Puedes cambiar el estilo de una tabla de manera muy sencilla, guiándote con este Paso a Paso:

PASO 1

Posiciónate en cualquier celda dentro de la tabla cuyo estilo quieras modificar; aparece una pestaña que antes no estaba: **Diseño de tabla**.

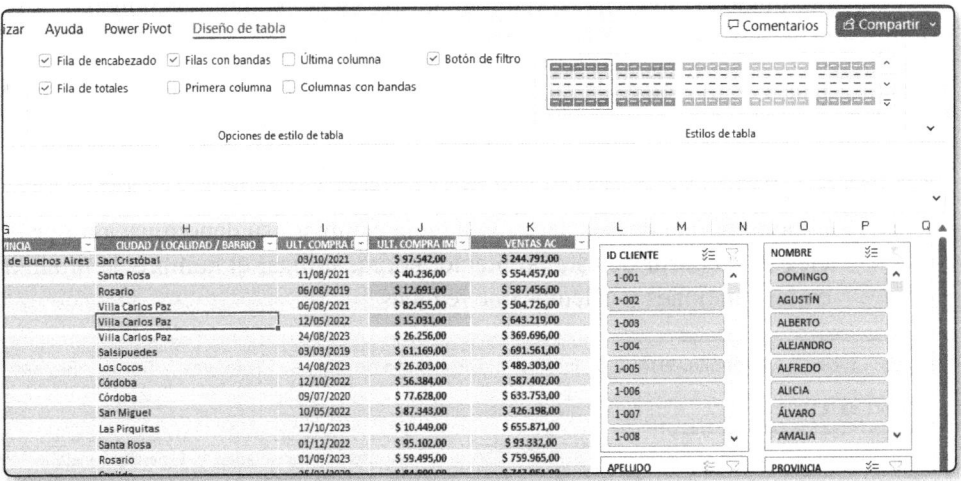

PASO 2

En esta pestaña selecciona el grupo **Estilos de tabla** y elige el que quieras, haciendo clic en él.

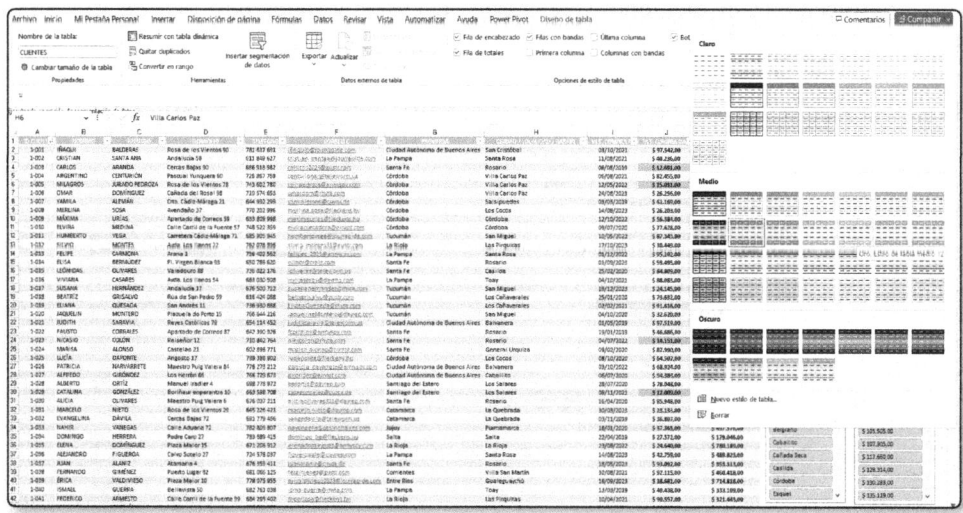

Si quieres, también puedes crear una tabla con tu propio estilo y agregarla a los estilos predefinidos, además de predeterminar tu tabla para que sea la opción por defecto. Simplemente, en el mismo grupo de **Estilos de tabla**, debajo de los modelos de tabla, selecciona la opción **Nuevo estilo de tabla…**. Se abrirá un cuadro de diálogo como el que muestra la imagen:

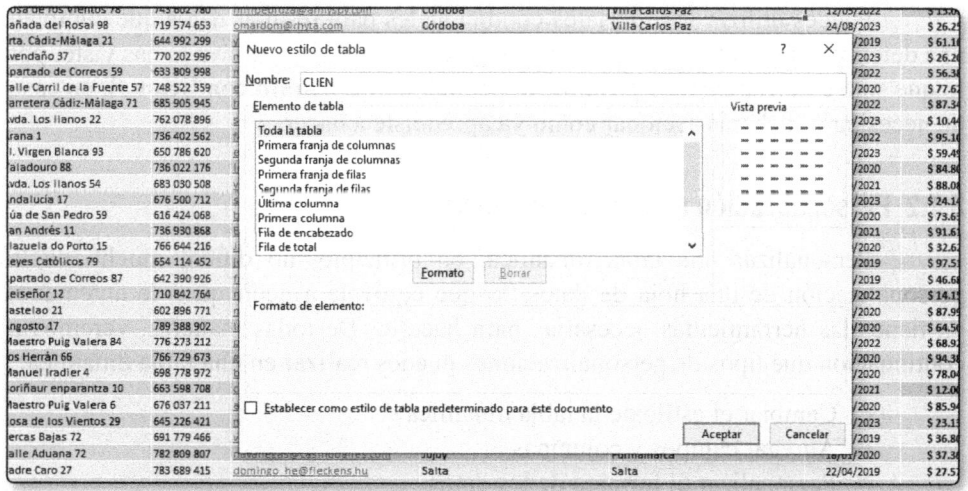

Figura 8.3. En el cuadro de diálogo *Nuevo estilo de tabla* podrás crear la tabla de la forma en que lo desees, con otros colores, columnas, encabezados, filtros y todo lo que necesites para personalizar tu propio modelo de tabla.

Selecciona el elemento que desees cambiar y, haciendo clic en el botón **Formato**, modifica cada parte de la nueva tabla. A la derecha, en el cuadro de vista previa, podrás ir verificando los cambios y viendo cómo quedará el modelo final. También puedes darle tu propio nombre a la tabla, en el textbox **Nombre**.

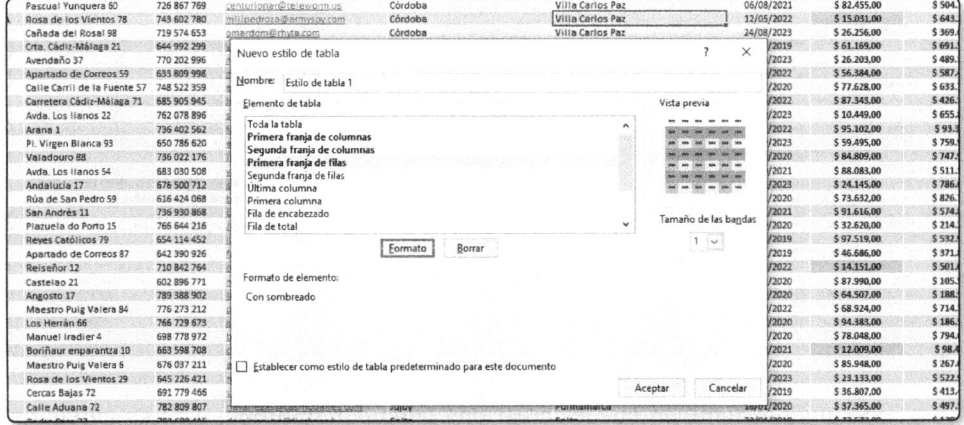

Figura 8.4. Seleccionando el elemento de la lista y pulsando en el botón *Formato*, verás los cambios reflejados en el cuadro de síntesis de tabla *Vista previa*.

8.1.1.3 FORMATOS CONDICIONALES

Puedes utilizar los formatos condicionales para resaltar datos que cumplan una determinada condición. No hay una forma diferente de como ya lo has visto, por lo que solo enunciaremos la posibilidad de incluir el **Formato condicional**; en caso de necesitarlo, deberás accionar como ya aprendiste a hacer.

8.1.2 Personalización de tablas dinámicas

Personalizar una tabla dinámica, en principio, no difiere mucho de la personalización de una hoja de datos, lo que equivale a decir que, de antemano, ya tienes las herramientas necesarias para hacerlo. De todas maneras, veremos a continuación qué tipos de personalizaciones puedes realizar en una tabla dinámica:

- ▼ Cambiar el estilo de la tabla dinámica
- ▼ Agregar campos y columnas
- ▼ Personalizar el formato de los datos
- ▼ Ordenar y filtrar los datos
- ▼ Formato condicional
- ▼ Segmentación de datos

Analicemos en detalle cada una de estas personalizaciones.

8.1.2.1 CAMBIAR EL ESTILO DE UNA TABLA DINÁMICA

Esta acción es muy sencilla y ya la has visto al hablar de estilos de tablas. Tiene una pequeña diferencia con la de tablas, ya que en este caso lo harás desde la pestaña que aparece al crear la tabla dinámica, llamada **Diseño**. En este Paso a Paso aprenderás a cambiar el estilo de una tabla dinámica.

PASO 1

Posiciónate con el puntero del mouse en una celda de la tabla dinámica, verás que aparece una pestaña llamada **Diseño**. Haz clic sobre ella.

PASO 2

Busca el grupo **Estilos de tabla dinámica** y elige cualquiera de los modelos que allí se desplegarán. El formato que selecciones se verá reflejado en tu tabla dinámica.

También puedes elegir el estilo de tabla dinámica que quieres construir. Debajo de las muestras de tablas prediseñadas, tendrás que hacer clic en **Nuevo estilo de tabla dinámica…**, y en el cuadro de diálogo que se abre, personalizar cada uno de los ítems.

Una vez que tengas el formato que desees, solo deberás hacer clic en **Aceptar** (antes puedes establecer que ese sea el formato predefinido para el documento que estás utilizando).

8.1.2.2 AGREGAR CAMPOS Y COLUMNAS A LA TABLA DINÁMICA

En este caso, dentro de una tabla dinámica selecciona con el botón derecho del mouse la opción **Mostrar lista de campos**, desde donde puedes quitar o agregar un campo, y se quitará de la tabla.

8.1.2.3 PERSONALIZAR EL FORMATO DE LOS DATOS

Además del formato de la tabla, mediante el botón **Estilos de celda**, puedes utilizar diferentes formatos de celda predeterminados o, si lo prefieres, en el grupo **Estilos** encontrarás el botón **Estilos de celda**, que te permitirá configurar los datos de tu celda con varios formatos predeterminados. También puedes elegir tu propio formato para los datos, mediante el botón **Nuevo estilo de celda…**.

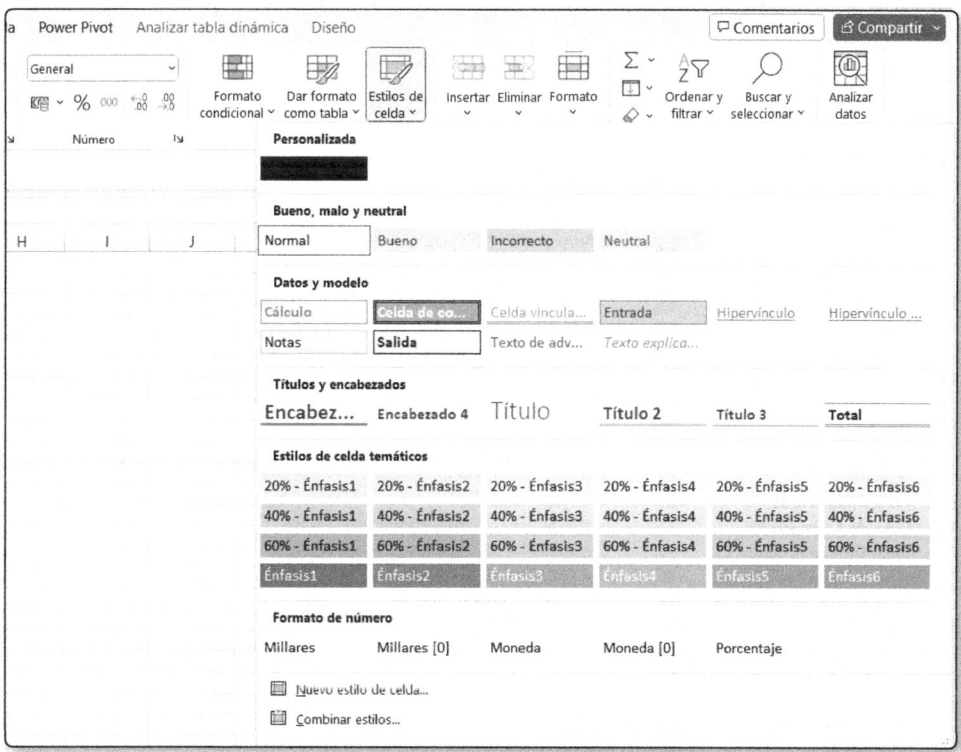

Figura 8.5. En el cuadro de *Estilos de celda* puedes elegir un estilo entre los muchos predefinidos, o crear uno nuevo cambiando todo el formato de la celda.

8.1.2.4 ORDENAR Y FILTRAR LOS DATOS

Esta es también una forma de personalizar una tabla dinámica, mediante los botones de ordenar y filtro de datos. De la misma manera que para las tablas, tienes varios criterios de ordenación y filtrado. Sigue este Paso a Paso para ordenar tu tabla dinámica del modo que creas conveniente:

PASO 1

Haz clic en cualquier desplegable del autofiltro de tablas dinámicas (es el botón a la derecha del nombre de campo de la tabla dinámica).

Haciendo clic en el botón que despliega las opciones del campo, podrás acceder a opciones avanzadas de filtrado y ordenamiento de la tabla dinámica.

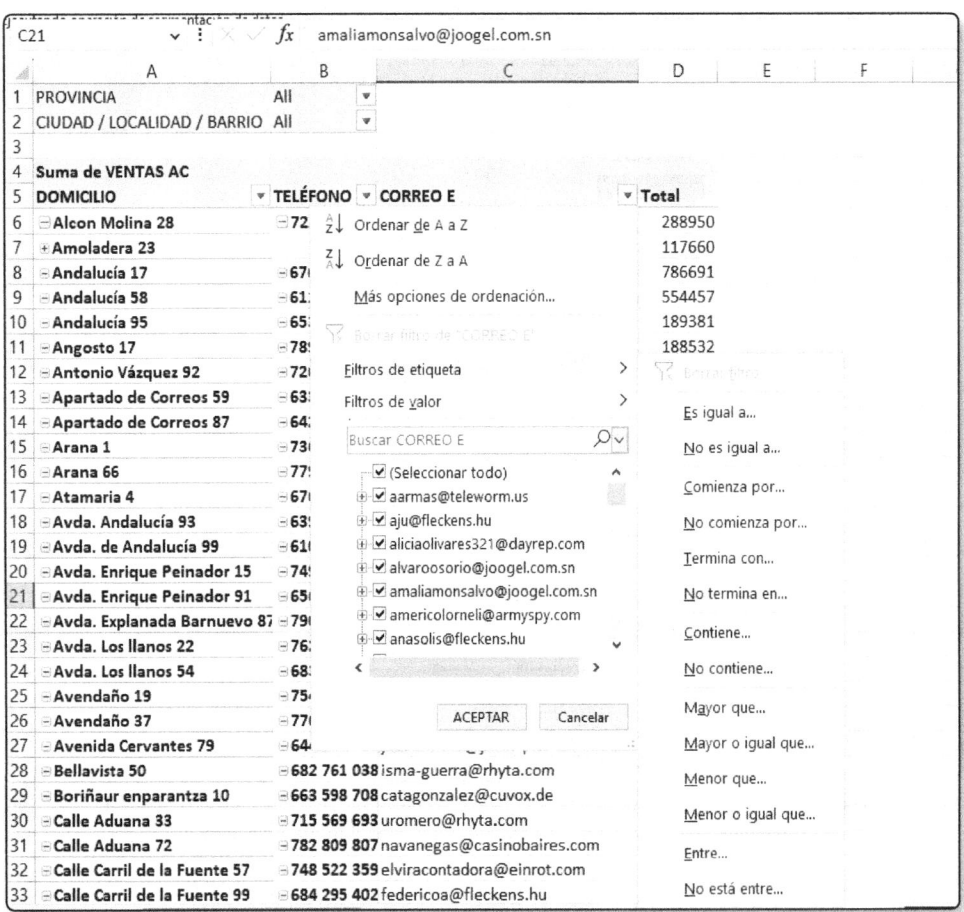

PASO 2

Puedes utilizar los **Filtros de etiqueta** o los **Filtros de Valor**, según quieras filtrar texto o números, respectivamente. Puedes hacerlo eligiendo entre los criterios de filtrado disponibles.

Al filtrar, puedes hacerlo de varias maneras diferentes: puedes filtrar texto mediante los **Filtros de etiqueta**, o filtrar números utilizando los **Filtros de valor**. Las opciones de filtro serán las que determina cada uno de estos parámetros.

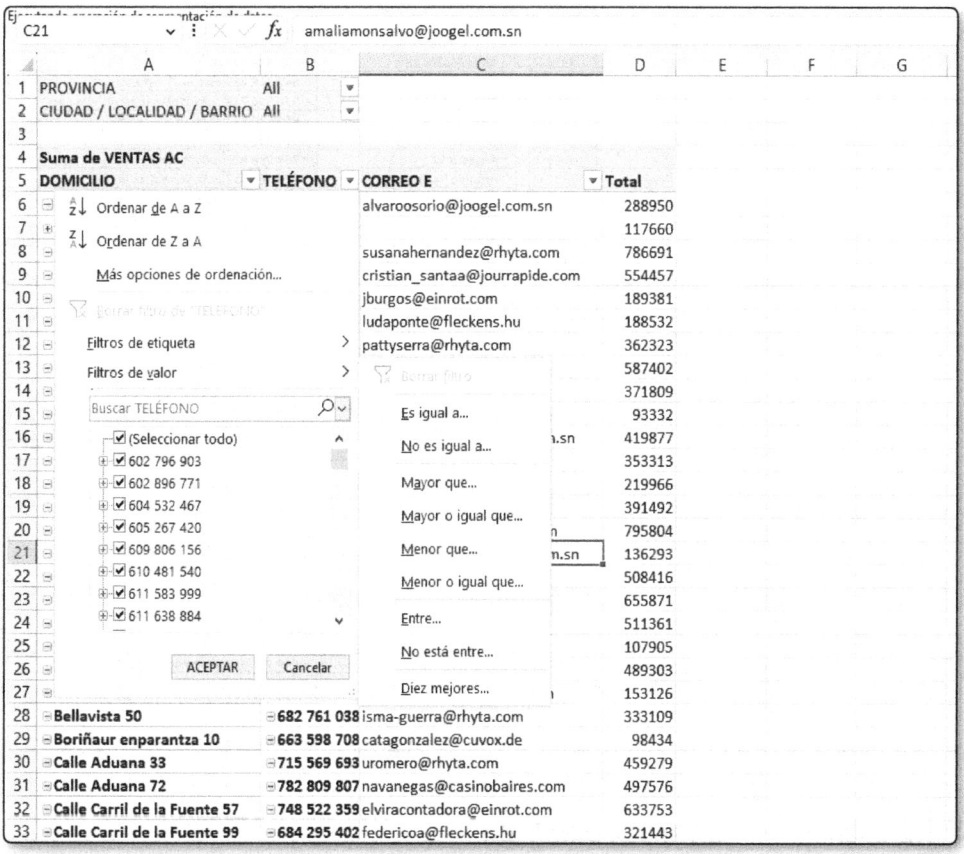

PASO 3

Al abrir cualquiera de los dos, se abrirá un cuadro de diálogo en el que puedes ingresar el parámetro que quieres que se filtre.

Por ejemplo, puedes elegir como criterio que la etiqueta sea mayor o igual a 1-066, en el campo ID_CLIENTE. Este filtro hará que se vean todos los valores iguales o mayores al dado.

C22			f_x	MAITE				
A	B	C	D	E F	G	H		I
1					PROVINCIA	All		
2	PROVINCIA	All			CIUDAD / LOCALIDAD / BARRIO	All		
3								
4	Suma de VENTAS AC				Suma de VENTAS AC			
5	ID CLIENTE	NOMBRE	APELLIDO	Total	DOMICILIO	TELÉFONO	CORREO E	
6	1-066	LIVIA	GUTIÉRREZ	837087	Alcon Molina 28	722 582 970	alvaroosorio@joogel.com.sn	
7	1-067	Filtros de etiqueta		724400	Amoladera 23	647 766 285	estelap@rhyta.com	
8	1-068	ID CLIENTE: es mayor o igual a 1-066		616201	Andalucía 17	676 500 712	susanahernandez@rhyta.com	
9	1-069	BERNARDO	BRANIA	812482	Andalucía 58	611 849 627	cristian_santaa@jourrapide.com	
10	1-070	DIANA	QUIÑONES	391492	Andalucía 95	653 959 221	jburgos@einrot.com	
11	1-071	MARIANELA	PERALES	358845	Angosto 17	789 388 902	ludaponte@fleckens.hu	
12	1-072	LILIANA	ELIZONDO	215733	Antonio Vázquez 92	726 163 657	pattyserra@rhyta.com	
13	1-073	GIANCARLO	HURTADO	485500	Apartado de Correos 59	633 809 998	maximaurias@fleckens.hu	
14	1-074	CINTHIA	VARGAS	128314	Apartado de Correos 87	642 390 926	fcorrales@armyspy.com	
15	1-075	ÁLVARO	OSORIO	288950	Arana 1	736 402 562	felipec_2023@armyspy.com	
16	1-076	JOSÉ	BURGOS	189381				
17	1-077	OSCAR	ESQUIVEL	342454				
18	1-078	TOMÁS	PUGA ROSALES	737855				
19	1-079	FLAVIA	LUGONES	841183				
20	1-080	JÉSSICA	SUAYA	622925				
21	1-081	ELÍAS	TOMERA	317434				
22	1-082	MAITE	RODRÍGUEZ	219966				
23	1-083	PATTY	SERRATO	362323				
24	1-084	JUAN	TAPIA	107905	Avda. Los llanos 54	683 030 508	vivicasares@dayrep.com	
25	1-085	ESTELA	PICCININI	117660	Avendaño 19	754 726 556	juantapia@teleworm.us	
26	1-086	VALERIA	ANTÚNEZ	795804	Avendaño 37	770 202 996	merlina.sosa@fleckens.hu	
27	1-087	ARÍSTIDES	PEÑA	844496	Avenida Cervantes 79	644 601 249	javierovalle@jourrapide.com	
28	1-088	GUSTAVO	TORREZ	248029	Bellavista 50	682 761 038	isma-guerra@rhyta.com	
29	1-089	PEDRO	SARMIENTO	419877	Boriñaur enparantza 10	663 598 708	catagonzalez@cuvox.de	
30	1-090	GASTÓN	OLIVERA CAMPOS	366255	Calle Aduana 33	715 569 693	uromero@rhyta.com	
31	1-091	RAMIRO	NARANJO	849007	Calle Aduana 72	782 809 807	navanegas@casinobaires.com	
32	1-092	AGUSTÍN	SALCEDO	400759	Calle Carril de la Fuente 57	748 522 359	elviracontadora@einrot.com	
33	1-093	YANINA	GIRÓNDEZ	508416	Calle Carril de la Fuente 99	684 295 402	federicoa@fleckens.hu	
34	1-094	REINALDO	ZÚÑIGA	340356	Calle Proc. San Sebastián 39	735 678 034	aju@fleckens.hu	
35	1-095	AMANDA	ARMAS	671437	Calvo Sotelo 27	724 578 037	figueroaale@dayrep.com	
36	1-096	ANASTASIA	JUÁREZ	571379	Canónigo Valiño 25	633 040 394	marianelaperales@rhyta.com	
37	1-097	AMIR	AL KASSAR	332964	Cañada del Rosal 4	649 741 256	gastonocampos@joogel.com.sn	
38	1-098	DANIEL	BARRETO	590278	Cañada del Rosal 98	719 574 653	omardom@rhyta.com	
39	1-099	RAMÓN	VILLA	589568	Caño 21	611 638 884	ramironaranjo@jourrapide.com	
40	Total general			16246715	Carretera Cádiz-Málaga 39	609 806 156	liviagutierrez@einrot.com	
41					Carretera Cádiz-Málaga 71	685 905 945	humbertovega@jourrapide.com	

Filtrar por etiqueta (ID CLIENTE)   ?   ×

Mostrar elementos para los que la etiqueta

es mayor o igual a   ∨   1-066

Aceptar   Cancelar

8.1.2.5 ORDENAR UNA TABLA DINÁMICA

Realiza el Paso 1, tal como lo hiciste para el filtrado de la tabla dinámica.

PASO 2

En la parte superior del desplegable puedes seleccionar **Ordenar de A a Z** (orden ascendente) u **Ordenar de Z a A** (orden descendente). También puedes utilizar otros criterios haciendo clic en **Más opciones de ordenación…**, donde podrás establecer criterios para más de un campo, y, si seleccionas en el botón **Más opciones…**, acceder a otras posibilidades para ordenar la tabla.

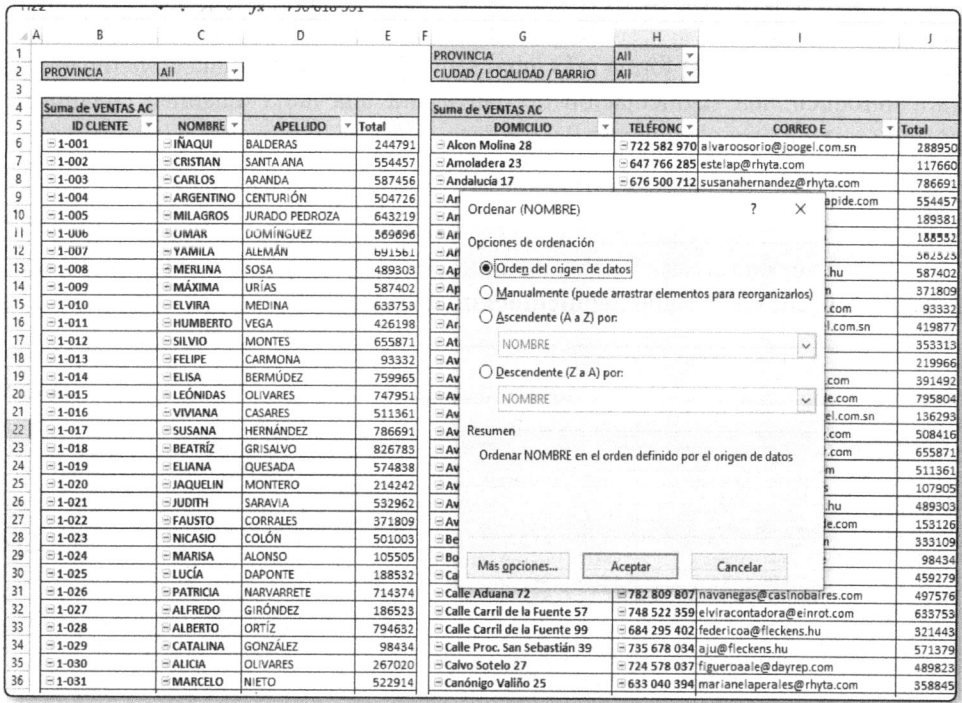

Figura 8.6. Accediendo al cuadro de diálogo mediante *Más opciones de ordenación…*, podrás personalizar aún más el orden de tu tabla dinámica.

ⓘ ¡ATENCIÓN!

Ten en cuenta que, de forma automática, la tabla dinámica se ordena cuando la vas construyendo, por lo que, de manera predeterminada, tu tabla ya estará ordenada.

Usa estas opciones si lo que necesitas es ordenar la tabla de acuerdo con criterios propios o criterios especiales que requieras en determinado momento para visualizar mejor los datos.

8.1.2.6 FORMATO CONDICIONAL EN TABLAS DINÁMICAS

Como modo de personalización, también puedes utilizar el formato condicional, tal como lo viste anteriormente, para resaltar celdas que cumplen determinado criterio.

8.1.2.7 SEGMENTACIÓN DE DATOS

Esta es, quizá, la forma más interesante de personalizar una tabla dinámica. Para introducir una segmentación de datos para una tabla dinámica cualquiera, procede como indica el siguiente Paso a Paso.

PASO 1

Una vez que creaste la tabla dinámica, en la pestaña **Insertar** busca el grupo **Filtros** y haz clic en el botón **Segmentación de datos**.

PASO 2

Selecciona los diversos campos que quieres utilizar en la segmentación de datos. Al finalizar, haz clic en **Aceptar**.

Una vez que hayas seleccionado todos los campos de la segmentación de datos y haces clic en **Aceptar**, verás las tablas de segmentación al costado de la tabla dinámica.

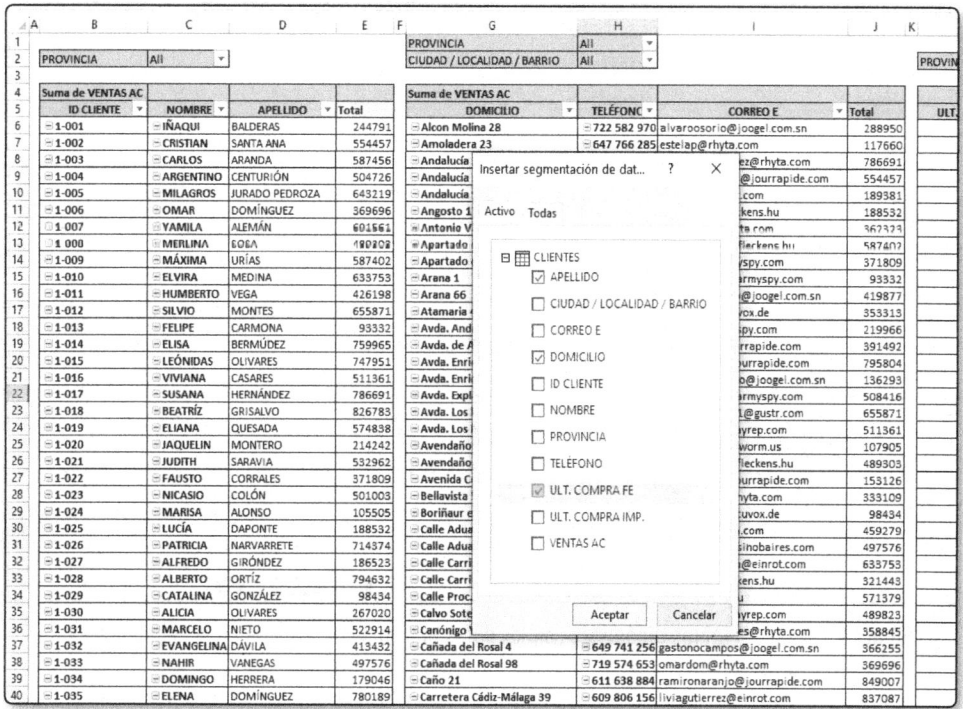

De esta manera podrás tener un filtro más personalizado de los datos de tu tabla dinámica.

8.1.2.8 SEGMENTACIÓN DE DATOS DE VARIAS TABLAS DINÁMICAS

En ocasiones, tal vez necesites segmentar datos repartidos en varias tablas dinámicas, y visualizarlos en una sola hoja de cálculo, sin tener que filtrar cada uno de los datos de la segmentación.

Supongamos que tienes tres tablas dinámicas. La primera tiene los datos del cliente (ID de cliente, Nombre, Apellido y total acumulado de compras). La segunda incluye Domicilio, correo electrónico y teléfono; y la tercera tiene la fecha de la última compra, el importe de esa última compra y el total de ventas acumuladas para cada cliente.

| H22 | | f_x | 790 018 331 | | | | | | | | | | | |

Tabla 1 (izquierda)

ID CLIENTE	NOMBRE	APELLIDO	Total
1-001	IÑAQUI	BALDERAS	244791
1-002	CRISTIAN	SANTA ANA	554457
1-003	CARLOS	ARANDA	587456
1-004	ARGENTINO	CENTURIÓN	504726
1-005	MILAGROS	JURADO PEDROZA	643219
1-006	OMAR	DOMÍNGUEZ	369696
1-007	YAMILA	ALEMÁN	691561
1-008	MERLINA	SOSA	489303
1-009	MÁXIMA	URÍAS	587402
1-010	ELVIRA	MEDINA	633753
1-011	HUMBERTO	VEGA	426198
1-012	SILVIO	MONTES	655871
1-013	FELIPE	CARMONA	93332
1-014	ELISA	BERMÚDEZ	759965
1-015	LEÓNIDAS	OLIVARES	747951
1-016	VIVIANA	CASARES	511361
1-017	SUSANA	HERNÁNDEZ	786691
1-018	BEATRÍZ	GRISALVO	826783
1-019	ELIANA	QUESADA	574858
1-020	JAQUELIN	MONTERO	214242
1-021	JUDITH	SARAVIA	532962
1-022	FAUSTO	CORRALES	371809
1-023	NICASIO	COLÓN	501003
1-024	MARISA	ALONSO	105505
1-025	LUCÍA	DAPONTE	188532
1-026	PATRICIA	NARVARRETE	714374
1-027	ALFREDO	GIRÓNDEZ	186523
1-028	ALBERTO	ORTÍZ	794632
1-029	CATALINA	GONZÁLEZ	98434
1-030	ALICIA	OLIVARES	267020
1-031	MARCELO	NIETO	522914
1-032	EVANGELINA	DÁVILA	413432
1-033	NAHIR	VANEGAS	497576
1-034	DOMINGO	HERRERA	179046
1-035	ELENA	DOMÍNGUEZ	780189
1-036	ALEJANDRO	FIGUEROA	489823

Tabla 2 (centro)

DOMICILIO	TELÉFONO	CORREO E	Total
Alcon Molina 28	722 582 970	alvaroosorio@joogel.com.sn	288950
Amoladera 23	647 766 285	estelap@rhyta.com	117660
Andalucia 17	676 500 712	susanahernandez@rhyta.com	786691
Andalucia 58	611 849 627	cristian_santaa@jourrapide.com	554457
Andalucia 95	653 959 221	jburgos@einrot.com	189381
Angosto 17	789 388 902	ludaponte@fleckens.hu	188532
Antonio Vázquez 92	726 163 657	pattyserra@rhyta.com	362323
Apartado de Correos 59	633 809 998	maximaurias@fleckens.hu	587402
Apartado de Correos 87	642 390 926	fcorrales@armyspy.com	371809
Arana 1	736 402 562	felipec_2023@armyspy.com	93332
Arana 66	779 572 426	pedrosarmiento@joogel.com.sn	419877
Atamaria 4	676 359 411	juanalaniz@cuvox.de	353313
Avda. Andalucia 93	639 685 228	maltero@armyspy.com	219966
Avda. de Andalucia 99		spide.com	391492
Avda. Enrique Peinador 15		rapide.com	795804
Avda. Enrique Peinador 91	656 002 675	amalilimonsalvo@joogel.com.sn	136293
Avda. Explanada Barnuevo 87	790 038 331	vanujirondez@armyspy.com	508416
Avda. Los llanos 22	762 078 896	b_montes31@gustr.com	655871
Avda. Los llanos 54	683 030 508	casares@dayrep.com	511361
Avendaño 19	754 726 556	juantapia@teleworm.us	107905
Avendaño 37	770 202 996	merlina.sosa@fleckens.hu	489303
Avenida Cervantes 79	644 601 249	javierovalle@jourrapide.com	153126
Bellavista 50	682 761 038	isma-guerra@rhyta.com	333109
Boriñaur enparantza 10	663 598 708	catagonzalez@cuvox.de	98434
Calle Aduana 33	715 569 693	uromero@rhyta.com	459279
Calle Aduana 72	782 809 807	navanegas@casinobaires.com	497576
Calle Carril de la Fuente 57	748 522 359	elviracontadora@einrot.com	633753
Calle Carril de la Fuente 99	684 295 402	federicoa@fleckens.hu	321443
Calle Proc. San Sebastián 39	735 678 034	aju@fleckens.hu	571379
Calvo Sotelo 27	724 578 037	figueroaale@dayrep.com	489823
Canónigo Valiño 25	633 040 394	marianelaperales@rhyta.com	358845
Cañada del Rosal 4	649 741 256	gastonocampos@joogel.com.sn	366255
Cañada del Rosal 98	719 574 653	omardom@rhyta.com	369696
Caño 21	611 638 884	ramironaranjo@jourrapide.com	849007
Carretera Cádiz-Málaga 39	609 806 156	livagutierrez@einrot.com	837087
Carretera Cádiz-Málaga 71	685 905 945	humbertovega@jourrapide.com	426198

Tabla 3 (derecha) — Valores

ULT. COMPRA FE	ULT. COMPRA IMP	VENTAS AC
19/01/2019	46686	371809
03/03/2019	61169	691561
13/03/2019	40438	333109
01/04/2019	65657	822804
22/04/2019	27572	179046
01/05/2019	97519	532962
29/05/2019	22286	691731
01/07/2019	10896	722252
08/07/2019	64248	332964
17/07/2019	26238	248029
06/08/2019	12691	587456
31/08/2019	41412	153126
10/09/2019	11731	419877
30/09/2019	61550	849007
03/10/2019	61005	130283
03/11/2019	36807	413432
24/12/2019	65525	480233
02/01/2020	96513	288950
18/01/2020	37565	497576
25/01/2020	73632	826783
05/02/2020	87990	105505
25/02/2020	84809	747951
17/03/2020	36536	844496
01/04/2020	84584	670893
16/04/2020	85948	267020
24/04/2020	59923	400759
04/07/2020	82963	128314
06/07/2020	94383	186523
07/07/2020	83379	215733
09/07/2020	77628	633753
28/07/2020	167608	1503048
09/09/2020	11934	459279
25/09/2020	26061	611772
27/09/2020	91567	297483
05/10/2020	32620	314242
08/10/2020	64507	188532

Pestañas: CALIFICACIONES ESCUELA — GRÁFICO CALIFICACIONES — CLIENTES DATOS — DATOS P TD — HOJA de PRUEBA — DATOS

Figura 8.7. Las tres tablas dinámicas con los datos que vamos a vincular en la segmentación.

Para realizar esta acción, necesitarás conectar las diferentes tablas dinámicas para que funcionen como si los datos estuvieran en una sola. ¿Cómo se hace esto? Presta atención al siguiente Paso a paso, donde se indica de qué manera práctica puedes insertar una segmentación de datos que filtre la información de varias tablas a la vez y las muestre en una misma hoja.

PASO 1

Una vez creadas las tres tablas dinámicas, lo primero que harás será crear una segmentación de datos para cada una de ellas. Elige los campos que desees filtrar en el modo de **Segmentación de datos**, tal como ya aprendiste a hacer. En este caso, los campos de segmentación provendrán de las tres tablas dinámicas.

PASO 2

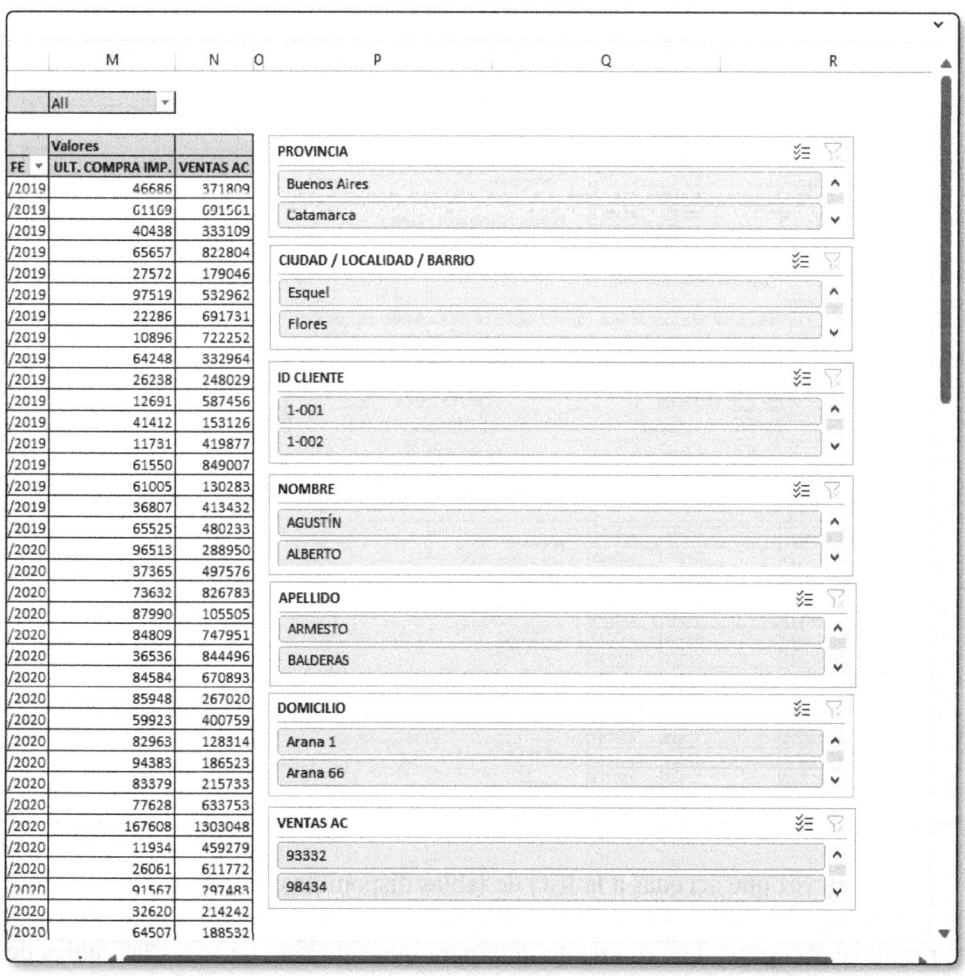

Para conectar las tres tablas con cada uno de los cuadros de la segmentación de datos, tendrás que conectar cada una de las tablas de segmentación con las tablas dinámicas.

Para esto, haz clic con el botón derecho del mouse sobre la primera tabla de segmentación de datos y selecciona **Conexiones de informes…**.

PASO 3

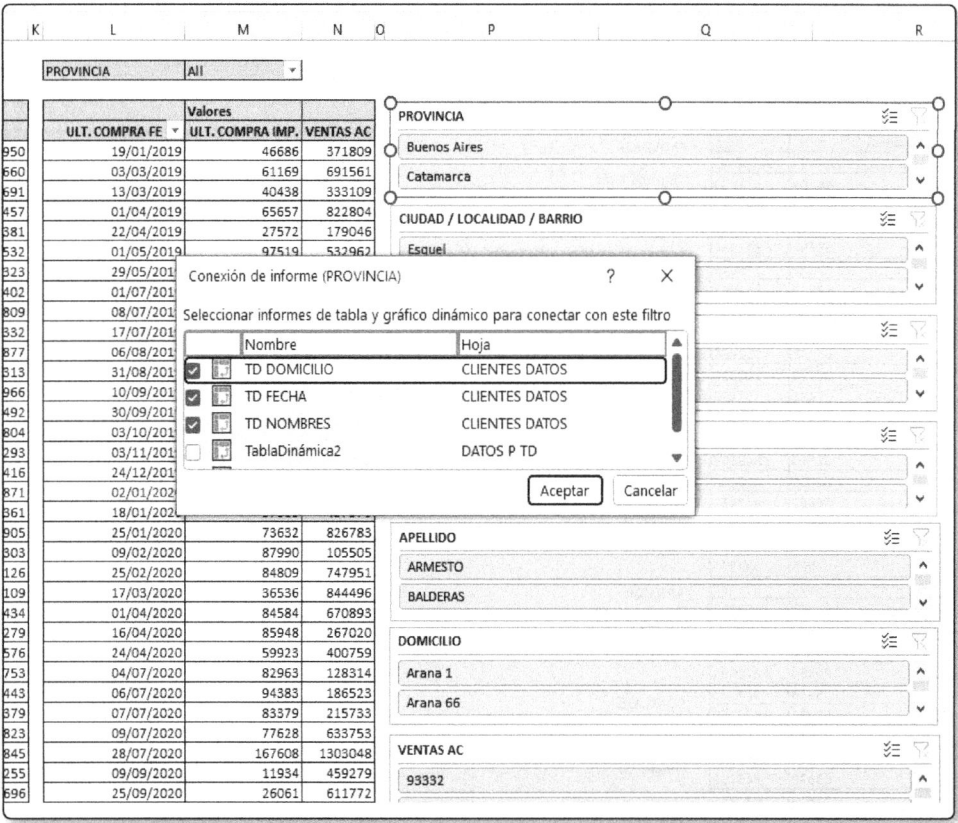

Una vez que accedas a la lista de tablas disponibles, lo que queda por hacer es seleccionar las tablas que quieres que se vinculen con tu segmentación de datos y presionar **Aceptar**. Ten en cuenta que, para que funcione en todas las tablas de segmentación, deberás hacer este paso en cada una de las tablas que desees vincular.

Hasta aquí hemos visto las diferentes herramientas que Microsoft Excel 365 pone a disposición del usuario para personalizar tablas y tablas dinámicas. No cabe duda de que la segmentación de datos es una de las herramientas de personalización más interesantes que Excel 365 tiene disponibles, ya que muestra de una sola vez información valiosa que puedes utilizar en informes y gráficos.

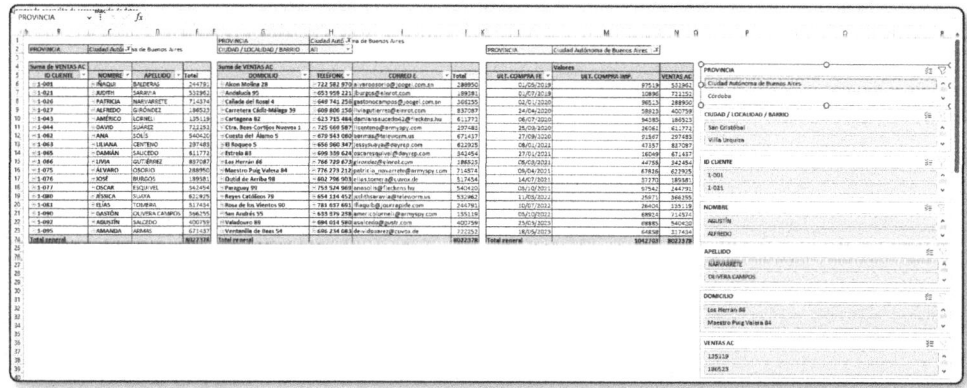

Próximamente veremos de qué forma y con qué herramientas es posible realizar análisis de datos más o menos complejos y cómo plantear diversas hipótesis de trabajo. También explicaremos qué es y para qué puede utilizarse la previsión en Excel 365, y revisaremos otras herramientas de análisis que ayudarán a tomar mejores decisiones y con mayor información.

8.2 ACTIVIDADES

A continuación se presentan las preguntas y los ejercicios que deberías saber responder y resolver para considerar aprendido el capítulo.

8.2.1 Test de autoevaluación

1. La personalización de tablas y tablas dinámicas, ¿es solo por estética?

2. Nombra tres personalizaciones para tablas y tres para tablas dinámicas.

3. ¿Cómo se hace para renombrar una tabla?

4. ¿Cómo se cambia el estilo de una tabla o tabla dinámica?

5. ¿Cómo filtrar una tabla dinámica?

6. ¿Cómo ordenar una tabla dinámica?

7. El formato condicional en tablas dinámicas, ¿es igual que el de una hoja de datos de Excel 365?

8. ¿Cómo puedes segmentar datos provenientes de varias tablas?

8.2.2 Ejercicios prácticos

1. Crea una tabla dinámica y aplícale todo el formato posible para personalizarla.

2. Crea una segmentación de datos proveniente de al menos tres tablas dinámicas distintas y conéctalas entre sí.

GLOSARIO

▶ **Campo:** conjunto de datos similares que se agrupan para organizar y analizar determinados datos.

▶ **Casilla de verificación**: pequeño selector utilizado en programación orientada a objetos, que generalmente se encuentra a un lado de una etiqueta y que sirve para seleccionar una opción o varias a la vez.

▶ **Ejes de datos**: líneas donde se colocan los datos que se van a representar en el gráfico. Existen dos ejes principales de datos: el horizontal, donde generalmente se representan las categorías o etiquetas de los datos (eje X), y el vertical, que en general representa los valores (eje Y).

▶ **Eje principal**: eje que muestra los datos principales o la variable independiente de un gráfico. Por ejemplo, si queremos representar la cantidad de personas de 55 años por región en un país, el eje principal mostrará las regiones, y el eje secundario, las cantidades.

▶ **Filtros:** seleccionadores de información que colaboran en la visualización de los datos de maneras específicas. Un filtro permite desmenuzar mejor la información, quitando momentáneamente toda aquella que no se necesita y poniendo de manifiesto la relevante. De esta manera, se pueden tomar mejores decisiones y con información más puntual.

▶ **Filtro dinámico**: tipo de filtro que permite analizar los datos de una tabla dinámica de acuerdo con la información que se quiere mostrar. El filtro dinámico permite mostrar u ocultar la información según criterios específicos.

▶ **Gráficos dinámicos**: gráficos asociados a una tabla dinámica. La forma de presentar los datos en el gráfico cambia según se agrupen los datos en la tabla dinámica, y esta es una característica diferencial respecto de los gráficos.

▼ **Minigráficos:** pequeños gráficos que se insertan en una celda y reflejan datos de un rango acotado (una fila o una columna). En general, representan la evolución de un dato en una línea de tiempo.

▼ **Leyendas:** etiquetas o un conjunto de ellas que informan sobre lo que se representa en un gráfico. Por ejemplo, en un gráfico que muestre la evolución de las ventas de una empresa en un año, la leyenda sería un conjunto de etiquetas con cada mes del año.

▼ **Origen de datos**: en una tabla o en un gráfico dinámico en Excel, es el rango de datos que servirá para crear el gráfico o la tabla dinámica. Esto es, las columnas, filas o rango del que se extraerán los datos para una tabla dinámica o gráfico de cualquier tipo.

▼ **Series de datos**: valores que, al crear el gráfico, se muestran en él y son coincidentes con los datos seleccionados para el gráfico.

▼ **Tabla dinámica**: tipo de tabla que permite agrupar los datos que se van a presentar en una hoja de cálculo de diferentes maneras, según los datos que se quieran mostrar. Además, permite realizar cálculos sin utilizar fórmulas (sumas, promedios; totales, etc.). Tiene campos intercambiables que pueden filtrar determinada información, basar los resultados en una u otra variable, etc.

Parte 3

Objetivos
Hipótesis
Tendencias

9

EL ANÁLISIS DE DATOS

En este capítulo se presentan las distintas herramientas con las que cuenta Excel 365 para realizar tareas de análisis de los datos.

9.1 PRIMEROS PASOS

Antes de comenzar, la pregunta es: ¿para qué sirven el **análisis de datos**, las **estadísticas** y las **tendencias** de **Microsoft Excel 365**?

El análisis de los datos sirve para ayudar a las empresas y particulares a tomar decisiones informadas, es decir que este análisis, si está bien implementado, proporciona información detallada para que en todo momento una empresa o una persona dedicada a una tarea determinada, no importa en qué rubro, cuente con las herramientas que la ayuden a tomar decisiones con mayores posibilidades de éxito.

Esto no quiere decir que todo deba quedar en manos de Excel 365 o de cualquier otro programa de realización de hojas de cálculo, pero estas herramientas serán una valiosa ayuda a la hora de realizar un movimiento importante para tu negocio o actividad.

En este capítulo aprenderás todo lo necesario para convertirte en un experto en el manejo de esta popular hoja de cálculo, pondremos proa hacia los distintos recursos disponibles para el análisis de los datos en profundidad.

9.1.1 El análisis rápido, la mejor forma de analizar datos de un pantallazo

La herramienta de Análisis Rápido de los datos es una gran ayuda a la hora de realizar un análisis simple de la información que tienes en una tabla u hoja de datos. Sin fórmulas complejas y sin necesidad de conocer otras herramientas de análisis (más efectivas, es cierto, pero algunas no aptas para usuarios que recién comienzan con **Excel 365** o si no cuentas con demasiado tiempo para llevar a cabo un análisis más minucioso de la información), esta te ayudará en la visualización de datos relevantes según la selección que hagas al configurarla.

Cabe aclarar que, salvo en la opción de **Totales** de esta herramienta, ninguna de estas alternativas utiliza fórmulas o funciones de Excel 365, sino que se basan en formatos condicionales, minigráficos y tablas dinámicas; es decir que la forma del análisis de los datos con esta opción viene del lado de la visualización.

Otra característica importante del análisis rápido es que solo es aplicable a hojas de datos y tablas simples. No podrás utilizarlo en una tabla dinámica, por ejemplo, ya que esta opción no se activará.

En cuanto a la forma de acceder al análisis rápido de datos, tan solo selecciona la tabla o rango de datos que desees analizar, y en el ángulo inferior derecho del rango, verás el botón que deberás pulsar.

Otra manera de acceder es a través del menú contextual, como se indica a continuación:

PASO 1

Haz clic con el botón derecho del mouse en cualquier parte que contenga datos de la hoja o tabla en la que quieras realizar este análisis.

PASO 2

En el menú contextual, selecciona **Análisis de datos**.

Accederás al **cuadro interactivo** que se muestra en la imagen y que contiene las diferentes opciones para el análisis rápido de datos.

A continuación analizaremos todas las opciones de esta interesante, aunque simple, herramienta de Excel 365.

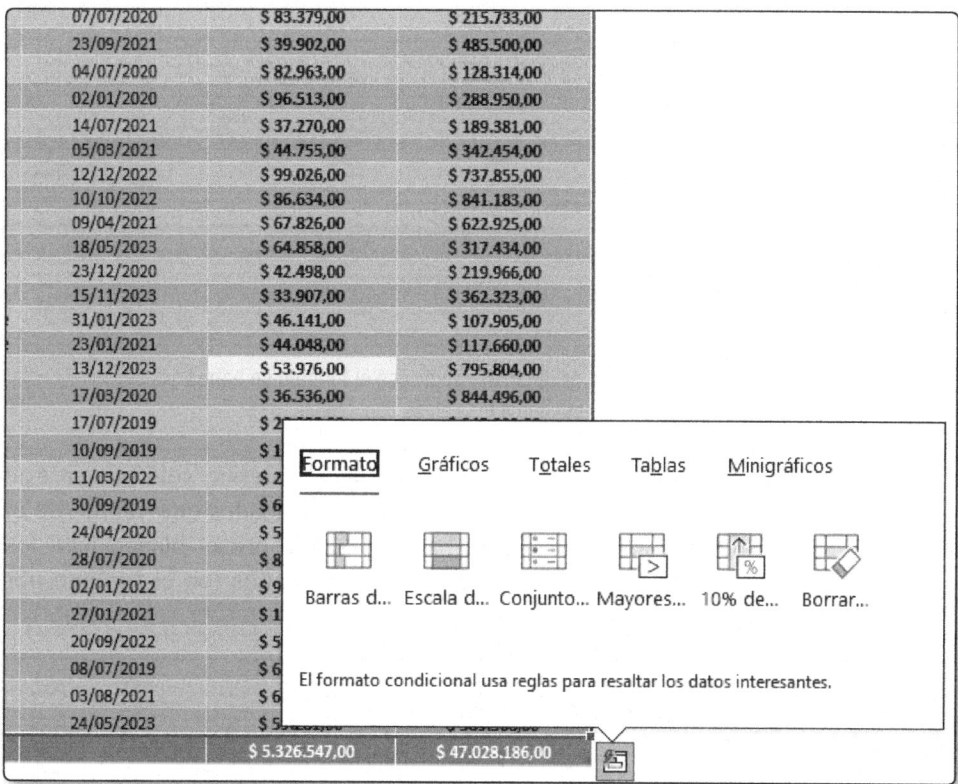

Figura 9.1. El cuadro interactivo de análisis de datos, que se asemeja a una cinta de opciones, con las distintas posibilidades de configuración.

9.1.2 Opción Formato

Aquí encontrarás varias opciones de formato condicional, para tener una visualización rápida de la información más relevante. Son las siguientes:

▸ **Barras de datos**: permite visualizar de forma rápida los valores más grandes de una tabla. Esta opción es muy buena para ver de un pantallazo dónde están los mayores gastos por sector en una empresa, o quiénes son los clientes que realizaron compras más importantes, por ejemplo, si quieres enfocarte en una estrategia de venta de un producto de **alta gama**.

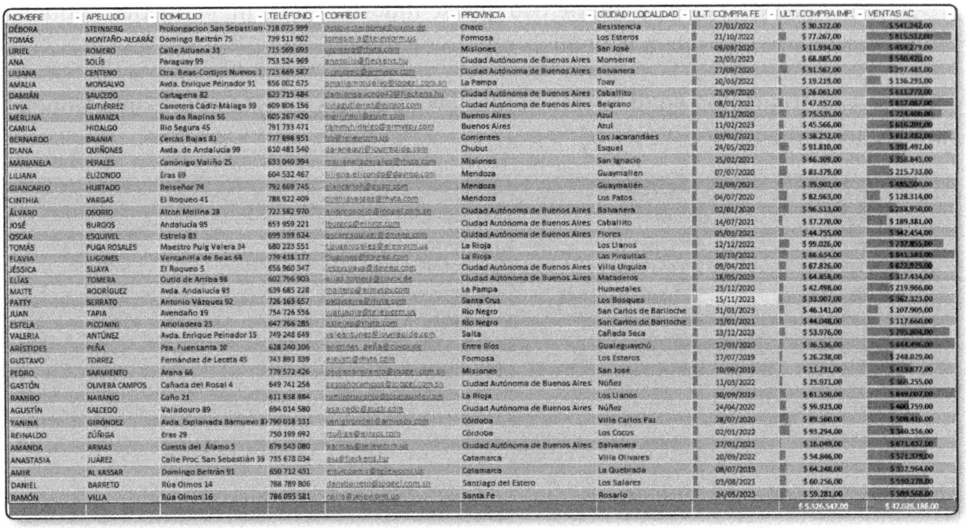

Figura 9.2. Una vista del análisis rápido con el formato de barras de datos aplicado a las celdas con valores.

▶ **Escala de colores**: este formato es similar al anterior, solo que en este caso se reemplazan las barras por colores degradados que van desde el rojo indicando los valores más bajos, pasando por el blanco para los valores medios y hasta el verde para los más altos (en el formato por defecto).

Figura 9.3. Similar al formato de barras de datos, el formato de Escala de colores tiene la misma función, que es la de presentar de un pantallazo los datos más importantes en una tabla u hoja de datos con valores.

- **Conjunto de iconos**: esta opción continúa el estilo de las anteriores pero muestra en la hoja de cálculo un conjunto de **iconos** (flechas) con los colores del semáforo (rojo, amarillo y verde) según la flecha se oriente hacia abajo, en horizontal o hacia arriba, respectivamente. También es una forma interesante de observar rápidamente la información más relevante en un conjunto de datos.

ID CLIENT	NOMBRE	APELLIDO	DOMICILIO	TELÉFONO	CORREO E	PROVINCIA	CIUDAD/LOCALIDAD	ULT. COMPRA FE	ULT. COMPRA IMP.	VENTAS AC
1-059	DÉBORA	STEINBERG	Prolongación San Sebastián	710 075 990	[illegible]	Chaco	Resistencia	27/01/2022	$ 30.322,00	$ 541.242,00
1-060	TOMÁS	MONTAÑO-ALCARÁZ	Domingo Beltrán 75	739 511 902	tomasm_a@teleworm.us	Formosa	Los Esteros	21/10/2022	$ 77.267,00	$ 815.512,00
1-061	URIEL	ROMERO	Calle Aduana 33	715 569 693	uromero@rhyta.com	Misiones	San José	09/09/2020	$ 11.934,00	$ 459.279,00
1-062	ANA	SOLÍS	Paraguay 99	753 524 969	anasolis@fleckens.hu	Ciudad Autónoma de Buenos Aires	Monserrat	23/03/2023	$ 68.885,00	$ 540.420,00
1-063	LILIANA	CENTENO	Ctra. Beas-Cortijos Nuevos 1	725 669 587	lcenteno@armyspy.com	Ciudad Autónoma de Buenos Aires	Balvanera	27/09/2020	$ 91.567,00	$ 297.483,00
1-064	AMALIA	MONSALVO	Avda. Enrique Peinador 91	656 002 675	amaliamonsalvo@loogel.com.sn	La Pampa	Toay	10/03/2022	$ 19.219,00	$ 136.293,00
1-065	DAMIÁN	SAUCEDO	Cartagena 82	623 715 484	damiansaucedo42@fleckens.hu	Ciudad Autónoma de Buenos Aires	Caballito	25/09/2020	$ 26.061,00	$ 611.772,00
1-066	LIVIA	GUTIÉRREZ	Carretera Cádiz-Málaga 39	609 806 156	liviagutierrez@einrot.com	Ciudad Autónoma de Buenos Aires	Belgrano	08/01/2021	$ 47.357,00	$ 837.087,00
1-067	MERLINA	ULMANZA	Rua da Rapina 56	605 267 420	merlinaoi@gustr.com	Buenos Aires	Azul	13/11/2020	$ 75.535,00	$ 724.400,00
1-068	CAMILA	HIDALGO	Rio Segura 45	791 733 471	cammyhidalgo@armyspy.com	Buenos Aires	Azul	11/02/2023	$ 45.566,00	$ 616.201,00
1-069	BERNARDO	BRANIA	Cercas Bajas 81	777 898 951	bb@teleworm.us	Corrientes	Los Jacarandáes	03/02/2021	$ 38.252,00	$ 812.482,00
1-070	DIANA	QUIÑONES	Avda. de Andalucia 99	610 481 540	dalanaqui@jourrapide.com	Chubut	Esquel	24/05/2023	$ 91.810,00	$ 391.492,00
1-071	MARIANELA	PERALES	Canónigo Valiño 25	633 040 394	marianelaperales@rhyta.com	Misiones	San Ignacio	25/02/2021	$ 66.309,00	$ 358.845,00
1-072	LILIANA	ELIZONDO	Eras 69	604 532 467	liliana.elizondo@dayrep.com	Mendoza	Guaymallén	07/07/2020	$ 83.379,00	$ 215.733,00
1-073	GIANCARLO	HURTADO	Reiseñor 74	792 669 745	giancarloh@gustr.com	Mendoza	Guaymallén	23/09/2021	$ 39.902,00	$ 485.500,00
1-074	CINTHIA	VARGAS	El Roqueo 41	788 922 409	cinthiavargas@rhyta.com	Mendoza	Los Patos	04/07/2020	$ 82.963,00	$ 128.314,00
1-075	ÁLVARO	OSORIO	Alcon Molina 28	722 582 970	alvaroosorio@loogel.com.sn	Ciudad Autónoma de Buenos Aires	Balvanera	02/01/2020	$ 96.513,00	$ 288.950,00
1-076	JOSÉ	BURGOS	Andalucía 95	653 959 221	lburgos@einrot.com	Ciudad Autónoma de Buenos Aires	Caballito	14/07/2021	$ 37.270,00	$ 189.381,00
1-077	OSCAR	ESQUIVEL	Estrela 83	699 339 624	oscaresquivel@dayrep.com	Ciudad Autónoma de Buenos Aires	Flores	05/03/2021	$ 44.755,00	$ 342.454,00
1-078	TOMÁS	PUGA ROSALES	Maestro Puig Valera 34	680 223 551	t.pugarosales@teleworm.us	La Rioja	Los Llanos	12/12/2022	$ 99.026,00	$ 737.855,00
1-079	FLAVIA	LUGONES	Ventanilla de Beas 68	779 418 177	flugones@dayrep.com	La Rioja	Las Pirquitas	10/10/2022	$ 86.634,00	$ 841.183,00
1-080	JÉSSICA	SUAYA	El Roqueo 5	656 960 347	jessysuaya@dayrep.com	Ciudad Autónoma de Buenos Aires	Villa Urquiza	09/04/2021	$ 67.826,00	$ 622.925,00
1-081	ELÍAS	TOMERA	Outid de Arriba 98	602 796 903	elias.tomera@cuvox.de	Ciudad Autónoma de Buenos Aires	Mataderos	18/05/2023	$ 64.858,00	$ 317.434,00
1-082	MAITE	RODRÍGUEZ	Avda. Andalucia 93	639 685 228	mairero@armyspy.com	La Pampa	Humedales	23/12/2020	$ 42.498,00	$ 219.966,00
1-083	PATTY	SERRATO	Antonio Vázquez 92	726 163 657	pattyserra@rhyta.com	Santa Cruz	Los Bosques	15/11/2023	$ 33.907,00	$ 362.323,00
1-084	JUAN	TAPIA	Avendaño 19	754 726 556	juantapia@teleworm.us	Río Negro	San Carlos de Bariloche	31/01/2023	$ 46.141,00	$ 107.905,00
1-085	ESTELA	PICCININI	Amoladera 23	647 766 285	estelap@rhyta.com	Río Negro	San Carlos de Bariloche	23/01/2021	$ 44.048,00	$ 117.660,00
1-086	VALERIA	ANTÚNEZ	Avda. Enrique Peinador 15	749 248 649	valeantunez@jourrapide.com	Salta	Cañada Seca	13/12/2023	$ 53.976,00	$ 795.804,00
1-087	ARÍSTIDES	PEÑA	Pza. Fuensanta 10	628 240 106	aristides_pena@cuvox.de	Entre Ríos	Gualeguaychú	17/03/2020	$ 36.536,00	$ 844.496,00
1-088	GUSTAVO	TORREZ	Fernández de Leceta 45	743 893 339	rgusti@rhyta.com	Formosa	Los Esteros	17/07/2019	$ 26.238,00	$ 248.029,00
1-089	PEDRO	SARMIENTO	Arena 66	779 572 426	pedrosarmiento@loogel.com.sn	Misiones	San José	10/09/2019	$ 11.731,00	$ 419.877,00
1-090	GASTÓN	OLIVERA CAMPOS	Cañada del Rosal 4	649 741 256	gastonocampos@loogel.com.sn	Ciudad Autónoma de Buenos Aires	Núñez	11/03/2022	$ 25.971,00	$ 366.255,00
1-091	RAMIRO	NARANJO	Caño 21	611 638 884	ramironaranjo@jourrapide.com	La Rioja	Los Llanos	30/09/2019	$ 61.550,00	$ 849.007,00
1-092	AGUSTÍN	SALCEDO	Valadouro 89	694 014 580	asalcedo@gustr.com	Ciudad Autónoma de Buenos Aires	Núñez	24/04/2020	$ 59.923,00	$ 400.759,00
1-093	YANINA	GIRÓNDEZ	Avda. Explanada Barnuevo 87	790 018 331	yanigirondez@armyspy.com	Córdoba	Villa Carlos Paz	28/07/2020	$ 89.560,00	$ 508.416,00
1-094	REINALDO	ZÚÑIGA	Eras 29	750 199 692	rzuniga@einrot.com	Córdoba	Los Cocos	02/01/2022	$ 93.294,00	$ 340.356,00
1-095	AMANDA	ARMAS	Cuesta del Álamo 5	679 543 080	aarmas@teleworm.us	Ciudad Autónoma de Buenos Aires	Balvanera	27/01/2021	$ 16.049,00	$ 671.437,00
1-096	ANASTASIA	JUÁREZ	Calle Proc. San Sebastián 39	735 678 094	aju@fleckens.hu	Catamarca	Villa Olivares	20/09/2022	$ 54.846,00	$ 571.379,00
1-097	AMIR	AL KASSAR	Domingo Beltrán 91	650 712 431	elturcoamir@teleworm.us	Catamarca	La Quebrada	08/07/2019	$ 64.248,00	$ 332.964,00
1-098	DANIEL	BARRETO	Rúa Olmos 14	738 789 806	danybarreto@loogel.com.sn	Santiago del Estero	Los Salares	03/08/2021	$ 60.256,00	$ 590.278,00
1-099	RAMÓN	VILLA	Rúa Olmos 16	786 095 581	rvilla@teleworm.us	Santa Fe	Rosario	24/05/2023	$ 59.281,00	$ 589.568,00
Total									$ 5.326.547,00	$ 47.028.186,00

Figura 9.4. Con el conjunto de iconos, tienes una opción muy interesante para visualizar rápidamente los datos en una hoja o tabla.

- **Mayores que**: aplica el formato solo a los valores que son mayores que un número determinado. Es interesante, por ejemplo, si quieres saber cuáles son las ventas que han superado la media.

  Con solo ingresar el valor promedio, este formato establecerá los valores que están por encima del consignado.

  Resulta ideal cuando quieres calcular el porcentaje de ventas por encima del promedio (**Figura 9.5.**).

ULT. COMPRA FE	ULT. COMPRA IMP.	VENTAS AC
03/10/2021	$ 97.542,00	$ 244.791,00
11/08/2021	$ 40.236,00	$ 554.457,00
06/08/2019	$ 12.691,00	$ 587.456,00
06/08/2021	$ 82.455,00	$ 504.726,00
12/05/2022	$ 15.031,00	$ 643.219,00
24/08/2023	$ 26.256,00	$ 369.696,00
03/03/2019	$ 61.169,00	$ 691.561,00
14/08/2023	$ 26.203,00	$ 489.303,00
12/10/2022	$ 56.384,00	$ 587.402,00
09/07/2020	$ 77.628,00	$ 633.753,00
10/05/2022	$ 87.343,00	$ 426.198,00
17/10/2023	$ 10.449,00	$ 655.871,00
01/12/2022	$ 95.102,00	$ 93.332,00
01/09/2023	$ 59.495,00	$ 759.965,00
25/02/2020	$ 84.809,00	$ 747.951,00
04/10/2021	$ 88.083,00	$ 511.361,00
19/12/2023	$ 24.145,00	$ 786.691,00
25/01/2020	$ 73.632,00	$ 826.783,00
02/02/2021	$ 91.616,00	$ 574.838,00
04/10/2020	$ 32.620,00	$ 214.242,00
01/05/2019	$ 97.519,00	$ 532.962,00
19/01/2019	$ 46.686,00	$ 371.809,00
04/07/2022	$ 14.151,00	$ 501.003,00
09/02/2020	$ 87.990,00	$ 105.505,00
08/10/2020	$ 64.507,00	$ 188.532,00
03/10/2022	$ 68.924,00	$ 714.374,00
06/07/2020	$ 94.383,00	$ 186.523,00
28/07/2020	$ 78.048,00	$ 794.632,00
09/11/2021	$ 12.009,00	$ 98.434,00
16/04/2020	$ 85.948,00	$ 267.020,00
30/03/2023	$ 23.133,00	$ 522.914,00
03/11/2019	$ 36.807,00	$ 413.432,00
18/01/2020	$ 37.365,00	$ 497.576,00
22/04/2019	$ 27.572,00	$ 179.046,00
23/08/2022	$ 24.640,00	$ 780.189,00
14/08/2023	$ 42.759,00	$ 489.823,00
18/05/2023	$ 93.092,00	$ 353.313,00
30/08/2021	$ 92.115,00	$ 460.418,00
16/09/2023	$ 18.681,00	$ 714.818,00
13/03/2019	$ 40.438,00	$ 333.109,00
10/04/2021	$ 90.557,00	$ 321.443,00
03/10/2019	$ 61.005,00	$ 130.283,00
10/07/2022	$ 26.404,00	$ 135.119,00
01/07/2019	$ 10.896,00	$ 722.252,00
03/03/2022	$ 11.444,00	$ 534.566,00

Figura 9.5. Este formato, a diferencia de los anteriores, solo se aplica a los valores que cumplen una única condición: en este caso, los que son mayores que el promedio. El resto no sufre modificaciones.

▶ **10% Superior**: en este caso, el formato se aplica solamente al 10% de los valores más grandes, o también se puede cambiar al 10% de los valores menores. Los valores que no cumplan esa condición permanecerán intactos.

ULT. COMPRA FE	ULT. COMPRA IMP.	VENTAS AC
03/10/2021	$ 97.542,00	$ 244.791,00
11/08/2021	$ 40.236,00	$ 554.457,00
06/08/2019	$ 12.691,00	$ 587.456,00
06/08/2021	$ 82.455,00	$ 504.726,00
12/05/2022	$ 15.031,00	$ 643.219,00
24/08/2023	$ 26.256,00	$ 369.696,00
03/03/2019	$ 61.169,00	$ 691.561,00
14/08/2023	$ 26.203,00	$ 489.303,00
12/10/2022	$ 56.384,00	$ 587.402,00
09/07/2020	$ 77.628,00	$ 633.753,00
10/05/2022	$ 87.343,00	$ 426.198,00
17/10/2023	$ 10.449,00	$ 655.871,00
01/12/2022	$ 95.102,00	$ 93.332,00
01/09/2023	$ 59.495,00	$ 759.965,00
25/02/2020	$ 84.809,00	$ 747.951,00
04/10/2021	$ 88.083,00	$ 511.361,00
19/12/2023	$ 24.145,00	$ 786.691,00
25/01/2020	$ 73.632,00	$ 826.783,00
02/02/2021	$ 91.616,00	$ 574.838,00
04/10/2020	$ 32.620,00	$ 214.242,00
01/05/2019	$ 97.519,00	$ 532.962,00
19/01/2019	$ 46.686,00	$ 371.809,00
04/07/2022	$ 14.151,00	$ 501.003,00
09/02/2020	$ 87.990,00	$ 105.505,00
08/10/2020	$ 64.507,00	$ 188.532,00
03/10/2022	$ 68.924,00	$ 714.374,00
06/07/2020	$ 94.383,00	$ 186.523,00
28/07/2020	$ 78.048,00	$ 794.632,00
09/11/2021	$ 12.009,00	$ 98.434,00
16/04/2020	$ 85.948,00	$ 267.020,00
30/03/2023	$ 23.133,00	$ 522.914,00
03/11/2019	$ 36.807,00	$ 413.432,00
18/01/2020	$ 37.365,00	$ 497.576,00
22/04/2019	$ 27.572,00	$ 179.046,00
23/08/2022	$ 24.640,00	$ 780.189,00
14/08/2023	$ 42.759,00	$ 489.823,00
18/05/2023	$ 93.092,00	$ 353.313,00
30/08/2021	$ 92.115,00	$ 460.418,00
16/09/2023	$ 18.681,00	$ 714.818,00
13/03/2019	$ 40.438,00	$ 333.109,00
10/04/2021	$ 90.557,00	$ 321.443,00
03/10/2019	$ 61.005,00	$ 130.283,00
10/07/2022	$ 26.404,00	$ 135.119,00
01/07/2019	$ 10.896,00	$ 722.252,00
03/03/2022	$ 11.444,00	$ 534.566,00

Figura 9.6. Coincidentemente, en este caso, el 10% superior es el mismo que el que está por encima del promedio, razón por la cual en uno y otro ejemplo casi no se notan los cambios, aunque el concepto es bien distinto.

� **Borrar**: con este botón, seleccionando toda la tabla, se borran todos los formatos condicionales aplicados a ella y la dejan como antes.

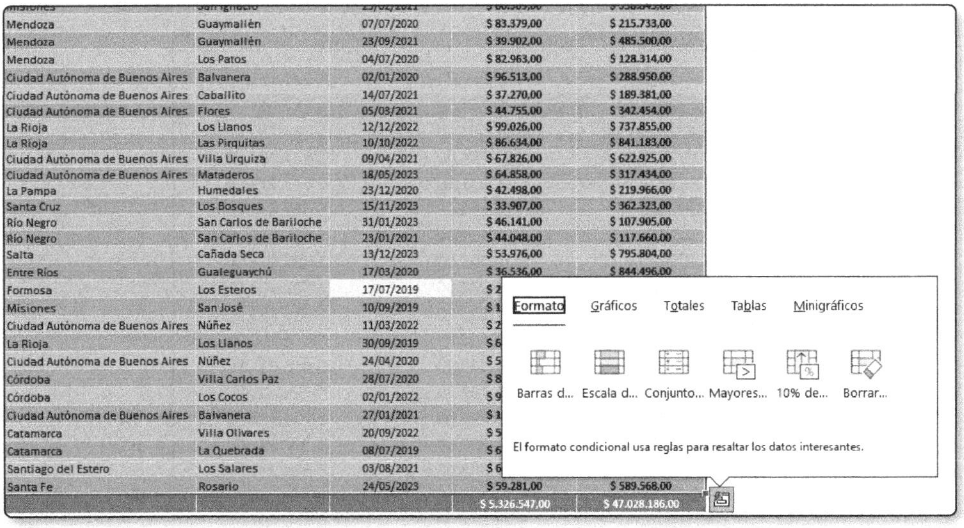

Figura 9.7. Mediante el botón *Borrar*, la tabla u hoja de datos queda igual que antes de aplicar formatos, al quitar todos los existentes en ese momento.

ⓘ **TIPS**

1. En todos los casos, el formato condicional se puede modificar desde el cuadro de diálogo que se abre si pulsas en el botón de la cinta de opciones **Formato condicional**, visto anteriormente.
2. Todos los formatos que se aplican mediante la herramienta Análisis rápido son combinables entre sí, es decir que puedes darles formato de barras y, a la vez, establecer el formato de escala de colores, como se muestra a continuación.

TELÉFONO	CORREO E	PROVINCIA	UDAD / LOCALIDAD / BA	ULT. COMPRA FE	ULT. COMPRA IMP	VENTAS AC
781 637 691	ihaquib@jourrapide.com	Ciudad Autónoma de Buenos Aires	San Cristóbal	03/10/2021	$ 97.542,00	$ 244.791,00
611 849 627	cristian_santaa@jourrapide.com	La Pampa	Santa Rosa	11/08/2021	$ 40.236,00	$ 554.457,00
686 918 982	carlitos2023@gustr.com	Santa Fe	Rosario	06/08/2019	$ 12.691,00	$ 587.456,00
726 867 769	centurionar@teleworm.us	Córdoba	Villa Carlos Paz	06/08/2021	$ 82.455,00	$ 504.726,00
743 602 780	millipedroza@armyspy.com	Córdoba	Villa Carlos Paz	12/05/2022	$ 15.031,00	$ 643.219,00
719 574 653	omardom@rhyta.com	Córdoba	Villa Carlos Paz	24/08/2023	$ 26.256,00	$ 369.696,00
644 992 299	yamialeman@cuvox.de	Córdoba	Salsipuedes	03/03/2019	$ 61.169,00	$ 691.561,00
770 202 996	merlina.sosa@fleckens.hu	Córdoba	Los Cocos	14/08/2023	$ 26.203,00	$ 489.303,00
633 809 998	maximaurias@fleckens.hu	Córdoba	Córdoba	12/10/2022	$ 56.384,00	$ 587.402,00
748 522 359	elviracontadora@einrot.com	Córdoba	Córdoba	09/07/2020	$ 77.628,00	$ 633.753,00
685 905 945	humbertovega@jourrapide.com	Tucumán	San Miguel	10/05/2022	$ 87.343,00	$ 426.198,00
762 078 896	silvio_montes91@gustr.com	La Rioja	Las Pirquitas	17/10/2023	$ 10.449,00	$ 655.871,00
736 402 562	felipec_2023@armyspy.com	La Pampa	Santa Rosa	01/12/2022	$ 95.102,00	$ 93.332,00
650 786 620	eliber@craig.com	Santa Fe	Rosario	01/09/2023	$ 59.495,00	$ 759.965,00
736 022 176	loliwares@teleworm.us	Santa Fe	Casilda	25/07/2020	$ 84.909,00	$ 747.951,00
683 030 508	vivicasares@dayrep.com	La Pampa	Toay	04/10/2021	$ 88.083,00	$ 511.361,00
676 500 712	susanahernandez@rhyta.com	Tucumán	San Miguel	19/12/2023	$ 24.145,00	$ 786.694,00
616 424 068	bettyarisalvo@gustr.com	Tucumán	Los Cañaverales	25/01/2020	$ 73.632,00	$ 826.783,00
736 930 868	ElianaQuesada@rhyta.com	Tucumán	Los Cañaverales	02/02/2021	$ 91.616,00	$ 574.838,00
766 644 216	JaquelineMontero@dayrep.com	Tucumán	San Miguel	04/10/2020	$ 32.620,00	$ 214.242,00
654 114 452	judithsaravia@teleworm.us	Ciudad Autónoma de Buenos Aires	Balvanera	01/05/2019	$ 97.519,00	$ 532.962,00
642 390 926	fcorrales@armyspy.com	Santa Fe	Rosario	19/01/2019	$ 46.686,00	$ 371.809,00
710 842 764	nikycolon@rhyta.com	Santa Fe	Rosario	04/07/2022	$ 14.151,00	$ 501.003,00
602 896 771	marisa-alonso@einrot.com	Santa Fe	General Urquiza	09/02/2020	$ 87.990,00	$ 105.505,00
789 388 902	judaponte@fleckens.hu	Córdoba	Los Cocos	08/10/2019	$ 64.507,00	$ 188.532,00
776 273 212	patricia_navarrete@armyspy.com	Ciudad Autónoma de Buenos Aires	Balvanera	03/10/2022	$ 68.924,00	$ 714.374,00
768 729 673	girondez@einrot.com	Ciudad Autónoma de Buenos Aires	Caballito	06/07/2020	$ 94.383,00	$ 186.523,00
698 778 972	betorliz@dayrep.com	Santiago del Estero	Los Salares	28/07/2020	$ 78.048,00	$ 794.632,00
663 598 708	catagonzalez@cuvox.de	Santiago del Estero	Los Salares	09/11/2021	$ 12.009,00	$ 98.434,00
676 037 211	aliciaolivares321@dayrep.com	Santa Fe	Rosario	16/04/2020	$ 85.948,00	$ 267.020,00
645 226 421	marcelo.nieto@dayrep.com	Catamarca	La Quebrada	30/03/2023	$ 25.133,00	$ 522.914,00
691 779 466	vaneedavila@teleworm.us	Catamarca	La Quebrada	03/11/2019	$ 36.807,00	$ 413.432,00
782 809 807	navanegas@casinobuenosaires.com	Jujuy	Purmamarca	18/01/2020	$ 37.365,00	$ 497.576,00
783 689 415	domingo_he@fleckens.hu	Salta	Salta	22/04/2019	$ 27.572,00	$ 179.046,00
671 206 912	elenadominguez@armyspy.com	La Rioja	La Rioja	23/08/2022	$ 24.640,00	$ 780.189,00
724 578 037	figueroaale@dayrep.com	La Pampa	Santa Rosa	14/08/2023	$ 42.759,00	$ 489.823,00
676 359 411	juanalaniz@cuvox.de	Santa Fe	Rosario	18/05/2023	$ 93.092,00	$ 353.313,00
681 066 125	ferzimenez@gustr.com	Corrientes	Villa San Martín	30/08/2021	$ 92.115,00	$ 460.418,00
778 075 955	erivaldivieso2023@jourrapide.com	Entre Ríos	Gualeguaychú	16/09/2023	$ 18.681,00	$ 714.818,00
682 761 038	isma-guerra@rhyta.com	La Pampa	Toay	13/03/2019	$ 40.438,00	$ 383.109,00
684 295 402	federicoa@fleckens.hu	La Rioja	Las Pirquitas	10/04/2021	$ 90.557,00	$ 321.443,00
777 520 979	nachoguzman@einrot.com	Córdoba	Villa Carlos Paz	03/10/2019	$ 61.005,00	$ 130.283,00
633 379 238	americolornell@armyspy.com	Ciudad Autónoma de Buenos Aires	Caballito	10/07/2022	$ 26.404,00	$ 135.119,00
696 234 083	deividsuarez@cuvox.de	Ciudad Autónoma de Buenos Aires	San Cristóbal	01/07/2019	$ 10.896,00	$ 722.252,00
694 086 985	mauripizza@einrot.com	La Pampa	Santa Rosa	03/03/2022	$ 11.444,00	$ 534.566,00

Figura 9.8. En este ejemplo se han aplicado tres tipos de formatos distintos: barras, escala de colores y 10% superior. Esto es solo como muestra de que puedes realizar combinaciones de formatos si te sirve como análisis. Lo ideal es no combinar demasiado los formatos, para evitar confusiones.

9.1.3 Opción Gráficos

Si optas por este menú de análisis rápido, en los tres primeros casos insertarás una tabla de gráficos dinámicos como las que viste anteriormente, con formatos predeterminados, que podrás ajustar a tu gusto, modificando la tabla dinámica que se añadirá en una nueva hoja. Los ejemplos restantes serán solamente gráficos, que toman datos de la hoja de cálculo o tabla que hayas seleccionado.

Pasando el mouse por cualquiera de estas opciones, al igual que con las anteriores, podrás tener una previsualización de la hoja luego de que apliques el formato.

9.1.4 Opción Totales

Si eliges este menú, en la última fila de la tabla podrás ver los valores para cada una de las opciones de este análisis (suma, conteo de filas, promedio, etc.); puedes elegir la que necesites para tu análisis.

9.1.5 Opción Tablas

Mediante esta opción, podrás convertir en tabla tu hoja de datos, o bien elegir los formatos de tablas dinámicas propuestos (Suma de Ventas AC por Provincia, Suma de última compra importante por Provincia, cantidad de clientes por Provincia (cuenta de ID Cliente), y Suma de ventas acumuladas, Suma de última compra importante y Cuenta de ID cliente por ciudad / Localidad / Barrio (en este ejemplo).

9.1.6 Opción minigráficos

En este caso, tendrás la posibilidad de insertar minigráficos en cada fila de un informe, y de esta manera visualizar la información de cada uno de los ítems de la tabla u hoja de datos, de forma gráfica, sin necesidad de insertar otro tipo de gráficos.

> **ⓘ NOTA**
>
> Todos estos formatos de tablas dinámicas, y en realidad, cualquier opción que elijas de análisis rápido, pueden modificarse y presentar otros datos que tú quieras. Tan solo te estamos mostrando las opciones predeterminadas, que de ninguna manera son las únicas, así como tampoco lo son los formatos que presentamos en las imágenes anteriores.

9.2 OTRAS OPCIONES DE ANÁLISIS

A continuación comenzaremos a transitar por otras opciones algo más complejas de análisis de los datos de una hoja o tabla.

Veremos ahora cuatro tipos de análisis: tabla de datos (con una y dos variables), **escenarios**, buscar objetivo y previsión en Excel 365. Comenzaremos por la más sencilla, que es la tabla de datos; ¡A trabajar!

9.2.1 ¿Qué es una tabla de datos?

La tabla de datos, que se encuentra en la cinta de opciones **Datos**, dentro del grupo **Previsión**, subgrupo **Análisis de hipótesis** (también conocido como **Análisis y si...**, en anteriores versiones), es, junto con **Escenarios**, una forma de analizar el comportamiento de un conjunto de datos en una línea de tiempo, que puede estar en el futuro o, en algunos casos, en el pasado.

En general, el análisis que se realiza es para adelante, ya que se necesita saber cómo se comportarán estos datos para poder realizar una gestión preventiva. Es decir que, si sabes cómo pueden evolucionar las variables a futuro, podrás prever los movimientos para que, una de dos: o se cumplan si la evolución es favorable, o se contrarreste el pronóstico si esta evolución es desfavorable. El único caso en el que el análisis se realiza hacia atrás es en la búsqueda de objetivo, donde se analiza qué valor produjo un resultado determinado, como se verá más adelante.

La toma de decisiones informadas es un valor muy codiciado hoy en día en cualquier empresa o emprendimiento, por lo que tener el dominio del comportamiento de los datos y poder prever sus movimientos es fundamental para cualquier trabajador independiente o en relación de dependencia con una empresa.

9.2.2 ¿Cómo funciona la tabla de datos y qué análisis puedes realizar con ella?

Como dijimos antes, la tabla de datos sirve para analizar el comportamiento de un grupo de datos en una línea de tiempo. Veamos un ejemplo práctico, utilizando la tabla que ya viste antes, en la segmentación de datos.

Supón que calculas un crecimiento en las ventas, desde el año 2022 hasta el final de este año 2023, de un 13% y quieres analizar cuál sería el importe total estimado de ventas para este año, dependiendo de si el crecimiento es del 10%, hasta el 15%.

En la siguiente imagen verás la tabla que tienes que construir, sobre la que se creará la tabla de datos de una entrada:

Ventas 2022	$ 47.028.186,00
Crecimiento	13,0%
TABLA DE CRECIMIENTO	
Ventas 2023	
10,0%	
10,5%	
11,0%	
11,5%	
12,0%	
12,5%	
13,0%	
14,0%	
15,0%	

Figura 9.9. El rango con los datos ya listos para crear la tabla de datos con las proyecciones de ventas para este año.

En el siguiente paso a paso, se explica cómo realizar una tabla de datos con estas variables.

PASO 1

Una vez que ingresaste los datos en el rango deseado, lo primero que harás, será calcular el importe total de las ventas si el crecimiento es el proyectado, del 13%.

Para esto, multiplica el importe de ventas del año 2022 (que sale del total de la tabla) por 1.13, o lo que es lo mismo en el ejemplo: N92 = N88*N89.

N91			f_x	=N88*(1+N89)						
	L	M	N	O	P	Q	R	S	T
88		**Ventas 2022**	$ 47.028.186,00						
89		**Crecimiento**	13,0%						
90		**TABLA DE CRECIMIENTO**							
91		Ventas 2023	$ 53.141.850,18						
92		10,0%							
93		10,5%							
94		11,0%							
95		11,5%							
96		12,0%							
97		12,5%							
98		13,0%							
99		14,0%							
100		15,0%							

PASO 2

El paso siguiente será crear la tabla de datos, para lo cual accede al menú de la cinta de opciones **Datos**, y en el Grupo **Previsión**, haz clic en el subgrupo **Análisis de hipótesis**. Se despliega el cuadro de diálogo para la opción **Tabla de datos…**; de esta forma abrirás el cuadro de la imagen.

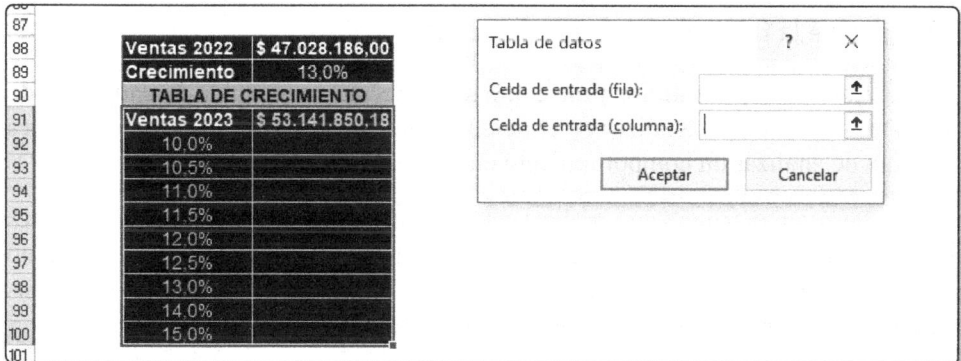

PASO 3

Ahora ingresa en el textbox **Celda de entrada (columna)** las coordenadas para la celda que contiene el valor proyectado de crecimiento (es decir, 1.13, que es el importe de ventas más el 13% de crecimiento). Este valor está en la celda **N89** en el ejemplo que estás analizando.

Ventas 2022	$ 47.028.186,00
Crecimiento	13,0%
TABLA DE CRECIMIENTO	
Ventas 2023	$ 53.141.850,18
10,0%	$ 51.731.004,60
10,5%	$ 51.966.145,53
11,0%	$ 52.201.286,46
11,5%	$ 52.436.427,39
12,0%	$ 52.671.568,32
12,5%	$ 52.906.709,25
13,0%	$ 53.141.850,18
14,0%	$ 53.612.132,04
15,0%	$ 54.082.413,90

PASO 4

Solo resta hacer clic en **Aceptar** para que la tabla se complete con los datos para cada uno de los valores de N93 a N101.

9.2.3 Uso de la tabla de datos con dos variables

En el ejemplo anterior viste cómo se confecciona una tabla de datos cuando tienes una variable que analizar en el tiempo, y de qué manera se simplifica la tarea a la hora de analizar un comportamiento en una línea de tiempo.

Pero quizá tengas que realizar un análisis donde la variación sea doble, es decir, que tengas dos variables que analizar, para lo cual lo visto hasta este momento resulta insuficiente. Por esta razón, verás ahora de qué modo realizar el análisis mediante una tabla de datos, pero usando dos variables en vez de una.

Las tablas de datos de dos variables se pueden utilizar en una enorme cantidad de situaciones, aunque las más comunes son las tablas de datos para **análisis financiero**, por ejemplo, en el caso de un préstamo, en el que tienes que averiguar cuánto pagarás de cuota, si el plazo del préstamo también va variando. Entonces, debes averiguar dos valores, el valor de cuota, según el plazo vaya variando.

Nos saldremos un poco de los ejemplos de la tabla e iremos a lo clásico, ya que el propósito de este libro es que tú aprendas a aplicar todas las herramientas que brinda Excel 365, y luego, con la práctica, podrás aplicarlas a diferentes situaciones.

Imagina que solicitas un préstamo para remodelar tu vivienda, y necesitas un dinero extra para la compra inicial de materiales o mobiliario, por ejemplo, $1.500.000.

Ahora bien, sabes que el banco te ofrece este préstamo en 18 cuotas con un interés del 11% (normalmente ofrecen dos tipos de amortizaciones, según **método francés** o **método alemán**, pero para este ejemplo haremos de cuenta que las cuotas no varían). A su vez, encuentras otras ofertas en otros bancos, todas con distinta tasa de interés y diferentes plazos, y necesitas saber cuál será la más conveniente en cuanto al pago y el plazo transcurrido. Lo primero que necesitas conocer es a cuánto ascenderá la cuota, para el primer ejemplo (11%). Esto puedes hacerlo fácilmente por medio de la función PAGO:

=PAGO(B3/12;B2;-B1)

PRÉSTAMO	**$ 1.500.000,00**
CUOTAS	18
INTERÉS	11,00%
PAGO TOTAL	**$ 90.777,81**
TIEMPO PAGO	**1,5 AÑOS**

Figura 9.10. Mediante la función *PAGO*, calculas el monto de la cuota para el primer ejemplo, con un interés del 11% anual, a 18 meses.

Para calcular los intereses y las cuotas correspondientes a los diferentes plazos que hallaste en otros bancos, sigue el próximo Paso a paso, donde utilizarás la herramienta Tabla de datos, pero esta vez, aplicando dos variables, que son, justamente, la cantidad de cuotas y el interés anual.

9.2.4 Paso a paso para calcular dos variables mediante la Tabla de datos

PASO 1

En las filas de la tabla que iniciaste, ingresa las tasas de interés de los otros bancos, y en las columnas, los diferentes plazos establecidos para ellas.

B2		fx	18				
	A	B	C	D	E	F	G
1	PRÉSTAMO	$ 1.500.000,00					
2	CUOTAS	18					
3	INTERÉS	11,00%					
4	PAGO TOTAL	$ 90.777,81					
5	TIEMPO PAGO	1,5 AÑOS					
6							
7							
8							
9							
10	$ 90.777,81	12	24	36	48	72	96
11	12%						
12	14%						
13	16%						
14	18%						
15	20%						
16	25%						
17							

PASO 2

Una vez que selecciones el rango, para este ejemplo B4:K13, abre la herramienta **Tabla de datos…**, de la manera en que aprendiste a hacerlo en el primer ejemplo.

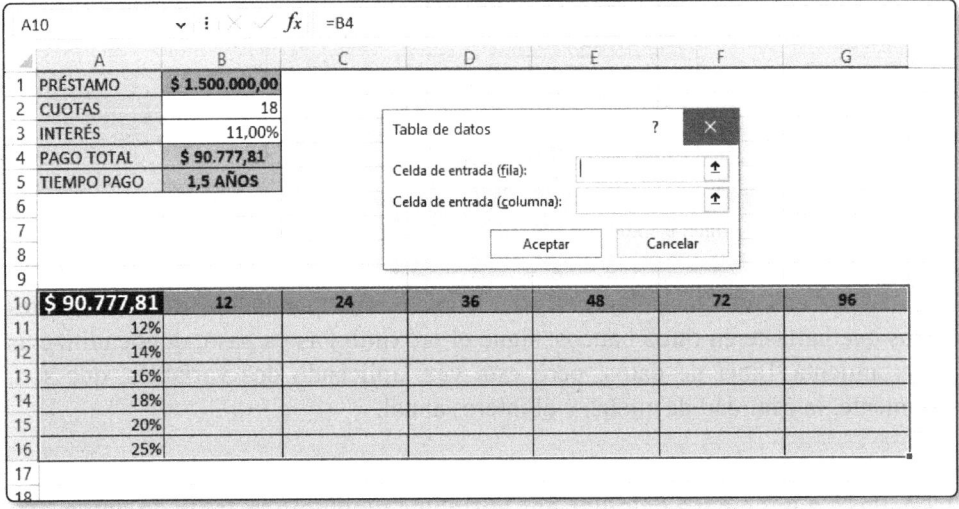

PASO 3

El penúltimo paso es colocar en las respectivas entradas las celdas que respondan al cálculo que quieres realizar. Hazlo así: para la entrada de fila, utiliza el valor de **B2**, que corresponde a los plazos del préstamo; y para la entrada de columna, el de **B3**, correspondiente al Interés, tal como se muestra en la siguiente imagen:

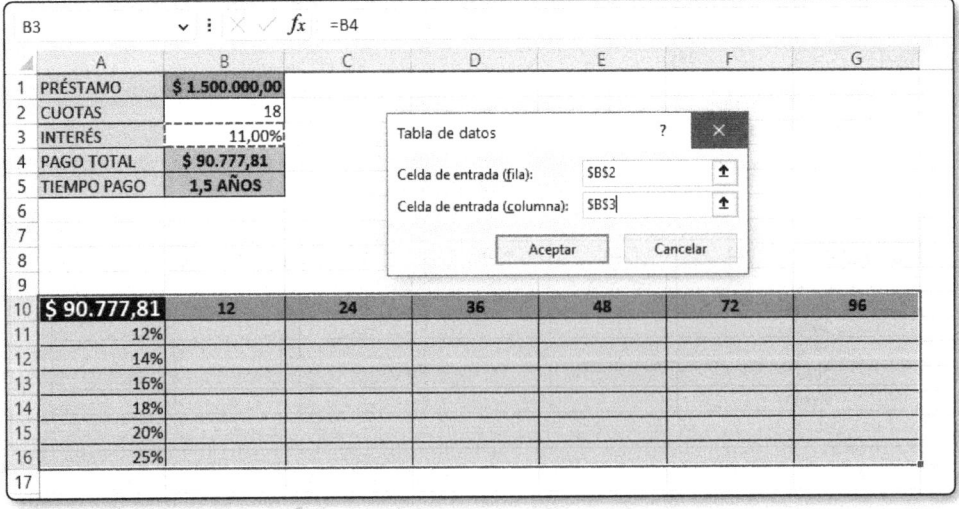

ⓘ ACLARACIÓN IMPORTANTE

Al referirse a Celda de entrada (Fila) y Celda de entrada (Columna), Excel 365 no está indicando, como podrías pensar, los valores que están puestos en distintas filas y los que están en distintas columnas, sino los valores que has colocado en la Fila (en el ejemplo Fila 4, Rango C4:K4), y los que colocaste en una Columna (Columna B, para el ejemplo dado, Rango B4:B13). En muchas funciones, y en especial en las nuevas que ya has visto anteriormente, se refieren a los datos que están en una determinada fila o columna, y no a los que están puestos en diferentes columnas y filas.

PASO 4

Solo resta hacer clic al botón **Aceptar**, y verás que la tabla se completa con la información necesaria. Si quieres, ya que por defecto se agregan 3 decimales en el valor de cuota, puedes reducirlo desde **Formato de celdas…**, tal como aprendiste en los primeros capítulos.

	A	B	C	D	E	F	G
1	PRÉSTAMO	$ 1.500.000,00					
2	CUOTAS	18					
3	INTERÉS	11,00%					
4	PAGO TOTAL	$ 90.777,81					
5	TIEMPO PAGO	1,5 AÑOS					
6							
7							
8							
9							
10	$ 90.777,81	12	24	36	48	72	96
11	12%	$ 133.273,18	$ 70.610,21	$ 49.821,46	$ 39.500,75	$ 29.325,29	$ 24.379,26
12	14%	$ 134.680,68	$ 72.019,32	$ 51.266,44	$ 40.989,71	$ 30.908,61	$ 26.057,25
13	16%	$ 136.096,29	$ 73.444,67	$ 52.735,55	$ 42.510,42	$ 32.537,76	$ 27.793,18
14	18%	$ 137.519,99	$ 74.886,15	$ 54.228,59	$ 44.062,50	$ 34.211,69	$ 29.584,82
15	20%	$ 138.951,76	$ 76.343,70	$ 55.745,38	$ 45.645,54	$ 35.929,24	$ 31.429,80
16	25%	$ 142.566,30	$ 80.057,28	$ 59.639,74	$ 49.735,69	$ 40.405,77	$ 36.259,00
17							

Como puedes observar, la herramienta de **Tabla de datos…** es muy potente y te permite realizar análisis con información consistente, con tan solo dos o tres clics. Por lo tanto, es muy importante conocerla y entender sus alcances y limitaciones para utilizarla correctamente y poder determinar en poco tiempo los pasos a seguir que pueden ser fundamentales para el desarrollo de un negocio.

Claro que, como dijimos antes, existen otras herramientas de análisis de datos, como la que veremos a continuación. Aprenderás a crear escenarios, manejar sus distintas posibilidades para analizar los datos desde diferentes puntos de vista, establecer diversas situaciones que pueden presentarse en un negocio o empresa para la que trabajas, y ver de qué manera se comportarán los datos según ocurra una cosa u otra que tú determines.

9.3 ESCENARIOS: LA MEJOR FORMA DE CONSTRUIR UN "PLAN B"

En esta sección verás el manejo de escenarios, para lo cual comenzaremos por definir qué es un escenario y para qué puedes llegar a necesitarlo.

9.3.1 ¿Qué es un escenario?

Un escenario en Excel 365 es un conjunto de variables que se guardan y que plantean distintos resultados para una misma operación. Presentan la ventaja de que puedes crear diferentes resultados, sin afectar la hoja original. Además, tienen cualidades que los hacen una herramienta imprescindible a la hora de analizar datos con resultados diferentes, ya que suponen, para quien conoce su uso, tres ventajas fundamentales:

▶ **Ahorro de tiempo**: dado que puedes crear diferentes escenarios desde una misma tabla y con tan solo modificar unos pocos parámetros, se ahorra la creación de una tabla diferente para cada situación que quieras analizar.

▶ **Facilita la toma de decisiones**: al poder cambiar fácilmente entre un escenario y otro, puedes ver la información con rapidez, que te ayude en la toma de decisiones, sin necesidad de consultar varias hojas de cálculo o tablas. Así podrás tomar decisiones informadas rápidamente, o al menos, en mucho menos tiempo que lo que te llevaría hacer el análisis de varias fuentes de datos.

▶ **Reduce el error**: ligado a la primera cualidad, el ahorro de tiempo, al no tener que crear una tabla diferente para cada situación, con distintas fórmulas, para generar distintos escenarios en distintas tablas, se reduce el error humano que puede producirse al tener que ingresar datos similares en multiplicidad de tablas.

9.3.2 ¿Cómo construir un escenario en Microsoft Excel 365?

Si bien construir un escenario es una tarea sencilla, ya que con unos pocos clics y la información correcta, estarás en condiciones de hacerlo, pueden presentarse algunas dificultades, por lo que debes estar atento al momento de trabajar con esta herramienta.

A veces, si bien la mecánica de creación de escenarios en Excel 365 es simple, se presentan situaciones complejas que debes resolver con esta herramienta y que no siempre, si los datos que ingresas no son los correctos, te llevarán a un buen puerto.

Para crear un escenario que te sea útil y que a la vez presente la información correcta para poder hacer un análisis acertado, debes saber bien cuáles son las variables que manejas para cada situación.

Concretamente, una variable es un dato que se modifica, es decir que no permanece **constante**, por ejemplo: una tasa de interés, plazos de cuotas, días de un documento, fechas cercanas a un vencimiento, etc. Esta información, al modificarse y variar (de ahí su nombre de "variable"), también altera el resultado.

En el siguiente Paso a paso, con el mismo ejemplo del préstamo utilizado para las tablas de datos, verás cómo se crea un escenario en **Excel 365** y su aplicación práctica. Luego, finalizando este capítulo, aprenderás a realizar una previsión con la herramienta homónima. Comencemos.

9.3.3 Creación de un escenario

PASO 1

Una vez que tienes la tabla ya confeccionada (en este ejemplo la que utilizaste con la Tabla de datos), en la Cinta de opciones abre **Datos**, Grupo **Previsión**, Subgrupo **Análisis de hipótesis**, y elige con un clic la opción **Administrador de escenarios…**. Accederás al cuadro del Administrador. Si es la primera vez que lo utilizas o no tienes escenarios guardados, lo verás de la siguiente manera:

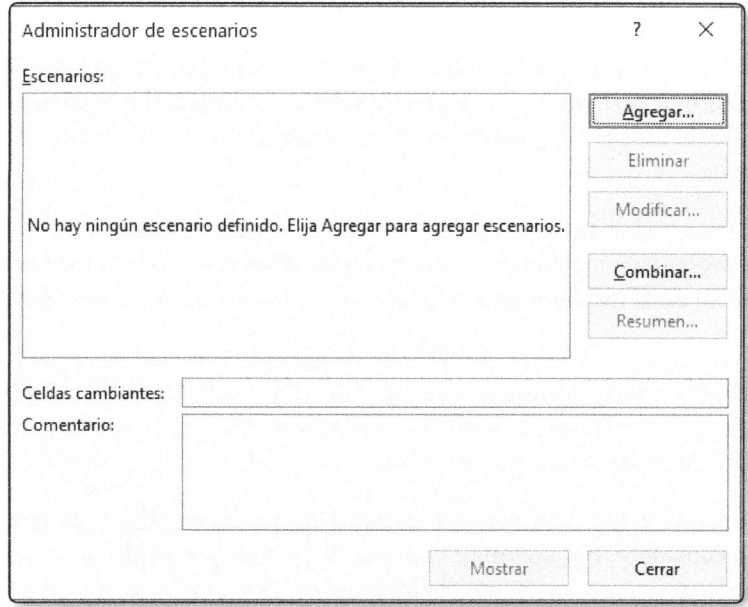

PASO 2

Para agregar un escenario, en el cuadro **Administrador de escenarios...**, pulsa en **Agregar**... Se abrirá una nueva ventana donde debes ingresar la información solicitada, que verás en detalle a continuación:

- ▼ **Nombre del escenario**: es el nombre que le darás al escenario que creas, para poder identificarlo respecto de otros. Ten en cuenta que debe ser un nombre que identifique el análisis que haces con él, para evitar confusiones si manejas muchos escenarios diferentes.

- ▼ **Celdas cambiantes**: son las que contienen las variables que analizarás mediante el escenario. Puede ser un rango o varias celdas no adyacentes, las que tendrás que separar por punto y coma, o bien haciendo **CTRL + CLIC** del mouse.

PASO 3

Procede a ingresar, en el siguiente cuadro, los valores de las variables que necesitas analizar, en este caso, las alojadas en las celdas **B2:B3** (correspondientes al plazo y el interés, respectivamente). A continuación, haz clic en **Aceptar**, y podrás ver que se ha agregado al **Administrador de escenarios...**, con el nombre que le otorgaste en el paso 1.

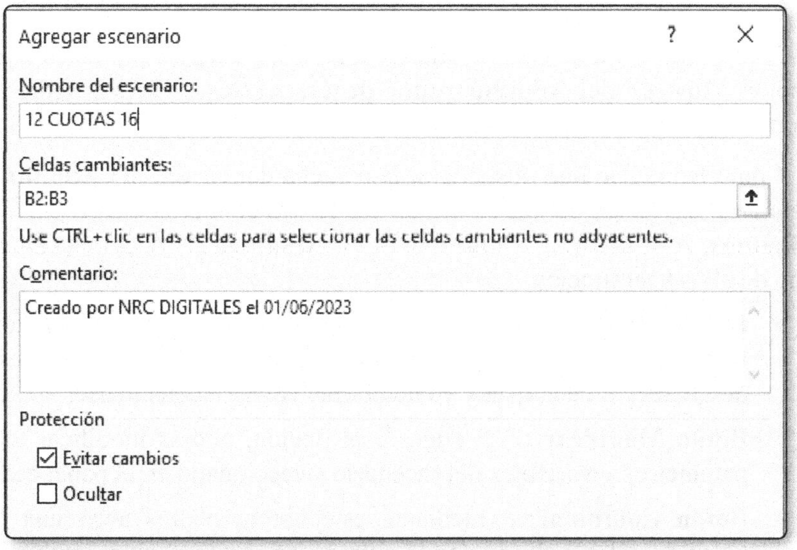

Figura 9.11. El *Administrador de escenarios…* en el que ingresarás la información
necesaria para realizar el cálculo de la nueva situación hipotética.

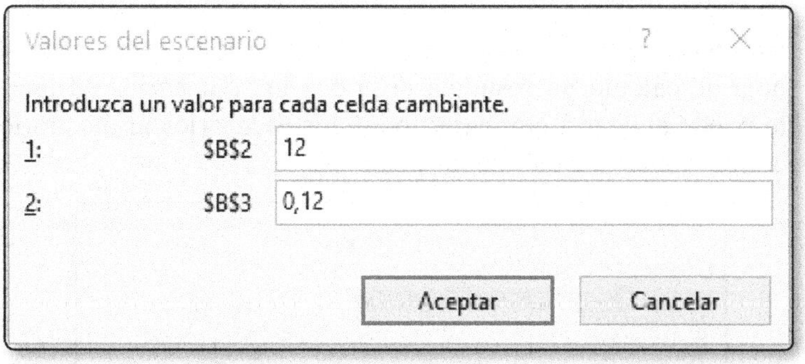

Figura 9.12. Al hacer clic en *Aceptar* en la ventana anterior, se abrirá esta ventana, en la que deberás
modificar las variables. Si haces clic en *Aceptar*, verás que esta se ha agregado al *Administrador
de escenarios…* con el nombre que le diste anteriormente, como lo muestra la siguiente imagen.

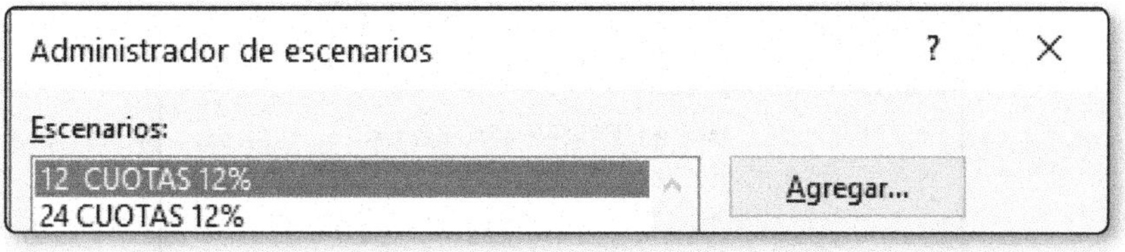

Figura 9.13. El escenario, ya agregado al Administrador de escenarios.

PASO 4

Para poder visualizar los distintos escenarios cargados, puedes hacer clic en el botón **Mostrar** del **Administrador de escenarios...**. Previamente deberás seleccionar de la lista el escenario que quieres mostrar.

Como habrás podido observar, a la derecha del cuadro del **Administrador de escenarios**, hay cinco botones, además del que ya conoces de **Agregar...**. Estos son: **Eliminar**, **Modificar...**, **Combinar...**, y **Resumen...**. A continuación verás cada uno de ellos y su función.

- ☛ **Botón Eliminar**: luego de seleccionar alguno de los escenarios de la lista, mediante este botón podrás eliminarlo. El escenario escogido desaparecerá de la lista y ya no podrás volver a consultarlo.

- ☛ **Botón Modificar...**: si eliges esta opción, podrás modificar todos los parámetros y variables del escenario seleccionado en el panel central.

- ☛ **Botón Combinar...**: mediante este botón, podrás abrir una lista de hojas de cálculo desde donde extraer información para combinarla con el escenario seleccionado. Es una opción muy útil cuando necesitas crear un escenario con información proveniente de diversos libros u hojas de cálculo.

- ☛ **Botón Resumen...**: opción muy interesante que permite ver en una nueva hoja de cálculo un resumen de todos los escenarios en una tabla, que te puede ayudar a comparar todos los escenarios al mostrarte de forma concentrada cada uno de los posibles.

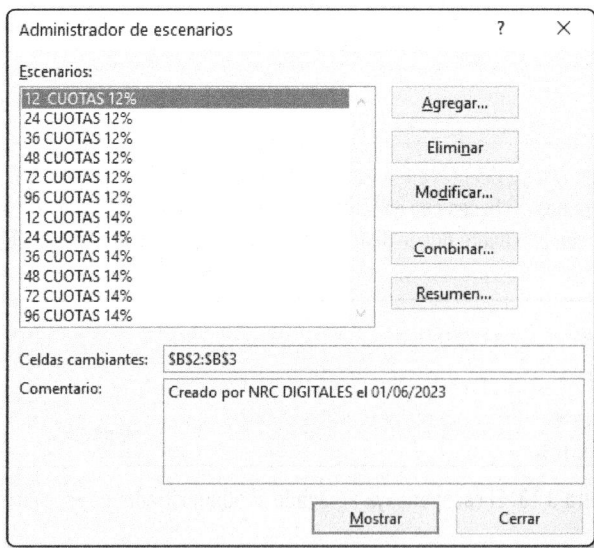

Figura 9.14. Los distintos escenarios que se fueron cargando y que ya están listos para ser utilizados.

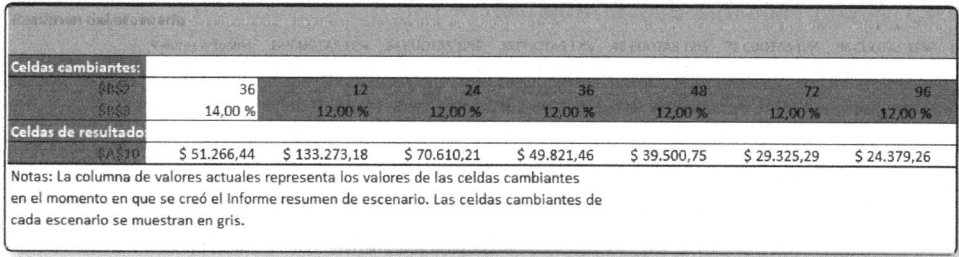

Celdas cambiantes:							
$B$9	36	12	24	36	48	72	96
$B$3	14,00 %	12,00 %	12,00 %	12,00 %	12,00 %	12,00 %	12,00 %
Celdas de resultado:							
$A$10	$ 51.266,44	$ 133.273,18	$ 70.610,21	$ 49.821,46	$ 39.500,75	$ 29.325,29	$ 24.379,26

Notas: La columna de valores actuales representa los valores de las celdas cambiantes en el momento en que se creó el Informe resumen de escenario. Las celdas cambiantes de cada escenario se muestran en gris.

Figura 9.15. Si presionas en el botón *Resumen...*, verás esta tabla, donde encontrarás todos los escenarios que tengas guardados en el Administrador. Es muy útil para ver de una vez todos los escenarios posibles y sus consecuencias.

ⓘ ACLARACIÓN IMPORTANTE

Si bien un mismo escenario puede tener hasta 32 variables, la cantidad de escenarios que puedes crear es ilimitada, por lo que esta herramienta se convierte en una pieza fundamental para realizar análisis de datos con información precisa y cientos o miles de variaciones de una situación.

La creación y el manejo de escenarios es una acción determinante a la hora de tomar decisiones importantes para cualquier negocio o empresa, del tamaño que sea.

9.4 BUSCAR OBJETIVO: CUANDO SABES CUÁNTO, PERO NO SABES CUÁNDO

Todo lo que viste recientemente te resultará de suma utilidad cuando tengas toda la información y solo necesites saber qué pasaría si las circunstancias cambiaran. ¿Pero qué ocurre si no conoces todos los datos? Por ejemplo si, siguiendo con el caso del préstamo, quieres saber cuántas cuotas deberías pagar si quisieras que tu cuota fuese de un valor que tú determines. En esta situación no te servirían los escenarios ni la tabla de datos, ya que estos generalmente muestran información en una línea de tiempo hacia adelante, y lo que precisas es obtener información de otro tipo. Tienes una incógnita y necesitas despejarla para poder tomar una decisión, o mejor dicho, realizar una propuesta, por ejemplo a tu banco.

Excel también ha pensado en este tipo de situaciones, y por esta razón creó la herramienta **Buscar objetivo...**.

9.4.1 ¿Cómo funciona Buscar Objetivo?

Utilicemos el mismo ejemplo del préstamo, pero ahora tú quieres definir cuánto vas a pagar de cuota. Supón que has hablado con un banco y te han hecho una contrapropuesta, en la que te permiten definir tu cuota de préstamo para que puedas pagarlo (esto sucede solo en las películas, pero lo veremos a modo de ejemplo, no creas que puede ocurrir). Tú quieres saber cuánto tiempo te demandará saldar este préstamo, definiendo una cuota acorde a tu presupuesto. Con la herramienta **Buscar objetivo**, puedes realizarlo sin inconvenientes.

Utilizaremos este ejemplo práctico para trabajar con esta herramienta. Para esto, sigue el Paso a paso que se brinda a continuación.

PASO 1

Una vez que tengas la tabla (no nos detendremos en este punto, ya que es la misma que confeccionaste para el ejemplo de escenarios), abre la herramienta **Buscar objetivo...**, ubicada en la cinta de Opciones **Datos**, Grupo **Previsión**, Subgrupo **Análisis de hipótesis**.

PASO 2

En este paso definirás los parámetros sobre los que quieres realizar la búsqueda del objetivo. Recuerda, como en todas estas herramientas, que deberás tener bien claro qué función cumple cada parámetro, para que la herramienta funcione y devuelva los valores adecuados.

Para este caso, definiremos un valor de cuota de $45000. Tú quieres saber cuántas cuotas demandará saldar el préstamo con dicho valor, entonces lo que tienes que hacer es colocar en **Definir la celda**, la celda donde irá el valor de cuota, en este ejemplo **B4**, correspondiente al pago por mes. En el Textbox **Con el valor**, agrega el valor de la cuota que deseas pagar, $45000. En el parámetro **Cambiando la celda** define la coordenada de cantidad de cuotas, ya que es la celda que se modificará según la cuota sea mayor o menor, es decir **B2**, en el ejemplo que nos ocupa.

PASO 3

Una vez que tengas todos los parámetros, solo te queda hacer clic en **Aceptar** y verás cómo la tabla cambia los valores de cuota, colocando la que definiste, y modifica la celda de cantidad de cuotas. Como agregado, se definen dos celdas que te informan la cantidad que devolverás al finalizar el préstamo (esto fue establecido en otra fórmula, al igual que la cantidad de años que demandará la devolución).

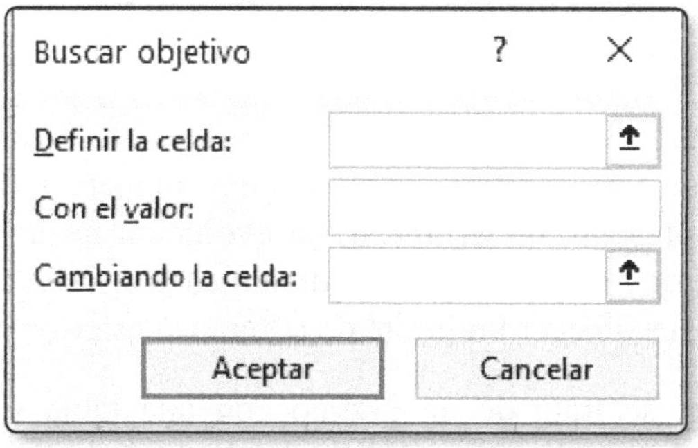

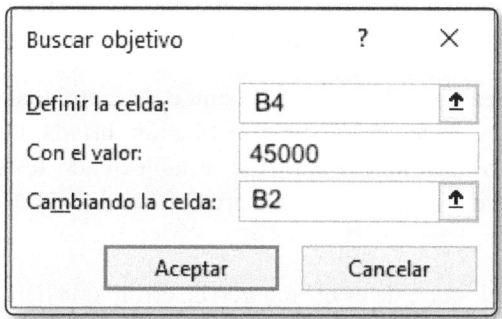

Figura 9.16. Al abrir la herramienta *Buscar objetivo...* se mostrará esta ventana donde deberás definir los parámetros de la búsqueda.

Figura 9.17. Aquí ves cómo se definen los **parámetros** para realizar el cálculo de cantidad de cuotas con la herramienta *Buscar objetivo....*

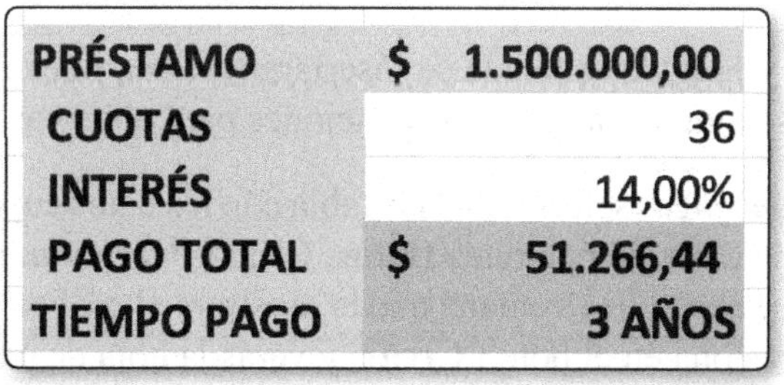

PRÉSTAMO	$ 1.500.000,00
CUOTAS	36
INTERÉS	14,00%
PAGO TOTAL	$ 51.266,44
TIEMPO PAGO	3 AÑOS

Figura 9.18. Pulsando en *Aceptar*, verás que los valores de cantidad de cuotas cambian para adaptarse a la cuota que definiste para la búsqueda de objetivo.

9.5 LA PREVISIÓN: CÓMO ANALIZAR EL MOVIMIENTO DE UN NEGOCIO Y PREVER LOS PROBLEMAS

Para finalizar este capítulo, verás de qué manera utilizar la herramienta de **Previsión**. Esta presenta un detalle de la evolución de los datos en una línea de tiempo, a la vez que ofrece una tabla dinámica con la evolución de los datos analizados y permite establecer un límite de confianza inferior y uno superior.

Básicamente, se trata de un gráfico con una tabla simple con opciones agregadas, que permiten realizar un análisis detallado de la evolución de las ventas de un negocio, por ejemplo, y realizar una previsión para los siguientes años. También puedes modificar los valores de la previsión, para visualizar en el gráfico cómo evolucionan, además de realizar una estimación de cuáles deberían ser (en el caso de ejemplo) las ventas para mantener una línea ascendente en el tiempo.

Esta herramienta parte desde datos que le proporcionas, que deben estar en una **línea de tiempo**, y de acuerdo con su evolución, brinda un pronóstico para los tres años siguientes a la última fecha dada, estableciendo los llamados límites de confianza superior e inferior, que son valores estimados de caída o ascenso en el pronóstico.

Se podría decir que este es el "margen de error" que tiene la herramienta para predecir la evolución de un conjunto de datos. Ahora sí, finalizando este capítulo, verás el uso de esta herramienta. Dado que es muy sencilla, no realizaremos un Paso a paso, ya que tan solo deberás seleccionar los datos cuya previsión quieres analizar, y luego, en el gráfico que se abre, hacer clic a **Crear**.

El gráfico y la tabla asociada se insertarán en una nueva hoja de cálculo, y podrás analizar los datos y realizar modificaciones para observar los cambios.

Una vez que tengas seleccionada la tabla con los datos cuya previsión quieres analizar, ubica en la cinta de opciones **Datos**, Grupo **Previsión**, el botón **Previsión** y haz clic en él; y se abrirá una ventana que te mostrará el gráfico que se insertará en una hoja nueva. Presiona en el botón **Crear**, y verás la hoja de previsión.

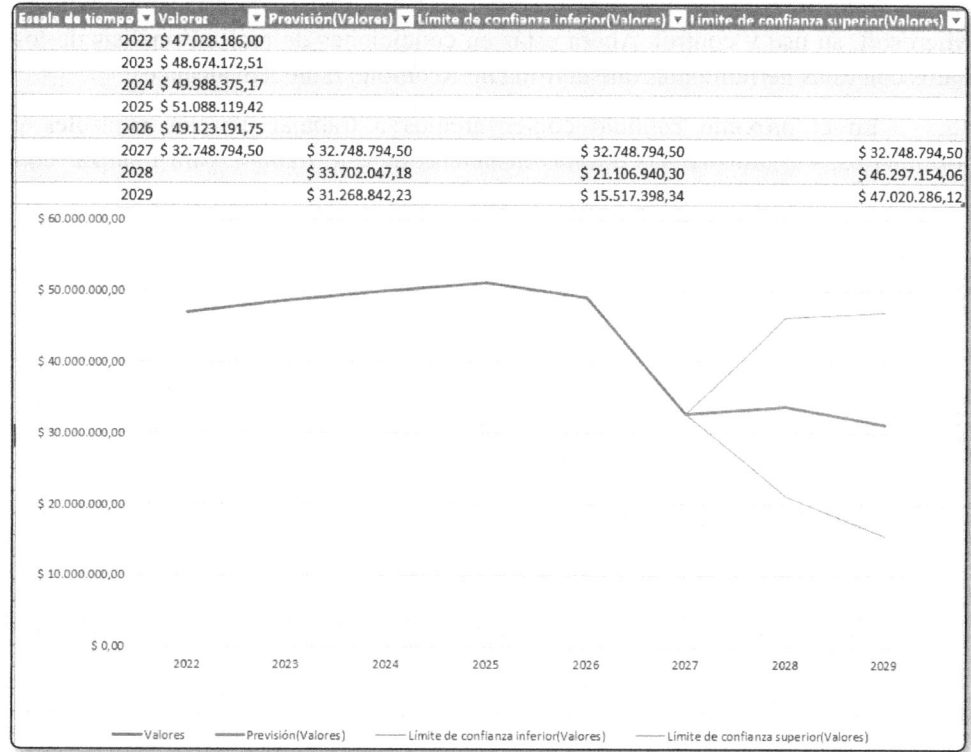

Escala de tiempo	Valores	Previsión(Valores)	Límite de confianza inferior(Valores)	Límite de confianza superior(Valores)
2022	$ 47.028.186,00			
2023	$ 48.674.172,51			
2024	$ 49.988.375,17			
2025	$ 51.088.119,42			
2026	$ 49.123.191,75			
2027	$ 32.748.794,50	$ 32.748.794,50	$ 32.748.794,50	$ 32.748.794,50
2028		$ 33.702.047,18	$ 21.106.940,30	$ 46.297.154,06
2029		$ 31.268.842,23	$ 15.517.398,34	$ 47.020.286,12

Figura 9.19. Mediante este botón, accederás a la creación de la Previsión, tal como se observa en la siguiente imagen.

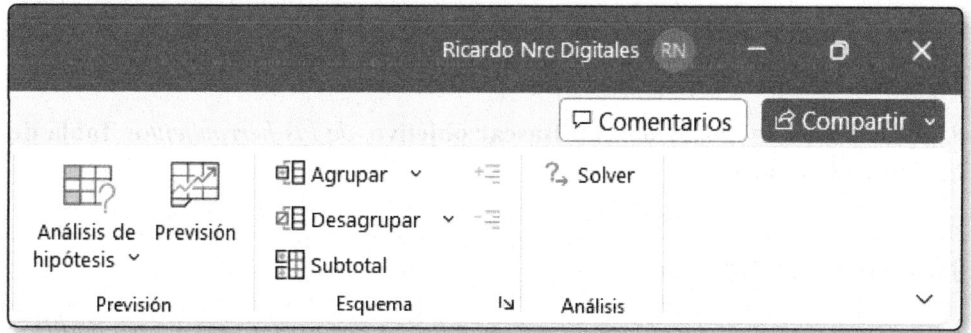

Figura 9.20. En este gráfico que se abre, pulsa en el botón *Crear*, para insertar la hoja con la previsión. Antes de hacerlo, puedes acceder a las *Opciones* (debajo del gráfico) para realizar unas cuantas modificaciones de los parámetros. Nuestra recomendación es que no realices cambios, ya que las opciones predefinidas son más que suficientes para analizar cualquier tipo de evolución de los datos.

Hemos visto las potentes herramientas de análisis de esta aplicación de Microsoft, su uso y control. Ahora estás en condiciones de realizar análisis de los datos con estas herramientas que la firma de Redmond pone a tu alcance.

En el próximo capítulo comenzaremos a trabajar con los controles y formularios, y a transitar las últimas instancias de este trabajo, para finalizar con importación de datos y manejo de bases de datos.

9.6 ACTIVIDADES

A continuación se presentan las preguntas y los ejercicios que deberías saber responder y resolver para considerar aprendido el capítulo.

9.6.1 Test de autoevaluación

1. ¿Para qué sirve el análisis de datos en Excel 365?

2. ¿Cuántas herramientas de análisis conoces que pueden ayudarte en la gestión de la información?

3. Los formatos del análisis rápido, ¿se pueden modificar?

4. ¿Qué tipo de análisis te permite realizar la herramienta **Tabla de datos…**?

5. Da un ejemplo práctico en el que utilices la herramienta **Tabla de datos** *con dos entradas.*

6. ¿Qué es un escenario y para qué sirve?

7. ¿Cuántos escenarios se pueden crear para analizar datos?

8. ¿Qué diferencia la herramienta **Buscar objetivo**, *de las herramientas* **Tabla de datos** *y* **Escenario**?

9.6.2 Ejercicios prácticos

1. Investiga qué otras funciones y herramientas no vistas aún sirven para analizar datos.

2. Averigua de qué manera gestionan el análisis de datos otras hojas de cálculo populares.

3. Busca otras formas originales de analizar datos en Excel 365, fuera de las funciones de análisis financiero y de interés.

10

CONTROLES Y DATOS EXTERNOS

Hemos visto en el capítulo anterior los distintos complementos y funciones que te permitirán establecer previsiones basadas en datos históricos y crear distintos escenarios con diversas variables de datos para analizar cuál es la mejor opción. También aprendiste a averiguar un dato que desconoces utilizando la herramienta Buscar objetivo.

Ahora verás la forma de utilizar otras herramientas estadísticas y de cálculos basados en restricciones, más complejas, además de los pasos para crear un formulario.

10.1 SOLVER, ¿QUÉ ES Y EN QUÉ ME PUEDE AYUDAR?

En el año 2010, Microsoft Excel incorpora en su suite de Office el complemento **SOLVER**, una herramienta que ayudaría a resolver problemas con restricciones y sin ellas, en fórmulas y funciones (y en verdad lo hace). En este punto debemos hacer una aclaración: por alguna razón que la empresa no explica en ningún momento, este complemento aparece desactivado por defecto, a pesar de su utilidad, y para usarlo, es necesario activarlo.

Esta es una de las funciones ocultas de Microsoft Excel, junto con **Herramientas para Análisis–VBA**, **Herramientas para análisis** y **Euro Currency Tool**. Si bien estas otras no nos interesan por el momento, las nombramos para que las conozcas y para que, si en alguna oportunidad necesitas echar mano de ellas, sepas que en Excel 365 están disponibles. El método de activación para cualquiera es el mismo que indicaremos a continuación para el complemento **SOLVER**.

10.1.1 Activar SOLVER

PASO 1

Abre **Microsoft Excel 365** y, si tienes activada la pestaña **Programador** en la Cinta de Opciones, ve al Grupo **Complementos**. Haz clic en el botón **Complementos de Excel** para abrir la ventana de **Complementos**.

Si no tienes activada esta pestaña, deberás acceder a la pestaña **Backstage** desde el menú **Archivo**, y en el panel izquierdo, presionar en **Opciones** y, dentro de la ventana que se abre, en **Complementos**. Busca en la lista del panel central **SOLVER** y haz clic en el botón **Ir…**, que se encuentra en la parte inferior de la ventana, en la opción **Administrar**.

PASO 2

Una vez que accedes a la ventana **Complementos** mediante cualquiera de las dos opciones disponibles, selecciona la casilla de verificación **SOLVER**. Pulsa en **Aceptar** y el complemento SOLVER se instalará.

PASO 3

Podrás acceder a SOLVER desde la pestaña **Datos**, en el Grupo **Análisis**, que se creará una vez instalado el complemento, y luego haciendo clic en el botón **SOLVER**.

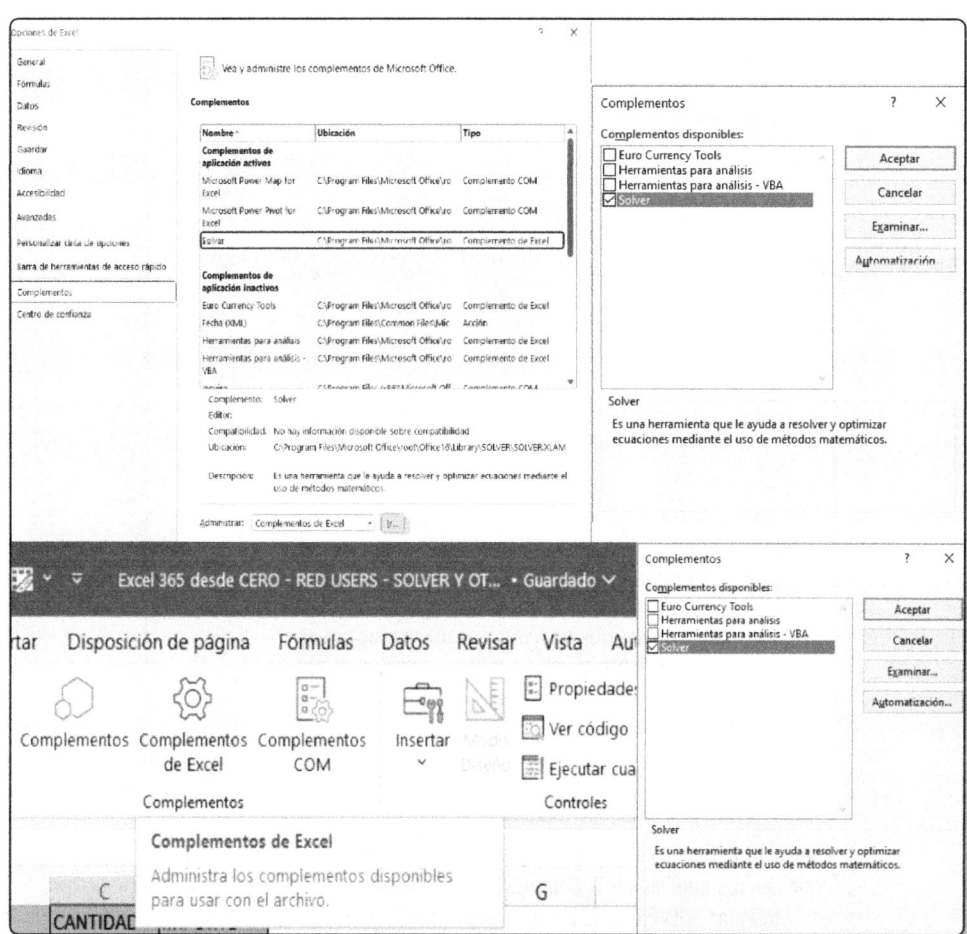

Figura 10.1. Las dos formas de acceder a la ventana *Complementos* para activar SOLVER. Para acceder a esta opción no es necesario tener la pestaña *Programador* si no vas a utilizarla.

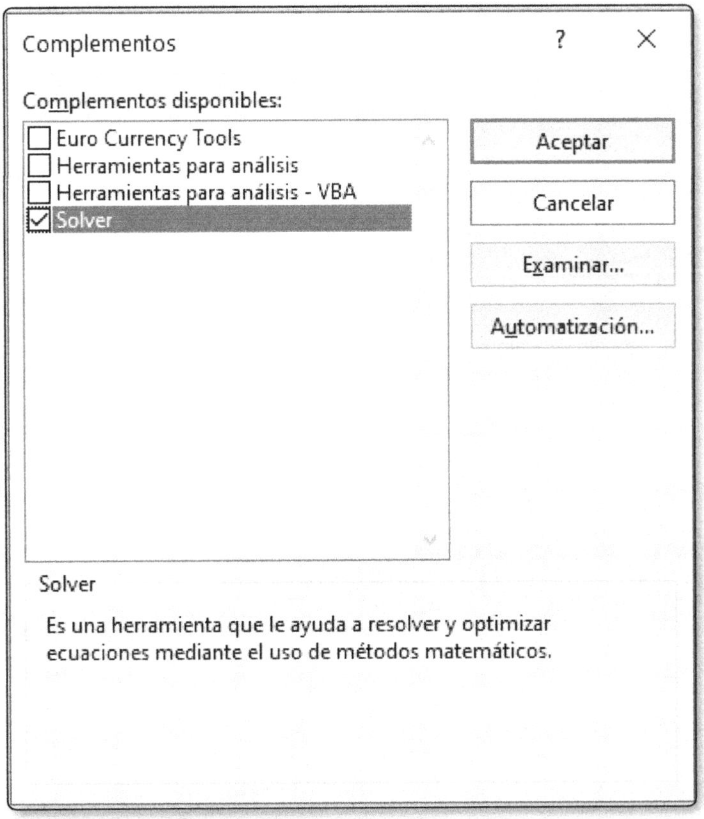

Figura 10.2. Este es el cuadro al que accederás mediante cualquiera de las formas en las que llegues a *Complementos*. Haciendo clic en *Aceptar*, podrás instalar SOLVER en tu equipo y utilizarlo en Microsoft Excel 365.

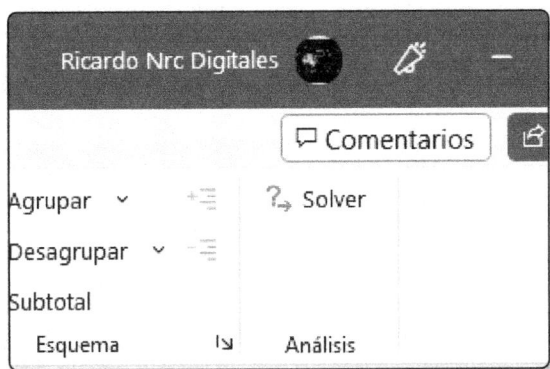

Figura 10.3. Ubicación del acceso a SOLVER en la pestaña *Datos*.

10.1.2 SOLVER práctico: un caso de análisis

Hasta aquí viste cómo instalar SOLVER y sabes, en teoría, qué hace este complemento. Pero aún no lo has visto en acción, por lo que, en realidad, no conoces su potencial. Y como esta actualización de Excel es principalmente práctica, tal como has estado viendo en los ejemplos y construcciones paso a paso desarrollados a lo largo de este libro, pasaremos ahora a un caso para que veas cómo puedes aplicar este complemento que te ayudará muchísimo a la hora de establecer cálculos basados en **restricciones**, sin necesidad de aplicar complejas fórmulas y funciones.

En efecto, con tan solo ingresar ciertos datos y dejarlo trabajar, SOLVER encontrará la mejor solución para ti. Luego podrás ir ajustándola para adaptar mejor el cálculo a tus necesidades.

Bien, sin más preámbulos, vamos al enunciado para el ejemplo práctico:

> ### ⓘ NOTA
>
> Supón que tienes que hacer la compra de librería para la oficina y cuentas con un presupuesto fijo de $2000, que debes gastar en su totalidad para adquirir los insumos necesarios. Para este ejemplo, se considera que todos los insumos de la lista de precios que confeccionarás son necesarios y, en principio, no habrá ninguna restricción para la compra. Luego, irás ajustando la herramienta para que recalcule una opción que te sirva.

Primero debes construir la lista de insumos por comprar, incluyendo los precios y una columna con las cantidades. Esta no tiene que ser una lista compleja ni una tabla, solo una lista con elementos, además de la sumatoria en pesos de todos ellos. También agrega una celda con una fórmula que cuente la cantidad de ítems (esto te lo dejamos como práctica de fórmulas y funciones).

> ### ⓘ NOTA SOBRE SOLVER
>
> SOLVER es un complemento para la resolución de problemas en fórmulas y funciones. Por lo tanto, la hoja de datos o tabla que vayas a analizar con él debe contener, al menos, una fórmula o función, y aplicarás SOLVER en la celda de la fórmula.

Dado que ya sabes cómo construir una hoja de datos o una tabla, no mostraremos aquí los pasos intermedios, sino que las imágenes serán de las hojas ya confeccionadas, y mostraremos cómo actúa SOLVER en ellas.

F28		⌄ : ✕ ✓ *fx*			
▲	A	B	C	D	E
1	**LISTA DE PRECIOS**		CANTIDAD	IMPORTE	
2	BIROMES	$ 5,00	0	$ 0,00	
3	CALCULADORA	$ 165,00	0	$ 0,00	
4	CUADERNO	$ 60,00	0	$ 0,00	
5	RESMA	$ 230,00	0	$ 0,00	
6	FOLIOS	$ 5,00	0	$ 0,00	
7	LÁPIZ 3B	$ 15,00	0	$ 0,00	
8	LÁPIZ 2B	$ 10,00	0	$ 0,00	
9	LÁPIZ B	$ 5,00	0	$ 0,00	
10	LÁPIZ HB	$ 1,00	0	$ 0,00	
11	MINA LÁPIZ 0,5 HB X 10	$ 15,00	0	$ 0,00	
12	PORTAMINAS PLÁSTICO 0,5	$ 20,00	0	$ 0,00	
13	PORTAMINAS METÁLICO 0,5	$ 30,00	0	$ 0,00	
14	TÓNER	$ 500,00	0	$ 0,00	
15	GOMA DE BORRAR	$ 10,00	0	$ 0,00	
16	PLASTICOLA	$ 5,00	0	$ 0,00	
17	VOLIGOMA	$ 10,00	0	$ 0,00	
18	POST IT	$ 25,00	0	$ 0,00	
19	GANCHOS ABROCHADORA X 1000	$ 225,00	0	$ 0,00	
20	GANCHOS ABROCHADORA X 500	$ 175,00	0	$ 0,00	
21	GANCHOS ABROCHADORA X 200	$ 110,00	0	$ 0,00	
22	ABROCHADORA	$ 350,00	0	$ 0,00	
23			**TOTAL**	**$ 0,00**	
24		**CANTIDAD**	**0**		
25					

Figura 10.4. La hoja de datos en la que se realiza la resolución del problema planteado con SOLVER.

Ahora que ya has confeccionado la hoja de pedido de librería, veremos cómo hacer que SOLVER solucione el problema planteado. Recuerda que tienes un presupuesto de $2000 y debes usarlo en su totalidad. Sigue este Paso a paso para realizar el cálculo con la genial herramienta de **Microsoft Excel**.

PASO 1

En la cinta de opciones dirígete a la pestaña **Datos**, grupo **Análisis**, y pulsa en el icono **SOLVER**.

PASO 2

Se mostrará la ventana de **Parámetros** de SOLVER, donde ingresarás la información que se necesita para resolver el problema.

PASO 3

Haz clic en el cuadro de texto **Establecer Objetivo** y selecciona la **celda objetivo**, es decir, la celda con la fórmula sobre la que SOLVER actuará. En este ejemplo, la celda que deberá llegar al resultado pedido de $2000 es **$D$23**.

Figura 10.5. La ventana Parámetros de SOLVER, en la que ingresarás la información para la resolución del problema planteado.

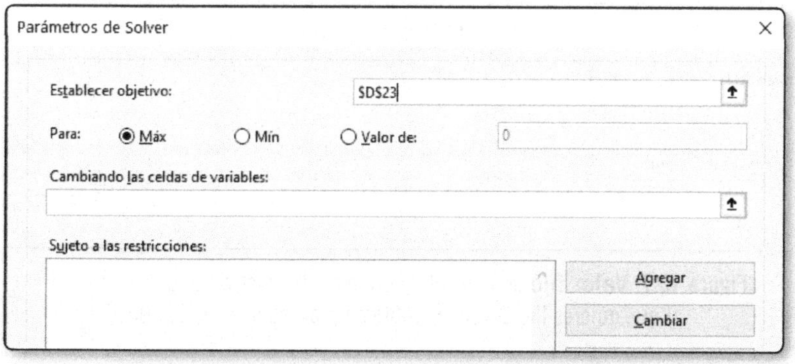

Figura 10.6. Establece como objetivo la celda que tiene la fórmula por resolver, que en este caso es $D$23.

PASO 4

A continuación, establece un valor fijo, ya que deberás gastar todo el presupuesto asignado, por lo que en esta situación no cuentan valores máximos o mínimos.

PASO 5

Establece el rango que se deberá modificar para llegar al resultado deseado. Selecciona el rango coloreado en la tabla. Observa que, por defecto, la referencia es absoluta, ya que no se espera, en principio, que haya un agregado o inserciones de celdas por fuera de la cantidad de las que ya están.

Marca también la casilla de verificación **Convertir variables sin restricciones en no negativas**, ya que no quieres que haya

-1 lápiz o -10 biromes, sino que todos los números que SOLVER determine serán positivos.

PASO 6

Por último, establece el método de resolución. En la mayoría de los casos, SOLVER se emplea para resolver problemas del tipo lineal, por lo que aprenderás solo a usar el método Simplex LP. A continuación, haz clic en el botón **Resolver**.

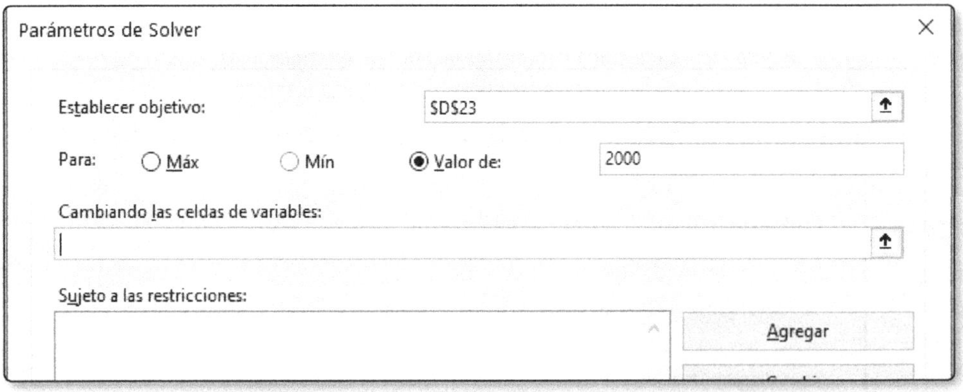

Figura 10.7. **Valor fijo** establecido para la celda objetivo, que será el valor al que quieres llegar (en el problema planteado es de $2000).

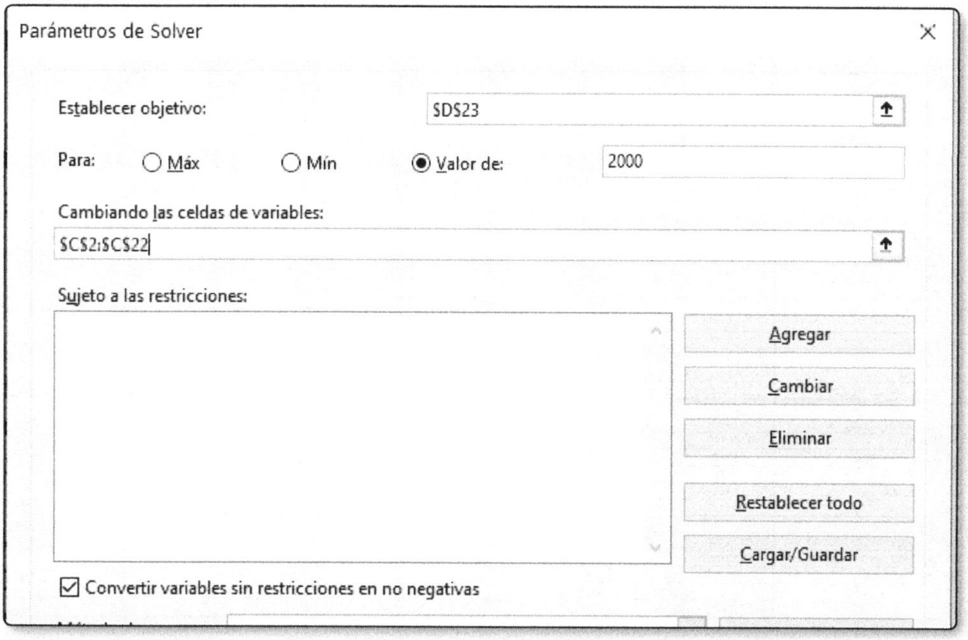

Figura 10.8. Introduce las celdas o rango de celdas de variables que SOLVER modificará para llegar al resultado. Marca también la casilla de verificación *Convertir variables sin restricciones en no negativas*. Una vez que ingresaste todos los parámetros necesarios para el cálculo, presiona en *Resolver*.

PASO 7

Mediante este cuadro de diálogo, SOLVER informa que llegó a una solución, aunque está por verse si te resulta de utilidad.

En efecto, se decidió por la más sencilla, por el siguiente razonamiento: el **tóner** cuesta $500.00, entonces comprando 4, se llega a los $2000. Pero claro, no solo es necesario comprar tóner, por lo que ahora pondrás en juego las restricciones que se mencionaron antes.

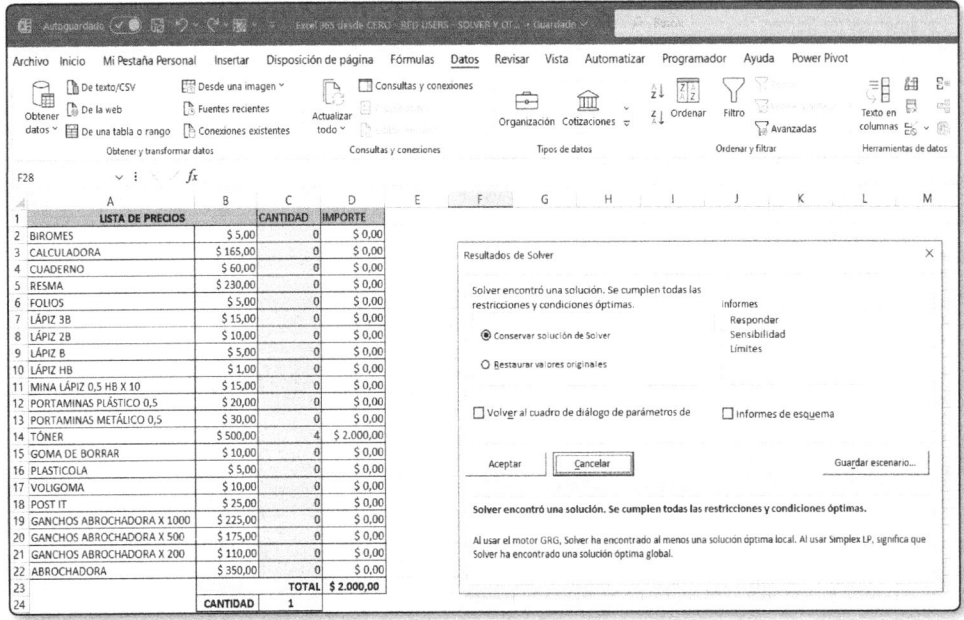

Figura 10.9. La solución de SOLVER cumple con todos los parámetros establecidos y llega al resultado deseado, aunque los productos que comprarás con esta solución no son los únicos necesarios.

10.1.3 Restricciones en SOLVER

Si bien SOLVER arribó a una solución utilizando los parámetros indicados y con las restricciones establecidas (ninguna), no es la mejor alternativa, ya que al menos es necesario comprar otros productos para surtir la librería.

Es aquí donde aprenderás a utilizar las restricciones, que son, ni más ni menos, que limitaciones que se le ponen a SOLVER para que tenga en cuenta y dé otra solución acorde a cada necesidad.

Entonces, en esta ocasión le dirás a SOLVER que, además de modificar las variables indicadas, que no sean números negativos y que el resultado afecte a la celda con la fórmula (**$D$23**), aplique estas restricciones:

- ▸ Incluir solo valores enteros, no fracciones.
- ▸ Comprar, al menos, 10 biromes
- ▸ En el pedido debe aparecer entre 1 y 6 calculadoras
- ▸ Por lo menos comprar 2 cuadernos
- ▸ De cada tipo de lápices, por lo menos se necesita 1.
- ▸ Se precisan 2 portaminas metálicos (obligatorio).

⊮ También 1 caja de ganchos para abrochadora de 1000.

⊮ Por lo menos 1 tóner.

⊮ Como restricción adicional, por lo menos se deben comprar 15 ítems diferentes, además de los indicados en los puntos anteriores.

En el Paso a paso que se presenta a continuación, vas a crear cada una de estas restricciones.

10.1.4 Crear restricciones en SOLVER

PASO 1

El primer **planteo** es ingresar solo **números enteros**. Abre el complemento y, en los parámetros de SOLVER, en el panel central, en el conjunto de botones que está a la derecha, verás el botón **Agregar**; pulsa sobre él.

PASO 2

Verás el siguiente cuadro donde aplicarás la primera restricción. Para hacerlo, selecciona el rango al que la aplicarás y dile a SOLVER que quieres solo enteros mediante la opción **int** (integer en programación). En la celda con lista desplegable verás la palabra "entero", que te asegura que la restricción se aplicará correctamente. Pulsa **Aceptar**.

PASO 3

En el panel central verás que ya se agregó la restricción insertada en el paso anterior. Ahora continúa ingresando las demás, haciendo clic en **Agregar**. Este botón hace que el cuadro no se cierre y quede preparado para un nuevo ingreso, con lo cual se optimiza el tiempo de carga de las restricciones. Al finalizar esta tarea, aparecerán todas las restricciones aplicadas en el panel central.

Para la siguiente restricción, selecciona la celda **$C$2**, que corresponde a las biromes; en la lista central coloca >=, y en Restricción, **10**. De esta manera le dices a SOLVER que quieres un número no menor que 10 en la celda **$C$2**, cumpliendo con la restricción que establece la necesidad de al menos 10 biromes. Una vez ingresada esta información pulsa **Agregar**.

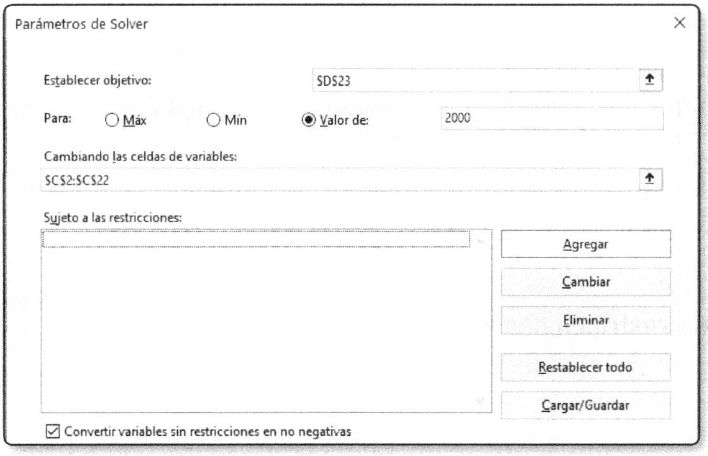

Figura 10.10. Al presionar el botón *Agregar*, en el cuadro de *Parámetros* de SOLVER, puedes ir adicionando una a una las restricciones establecidas.

Figura 10.11. Pulsa en el textbox con desplegable *Referenciade celda*, e ingresa el rango o conjunto de celdas o celda que quieres que cumpla con la restricción. En este caso, como deseas aplicarla a todas las celdas de variables, selecciona el rango completo, en la lista desplegable central, marca *int* y presiona *Aceptar*.

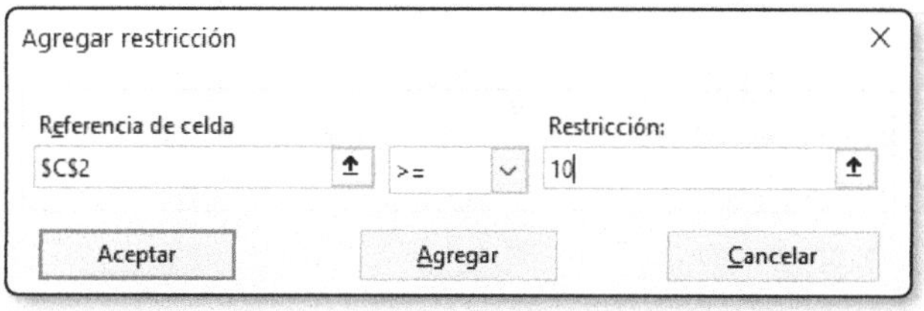

Figura 10.12. Estos son los parámetros de restricción que SOLVER deberá aplicar para la celda correspondiente a las biromes, para cumplir con lo establecido en el enunciado de restricciones para biromes.

PASO 4

La siguiente restricción es la de las calculadoras. Dijimos que quieres entre 1 y 6 calculadoras en el pedido, por lo que en la celda **$C$3** debes establecer **<=** y la restricción de **6**. Pulsa en **Agregar**.

PASO 5

En esta restricción necesitas que al menos se incluyan 2 cuadernos, es decir que **$C$4** aplicará la ecuación **>=2**. Haz clic en el botón **Agregar**.

PASO 6

Para este caso, el rango **$C$7:$C$11** aplicará la ecuación **>=1**, ya que al menos quieres un lápiz de cada tipo. Presiona **Agregar**.

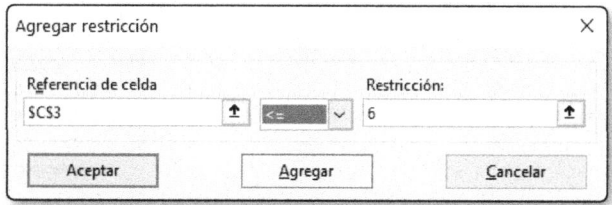

Figura 10.13. Estos son los parámetros de restricción que SOLVER deberá aplicar para la celda correspondiente a las calculadoras.

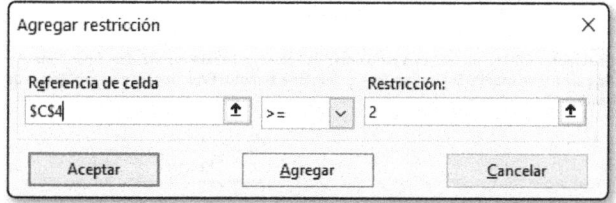

Figura 10.14. Con esta restricción haces que SOLVER incluya al menos dos cuadernos, cumpliendo con lo establecido para ese ítem.

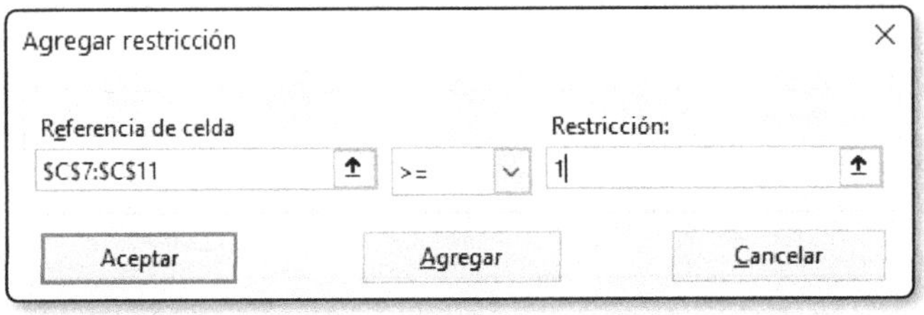

Figura 10.15. Esta restricción se aplica al rango de lápices, porque quieres comprar al menos uno de cada tipo.

Continúa así hasta que hayas ingresado todas las restricciones necesarias. Al final verás una lista como la que sigue en el panel de restricciones.

Te alentamos a continuar tú solo con la lista para aplicar lo aprendido en este paso a paso. No olvides que, luego de añadir la última restricción, debes pulsar **Aceptar**, ya que de otro modo, tendrás un error debido a que los parámetros en el cuadro no pueden estar vacíos.

Figura 10.16. El cuadro *Parámetros de SOLVER*, con todas las restricciones aplicadas. A continuación, pulsa en el botón *Resolver*.

Vemos aquí cómo SOLVER llegó a una resolución bastante racional, por medio de las restricciones establecidas, aunque se podrían hacer más ajustes, por ejemplo, no comprar tantos cuadernos o equilibrar más la cantidad de lápices por tipo. Vamos a ajustar estos parámetros solo para que veas cómo puedes ir adaptando el cálculo a tus necesidades. Verás la evolución en las siguientes dos imágenes. Puedes elegir conservar la solución de SOLVER, o volver a calcular y restaurar a los valores originales.

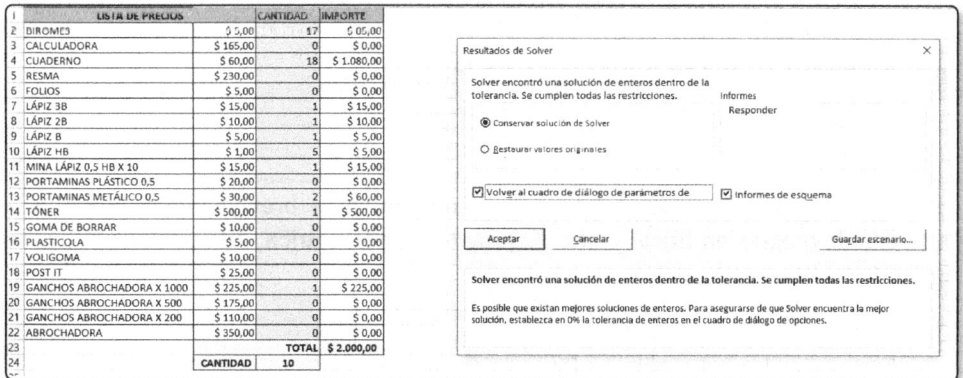

Figura 10.17. Esta es la primera solución planteada por SOLVER y, aunque puedes ajustarla más, se ve bastante coherente.

	A	B	C	D	E
1	**LISTA DE PRECIOS**		CANTIDAD	IMPORTE	
2	BIROMES	$ 5,00	50	$ 250,00	
3	CALCULADORA	$ 165,00	1	$ 165,00	
4	CUADERNO	$ 60,00	4	$ 240,00	
5	RESMA	$ 230,00	0	$ 0,00	
6	FOLIOS	$ 5,00	2	$ 10,00	
7	LÁPIZ 3B	$ 15,00	1	$ 15,00	
8	LÁPIZ 2B	$ 10.00	1	$ 10,00	
9	LÁPIZ B	$ 5,00	1	$ 5,00	
10	LÁPIZ HB	$ 1,00	5	$ 5,00	
11	MINA LÁPIZ 0,5 HB X 10	$ 15,00	1	$ 15,00	
12	PORTAMINAS PLÁSTICO 0,5	$ 20,00	0	$ 0,00	
13	PORTAMINAS METÁLICO 0,5	$ 30,00	2	$ 60,00	
14	TÓNER	$ 500,00	2	$ 1.000,00	
15	GOMA DE BORRAR	$ 10,00	0	$ 0,00	
16	PLASTICOLA	$ 5,00	0	$ 0,00	
17	VOLIGOMA	$ 10,00	0	$ 0,00	
18	POST IT	$ 25,00	0	$ 0,00	
19	GANCHOS ABROCHADORA X 1000	$ 225,00	1	$ 225,00	
20	GANCHOS ABROCHADORA X 500	$ 175,00	0	$ 0,00	
21	GANCHOS ABROCHADORA X 200	$ 110,00	0	$ 0,00	
22	ABROCHADORA	$ 350,00	0	$ 0,00	
23			TOTAL	$ 2.000,00	
24		CANTIDAD	12		
25					

Figura 10.18. En esta imagen, ves cómo, ajustando algunos parámetros de cálculo, esta solución es mucho mejor que la anterior, y más equilibrada.

Ten en cuenta que, independientemente de a qué lo apliques, en algunas ocasiones SOLVER tal vez no llegue al resultado deseado, para lo cual posiblemente debas seguir ajustando algunos parámetros hasta obtener una solución que te resulta satisfactoria. Esta es una herramienta más para ayudarte en la resolución de problemas, pero no los resuelve todos. Llegado el caso, tendrás que echar mano a las otras herramientas que ya has visto y a dos más que mostraremos a continuación: las funciones TENDENCIA y CRECIMIENTO.

10.2 DIFERENCIA ENTRE FUNCIONES DE PROGRESIÓN LINEAL Y DE PROGRESIÓN GEOMÉTRICA

Antes de hablar de las funciones, mostraremos brevemente la diferencia entre una de **progresión lineal** y otra de **progresión geométrica**. Imagina que tienes la siguiente tabla:

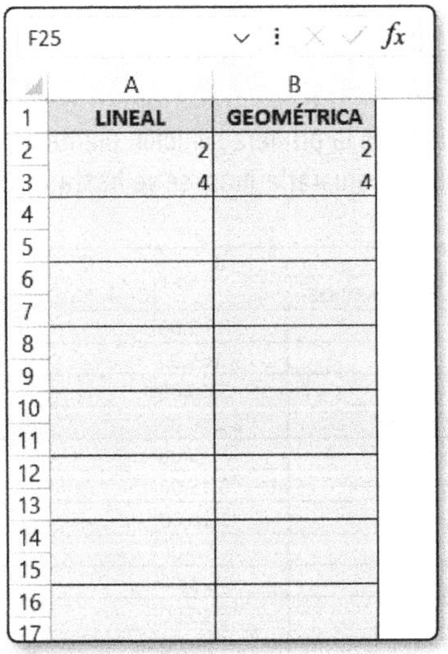
F25 fx

	A	B
1	LINEAL	GEOMÉTRICA
2	2	2
3	4	4
4		
5		
6		
7		
8		
9		
10		
11		
12		
13		
14		
15		
16		
17		

Figura 10.19. Con esta sencilla hoja de datos verás la diferencia entre una función con progresión lineal y una geométrica.

En estas dos columnas que comienzan de la misma forma, es decir, el incremento se da en +2, verás la abismal diferencia existente entre una función y otra. La primera, en la gráfica que mostramos, será siempre una línea recta, mientras que la segunda será siempre una curva. Esta es la diferencia fundamental entre ambas, ya que la tendencia es muy diferente y afectará directamente al resultado, según se aplique una función u otra.

En la primera columna, selecciona las dos primeras filas con los valores 2 y 4, y a continuación, en la esquina inferior derecha de la selección, pulsa en la cruz que se forma y arrastra sin soltar el botón izquierdo del mouse, hasta la última fila pintada. El valor de las celdas se incrementará en +2.

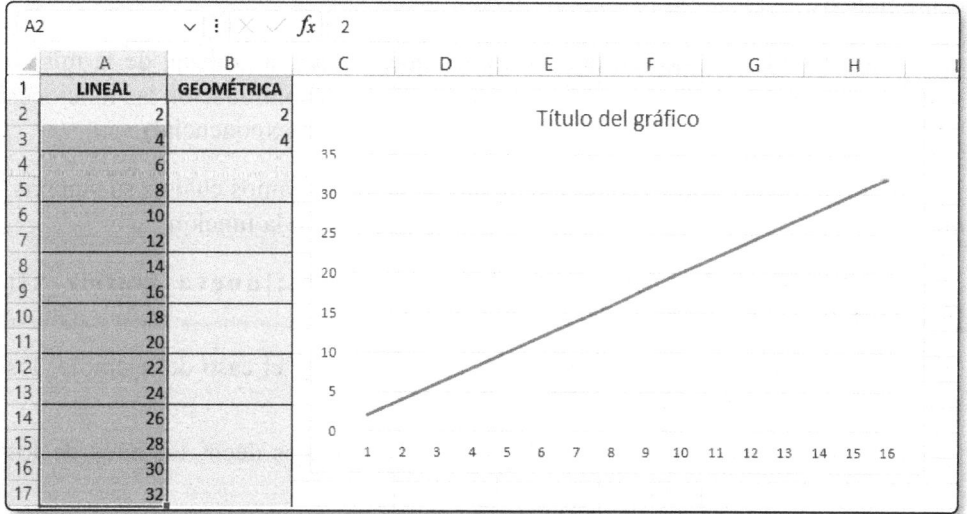

Figura 10.20. Al seleccionar y arrastrar hacia abajo con el botón izquierdo del mouse, se obtiene una progresión lineal de números, como lo muestra el gráfico que se obtiene.

Por el contrario, si seleccionas en la columna **B:B** los dos valores y arrastras, pero esta vez con el botón derecho del mouse, y en el cuadro que se abre, al soltar, pulsas en **Progresión geométrica**, verás que los números se elevan al doble de su anterior, es decir, 2,4,8,16,32,64,128…, y en la gráfica que se forma aprecias una curva.

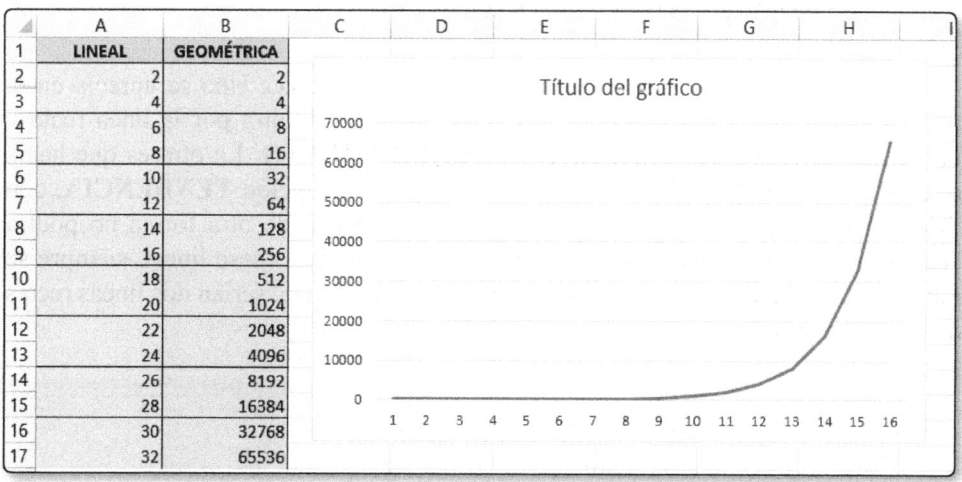

Figura 10.21. Al seleccionar y arrastrar con el botón derecho del mouse los números 2 y 4, accedes al menú contextual con la opción Tendencia geométrica que, como se observa en el gráfico, siempre es una línea curva.

Las funciones de tipo geométrico, también llamadas exponenciales, son las que utilizarás, por ejemplo, cuando realices cálculos de población, es decir, cálculos demográficos.

En Excel 365, existen dos funciones que, si bien se utilizan de la misma forma, realizan un cálculo muy diferente. Presentamos a continuación las funciones **TENDENCIA** (lineal) y **CRECIMIENTO** (geométrica o exponencial).

Antes de mostrar el comportamiento de ambas, veamos cuál es su sintaxis, que es la misma en ambos casos, excepto por el nombre de la función:

=TENDENCIA(conocido_y;[conocido_x];[nueva_matriz_x]; [constante])

- ▶ **conocido_y**: es el valor de Y, que conoces, en el caso del ejemplo, los valores para 2021 y 2022.

- ▶ **conocido_x**: es el valor de X, que conoces, es decir, los años de los valores conocidos (el conocido_y).

- ▶ **nueva_matriz_x**: es el valor de X que tienes que averiguar, es decir, los años desde 2023 hasta 2041.

=CRECIMIENTO(conocido_y;[conocido_x];[nueva_matriz_x]; [constante])

- ▶ Tanto **conocido_y**, como **conocido_x** y la **nueva_matriz_x**, son los mismos que para la función TENDENCIA.

En la imagen siguiente verás claramente dos cosas. Una se aprecia en la gráfica, donde notas la diferencia entre una función y la otra por la línea recta y curva, respectivamente: **TENDENCIA** y **CRECIMIENTO**. La otra es que hacia el año 2041, la función **CRECIMIENTO** supera a la función **TENDENCIA**, con lo cual muestra a las claras su exponencialidad, ya que de otra forma no podría superarla nunca por haber iniciado por debajo de ella, y si fuese lineal, siempre se mantendría en la misma proporción. La gráfica, en este caso, serían dos líneas rectas que nunca se cruzarían.

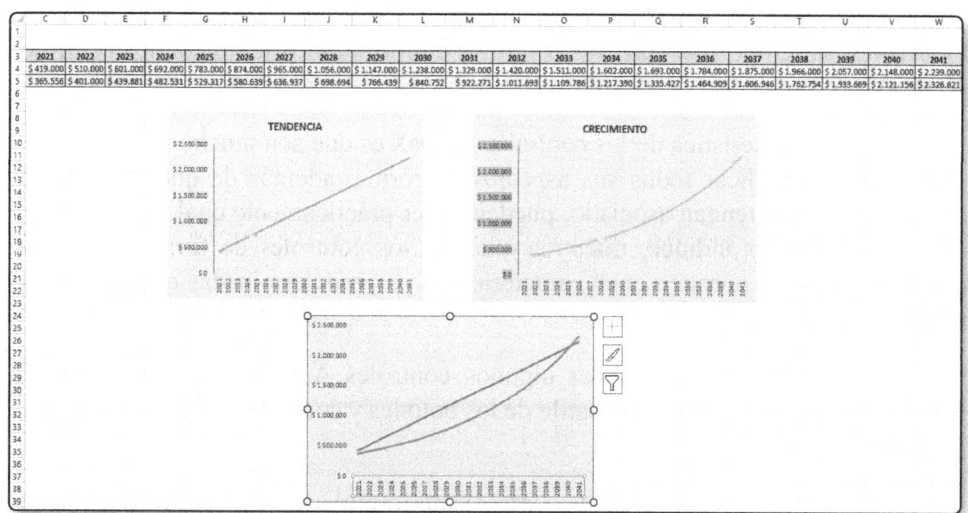

2021	2022	2023	2024	2025	2026	2027	2028	2029	2030	2031	2032	2033	2034	2035	2036	2037	2038	2039	2040	2041
$ 419.000	$ 510.000	$ 601.000	$ 692.000	$ 783.000	$ 874.000	$ 965.000	$ 1.056.000	$ 1.147.000	$ 1.238.000	$ 1.329.000	$ 1.420.000	$ 1.511.000	$ 1.602.000	$ 1.693.000	$ 1.784.000	$ 1.875.000	$ 1.966.000	$ 2.057.000	$ 2.148.000	$ 2.239.000
$ 365.556	$ 401.000	$ 439.881	$ 482.531	$ 529.317	$ 580.639	$ 636.937	$ 698.694	$ 766.439	$ 840.752	$ 922.271	$ 1.011.693	$ 1.109.786	$ 1.217.390	$ 1.335.427	$ 1.464.909	$ 1.606.946	$ 1.762.754	$ 1.933.669	$ 2.121.156	$ 2.326.821

Figura 10.22. En esta imagen, en el gráfico TENDENCIA – CRECIMIENTO, puedes apreciar claramente el cruce de líneas en el año 2041, que muestra la función exponencial versus la lineal. Luego de este cruce, la curva se vuelve más pronunciada, alejándose más rápidamente del valor lineal.

Estas dos funciones ayudan también a realizar previsiones basadas en datos históricos. Son muy útiles combinadas con otras que ya has visto. Tenlas en cuenta siempre que necesites hacer una proyección o un cálculo a futuro.

A continuación, comenzaremos a ver las herramientas para realizar **formularios** que te ayudarán a darles un aspecto más profesional a muchas de las tareas que puedes realizar con hojas de cálculo.

10.3 USO DE FORMULARIOS CON CONTROLES

Comenzaremos a ver aquí las distintas herramientas para crear un formulario que ofrece Microsoft Excel 365. Ante todo, ¿qué es un formulario? Un formulario es una hoja de datos que contiene botones y controles que agilizan la carga de datos en otra hoja de cálculo o en otro libro, o que permiten, de forma puramente visual, generar acciones basadas en cálculos y funciones que son llamadas por estos controles y botones.

Para utilizar estos controles y botones, debes activar primero la pestaña **Programador**. Como ya has visto cómo crear una pestaña personalizada y un grupo, y cómo acceder y activar nuevas pestañas o pestañas ocultas por defecto, obviaremos la explicación del acceso.

Una vez que tengas activada la pestaña **Programador**, verás en el Grupo **Controles**, subgrupo **Insertar**, los controles de formularios junto con los controles **ActiveX**.

Una característica de los **controles ActiveX** es que son mucho más versátiles y se pueden modificar todos sus aspectos de forma, además de que, de acuerdo con el código que tengan asociado, pueden hacer prácticamente cualquier cosa que el programador les indique, mientras que con los controles de formulario no se puede hacer tanto, porque tienen características ya predeterminadas que no pueden modificarse demasiado.

No obstante, puedes usar algunos controles ActiveX en vez de los de formulario si quieres cambiar el estilo de los botones y controles, luego les asignarás la macro que crees.

En este libro verás solo los controles de formulario, que son los que puedes enlazar a celdas con funciones para que realicen algunas tareas.

A pesar de que puedan parecerte lo mismo (ya que muchos de los que ves en el subgrupo **Controles de formularios** son muy parecidos a los de ActiveX), tienen una diferencia fundamental: unos se pueden utilizar con macros y se les puede asignar **celdas de enlace**, con las que funcionarán, mientras que otros, los ActiveX, requieren de código en VB o VBA (Visual Basic o Visual Basic para Aplicaciones) para funcionar.

Para explicar con claridad el uso de estos controles, pondremos un ejemplo. Supón que tienes una tienda de comida rápida y quieres otorgarles un descuento especial (15%) a los clientes de más de 30 años.

Por otra parte, la tarjeta que utiliza tu negocio (VISA) brinda un descuento de 20% a quienes realicen su pago con ella, en tanto que el resto de las tarjetas no ofrecen descuentos (American Express, Mastercard, NaranjaX, Visa NaranjaX).

Tienes que generar un formulario que reúna todos estos controles y realice las acciones necesarias para otorgar (o no) el descuento que corresponda. Lo haremos paso a paso, como ya es habitual en nuestro trabajo.

Antes de ir al ejemplo práctico, analicemos cuáles son los controles que tienes disponibles y qué acciones realiza cada uno. Los veremos en el orden que se presentan por defecto en el Grupo **Controles**:

  ▶ **Botón de formulario**: agrega a las hojas de cálculo botones que pueden estar asociados a macros, para automatizar las tareas sin necesidad de llamar a la macro mediante combinaciones de teclas que a veces pueden ser difíciles de recordar. Además, le da un aspecto más profesional a la hoja de cálculo.

En este caso, puedes usar el control de Botón de **ActiveX**, si lo que quieres es cambiar la fuente, el color de texto, el fondo del botón, etc.

▼ **Cuadro combinado**: genera una lista desplegable con opciones para elegir de un rango de celdas predefinido. Cabe aclarar que una elección invalida a la otra. Cada opción genera un código numérico que puede utilizarse para validar una condición (1, 2, 3…).

▼ **Casilla de verificación**: crea un cuadro al lado de la opción, en la que se puede tildar, también, si hay una celda vinculada. Genera una condición, en este caso **VERDADERO** si está activa y **FALSO** si está desactivada. Esta condición puede vincularse a funciones que pueden devolver uno u otro resultado, según esté activada o desactivada. Actúa de manera diferente al botón de opción (que ya veremos en esta sección) toda vez que puede combinarse con otras casillas de verificación y un estado no invalida al otro, es decir que puedes tener varias casillas activadas a la vez. Resulta ideal para formularios con muchas variables.

▼ **Control de número**: genera una lista numérica limitada que aumenta o disminuye las cantidades en la celda a la que se liga. Sirve para limitar un número en una celda cuando necesitas que esta cumpla una condición especial, limitada por el número.

▼ **Cuadro de lista**: crea una lista con opciones para seleccionar; generalmente se usa con texto, aunque la lista puede ser numérica. Si se la vincula con una celda, genera un número de orden que puede usarse para validar funciones, de acuerdo con el número generado.

▼ **Botón de opción**: utiliza el botón de opción cuando necesites que se cumpla una única condición para obtener un resultado, ya que este control no permite duplicaciones, como la casilla de verificación. Genera un código numérico por cada botón de opción que creas.

▼ **Cuadro de grupo**: este no es un control que genera códigos, ni se puede utilizar en fórmulas o funciones, sino que sirve para agrupar elementos de una misma categoría en un formulario, como verás cuando realicemos la práctica.

▼ **Etiqueta**: al igual que el anterior, este control crea una etiqueta para un control o grupo de controles. Las etiquetas son rótulos estáticos, que quedan incrustados en los formularios; a veces indican algo, otras veces pueden advertir, e incluso dar alguna indicación general.

▼ **Barra de desplazamiento**: agrega una barra en el formulario que muestra un rango de valores previamente definidos en Formato de control.

Para la práctica de creación de formulario utilizarás los controles **Botón de formulario**, **Botón de opción**, **Cuadro de grupo** y **Cuadro con lista desplegable**, y algunas funciones que ya has visto. Esperamos que este ejemplo sea de tu satisfacción y que con esto puedas crear formularios profesionales para controlar datos e ingresarlos en hojas de cálculo. Mediante este Paso a paso, estamos seguros de que podrás dominar por completo la creación de formularios.

Antes de comenzar, y para tener una mejor visualización del formulario, trabajaremos sin las líneas de cuadrícula de **Excel**. Desactívalas como ya sabes hacer.

10.3.1 Crear un formulario en Excel 365

PASO 1

Selecciona en el Grupo **Controles**, el control de **Cuadro de grupo**, que utilizarás para delimitar las categorías de los controles que irás insertando. Necesitas seis, así que genera el primero y luego selecciónalo y cópialo y pégalo cinco veces. Colócalo en alguna parte de la hoja que no utilices.

De esta forma irás armando el "esqueleto" de lo que será el formulario. Selecciónalo y cambia el nombre de los títulos del cuadro. Usa los siguientes nombres:

EDAD PARA DTO.
FORMA DE PAGO – EDAD
FACTURACIÓN
TIPO DE TARJETA

Deja dos en blanco, que solo cumplirán la función de separadores.

PASO 2

Dentro del cuadro de grupo, **EDAD PARA DTO.**, coloca dos botones de opción. Cambia las etiquetas por defecto por "**SOY MENOR DE 30**", "**SOY MAYOR DE 30**".

PASO 3

Toma el cuadro de grupo **FORMA DE PAGO – EDAD**, y alinéalo para que quede a la misma altura que el anterior. Luego estíralo desde la derecha, para que alcance un poco más de la Columna G. Aquí insertarás un solo control, que es el correspondiente a **Cuadro con lista desplegable**, como se observa en la siguiente imagen.

En las celdas **F3:F7**, escribe: **VISA, TARJETA, EFECTIVO, M PAGO, MEN/MAY**.

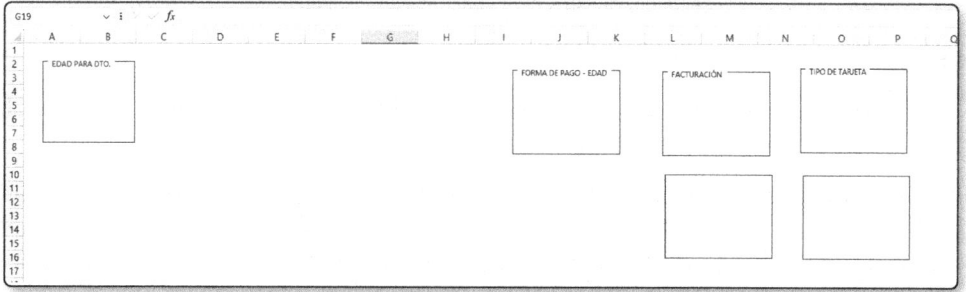

Figura 10.23. Aquí ves ya preparados los seis *Cuadros de grupo* que utilizarás en el formulario.

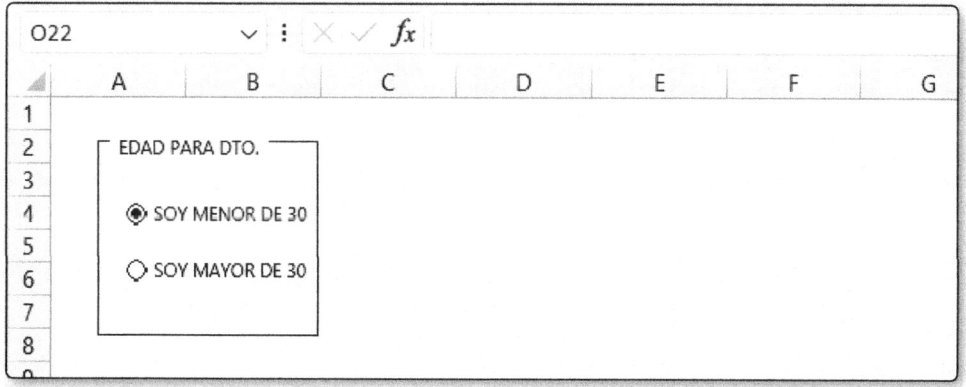

Figura 10.24. Ya tienes tu primer cuadro completo, el correspondiente a la EDAD PARA DTO. Déjalo por ahora y continúa armando la estructura visual del formulario.

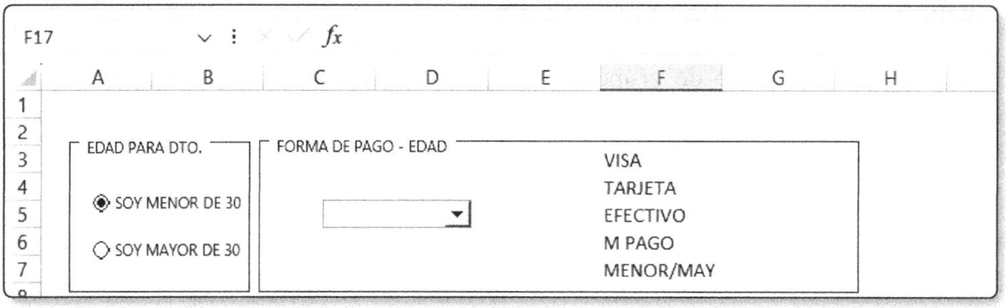

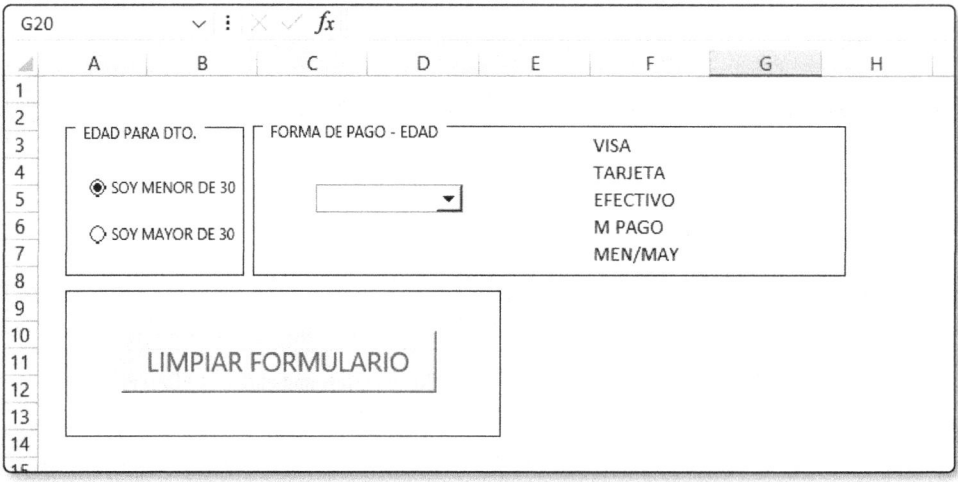

Figura 10.25. Los dos primeros cuadros con la lista desplegable en el segundo, ya listos para ponerlos en funcionamiento.

PASO 4

Ahora debes colocar el botón que accionará la macro que limpiará el formulario, para cargarlo con otra información.

Para hacerlo, toma uno de los cuadros de grupo que no tiene nombre y alinéalo con el resto. Haz que pase solo un poco de la columna E, lo que será suficiente ancho para insertarlo. Ahora selecciona el botón y dibuja un rectángulo que ocupe aproximadamente el centro del cuadro de grupo. No te preocupes porque luego podrás moverlo para dejarlo bien centrado. Haciendo clic derecho y yendo a la pestaña **Fuente**, puedes cambiar el color y el tipo de fuente.

Figura 10.26. Una vez que insertes el botón de formulario, verás que este de a poco va adquiriendo una apariencia profesional.

Los demás pasos tienen la misma operatoria, por lo que se muestra a continuación el formato final. Continuaremos hacia los cálculos y verificaciones que hará cada uno de los controles para funcionar adecuadamente.

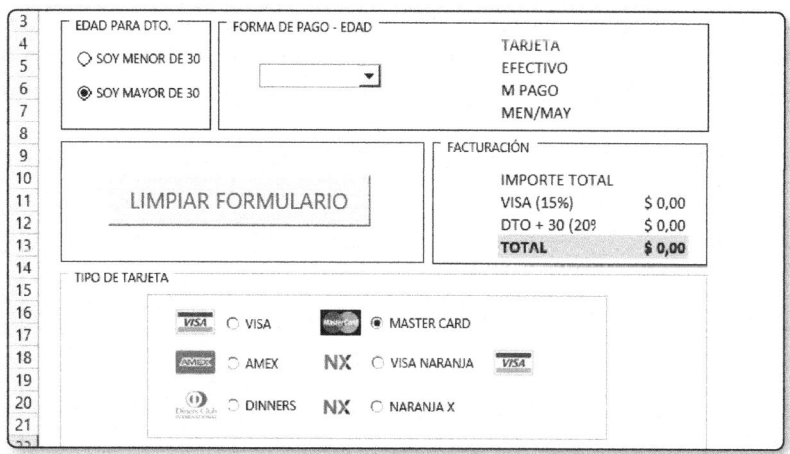

Figura 10.27. Este es el formato final del formulario una vez que
hayas colocado todos los controles en su lugar.

A continuación, comenzaremos a adentrarnos en el funcionamiento del
formulario; haz lo siguiente:

En el cuadro de grupo **EDAD PARA DTO**, haz clic con el botón derecho
sobre el control botón de opción para ingresar a la opción **Formato de control...** Se
abrirá la ventana que sigue:

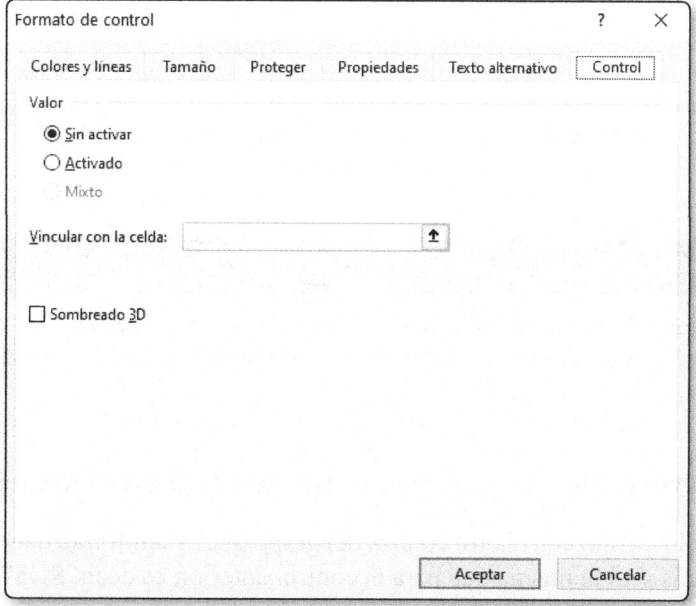

Figura 10.28. En el cuadro de diálogo que se muestra generarás la respuesta
que el control le dará al formulario cada vez que se active.

Ingresa los siguientes parámetros de celdas para que el botón de opción **"SOY MENOR DE 30"** enlace con la celda **$G$7** y devuelva el código numeral correspondiente en ella. Ese código se usará para realizar uno de los cálculos.

El botón por defecto déjalo **Sin Activar**.

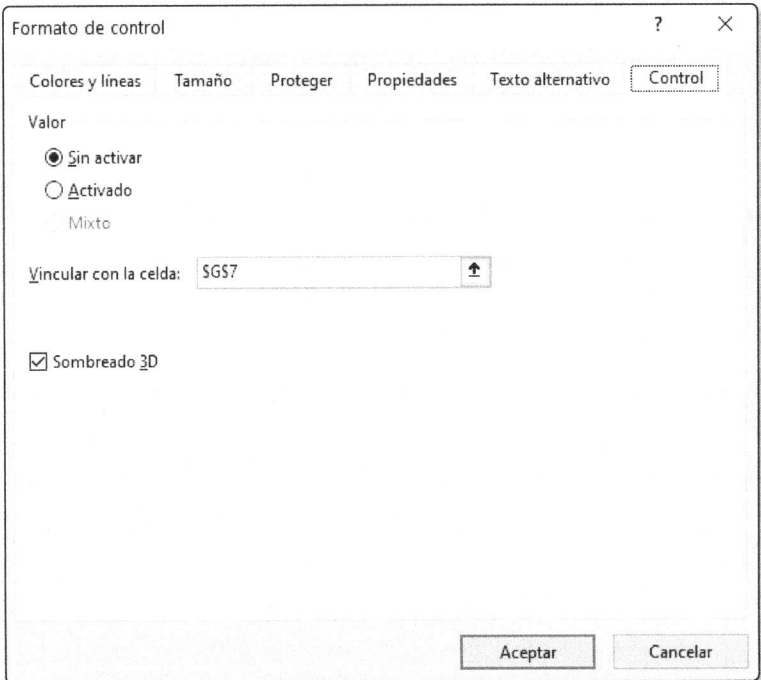

Figura 10.29. En esta imagen ves cómo enlazar la celda $G$7 para activar el código que utilizarás en los cálculos.

ⓘ NOTA ESTÉTICA

Si pulsas sobre la casilla de verificación Sombreado 3D, se suavizarán los bordes del cuadro o control que estés modificando, que adquirirá una apariencia más agradable a la vista.

Una vez que hayas realizado todos los cambios, pulsa en **Aceptar**.

Haz lo mismo con el otro control del grupo que estamos trabajando. La celda que conectarás será la misma que para el control anterior, es decir, **$G$7**.

Para el cuadro de lista desplegable, haz clic con el botón derecho, selecciona **Formato de control…**, como vienes haciéndolo con los otros controles, y en el cuadro que se abre, en la lista desplegable **Rango de entrada** inserta el lugar del formulario (o fuera de él) donde está la lista que quieres utilizar. En este caso, se ubica en el rango que va desde **$F$4:$F$6**, lo que equivale a decir, los tres medios de pago que escribiste en este mismo cuadro de grupo.

También tendrás que vincular el valor que genera con una celda, en este caso, **$G$4**, donde estará el valor equivalente a tarjeta.

Figura 10.30. En el cuadro que se abrirá una vez que selecciones formato de control para la lista desplegable, deberás indicar dos sectores: el *Rango de entrada*, donde estarán los datos que tendrá la lista, y la celda con la que vincularás el código numérico que genera la lista. Al finalizar, haz clic en *Aceptar*.

Ahora procede con todos los botones de opciones de las tarjetas de la misma manera que con los otros botones, vinculándolos todos a la misma celda, es decir **$G$3**.

Resta realizar los cálculos que harán el descuento de la compra, y generar la macro para limpiar el formulario. Agregaremos también una función **SI()** para que muestre la palabra VISA cada vez que una persona pague con esta tarjeta, ya que es la única que ofrece el descuento especial de tarjetas. Si lo quisieras, podrías realizar un formato condicional para que resalte esta celda cada vez que aparezca la palabra VISA, pero lo dejaremos como está.

Comenzaremos por lo más sencillo, ya terminando con este trabajo.

Para que cada vez que se hace clic en el botón de opción VISA, aparezca la palabra VISA en la celda **$F$4**, coloca en esta celda la siguiente función:

=SI($G$3=1;"VISA";"")

De esta manera, le estás diciendo a **$F$4** que si el valor de **$G$4** es 1, escriba VISA en la celda de la función.

Los otros dos cálculos que deberás realizar tienen su origen en las celdas **$G$11** y **$G$12**, y son los siguientes:

Para **$G$11: =SI($F$3="VISA";$G$10*15%;0)**

Para **$G$12: =SI($G$7=2;$G$10*20%;0)**

En el primer caso le dices a la celda **$G$11** que, si en **$F$3** aparece la palabra VISA, efectúe el 15% del valor de la celda **$G$10**, y de lo contrario, coloque 0. En el segundo caso, si la celda **$G$7** es 2, que calcule el 20% del valor de **$G$10**, y de lo contrario, que no realice ningún cálculo y deje la celda en 0.

Con estos tres sencillos cálculos, se aplican los descuentos por edad y por tarjeta, según correspondan.

Figura 10.31. El formulario, ya terminado y completamente funcional.

Para generar la macro que limpiará el formulario, una vez que esta comenzó a grabar, debes seleccionar con el botón derecho cada uno de los botones de opción, ingresar en **Formato de control** y hacer doble clic sobre **Sin activar**. Luego de hacer esto, selecciona la celda con el importe total y pulsa **Suprimir**. Presiona el botón **Parar** de la macro para que deje de grabar.

Luego, pulsa con el botón derecho del mouse y selecciona **Asignar macro…** Busca el nombre que le diste a la macro generada y presiona en **Aceptar**.

Con esto podrás limpiar el formulario cada vez que necesites realizar una nueva carga de datos.

10.4 ACTIVIDADES

A continuación se presentan las preguntas y los ejercicios que deberías saber responder y resolver para considerar aprendido el capítulo.

10.4.1 Test de autoevaluación

1. ¿Qué es SOLVER?

2. ¿Qué es lo primero que debes hacer para usar SOLVER?

3. ¿Qué son y para qué sirven las restricciones en SOLVER?

4. ¿Cuál es la diferencia importante entre una función de tendencia lineal y una geométrica o exponencial?

5. ¿Qué tipo de función es **TENDENCIA***?*

6. ¿Qué tipo de función es **CRECIMIENTO***?*

7. ¿Cuál es el uso más común que puede darse a una función geométrica?

8. Nombra tres controles de formulario y qué función cumplen.

9. ¿Qué son los controles ActiveX?

10. ¿Es posible usar cualquier control ActiveX si no se sabe programar?

10.4.2 Ejercicios prácticos

1. *Averigua qué es SOLVER en cálculo matemático, independientemente del complemento de Excel 365.*

2. *Investiga en Internet otros usos poco comunes de SOLVER.*

3. *Averigua si se pueden utilizar los formularios en Excel 365 para insertar datos en hojas de cálculo, sin saber programar en VB.*

11

PRÁCTICAS

Antes de recorrer el último tramo de este curso integral de Microsoft Excel en su versión 365, lo mejor será afianzar los conceptos realizando una sección práctica, en la que pondrás en juego muchos de los temas aprendidos desde el comienzo de este libro.

¿De qué manera lo harás? Pues de la manera en que mejor se aprende Excel: creando hojas de cálculo en las que aplicarás diversas herramientas analizadas en los capítulos previos.

11.1 PROYECTO 1: UNA HOJA DE ENTRADAS Y SALIDAS DE DINERO

Llevar la economía del hogar no siempre es tarea fácil. En algunos casos, por no tener ordenadas las cuentas, se te pasan vencimientos y gastas dinero de más; en fin, muchas veces ni siquiera sabes cuánto dinero aún te queda en la cuenta. Pues bien, con unos sencillos cálculos, es posible obtener toda la información rápidamente y gestionar de modo más eficiente tu economía. Sigue este Paso a Paso y podrás crear una hoja de datos para tener tu dinero bajo control.

A continuación verás un paso a paso para crear una sencilla hoja de datos para calcular gastos del hogar:

Flujo de caja													
	ENE	FEB	MAR	ABR	MAY	JUN	JUL	AGO	SEP	OCT	NOV	DIC	Total
Saldo inicial	15000	8419	7151	7291	11853	22860	14028	13616	16481	19342	19927	12014	
Ingresos													
Ventas en efectivo	21765	15792	20460	23309	20151	18156	21270	19454	17184	20240	18098	24796	240675
Cobros de ventas a crédito	5910	14235	8109	7254	7682	9348	8977	10523	14816	5140	7736	12486	112216
Cobros por ventas de activo f	5034	5227	6388	8094	13763	6440	6867	14325	7458	11308	9913	8922	103739
Total Ingresos	32709	35254	34957	38657	41596	33944	37114	44302	39458	36688	35747	46204	456630
Egresos													
Compra de mercancía	10779	12841	7751	13016	9976	14348	9829	13122	13445	7722	14770	14546	142145
Pago de nómina	2974	4315	2690	2577	2835	4811	3039	2885	4054	4394	2503	3209	40286
Pago de Seguridad social	3339	3625	4804	4082	3188	3947	4135	4115	1798	4853	3645	3783	45314
Pago proveedores	4396	4718	4069	2307	2534	3723	2378	1068	2947	2151	4794	3439	38524
Pago de impuestos	4754	2076	4556	4340	4471	4519	2398	4409	4267	4349	4132	3367	47638
Pago de servicios públicos	4529	1311	1681	2591	2697	2557	2840	4062	2004	2869	3463	1155	31759
Pago de alquiler	2011	2146	4549	2278	1169	1588	2482	4492	1396	4267	3970	3722	34070
Pago de mantenimiento	2731	2649	2238	1132	2652	3816	2352	2082	1297	1360	3834	4060	30203
Pago de publicidad	3777	2841	2479	1772	1067	3467	3073	4752	4939	3688	2099	1096	35050
Total Egresos	39290	36522	34817	34095	30589	42776	32526	40987	36147	35653	43210	38377	444989
Flujo de caja económico	8419	7151	7291	11853	22860	14028	18616	16931	19792	20377	12464	19841	
Financiamiento													
Préstamo recibido	0	0	0	0	0	0	5000	0	0	0	0	0	5000
Pago de préstamos	0	0	0	0	0	0	0	450	450	450	450	450	2250
Total Financiamiento	0	0	0	0	0	0	5000	450	450	450	450	450	7250
Flujo de caja financiero	8419	7151	7291	11853	22860	14028	13616	16481	19342	19927	12014	19391	

Figura 11.1. Flujo de caja en Excel.

PASO 1

Abre una nueva hoja de cálculo y escribe **FECHA** en la celda **A1**, **CONCEPTO** en **B1**, y continúa desplazándote hacia la derecha escribiendo, en cada celda contigua: **INGRESO, EGRESO** y **SALDO**.

Debajo de **CONCEPTO** escribe **RESERVAS DE JUNIO** (en este caso, como comenzarás la hoja en julio, vas a colocar la cantidad de dinero que te queda, y al finalizar el mes, trasladarás el último saldo a la hoja siguiente como **RESERVAS DE JULIO**; lo mismo harás en cada inicio de mes). La primera y segunda celda de las columnas **C** y **D** irán pintadas con algún color, ya que allí no habrá datos.

A	B	C	D
CONCEPTO	INGRESO	EGRESO	SALDO

PASO 2

Comienza a ingresar las fórmulas que realizarán los cálculos. En la celda D2 coloca la siguiente fórmula:

=B2+B3-C3

	A	B	C	D
		⌄ ⋮ ✕ ✓ *fx* =B2+B3-C3		
1	CONCEPTO	INGRESO	EGRESO	SALDO
2	RESERVAS DE JUNIO	$ 215.000,00		
3				=B2+B3-C3

PASO 3

En este caso no vas a copiar y pegar la fórmula porque estaría incompleta: falta una celda, que es la correspondiente al saldo, que debe ser parte de la ecuación para que la hoja de datos calcule con exactitud.

Tienes dos opciones. La primera es colocar la siguiente fórmula:

=D3+B4-C4

es decir, el saldo anterior (en **D3**), más los ingresos, si los hubiera, menos el gasto del que se trate. Si usas solo esta fórmula y la copias a las celdas sucesivas, ocurrirá lo siguiente:

	A	B	C	D
		⌄ ⋮ ✕ ✓ *fx* =D4+B5-C5		
	CONCEPTO	INGRESO	EGRESO	SALDO
	RESERVAS DE JUNIO	$ 215.000,00		
	GAS		$ 2.501,26	$ 212.498,74
	ELECTRICIDAD		$ 1.200,06	$ 211.298,68
	CELULARES		$ 10.328,00	=D4+B5-C5
				$ 200.970,68
				$ 200.970,68
				$ 200.970,68
				$ 200.970,68
				$ 200.970,68
				$ 200.970,68
				$ 200.970,68
				$ 200.970,68
				$ 200.970,68
				$ 200.970,68
				$ 200.970,68
				$ 200.970,68
				$ 200.970,68

Para que esto no suceda, puedes echar mano a una de las funciones más usadas en Excel, que seguramente habrás utilizado infinidad de veces desde que comenzaste con este curso de Excel 365 (actualización de Excel 2016): **SI()**.

PASO 4

Vas a corregir la tabla agregando dos funciones **SI**, una para la celda **D3** y otra para la **D4** y sucesivas:

Función **SI()**, para la celda **D3**:
=SI(A3>"A";B2+B3-C3;0)

Te estarás preguntando por qué se agrega una letra a la ecuación "mayor que". Pues con este cambio le estás diciendo a la función que, si no hay nada escrito en **A3** (correspondiente a la columna **CONCEPTO**), no haga nada, y deje en 0 la celda donde ingresaste el cálculo. En efecto, esto es para no tener que colocar un valor sin un concepto.

Si quieres realizar un buen control de los gastos de dinero del hogar, lo mejor es saber a qué se atribuyen esos gastos. Por esta razón, la columna **CONCEPTO** no puede estar vacía, como verás en la siguiente imagen:

D3		fx	=SI(A3>"A";B2+B3-C3;0)		
	A		B	C	D
1	CONCEPTO		INGRESO	EGRESO	SALDO
2	RESERVAS DE JUNIO		$ 215.000,00		
3			$ 284.000,00	$ 2.501,26	$ -
4					$ -
5					$ -
6					$

Función **SI()**, para la celda **D4**:
=SI(A4>"A";D3+B4-C4;0)

En este caso, lo que estás realizando es básicamente lo mismo, pero con la segunda ecuación: la que toma la celda D3, que es la del saldo luego del último movimiento. Esta es la función que deberás copiar hacia abajo para que la hoja de datos funcione correctamente.

D4			f_x	=SI(A4>"A";D3+B4-C4;0)			
		A		B	C	D	
1		CONCEPTO		INGRESO	EGRESO	SALDO	
2	RESERVAS DE JUNIO			$ 215.000,00			
3	COBRO DE HABERES			$ 284.000,00		$ 499.000,00	
4	GAS					$ 499.000,00	
5						$ -	
6						$ -	

D4			f_x	=SI(A4>"A";D3+B4-C4;0)			
		A		B	C	D	
1		CONCEPTO		INGRESO	EGRESO	SALDO	
2	RESERVAS DE JUNIO			$ 215.000,00			
3	COBRO DE HABERES			$ 284.000,00		$ 499.000,00	
4	GAS				$ 3.508,22	$ 495.491,78	
5						$ -	
6						$ -	
7						$ -	
8						$ -	

Figura 11.2. Al agregar el importe de la factura del ejemplo, ves que la celda SALDO se modifica, en tanto que las siguientes permanecen sin cambios.

PASO 5

Para finalizar, puedes darle a la tabla el formato que quieras, y agregar un botón que, al final del mes, borre toda la información con el objetivo de que la puedas seguir utilizando al mes siguiente.

ⓘ NOTA IMPORTANTE

Recuerda que, una vez que pulses este botón, perderás toda la información anterior, por lo que te recomendamos que, primero, copies la hoja del mes finalizado y la guardes en otro libro, al que podrás llamar, por ejemplo: INGRESOS Y EGRESOS DEL HOGAR. Hazlo de la forma en que aprendiste a mover o copiar una hoja, en las primeras lecciones de este curso.

Procedimiento para agregar el botón:

▸ Debes tener la pestaña **Programador** activada. Si no lo está, actívala como ya aprendiste al ver la **Cinta de Opciones**.

▸ En el menú **Controles**, haz clic en el submenú **Insertar** y, en **Controles de Formulario**, pulsa en **Botón**, como lo indica la siguiente figura:

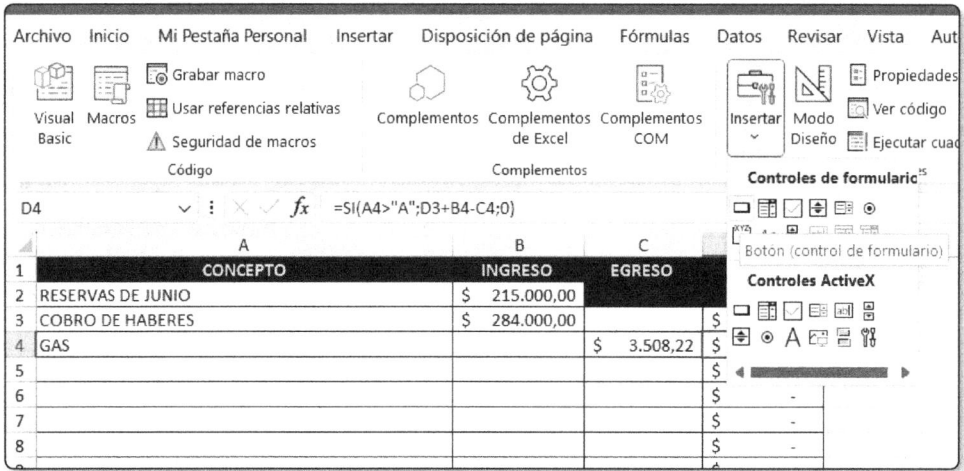

Figura 11.3. En la pestaña *Programador* podrás ubicar el comando *Botón*, que insertará un control para que puedas borrar la hoja de datos sin quitar las fórmulas, por medio de una macro.

Selecciona el lugar de la hoja donde lo colocarás y demarca un cuadro de 2 columnas por 2 filas, aproximadamente, para el botón. Luego, si quieres que sea más pequeño, puedes redimensionarlo y cambiar su nombre. En este caso se llama **BORRAR TODO**, para darle a entender al operador cuál es su función. Posiciónate en la celda A2.

En la misma pestaña **Programador**, haz clic en el botón **Grabar macro**, del menú **Código**.

Una vez que la macro esté grabando, selecciona todas las celdas en las que escribirás contenido (es decir, la columna CONCEPTO, y las de INGRESOS y EGRESOS), excepto la columna con las fórmulas, que es la que lleva por título SALDO. Puedes seleccionar también las dos celdas pintadas. Asegúrate de haber seleccionado todas las celdas de la hoja de datos. A continuación, pulsa la tecla **SUPR** o **DEL** y presiona el botón **Detener grabación** (es el mismo que usaste para grabar la macro, solo que ahora cambió de estado y muestra esta leyenda).

Prueba el botón y, en caso de que no funcione, haz la asignación de la macro al botón (esto también ya lo viste anteriormente). Con este procedimiento, la macro borrará todo el contenido.

ⓘ TIP 1

Observa que, al finalizar la macro, han quedado seleccionadas todas las filas y columnas en las que es factible ingresar datos. Si lo dejas de esta forma, podrás desplazarte fácilmente mediante la tecla TAB del teclado, y cargar los datos de manera más rápida y eficiente, como si fuera un formulario.

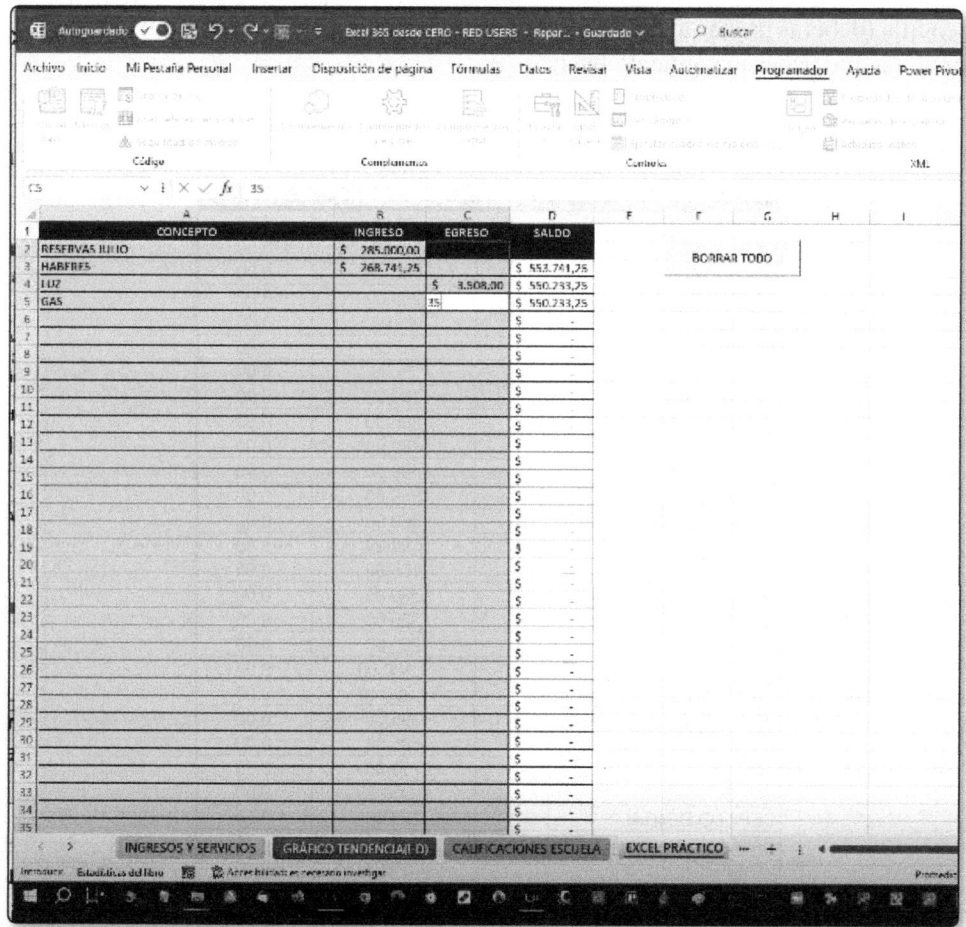

Figura 11.4. Recuerda que, para moverte con el cursor, deberás hacerlo mediante la tecla *TAB*; de lo contrario, perderás la selección y no podrás hacerlo de este modo. En caso de que esto suceda, puedes volver a seleccionar todo el rango y continuar desde donde perdiste la selección.

11.2 PROYECTO 2 UTILIZAR SOLVER

Continuando con los ejemplos de aplicación de Excel en tareas diarias, aquí te traemos un ejemplo que permite resolver tu lista de compras utilizando SOLVER, una de las últimas herramientas que hemos visto. Se trata de una herramienta muy poderosa que puede solucionar infinidad de problemas de reparto de horas de trabajo, asignaciones de tareas, recorridos entre dos o más puntos y distribución de materias primas, además de realizar un sinfín de tareas de programación lineal, así como de todo tipo de funciones que sean lineales y no lineales y que deban cumplir con ciertas restricciones.

Por ejemplo, puedes resolver tu compra en el supermercado de manera muy sencilla (deberás probar algunos parámetros hasta alcanzar la proporción adecuada). Imagina que tienes la siguiente lista:

Esto es lo que idealmente quieres comprar en el supermercado, junto con los precios, como ves en la lista.

ARTÍCULO	CANT.	PRECIO UNIT.	TOTAL
TOMATES		40,00	0,00
CEBOLLAS		25,00	0,00
LECHUGA		180,00	0,00
ESPINACA		250,00	0,00
PAPAS		45,00	0,00
BANANAS		75,00	0,00
MANZANAS		75,00	0,00
DESODORANTE		750,00	0,00
DENTÍFRICO 150GR		385,00	0,00
LAVANDINA		780,00	0,00
DETERGENTE		660,00	0,00
JABÓN DE LA ROPA		850,00	0,00
JABÒN DE TOCADOR		260,00	0,00
ALGODÓN		590,00	0,00
LECHE		165,00	0,00
JAMÓN		380,00	0,00
QUESO		225,00	0,00
AGUA 1L		250,00	0,00
TE		1.100,00	0,00
CAFÉ		1.360,00	0,00
MILANESAS DE SOJA		385,00	0,00
CEREALES		585,00	0,00
AZÚCAR		780,00	0,00
QUESO RALLADO		1.600,00	0,00
CEPILLO DENTAL		280,00	0,00
GASEOSA		470,00	0,00
HAMBURGUESAS		1.510,00	0,00
POLLO		1.650,00	0,00
CANT. ITEMS	0	TOTAL	$ 0,00

Figura 11.5. Esta es la lista de las compras del supermercado. Verás qué fácil puedes realizar una compra equilibrada para que nada te falte, y a la vez, adaptes tu compra al presupuesto que hayas establecido. Con SOLVER puedes hacerlo sin dificultades.

Ahora bien, sabes que esto es todo lo que puedes gastar para el mes, y que si gastas más, excederás tu presupuesto, por lo que tienes que buscar la manera de realizar una compra en la que nada imprescindible te falte y también puedas llevar otras cosas necesarias. En pocas palabras, precisas equilibrar la compra para optimizar el gasto. Si intentas hacer esto a mano, seguramente llegarás a la solución, pero te demandará bastante tiempo. Y la idea es resolver la compra lo más rápido posible. Verás que con SOLVER la solución es muy rápida y sencilla. Lo primero que tienes que hacer es pensar qué restricciones tendrás en cuenta para la compra. Además, la experiencia trabajando con este tipo de complementos nos permite darte algunos consejos:

> ### ⓘ TIP 2
>
> SOLVER es una herramienta espectacular para realizar cálculos y aplicar restricciones, pero no es una IA, de modo que no aprende ni avanza desde su error, solo calcula. Por esta razón, deberás ajustar lo máximo posible las restricciones para lograr un cálculo equilibrado y que sea aplicable de manera práctica.
>
> Es ideal que, de antemano, te plantees cuáles son los valores máximos que admitirás para un determinado ítem, ya que, en general, los primeros cálculos suelen realizarse de manera simple, al estilo de: "tengo tanto, lo divido por tal importe, y tengo la cantidad indicada para gastar". Pero este modo de accionar puede resultar en que debas comprar 37 lavandinas y 1 paquete de azúcar, por ejemplo, y esa no sería una compra lógica. Deberás ir aplicando restricciones a medida que observes desfasajes, o de antemano, saber cuáles serán las restricciones de cantidades que establecerás para ciertos ítems. A medida que vayas adquiriendo experiencia en el uso de SOLVER, podrás realizar las restricciones de manera natural, y luego ajustar uno o dos parámetros para finalizar.

Para poner en práctica este consejo, veremos con qué restricciones empezarás a trabajar con esta lista y con cuáles terminarás. Presta mucha atención:

- ▶ Tienes $ 45000 para las compras del supermercado de todo el mes.
- ▶ Debes llevar al menos 15 ítems distintos.
- ▶ No puedes excederte de los $ 45000.
- ▶ Las frutas y verduras, así como los elementos de limpieza, son imprescindibles.
- ▶ También el agua es imprescindible, necesitas al menos 6 botellas para tus requerimientos.
- ▶ Puedes prescindir de hamburguesas, pollo, cepillo dental y gaseosa.
- ▶ Todos los valores tienen que ser números enteros.

Este será el primer planteo: estableciste las restricciones pero algunos valores se disparaban y había desequilibrios, como la compra de 75 bananas, 27 lavandinas o 33 kg de azúcar.

Luego llegaste a las siguientes restricciones, además de las iniciales:

- No puedes llevar más de 3 tubos de dentífrico.
- No más de 4 lavandinas (no es una compra descabellada).
- No más de 4 detergentes (se resuelve la compra por lo menos para 3 o 4 meses)
- No más de 3 paquetes de jabón para la ropa (tampoco comprarías por al menos 3 meses)
- No más de 3 paquetes de algodón
- No menos de 4 leches
- No menos de 300 gs de jamón y 300 gr de queso
- No menos de 6 y hasta 10 botellas de agua mineral de 1 litro
- No más de 2 cajas de té
- No más de 4 cajas de café en saquitos
- No más de 4 paquetes de milanesas de soja
- No más de 4 bolsas de cereales
- No más de 3 kg de azúcar
- No más de 6 paquetes de queso rallado

Todo esto fue surgiendo a medida que se ajustaban los cálculos y, si lo ves lógicamente, los números deberían haberse ajustado desde el comienzo.

Por esta razón, te recomendamos realizar los ajustes antes de utilizar SOLVER, para optimizar los resultados sin perder tiempo.

Ahora, finalizando ya este capítulo práctico, realizaremos el Paso a paso para hacer la lista de supermercado con SOLVER. Este será un procedimiento atípico, ya que las imágenes no difieren de las que ya presentamos en el capítulo anterior cuando vimos el complemento. Solo mostraremos los ajustes finales, antes de aceptar y calcular el resultado.

Ahora verás un paso a paso para confeccionar la lista de supermercado usando SOLVER:

PASO 1

Una vez que tienes la lista con todos los importes, tal como se muestra en la imagen anterior, establecerás los parámetros que deberá tener en cuenta SOLVER para el cálculo, tales como **Establecer objetivo** (el valor al que quieres llegar, en este ejemplo, es $45000).

PASO 2

Establece como **Valor de:** 45000 (recuerda que aquí no tienes que poner el signo $).

PASO 3

Para el valor de **Cambiando las celdas de variables**, establece como rango **$B$2:$B$29**.

PASO 4

Comienza a agregar las restricciones una a una, incluyendo las que dimos antes de comenzar con este paso a paso. Al final, el cuadro de restricciones deberá verse como el siguiente:

PASO 5

Cuando pulses en el botón **Resolver**, verás la lista con el cálculo realizado.

Si crees que puedes ajustarla aún más, haz la prueba. Desde aquí siempre alentamos la práctica acompañada de los conocimientos que te brindamos, que es lo único que te convertirá en un experto en el manejo de Excel 365.

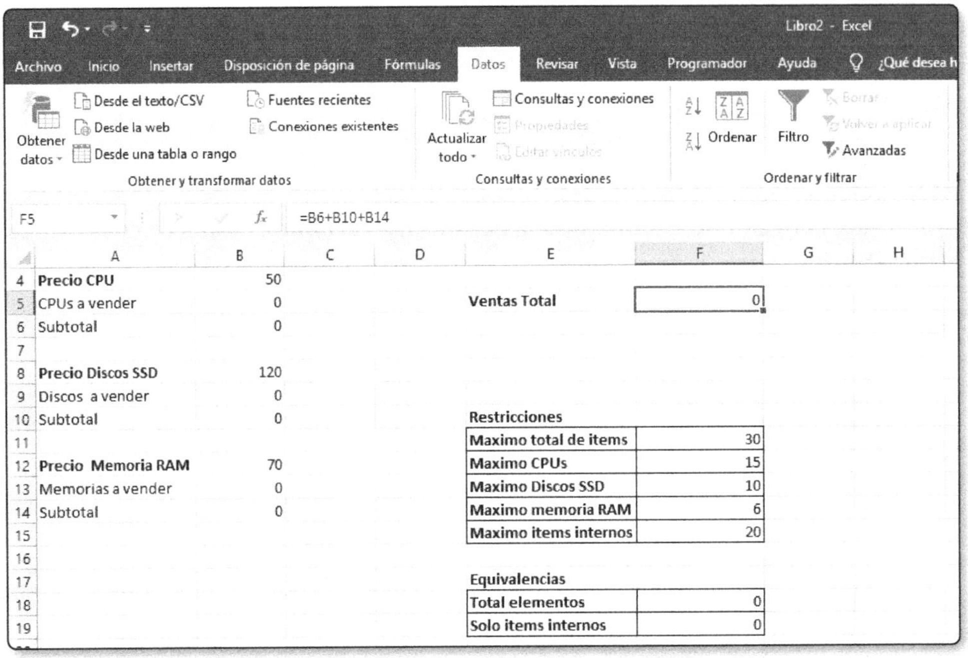

Figura 11.6. Uso de SOLVER en Excel.

Hasta aquí hemos llegado con este capítulo práctico, que esperamos hayas disfrutado. Más adelante entraremos en el último tramo de este aprendizaje, con todo lo relativo a la obtención de datos externos, consultas y otras herramientas de acceso remoto a datos que ofrece Microsoft Excel 365.

11.3 ACTIVIDADES

A continuación se presentan las preguntas y los ejercicios que deberías saber responder y resolver para considerar aprendido el capítulo.

11.3.1 Test de autoevaluación

1. ¿Para qué sirve SOLVER?
2. ¿Que aplicaciones prácticas pueden lograrse con el uso de SOLVER?

11.3.2 Ejecicios prácticos

1. Crea tu hoja de entradas y salidas de dinero.
2. Genera una planilla para resolver tu lista de compras con SOLVER.
3. Utiliza SOLVER en otras aplicaciones prácticas.

GLOSARIO

▶ **Análisis de datos**: campo de las matemáticas que se ocupa de estudiar datos no procesados para convertirlos en información nueva y de utilidad para ayudar a las empresas en la toma de decisiones y previsión de resultados futuros.

▶ **Análisis financiero**: método contable que evalúa los medios económicos de una organización y su disponibilidad, con el fin de ejecutar acciones que favorezcan la posición de una compañía y generar mayores utilidades.

▶ **Alta gama**: en marketing y comercialización, indica productos u objetos que son de la mejor calidad, tienen las mejores prestaciones y, por esta misma razón, su precio es mucho más elevado.

▶ **Celda de enlace**: aquella celda que está vinculada a un control de formulario, de manera tal que si el valor del control se modifica, se modifica el valor de la celda de enlace. También y de manera inversa, si se modifica el valor de la celda de enlace, en el control de formulario se muestra el valor que se corresponde con ese número.

▶ **Celda objetivo**: en Excel y Excel 365, celda cuyo valor será el que se modifique. Siempre será una fórmula, es decir: es la celda con una fórmula, cuyo valor se conoce, pero no, cómo se compone.

▶ **Constante:** una constante aritmética es un valor que no se altera, es decir que permanece constante. Por ejemplo, el número Pi, e, y en general todos los números irracionales, aunque tienen infinitos decimales, pero nunca varían su orden.

▶ **Controles ActiveX**: bloques pequeños que se emplean en la construcción de programas para crear aplicaciones distribuidas que funcionan a través de Internet, mediante el uso de navegadores web. Pueden utilizarse con otros lenguajes de programación, y su característica fundamental es que es posible modificar todos sus parámetros de color y forma.

▶ **Cuadro interactivo**: ventana emergente que aparece al hacer clic sobre un elemento, y que contiene botones que permiten ejecutar una acción con solo un clic del mouse.

▶ **Datos históricos**: datos estáticos, o casi en tiempo real, cuya condición fundamental es que provienen del pasado y sirven para realizar análisis de comportamiento de un conjunto de datos. Pueden ser registros recopilados en los últimos dos minutos, o recopilados durante décadas. (Por esta razón de proximidad con el momento actual, se dice que pueden ser "casi" en tiempo real).

▶ **Datos relevantes**: conjunto de datos que pueden obtenerse mediante diferentes herramientas y que son importantes para una operación o negocio.

▶ **Decisiones informadas**: las que se toman basándose en información que conscientemente se ha buscado sobre el objeto de análisis, y que asegura a quien toma la decisión que esta es real y cierta, recabada por distintos medios, y que es la mejor información con la que se cuenta al momento de la toma de decisión.

▶ **Escenarios:** conjuntos de datos variables que se guardan en una hoja de cálculo, y que permiten variar los valores de una tabla para establecer diversas hipótesis.

▶ **Estadística:** ciencia que estudia conjuntos de datos numéricos y, a partir de ellos, obtiene deducciones que se basan en cálculos de probabilidades.

▶ **FALSO:** condición que se evalúa como falsa (false, en inglés); también determina de qué manera se ejecutará un código o una parte de él.

▶ **Formulario:** en programación orientada a objetos, plataforma gráfica en la que se insertarán los controles que activarán las distintas funciones asociadas.

▶ **Fuentes de datos**: sistema que provee información; puede ser una base de datos, una hoja de cálculo, un informe estadístico, u otro.

▶ **Icono:** representación gráfica que guarda una gran similitud con el objeto representado. Puede ser una imagen simplificada que representa lo que el objeto significa.

▶ **Línea de tiempo**: representación gráfica de una secuencia cronológica de eventos de un proceso.

▶ **Método alemán**: siempre referido a un préstamo, método en el cual el valor de la cuota no es constante, tiene grandes variaciones, y se comienza pagando, en general, más que con el método francés, ya que la amortización mensual es constante pero las variables son las cuotas. Tiene dos ventajas principales sobre el francés:

1. El monto final del préstamo es sensiblemente inferior.

2. Si se deja de pagar, la deuda no es significativa.

▸ **Número entero**: número que pertenece al conjunto numérico que contiene la totalidad de los números naturales, sus inversos negativos y el 0. Ejemplos de enteros son: 1, 5, 24, -87596, 0, etc.

▸ **Parámetro:** dato o valor que se toma como necesario para analizar una situación o realizar un cálculo. Este parámetro puede ser establecido a voluntad o puede surgir de otros cálculos.

▸ **Planteo:** en matemáticas, enunciado de un problema que debe resolverse por medios matemáticos. Podríamos decir que es la traducción de un problema escrito, en símbolos numéricos y matemáticos.

▸ **Previsión:** en matemáticas y cálculo estadístico, predicción realizada en base al análisis de datos históricos y patrones anteriores.

▸ **Progresión geométrica**: también llamada función geométrica, es la que se obtiene si el valor del número que incrementa a otro no es constante; es decir, por ejemplo el cuadrado del número anterior; 22=4, 42=16, 162=256, etc. Siempre es una curva que se aleja del eje de coordenadas x, puede o no pasar por el 0 del eje y.

▸ **Progresión lineal**: también llamada función lineal, es la progresión numérica que se obtiene al operar con un número constante para incrementar otro. Por ejemplo 2x3=6, 6X3=18, 18x3=54, etc. Su representación gráfica es una línea recta que se aleja de forma gradual del eje de coordenadas x. Puede o no pasar por el 0 del eje y.

▸ **Restricciones:** en Excel y Excel 365, conjunto de condiciones que se le imponen a un complemento (puede ser SOLVER, aunque hay otros), que debe cumplir para realizar un cálculo.

▸ **SOLVER:** complemento de Microsoft Excel y Excel 365 que analiza un rango de variables, que pueden o no tener restricciones, e intenta llegar al mejor resultado. Se basa en análisis matemático.

▸ **Tabla de datos de una entrada**: tabla de datos que arroja un solo resultado. Por ejemplo, una planilla de gastos (sin importar otro dato más que el gasto global).

▸ **Tendencia:** en análisis matemático, estudio del comportamiento de una variable. Es siempre una función de tipo lineal. En términos comunes, es el estudio de "hacia dónde va" una determinada variable. La tendencia puede ser de tres tipos:

  ▸ A la baja (o bajista): cuando la tendencia de una variable va en disminución, en una gráfica se ve como una línea que se acerca al eje de coordenadas x.

▶ Lateral: cuando la tendencia de una variable se mantiene constante (puede parecer una contradicción pero no lo es), se ve en la gráfica como una línea paralela al eje de coordenadas x.

▶ A la alta (o alcista): cuando la tendencia de la variable aumenta, se dice que es "alcista" o "a la alta" (también se la puede llamar ascendente, y a la bajista, descendente). Su representación gráfica es una línea que se aleja del eje de coordenadas x.

▶ **Textbox:** formato de control de formularios que representa, como su nombre lo indica, una caja en la que se inserta texto que luego queda inscrito en el formulario o, si la automatización (macro en Excel) así lo indica, se refleja en una tabla o base de datos.

▶ **Tóner:** polvo seco y fino, generalmente de color negro si no está pigmentado, que se deposita en el papel que se quiere imprimir por magnetografía (imantación), y se fija a la hoja por calor (láser).

▶ **Valor fijo**: en una ecuación es la constante, el valor que permanece siempre igual.

▶ **VERDADERO:** condición que, en programación, se evalúa como Verdadera (True, en inglés). Es muy útil para determinar qué código se ejecuta en un programa según esta condición. Una condición en programación se refiere a una expresión que se evalúa como verdadera o falsa. De acuerdo con la acción que se haya programado según una u otra evaluación, el programa ejecutará una u otra acción.

Parte 4

Formularios y controles
Uso de datos externos

12

CONTROLES Y FORMULARIOS

En este capítulo profundizaremos en el uso de controles y formularios para presentarte formas de realizar formularios específicos con su manejo avanzado. En pocas palabras, aprenderás a crear formularios con opciones anidadas y otras posibilidades, además de un formulario con la plataforma de **VBA (Visual Basic para Aplicaciones)**, para poder personalizar cada parte que lo compone.

12.1 VBA: ¿QUÉ ES Y PARA QUÉ PUEDO UTILIZARLO?

Seguramente, al ver el tema de las macros te habrás preguntado: ¿qué es lo que las mueve?, ¿con qué funcionan, si lo único que se hace es pulsar un botón, realizar una serie de acciones y luego volver a pulsar el mismo botón?

Pues bien, en Excel, existe un complemento de **programación orientada a objetos**, que deriva de un lenguaje de programación muy conocido y que en su momento fue lo más avanzado en el tema que podía concebirse; de hecho, hoy en día se lo sigue utilizando en la programación de muchas aplicaciones y sistemas pequeños para empresas. Hablamos de Visual Basic for Applications (Visual Basic para Aplicaciones, o VBA, como lo llamaremos de ahora en adelante). El lenguaje del que deriva es **Visual Basic**, que llegó hasta su versión 6, lanzada en el año 1998 y que fue muy popular. Se trata de un **lenguaje de alto nivel** que utiliza librerías y el complemento COM (*Component Object Model*).

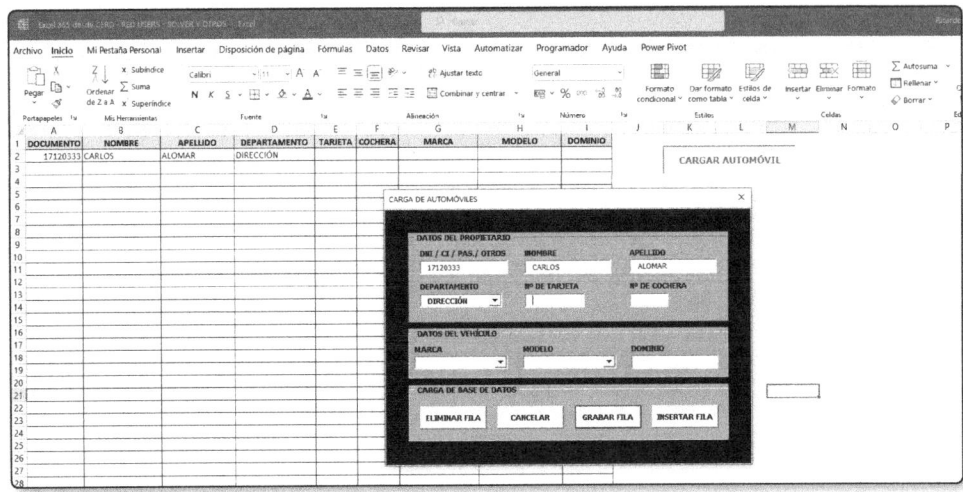

Figura 12.1. Desde su lanzamiento en 1998, Visual Basic se convirtió en el más popular de los lenguajes de programación, utilizado por infinidad de empresas alrededor de todo el mundo para sus sistemas de administración y control de operaciones.

```
Private Sub Botón_3_Click()
'Con este subproceso llamas con el botón de la hoja de cálculo al formulario
ThisWorkbook.Sheets("DATOS FORM2").Frm_AUTOS.Show
End Sub

Private Sub CB_Marcas_Change()
    ' Obtener la marca seleccionada
    Dim brand As String
    brand = CB_Marcas.Value

    ' LImpia el Cuadro combinado "CB_Modelos" antes de agregar los modelos para la marca seleccionada
    CB_Modelos.Clear

    ' Agrega los modelos para la marca seleccionada al Cuadro combinado "CB_Modelos" utilizando la función
    'ElseIf se utiliza cuando continuamos listando varias marcas.
    'Para cada cambio de marca tendrás que agregar una subrutina ElseIf Then
    'Al finalizar deberás cerrar la rutina If, con EndIf, antes de cerrar el suproceso
    If brand = "CHEVROLET" Then
        CB_Modelos.AddItem "Camaro"
        CB_Modelos.AddItem "Corsa"
        CB_Modelos.AddItem "Onix"
        CB_Modelos.AddItem "Tracker"
        CB_Modelos.AddItem "Trailblazer"
    ElseIf brand = "CITROËN" Then
        CB_Modelos.AddItem "C1"
        CB_Modelos.AddItem "C3"
        CB_Modelos.AddItem "C4"
        CB_Modelos.AddItem "C4 Cactus"
        CB_Modelos.AddItem "C4 Picasso"
        CB_Modelos.AddItem "C5"
        CB_Modelos.AddItem "C5 Aircross"
        CB_Modelos.AddItem "Xsara Picasso"
    ElseIf brand = "FORD" Then
        CB_Modelos.AddItem "EcoSport"
        CB_Modelos.AddItem "Fiesta"
        CB_Modelos.AddItem "Focus"
        CB_Modelos.AddItem "Kuga"
        CB_Modelos.AddItem "Ranger"
    ElseIf brand = "RENAULT" Then
        CB_Modelos.AddItem "Captur"
```

Figura 12.2. Una porción de código de una macro en Visual Basic. Por ejemplo, cuando presionas un botón en un formulario, seleccionas una lista desplegable o pulsas un botón de opción.

Casi toda la interfaz y toda la programación de Office están basadas en Visual Basic, por lo que, aun hoy, es un lenguaje muy importante y sumamente poderoso.

VBA es una simplificación de Visual Basic que contiene muchísimas de las herramientas de este, y que puedes utilizar para mejorar hojas de cálculo y macros, y brindarles un aspecto súper profesional. Al mismo tiempo, ofrece una mejor experiencia de usuario al optimizar el rendimiento de las hojas de Microsoft Excel.

En la Figura 12.2. puedes ver lo que se escribe en una hoja de cálculo cuando generas una macro; notarás que se insertan pequeñas porciones de código en VBA con las órdenes que fuiste dándole a Excel al grabar la automatización.

ⓘ ACERCA DE VB 6

Microsoft discontinuó VB tal como se lo conoce hoy, y cambió su versión, que debía ser la 7, por Visual Basic.NET. Esta difiere mucho de la anterior, y además, no son compatibles.

De todas maneras, como el complemento VBA está basado en VB 6, no afectará el código que se inserte en Excel ni las macros que se creen utilizando VBA.

12.2 UN FORMULARIO UTILIZANDO MACROS

En esta sección crearemos un formulario de carga de automóviles con sus respectivas patentes y conductores. Imagina que estás generando una base de datos del parque automotor de una empresa que se está mudando a un nuevo edificio, y debes asignar cocheras a todos los empleados.

Como es una tarea que se necesita con urgencia, un formulario acelerará la carga de los datos.

Lo primero que debes hacer es crear la hoja de datos en la que cargarás la información para la base, tal como ya aprendiste a hacer. Genera una hoja lo suficientemente grande como para albergar una buena cantidad de información; luego la irás ampliando en la medida en que lo necesites. Por ejemplo, podrías realizar una tabla de 1000 filas para empezar. En cuanto a la cantidad de columnas, utilizarás 9, llamadas: **DOCUMENTO, NOMBRE, APELLIDO, DEPARTAMENTO, TARJETA, COCHERA, MARCA, MODELO** y **DOMINIO**.

Una vez que creaste la hoja de datos, pasarás a la confección del formulario de carga. Veremos aquí cómo hacerlo en un paso a paso.

12.2.1 Generar un formulario para la base de datos de automóviles

PASO 1

En la pestaña **Programador**, dentro del grupo **Código**, haz clic en el botón **Visual Basic**.

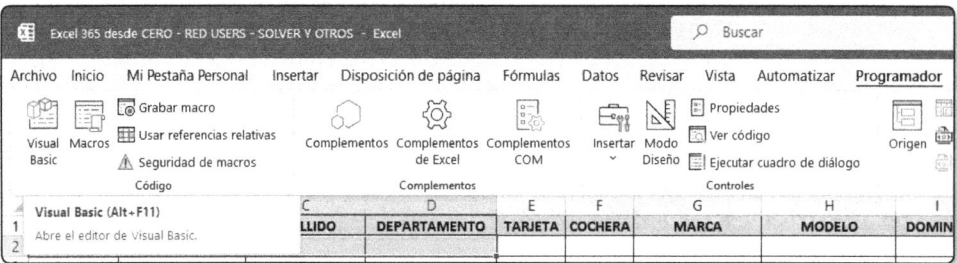

PASO 2

En la ventana que se abre, presiona en **Insertar** y, luego, en **User Form**, como se muestra en la siguiente figura.

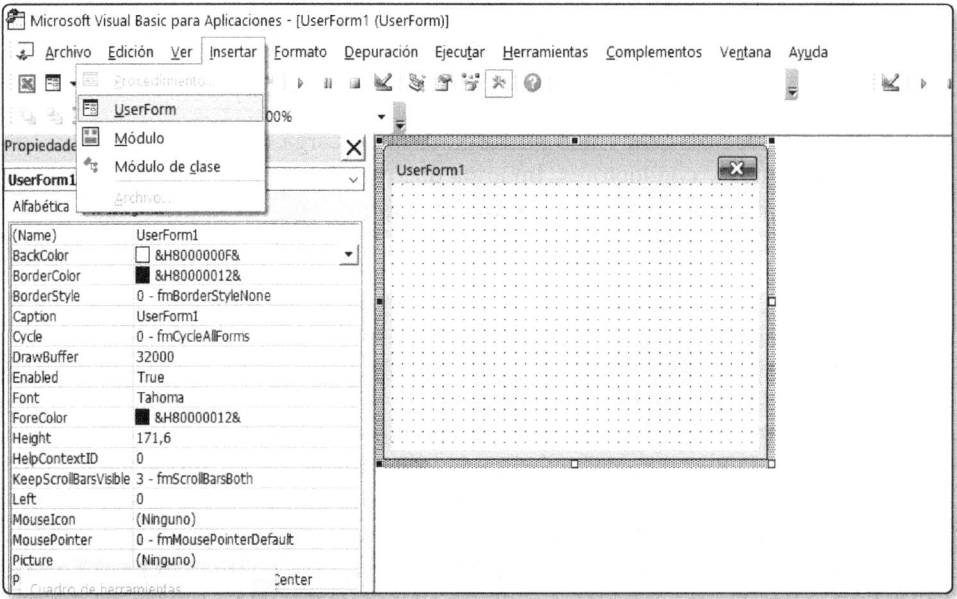

PASO 3

Ahora podrás insertar los controles necesarios para el formulario. En el **Cuadro de herramientas**, que aparece junto con el formulario, haz un clic y arrastra el control que desees insertar, como puedes ver en la imagen. Elige para este caso el control **Marco**. Crea tres marcos, con los que dividirás las distintas secciones del formulario (puedes copiar y pegar los otros dos como ya sabes hacerlo, como con cualquier elemento de Excel 365).

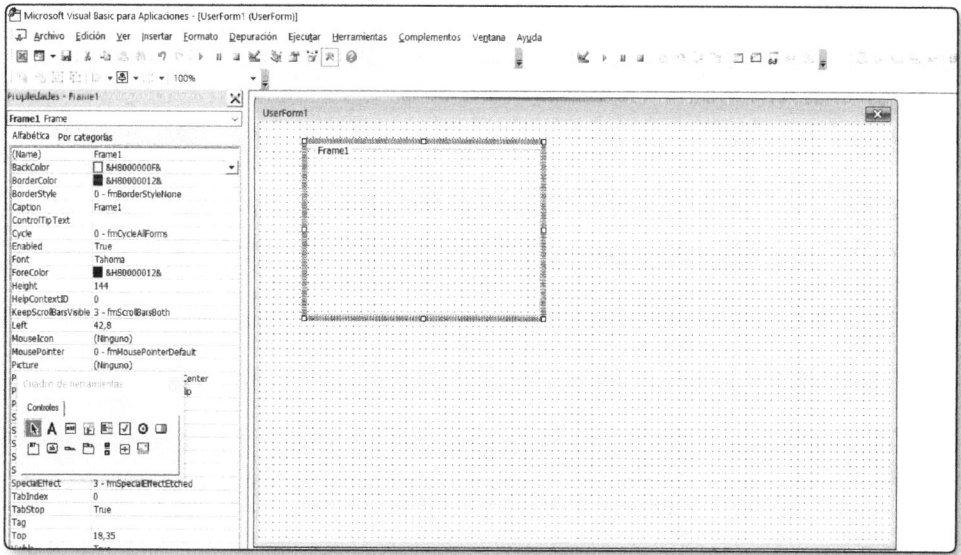

PASO 4

Procede de manera análoga al paso anterior e inserta el control **Cuadro combinado**. Necesitarás tres; colócalos en cualquiera de los marcos que creaste antes. Puedes copiarlos y pegarlos, más tarde los moverás a su ubicación definitiva.

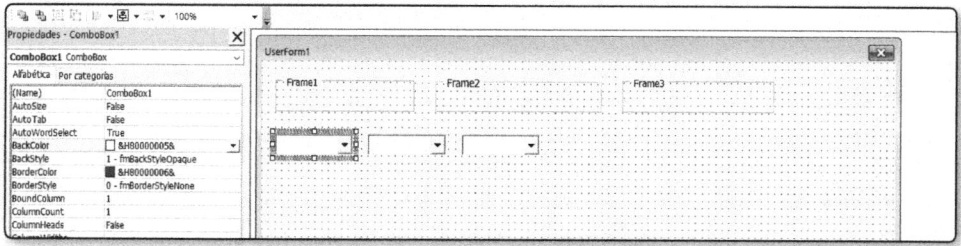

PASO 5

Ahora es el turno de los cuadros de texto. Presiona el botón homónimo del **Cuadro de herramientas** e insértalo en cualquiera de los marcos; precisarás seis. Arrastra el primero y ubícalo en uno de los marcos creados en el Paso 3, los otros dos puedes copiarlos y pegarlos.

PASO 6

Insertarás ahora los tres botones que controlarán las acciones en la hoja de cálculo a la que afectarás el formulario. Haz clic en la herramienta **Botón de comando**, y arrastra el botón a una sección del formulario. Puedes copiar y pegar los otros dos tal como vienes haciéndolo con los diferentes controles.

Una vez que tienes todos los controles en el formulario, comienza la etapa de darle forma. En primer lugar, cambia el nombre del formulario para que, cuando lo abras, tenga un título que lo identifique. Procede de la siguiente manera:

PASO 1

Haz clic en cualquier parte del formulario. En la ventana de la izquierda aparecerán todas sus propiedades; vas a cambiar algunas y a dejar otras como aparecen. En esta ventana izquierda haz doble clic en la primera línea (**Name**) y coloca **Frm_Autos**.

PASO 2

En la sección **Caption** también vas a cambiar el nombre; este será el que verás en el formulario.

Siempre utiliza un nombre que identifique el tipo de formulario de que se trata. Dado que en este ejemplo crearás un formulario para agregar datos de vehículos, podrías llamarlo **CARGA DE AUTOMÓVILES** o **CARGA DE VEHÍCULOS**; elige tú cómo quieres identificarlo.

También, si lo deseas, puedes cambiar el color de fondo del formulario, desde la sección **BackColor**. En este caso se eligió el verde oscuro, pero puedes optar por el de tu preferencia.

PASO 3

En la opción **BorderColor** puedes elegir un borde para el formulario, o simplemente dejarlo por defecto. Aquí se eligió dejar la opción en Blanco, que es la predeterminada.

PASO 4

En **Font** puedes cambiar el tipo de fuente. Como consejo, elige las que no tengan **Serif** (es el agregado como un apéndice que tienen algunas fuentes, que las hace más atractivas a la vista, aunque no tan legibles); para este formulario se eligió Tahoma.

PASO 5

Para cambiar el tamaño del formulario, puedes arrastrar los bordes desde los nodos o hacer uso de las opciones para determinar la altura (**Height**) y el ancho (**Width**).

> ### ⓘ ¿POR QUÉ SON IMPORTANTES LOS NOMBRES EN VBA?
>
> Dado que VBA proviene de un lenguaje de programación (de hecho, es una especie de resumen de VB), los nombres son muy importantes porque son la forma que tienes de decirle al programa que ejecute ese y no otro control. El nombre de los formularios y de los controles encabeza la porción de código de programación que lo afecta, para indicarle al programa que debe llamar a ese control específico. Justamente, esta acción se denomina "llamada" a un determinado control, o procedimiento.

12.3 CAMBIAR LOS MARCOS DEL FORMULARIO

Ahora vamos a modificar los marcos del formulario para crear las distintas secciones que dividirán la información. Procederás de manera análoga a como lo hiciste para modificar las propiedades del formulario, es decir que harás un clic en el primer marco y modificarás los siguientes parámetros (ya vistos en el ejemplo anterior): **BackColor**, **Caption**, **Font**, **Height** y **Width**.

En todos los marcos cambiarás las mismas propiedades. En cuanto a los nombres de cada marco, puedes elegirlos libremente, siempre con la recomendación de que sean identificatorios de la sección de la que se trata. En este ejemplo se eligieron los siguientes: **DATOS DEL PROPIETARIO**, **DATOS DEL VEHÍCULO** y **CARGA DE BASE DE DATOS**.

Ahora cambiaremos una nueva propiedad, llamada **TabIndex**. Esta hará que, cuando presiones la tecla **TAB** del teclado, pases por cada uno de los marcos, en el orden en que están colocados en el formulario, con el fin de acelerar la velocidad de carga de los datos. También usarás esta propiedad en cada uno de los controles, como veremos más adelante en este mismo capítulo.

> ### ⓘ MEDIDAS DE LOS MARCOS
>
> Tanto la estética como las proporciones del formulario deben ser armónicas, dado que este es un elemento visual y quieres que se vea agradable. Por lo tanto, debes prestar especial atención a que los marcos contengan los botones y controles, pero sin que sean demasiado grandes para la sección, ni que la sección sea muy extensa y los controles se pierdan en ella. Aquí se pone en juego tu visión estética y también la funcionalidad del formulario, por lo que no podemos darte una "fórmula ganadora". Todo dependerá de tu sentido estético y de la información que deba reflejar el formulario.

En este punto, el formulario debe quedarte como se muestra en la siguiente imagen:

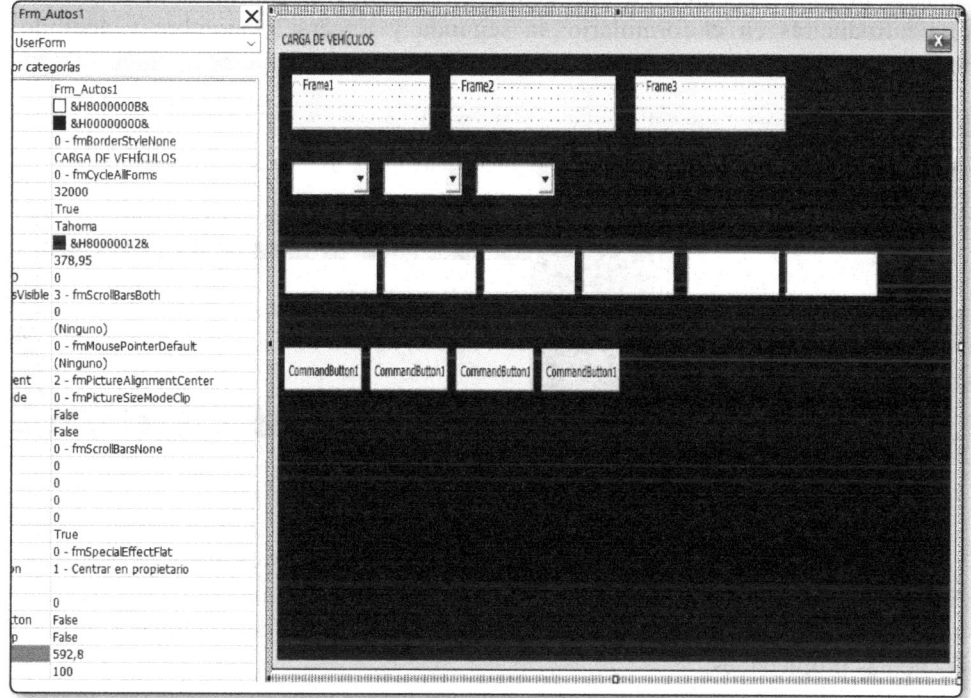

Figura 12.3. El formulario luego de aplicadas cada una de las propiedades que hasta aquí se indican.

12.4 DAR FORMA AL FORMULARIO

En esta sección procederemos a ubicar en su lugar cada uno de los controles, para que el futuro formulario sea funcional y verdaderamente acelere la carga de datos.

En el marco **DATOS DEL PROPIETARIO**, en la primera línea colocarás tres cuadros de texto, alineándolos proporcionalmente en el formulario.

Utilizarás un control más para tu formulario: **Etiqueta**. Una etiqueta es un control que sirve únicamente a los fines de identificar un control en un formulario, o bien de introducir información importante que queda en el formulario y no se puede modificar (salvo que el programador así lo haga). Colocarás entonces tres etiquetas sobre los cuadros de texto.

La forma de trabajar con etiquetas es idéntica a la que se utiliza para los demás controles. La propiedad **Caption** mostrará lo que quieres que tu etiqueta indique, al igual que con los demás controles. La primera identificará el documento que introducirás en el formulario; la segunda y tercera, el nombre y apellido, respectivamente, del propietario del vehículo. Observa la siguiente imagen.

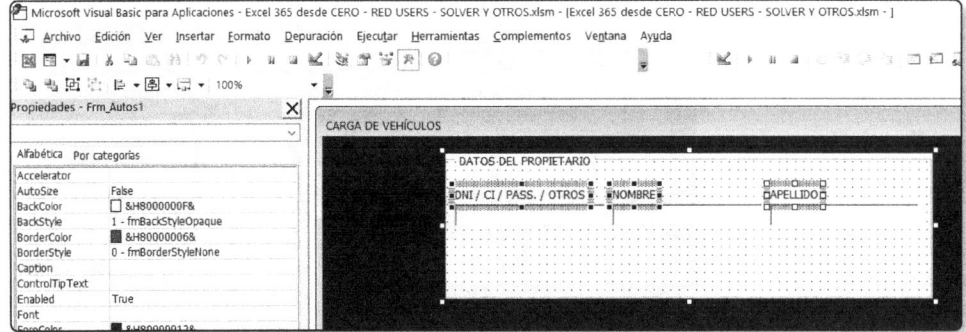

Figura 12.4. Estas son las etiquetas que aplicarás a cada uno de los TextBox que colocaste en la sección DATOS DEL PROPIETARIO.

Volviendo a los cuadros de texto, también deberás cambiar la propiedad **Name**, para que pueda ser llamada por alguno de los procedimientos cuando realices las macros e insertes el código en VBA. La forma de cambiarla es la misma que para las demás propiedades.

En cuanto a la nomenclatura que utilizaremos para nombrar los controles, será la siguiente.

- ☞ **TB_(& Nombre)**: para los cuadros de texto (**TextBox** en VBA).

- ☞ **CB_(& Nombre)**: para los cuadros combinados (por **ComboBox** en VBA).

- ☞ **LBL_(& Nombre)**: para las etiquetas (por **Label**, en inglés, etiqueta).

- ☞ **CBT_(& Nombre)**: para los botones (por **ControlButton** en VBA).

ⓘ **TIP**

Cuando realizas este tipo de formularios, lo más importante es ser metódico y ordenado. Te aconsejamos que, al cambiar los nombres, lo hagas de manera tal que, para un mismo control, el formato de nombre sea idéntico. Por ejemplo, en nuestro caso, para los cuadros de texto utilizamos el formato TB_(Nombre), como TB_Documento, TB_Nombre, TB_Apellido (TB es por TextBox, el nombre que recibe en código VBA el cuadro de texto); y para los cuadro combinados, CB_(Nombre), (CB, por ComboBox en VBA). De esta forma, te costará menos recordar los nombres de los controles, ya que lo asociarás a su función. No te aconsejamos usar nombres muy largos, tales como Cuadrodetexto_Documento o Cuadrocombinado_MarcasAutos.

Pasemos ahora al siguiente marco, que será **DATOS DEL VEHÍCULO**. Aquí colocarás dos cuadros combinados y un cuadro de texto, o caja de texto, como también se lo llama, en ese orden. Crea las etiquetas para **MARCA**, **MODELO** y **COCHERA**. Esta última será la caja de texto.

Alinéalos con relación a los cuadros del grupo o marco **DATOS DEL PROPIETARIO**. Así debería verse el formulario en este punto:

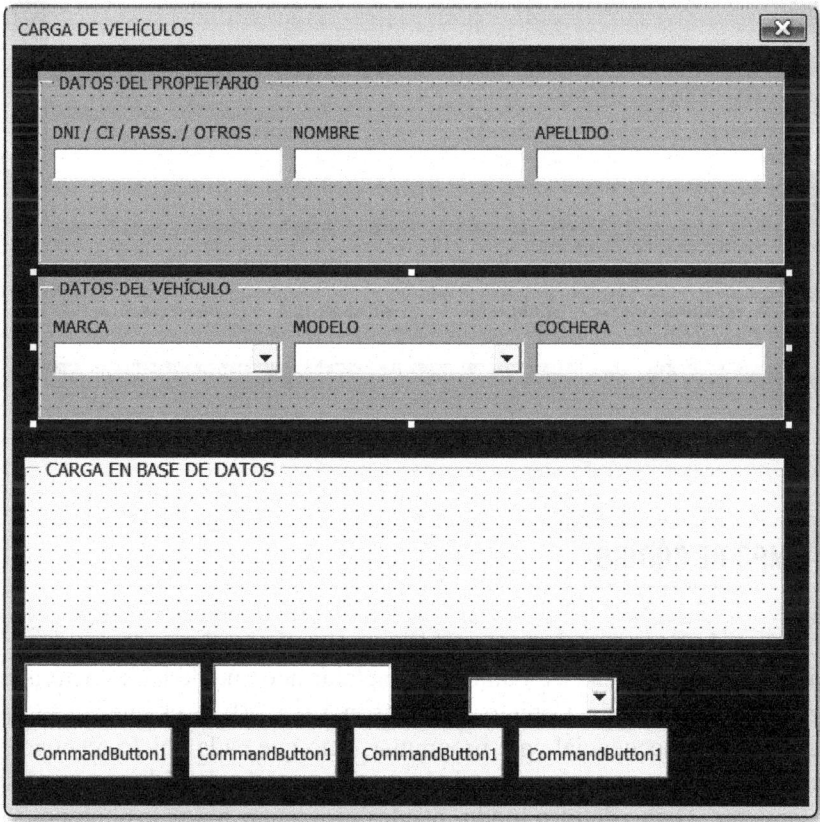

Figura 12.5. El formulario, como debería verse luego de aplicar
todas las modificaciones hasta este momento.

La última parte del formulario es la que agrupa los tres botones. Ubícalos centrados dentro del marco **CARGA DE BASE DE DATOS**, y cambia la propiedad **Caption** de cada uno de ellos por **ELIMINAR REGISTRO**, **CANCELAR** y **GRABAR REGISTRO**. En esta sección no colocarás etiquetas, ya que los botones tienen sus propias etiquetas con el caption. En la siguiente imagen verás el formulario ya terminado.

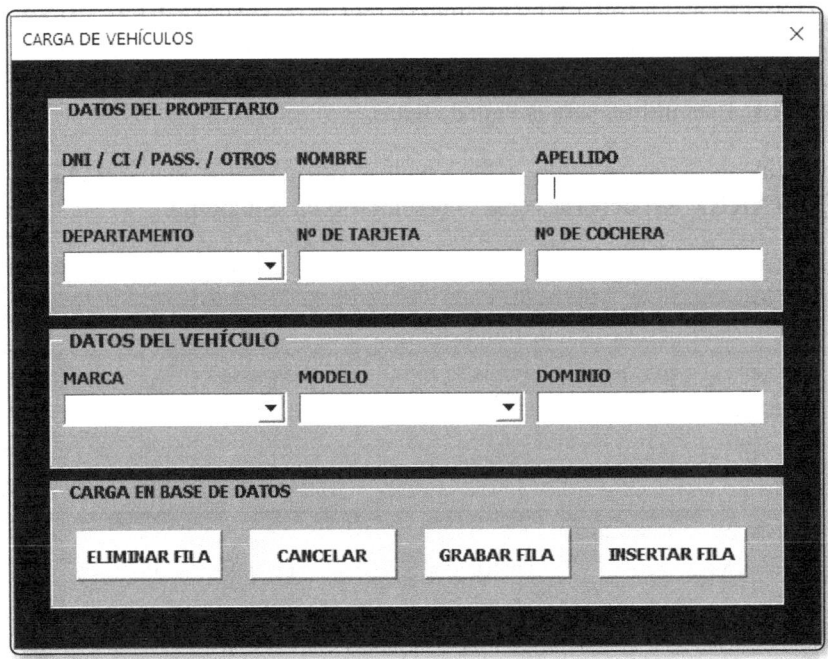

Figura 12.6. Así se verá el formulario terminado, con todos los formatos realizados.

12.5 TIEMPO DE CÓDIGO

Con todos los controles ya en el lugar, procederás ahora a insertar el código para cada uno de ellos. En este punto, cabe aclarar que una de las características de la programación orientada a objetos, como son VB y VBA, es que no se necesita un extenso código secuencial para programar, sino que cada objeto responde a una porción de código, y tampoco necesariamente una porción de código se corresponde con la siguiente. Dicho de otro modo, puedes programar todos los botones y luego todos los cuadros combinados, o cualquier otro elemento, independientemente del orden en el que estén ubicados en el formulario.

También, al no requerir una secuencia determinada, VB puede dividirse en módulos y ser trabajado por distintos programadores, cada uno dedicado a una parte del código. Luego se puede agrupar toda la programación en un código único. Esto acelera los tiempos de trabajo, ya que no hay que esperar a que un programador termine con una parte para continuar la siguiente.

A continuación te mostraremos el código que debes agregar para cada elemento.

12.5.1.1 CUADRO COMBINADO MARCA

En este caso, necesitas que, cuando selecciones una marca de automóvil, esta quede registrada en el formulario, por lo que generarás el siguiente código:

```
Private Sub UserForm_Activate()
    ' Limpia el ComboBox antes de agregar las marcas
    CB_Marcas.Clear

    ' Agregar las marcas al ComboBox Marcas
    CB_Marcas.AddItem "BMW"
    CB_Marcas.AddItem "CITROËN"
    CB_Marcas.AddItem "CHEVROLET"
    CB_Marcas.AddItem "FIAT"
    CB_Marcas.AddItem "FORD"
    CB_Marcas.AddItem "M. BENZ"
    CB_Marcas.AddItem "PEUGEOT"
    CB_Marcas.AddItem "RENAULT"
    CB_Marcas.AddItem "TOYOTA"
```

Figura 12.7.

ⓘ NOTA

En general, cuando escribes código en VB, inicializas un procedimiento como **Private Sub**, y luego va el elemento al que afecta el procedimiento; por ejemplo: **Private Sub CB_Marcas_Change()**.

Esto significa que el procedimiento escrito entre **Private Sub** y **End Sub** afectará al cuadro combinado **MARCAS**, cuando cambia (**Propiedad Change**).

Cada uno de los mensajes que inician con ' no son leídos por VBA como código, sino que el programa los interpreta como notas que se insertan para indicar a quien acceda al código que se está ante un mensaje, ya sea una aclaración, una indicación o una explicación de qué procedimiento se realiza con esa porción de código: por ejemplo:

Limpia el **ComboBox** antes de agregar las marcas **CB_Marcas.Clear**

12.5.1.2 CUADRO COMBINADO MODELO

Este cuadro combinado actuará en conjunto con **MARCA**, de modo que cuando selecciones una marca, solo verás en este cuadro los modelos registrados para esa marca y no todos.

Esto es una ventaja para el usuario, dado que la lista se circunscribirá a los modelos listados para la marca seleccionada.

Por ejemplo, si seleccionas PEUGEOT, solo obtendrás los modelos para esa marca, y no, por ejemplo, para Renault o cualquier otra (**Figura 12.8.**).

```
Private Sub CB_Marcas_Change()
    ' Obtener la marca seleccionada
    Dim brand As String
    brand = CB_Marcas.Value

    ' Limpia el Cuadro combinado "CB_Modelos" antes de agregar los modelos para la marca seleccionada
    CB_Modelos.Clear

    ' Agrega los modelos para la marca seleccionada al Cuadro combinado "CB_Modelos" utilizando la función If, Then, Else
    'ElseIf se utiliza cuando continuamos listando varias marcas.
    'Para cada cambio de marca tendrás que agregar una subrutina ElseIf Then
    'Al finalizar deberas cerrar la rutina If, con EndIf, antes de cerrar el suproceso
    If brand = "CHEVROLET" Then
        CB_Modelos.AddItem "Camaro"
        CB_Modelos.AddItem "Corsa"
        CB_Modelos.AddItem "Onix"
        CB_Modelos.AddItem "Tracker"
        CB_Modelos.AddItem "Trailblazer"
    ElseIf brand = "CITROËN" Then
        CB_Modelos.AddItem "C1"
        CB_Modelos.AddItem "C3"
        CB_Modelos.AddItem "C4"
        CB_Modelos.AddItem "C4 Cactus"
        CB_Modelos.AddItem "C4 Picasso"
        CB_Modelos.AddItem "C5"
        CB_Modelos.AddItem "C5 Aircross"
        CB_Modelos.AddItem "Xsara Picasso"
    ElseIf brand = "FORD" Then
        CB_Modelos.AddItem "EcoSport"
        CB_Modelos.AddItem "Fiesta"
        CB_Modelos.AddItem "Focus"
        CB_Modelos.AddItem "Kuga"
        CB_Modelos.AddItem "Ranger"
    ElseIf brand = "RENAULT" Then
        CB_Modelos.AddItem "Captur"
        CB_Modelos.AddItem "Clio"
        CB_Modelos.AddItem "Duster"
        CB_Modelos.AddItem "Kangoo"
        CB_Modelos.AddItem "Logan"
        CB_Modelos.AddItem "Sandero"
    ElseIf brand = "FIAT" Then
        CB_Modelos.AddItem "500"
        CB_Modelos.AddItem "Argenta"
        CB_Modelos.AddItem "Cronos"
        CB_Modelos.AddItem "Palio"
        CB_Modelos.AddItem "Uno"
    ElseIf brand = "PEUGEOT" Then
        CB_Modelos.AddItem "208"
        CB_Modelos.AddItem "308"
```

Figura 12.8. Esta porción de código, en combinación con el código para las marcas, solo mostrará los modelos de la marca seleccionada en el *ComboBox MARCA*.

12.5.1.3 CUADRO COMBINADO DEPARTAMENTO

Este caso es muy similar al del cuadro combinado **MARCA**, ya que únicamente necesitas cargar la información de los diferentes departamentos a los que se asociarán los propietarios de los automóviles y ocupantes de las cocheras. Por lo tanto, el código que escribirás será casi idéntico al de las marcas, con la salvedad de que el ComboBox al que se afectará tendrá distinto nombre.

Como ya mencionamos, al ser programación orientada a objetos y procedimientos, no necesitas que sea secuencial, por lo que la programación para los dos cuadros combinados independientes puede realizarse en el mismo subproceso.

Bastará con llamar al control adecuado para que esto suceda, como verás en la próxima imagen:

```
Private Sub UserForm_Activate()
    ' Limpia el ComboBox antes de agregar las marcas
    CB_Marcas.Clear

    ' Agregar las marcas al ComboBox Marcas
    CB_Marcas.AddItem "BMW"
    CB_Marcas.AddItem "CITROËN"
    CB_Marcas.AddItem "CHEVROLET"
    CB_Marcas.AddItem "FIAT"
    CB_Marcas.AddItem "FORD"
    CB_Marcas.AddItem "M. BENZ"
    CB_Marcas.AddItem "PEUGEOT"
    CB_Marcas.AddItem "RENAULT"
    CB_Marcas.AddItem "TOYOTA"

    'Limpia el ComboBox antes de agregar los departamentos
    CB_Departamento.Clear

    'Agregar los departamentos al ComboBox Departamento.
    'Puedes realizarlo en el mismo subproceso
    CB_Departamento.AddItem "ADMINISTRACIÓN"
    CB_Departamento.AddItem "COMPRAS"
    CB_Departamento.AddItem "CONTABILIDAD"
    CB_Departamento.AddItem "DIRECCIÓN"
    CB_Departamento.AddItem "GERENCIA"
    CB_Departamento.AddItem "INFORMÁTICA"
    CB_Departamento.AddItem "LIMPIEZA"
    CB_Departamento.AddItem "MANTENIMIENTO"
    CB_Departamento.AddItem "MARKETING"
    CB_Departamento.AddItem "PRESIDENCIA"
    CB_Departamento.AddItem "RRHH"
    CB_Departamento.AddItem "SEGURIDAD"
    CB_Departamento.AddItem "VENTAS"
End Sub
```

Figura 12.9. Este es el código que insertarás para el *ComboBox* (o cuadro combinado) *DEPARTAMENTO*. La forma en que lo manejarás será análoga al código que insertaste cuando programaste el cuadro combinado *MARCA*.

ⓘ **ATENCIÓN**

Los TextBox no tienen programación porque son cajas que almacenan cualquier texto, y no, como en el caso de los ComboBox, determinados valores que se seleccionan. Solo deberás llamarlos en el subproceso que necesites, como ya verás cuando programemos el botón GRABAR FILA.

12.5.1.4 AHORA LOS BOTONES

Corresponde ahora realizar la programación de los botones. Aquí, como cada uno va a realizar una acción diferente, tendrán distintas programaciones y no podrás agruparlas como en el caso de los CB Marca/Modelo. Por lo tanto, mostraremos el código para cada uno de ellos y lo explicaremos en la misma imagen.

Son cinco botones los que debes programar (cuatro en el formulario y el quinto en la hoja de datos, que llama al formulario).

12.5.1.5 LLAMADA AL FORMULARIO AUTOS

El botón de llamada al formulario es solo una línea de código, ya que lo único que hace es abrir el formulario (para eso llama al **Frm_AUTOS**) mediante el procedimiento **Show** (mostrar), tal como se observa en esta imagen:

```
Private Sub Botón_3_Click()

'Con este subproceso llamas con el botón de la hoja de cálculo al formulario
ThisWorkbook.Sheets("DATOS FORM2").Frm_AUTOS.Show
End Sub
```

Figura 12.10. El procedimiento Show, que hace que el formulario
(*Frm_AUTOS*) se muestre en la hoja *DATOS FORM2*.

12.5.1.6 PROGRAMACIÓN DEL BOTÓN ELIMINAR FILA (CBT_ELIMINAR)

Este subproceso tiene varias líneas de código, ya que los pasos para eliminar la fila son varios, que se pueden agrupar en tres momentos diferentes del subproceso:

a) La creación de las variables donde se almacenarán los datos por eliminar.

b) Las distintas interacciones con el usuario (ingresar la opción de eliminación, el dato a eliminar), la búsqueda del dato y la posterior eliminación si se lo encuentra.

c) Los mensajes de error y de finalización.

En la siguiente imagen se explica cada línea de código por separado.

```vba
Private Sub CBT_Eliminar_Click()

'Lo primero que haras aquí es crear las distintas variables, con el procedimiento Dim
    Dim ws As Worksheet
    Dim opcion As String
    Dim valorAEliminar As String
    Dim rowToDelete As Long
    Dim foundRow As Range

    ' Establecer la hoja de datos donde se eliminará la fila en este caso DATOS FORM2
    Set ws = ThisWorkbook.Sheets("DATOS FORM2")

    ' Solicitar al usuario que elija la opción de eliminación
    opcion = InputBox("Seleccione la opción para eliminar:" & vbCrLf & "1: Por Documento" & vbCrLf & "2: Por Dominio")
    'Aquí, si la opción que elige es "Por Documento" (1) lo que hará es lo siguiente
    If opcion = "1" Then

    'Pide que coloques el valor que vas a eliminar, es decir el número de Documento
        valorAEliminar = InputBox("Ingrese el número de documento a eliminar:")

    'Busca el documento ingresado en el InputBox, dentro de la columna A:A
        Set foundRow = ws.Columns("A:A").Find(What:=valorAEliminar, LookIn:=xlValues, LookAt:=xlWhole)

    'En el caso de que el valor a eliminar sea buscado por Dominio (2)
    ElseIf opcion = "2" Then

    'Pedirá el dominio que quieres eliminar
        valorAEliminar = InputBox("Ingrese el dominio a eliminar:")

    'Procede a buscar en la columna I:I, que es la correspondiente a dominio, en la hoja DATOS FORM2
        Set foundRow = ws.Columns("I:I").Find(What:=valorAEliminar, LookIn:=xlValues, LookAt:=xlWhole)
    Else

    'Si pones otro valor distinto de 1 o 2, te devolverá un mensaje de error y no realizará cambios y finalizará el subproceso
        MsgBox "Opción inválida."
        Exit Sub
    End If

    ' Si se encuentra la fila, eliminarla
    If Not foundRow Is Nothing Then
        rowToDelete = foundRow.Row
        ws.Rows(rowToDelete).Delete
    'Muestra un mensaje de texto (MsgBox), indicando que la fila con el valor que ingresaste fue eliminada
        MsgBox "La fila con el valor " & valorAEliminar & " ha sido eliminada."
    Else

    'Si, por el contrario, no encuentra el valor en la columna, el MsgBox te dirá que no encontró un valor coincidente, y finalizará la subrutina If - Then - Else
    'Tendrás que volver a llamar al botón una vez llegado a esta instancia, para ingresar un nuevo dato a eliminar.
        MsgBox "No se encontró ninguna fila con el valor " & valorAEliminar & "."
    End If
End Sub
```

Figura 12.11. El código, explicado paso por paso, para el subproceso *Eliminar*, correspondiente al botón *ELIMINAR FILA*.

12.5.1.7 PROGRAMACIÓN DEL BOTÓN GRABAR FILA (CBT_GRABAR)

Para la grabación de la fila con el botón **GRABAR FILA**, también se pueden distinguir tres momentos claramente definidos en el código:

a) La creación de las variables donde se almacenarán los datos por copiar en la hoja.

b) La captura de los datos del formulario e inserción en la hoja de datos.

c) La limpieza del formulario y preparación para una nueva carga de datos.

En la siguiente imagen aparecen, explicados, cada uno de estos momentos del programa.

```
Private Sub CBT_Grabar_Click()
    'Crea las diferentes variables donde se almacenarán datos
    Dim ws As Worksheet
    Dim lastRow As Long
    ' Establecer la hoja de datos donde se guardarán los datos
    Set ws = ThisWorkbook.Sheets("DATOS FORM2")
    ' Encontrar la última fila en la hoja de datos
    lastRow = ws.Cells(ws.Rows.Count, "A").End(xlUp).Row + 1
    ' Crea las variables donde almacenará los datos de cada campo del formulario
    Dim marca As String
    Dim modelo As String
    Dim dominio As String
    Dim documento As String
    Dim nombre As String
    Dim apellido As String
    Dim departamento As String
    Dim tarjeta As String
    Dim cochera As String
    'Toma cada uno de los campos del formulario almacenados en las variables creadas (marca, modelo, dominio, etc.)
    marca = Frm_AUTOS.CB_Marcas.Value
    modelo = Frm_AUTOS.CB_Modelos.Value
    dominio = Frm_AUTOS.TB_Dominio.Value
    documento = Frm_AUTOS.TB_Documento.Value
    nombre = Frm_AUTOS.TB_Nombre.Value
    apellido = Frm_AUTOS.TB_Apellido.Value
    departamento = Frm_AUTOS.CB_Departamento.Value
    tarjeta = Frm_AUTOS.TB_NumTarjeta.Value
    cochera = Frm_AUTOS.TB_NumCochera.Value
    ' Escribir los datos en la hoja de datos
    ws.Cells(lastRow, 1).Value = documento
    ws.Cells(lastRow, 2).Value = nombre
    ws.Cells(lastRow, 3).Value = apellido
    ws.Cells(lastRow, 4).Value = departamento
    ws.Cells(lastRow, 5).Value = tarjeta
    ws.Cells(lastRow, 6).Value = cochera
    ws.Cells(lastRow, 7).Value = marca
    ws.Cells(lastRow, 8).Value = modelo
    ws.Cells(lastRow, 9).Value = dominio
    ' Limpiar los campos del formulario
    Frm_AUTOS.CB_Marcas.Value = ""
    Frm_AUTOS.CB_Modelos.Clear
    Frm_AUTOS.TB_Dominio.Value = ""
    Frm_AUTOS.TB_Documento.Value = ""
    Frm_AUTOS.TB_Nombre.Value = ""
    Frm_AUTOS.TB_Apellido.Value = ""
    Frm_AUTOS.CB_Departamento.Value = ""
    Frm_AUTOS.TB_NumTarjeta.Value = ""
    Frm_AUTOS.TB_NumCochera.Value = ""
    'Coloca el cursor en el primer TextBox del formulario (Documento), para iniciar una nueva carga de datos.
    TB_Documento.SetFocus
End Sub
```

Figura 12.12. En esta porción de programa puedes apreciar los tres momentos de la programación antes indicados.

12.5.1.8 PROGRAMACIÓN DEL BOTÓN INSERTAR FILA (CBT_INSERTAR)

Aquí también, aunque acotados, pueden verse tres momentos del programa, que son, nuevamente, y en orden:

a) La creación de las variables donde se almacenarán los datos a copiar en la hoja.

b) La hoja en la que se va a insertar la nueva fila.

c) El/los mensajes de finalización o error.

En la siguiente imagen los verás explicados:

```
Private Sub CBT_Insertar_Click()

    'Crea las variables ws y lastRow
    Dim ws As Worksheet
    Dim lastRow As Long

    ' Establecer la hoja de cálculo en la que deseas insertar registros
    Set ws = ThisWorkbook.Sheets("DATOS FORM2")

    ' Encontrar la última fila utilizada en la hoja de cálculo
    lastRow = ws.Cells(ws.Rows.Count, "A").End(xlUp).Row

    ' Insertar un nuevo registro en la siguiente fila disponible
    ws.Cells(lastRow + 1, 1).Value = ""
    ws.Cells(lastRow + 1, 2).Value = ""
    ' Continuar con las demás columnas y datos

    'Muestra un mensaje indicando que el nuevo registro se agregó a la hoja de datos
    MsgBox "Registro insertado correctamente.", vbInformation
End Sub
```

Figura 12.13. Aquí se observa el código para insertar una nueva fila y la explicación correspondiente.

12.5.1.9 PROGRAMACIÓN DEL BOTÓN CANCELAR (CBT_CANCELAR)

En este caso, no podemos decir que se trate de un programa, sino tan solo de una llamada a un procedimiento, en este caso, **Unload** (en una de sus variadas acepciones quiere decir "vaciar").

Este subproceso cuenta con una sola línea, como verás en la siguiente imagen:

```
Private Sub CBT_Cancelar_Click()
    Unload Frm_AUTOS ' Cierra el formulario sin realizar cambios
End Sub
```

Figura 12.14. La llamada al procedimiento Unload cierra el formulario sin realizar cambios en él.

Una vez que hayas insertado todo el código dentro de cada control, podrás utilizarlo para cargar tus datos en la hoja creada para tal fin.

Figura 12.15. El formulario en acción.

Hasta aquí hemos llegado con la creación de formularios profesionales. VBA es una poderosísima herramienta que potencia cualquier hoja de cálculo de Microsoft Excel. Utilizando como agregado esta posibilidad de programación, puedes crear sistemas para administrar empresas pequeñas y medianas, sin necesidad de gastar en costosísimos programas y aplicaciones, que muchas veces o no son compatibles con tu versión de Excel o, directamente, no solucionan el problema planteado.

12.6 ACTIVIDADES

A continuación se presentan las preguntas y los ejercicios que deberías saber responder y resolver para considerar aprendido el capítulo.

12.6.1 Test de autoevaluación

1. ¿Qué es VBA en Excel 365?

2. ¿Existe alguna versión actualizada de VB o VBA?

3. ¿Cuál es la característica más importante de la programación orientada a objetos?

4. ¿Cómo funciona una macro? ¿Qué necesita para hacerlo?

5. La última versión de VB (6.0); ¿es compatible con VB.NET, su sucesora?

6. ¿Por qué es importante colocar los nombres en los controles de formulario en VB y VBA?

7. ¿Qué se hace en general al agregar un procedimiento Dim?

8. ¿Hace falta programar para que un cuadro de texto funcione?

12.6.2 Ejercicios prácticos

1. Averigua más sobre programación VBA y cómo potenciar macros.

2. ¿Qué programas parecidos a VBA incorporan otras hojas de cálculo disponibles en el mercado? ¿Son compatibles con VBA?

3. ¿Qué es Visual FoxPro? ¿Qué compatibilidad o incompatibilidad presenta respecto de VB?

13

ORÍGENES DE DATOS

Una hoja de datos, o cualquier tipo de agrupación de datos en Microsoft Excel 365, necesita de un **origen de datos**, es decir, un lugar de donde provienen los datos que se van a manejar para generar los cálculos, gráficos y otros elementos que sirvan para organizar la información que se quiere obtener.

13.1 DATOS

Existen dos fuentes de datos: el mismo archivo en que se está trabajando, es decir, la misma hoja; o un origen externo, ya sea otra hoja de datos, otro libro, u otro tipo de archivo, incluso, la Web.

La primera fuente es la que generalmente utilizas cuando aplicas fórmulas en una hoja de cálculo y vinculas celdas dentro de la misma hoja para realizar estas operaciones y aplicar las fórmulas o funciones.

La fuente externa te permite obtener datos que se actualizarán en la hoja cuando el origen lo haga (por ejemplo, puedes vincular una página de Internet con cotizaciones de moneda extranjera para que tu lista de precios, que utiliza dólares y los convierte a pesos, se actualice conforme el valor del dólar se modifique).

En el primer caso, cuando el origen de los datos está en la misma hoja, no deberás realizar ninguna actualización por tu parte, ya que si modificas los datos en la ubicación de origen, automáticamente cambiarán en tu hoja de datos. Pero cuando se trata de orígenes externos, ya sea otros libros o Internet, deberás realizar una actualización de los datos de donde provienen, para adecuarlos a la realidad del momento. Este tema se verá más adelante en este mismo capítulo.

Las conexiones de datos externos se controlan, dentro de la cinta de opciones de Excel 365, desde la pestaña **Datos**.

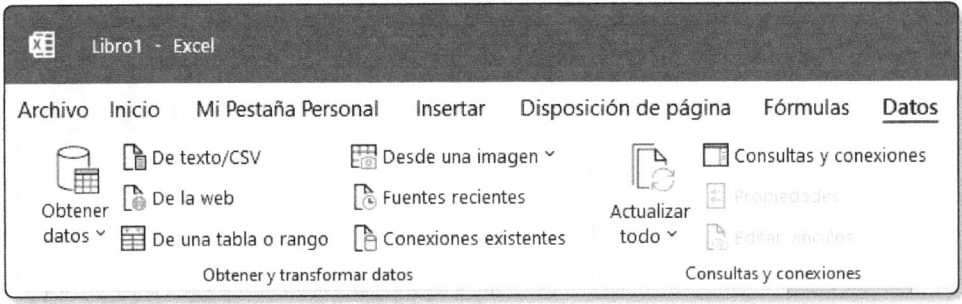

Figura 13.1. En la pestaña Datos encontrarás las herramientas para conectarte a orígenes de datos externos.

También existen formas más sencillas de vincular datos de otras fuentes, muchas de las cuales se utilizan al generar fórmulas en las hojas de cálculo. Esto sucede, por ejemplo, cuando vinculas una hoja a otra mediante una fórmula para obtener datos de la segunda. A continuación mostraremos cómo vincular una hoja de datos con otra hoja dentro de un mismo archivo, e iremos avanzando hasta que, en el final de este capítulo, veremos las conexiones de datos y las diversas fuentes externas de donde puedes obtener la información.

13.2 TIPOS DE VINCULACIONES DE DATOS

Ya mencionamos los distintos orígenes de datos y dijimos que estos pueden provenir de dos fuentes: de la misma hoja o de fuentes externas (incluso, en el mismo libro, como en el caso de dos hojas diferentes). En efecto, muchas veces, cuando utilizas funciones en hojas de cálculo, en realidad estás vinculando varios orígenes de datos y reuniéndolos en una hoja de destino. La función **BUSCARV()** es un buen ejemplo de vinculación de orígenes de datos, generalmente, externos. Excel en general, y Excel 365 en particular, necesitan una **conexión de datos** para vincular diferentes orígenes. Esto es como si fuera un "permiso", o mejor aún, una puerta de entrada de los datos desde el exterior. A veces, dependiendo del tipo de datos que quieras vincular, será necesario iniciar sesión en otro servicio, y para hacerlo, es útil dicha conexión de datos.

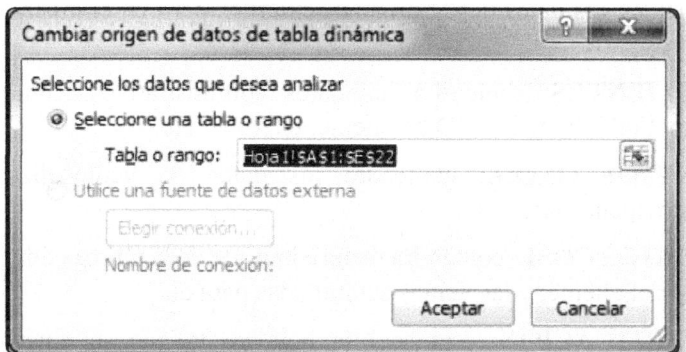

Figura 13.2. Esta es una típica conexión de origen de datos externa que ya conociste al tratar el tema de las tablas dinámicas.

Entonces, para clarificar esta primera parte del capítulo, digamos:

▸ Por un lado, está el origen de datos en la misma hoja; en este caso, no debes hacer ninguna acción adicional más que vincular los datos de manera adecuada para obtener el resultado deseado.

▸ Por otro lado, está el origen de datos externo (puede ser en el mismo libro, en distinta hoja, o en otro libro o base de datos, e incluso en una página de Internet o un archivo de texto, como verás a continuación). En este caso, sí deberás conectar los datos de alguna manera para que puedan ser recibidos por la hoja de destino, y esa es la conexión de datos de Excel.

Veamos primero cómo vincular datos en un mismo libro, y en distinta/s hoja/s, mediante un sencillo ejemplo. Tienes datos en tres hojas distintas y quieres reunirlos en una sola para tener la información centralizada. Podrías copiar y pegar la información de cada tabla por separado, una al lado de la otra en una nueva hoja, pero así no obtendrías un vínculo real a los datos, con lo cual si modificas el origen de datos, la hoja unificada quedará desactualizada. Lo que quieres es que, si la información de una de las hojas de origen cambia, el resultado se vea reflejado en la hoja unificada. Recuerda que la información es poder, y la desactualización de los datos quita ese poder, por lo que en este caso no es recomendable copiar y pegar las tablas, sino que será necesario vincular la información para tenerla siempre actualizada.

Para este ejemplo vas a utilizar una tabla que ya has visto anteriormente, cuando realizamos segmentación de datos, solo que en este caso, y para ver de qué forma se vinculan los datos desde orígenes externos pero en el mismo libro, vas a dividirla en tres partes:

- a) **CLIENTES**: contendrá los datos administrativos, como nombre y apellido, domicilio, ID de cliente, teléfono, etc.

- b) **DATOS GEOG.**: contendrá los datos de geolocalización, como provincia, etc.

- c) **DATOS COM.**: contendrá fecha e importe de la última compra efectuada por el cliente, y las ventas acumuladas para él.

- d) **UNIFICACIÓN**: esta será la hoja en la que se vinculará toda la información.

Prepara la hoja para la vinculación de datos, colocando el ID de cliente como índice para hacerlo. Si no fueras a utilizar funciones o fórmulas, esta preparación no sería necesaria, pero como veremos otras opciones de vinculación, debes tener un ID común para que la función encuentre los datos que le pides. Así también podrás vincularlas de distintas maneras, como mostraremos en la misma hoja, para tener una idea de cómo puedes realizar una vinculación de datos externos empleando diferentes herramientas y funciones presentes en Excel 365.

Coloca el ID de cliente insertando una columna antes de los datos de cada hoja, de modo que esta nueva columna sea la primera de la tabla de datos, como se observa en la siguiente imagen.

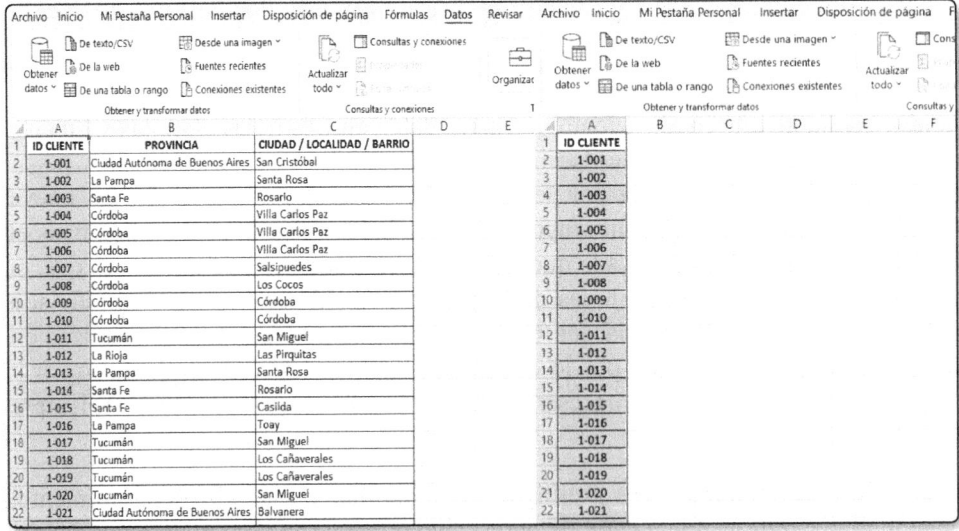

Figura 13.3. En cada hoja insertarás el ID del cliente para realizar la vinculación de los datos mediante distintos procedimientos. En este caso, se observan la hoja DATOS GEOG. y aquella en la que se realizará toda la vinculación.

En el siguiente Paso a paso aprenderás a vincular distintas hojas de datos en una sola, de tres maneras distintas, que se indican en cada una de las hojas.

13.2.2.1 VINCULACIÓN ENTRE HOJAS DE UN MISMO LIBRO

PASO 1

En la hoja **CLIENTES**, selecciona toda la tabla, excepto la columna **ID CLIENTE**, que ya habías colocado en la hoja **UNIFICACIÓN**. Copia la tabla por cualquiera de los medios que ya conoces.

ID CLIENTE	NOMBRE	APELLIDO	DOMICILIO	TELÉFONO	CORREO E
1-001	IÑAQUI	BALDERAS	Rosa de los Vientos 90	781 637 691	iñaquib@jourrapide.com
1-002	CRISTIAN	SANTA ANA	Andalucía 58	611 849 627	cristian_santaa@jourrapide.com
1-003	CARLOS	ARANDA	Cercas Bajas 90	686 918 982	carlitos2023@gustr.com
1-004	ARGENTINO	CENTURIÓN	Pascual Yunquera 60	726 867 769	centurionar@teleworm.us
1-005	MILAGROS	JURADO PEDROZA	Rosa de los Vientos 78	743 602 780	milipedroza@armyspy.com
1-006	OMAR	DOMÍNGUEZ	Cañada del Rosal 98	719 574 653	omardom@rhyta.com
1-007	YAMILA	ALEMÁN	Crta. Cádiz-Málaga 21	644 992 299	yamialeman@cuvox.de
1-008	MERLINA	SOSA	Avendaño 37	770 202 996	merlina.sosa@fleckens.hu
1-009	MÁXIMA	URÍAS	Apartado de Correos 59	633 809 998	maximaurias@fleckens.hu
1-010	ELVIRA	MEDINA	Calle Carril de la Fuente 57	748 522 359	elviracontadora@einrot.com
1-011	HUMBERTO	VEGA	Carretera Cádiz-Málaga 71	685 905 945	humbertovega@jourrapide.com
1-012	SILVIO	MONTES	Avda. Los llanos 22	762 078 896	silvio_montes31@gustr.com
1-013	FELIPE	CARMONA	Arana 1	736 402 562	felipec_2023@armyspy.com
1-014	ELISA	BERMÚDEZ	Pl. Virgen Blanca 93	650 786 620	eliber@craig.com
1-015	LEÓNIDAS	OLIVARES	Valadouro 88	736 022 176	lolivares@teleworm.us
1-016	VIVIANA	CASARES	Avda. Los llanos 54	683 030 508	vivicasares@dayrep.com
1-017	SUSANA	HERNÁNDEZ	Andalucía 17	676 500 712	susanahernandez@rhyta.com
1-018	BEATRÍZ	GRISALVO	Rúa de San Pedro 59	616 424 068	bettygrisalvo@gustr.com
1-019	ELIANA	QUESADA	San Andrés 11	736 930 868	ElianaQuesada@rhyta.com
1-020	JAQUELIN	MONTERO	Plazuela do Porto 15	766 644 216	JaquelineMontero@dayrep.com
1-021	JUDITH	SARAVIA	Reyes Católicos 79	654 114 452	judithsaravia@teleworm.us
1-022	FAUSTO	CORRALES	Apartado de Correos 87	642 390 926	fcorrales@armyspy.com
1-023	NICASIO	COLÓN	Reiseñor 12	710 842 764	nikycolon@rhyta.com
1-024	MARISA	ALONSO	Castelao 21	602 896 771	marisa-alonso@einrot.com
1-025	LUCÍA	DAPONTE	Angosto 17	789 388 902	ludaponte@fleckens.hu
1-026	PATRICIA	NARVARRETE	Maestro Puig Valera 84	776 273 212	patricia_navarrete@armyspy.com
1-027	ALFREDO	GIRÓNDEZ	Los Herrán 66	766 729 673	girondez@einrot.com
1-028	ALBERTO	ORTÍZ	Manuel Iradier 4	698 778 972	betortiz@dayrep.com
1-029	CATALINA	GONZÁLEZ	Boriñaur enparantza 10	663 598 708	catagonzalez@cuvox.de
1-030	ALICIA	OLIVARES	Maestro Puig Valera 6	676 037 211	aliciaolivares321@dayrep.com
1-031	MARCELO	NIETO	Rosa de los Vientos 29	645 226 421	marcelo.nieto@dayrep.com
1-032	EVANGELINA	DÁVILA	Cercas Bajas 72	691 779 466	vangedavila@teleworm.us
1-033	NAHIR	VANEGAS	Calle Aduana 72	782 809 807	navanegas@casinobaires.com

PASO 2

Esta primera parte de la tabla se vinculará mediante la opción de **Pegado especial...**, seleccionando **Pegar vínculo**. Al pegar los datos de esta manera, estos quedan vinculado a la hoja, y no, simplemente pegados. Puedes notar esta diferencia porque, cuando seleccionas cualquier celda, ves lo siguiente:

=CLIENTES!(celda vinculada)

Esto quiere decir que las celdas de la hoja **UNIFICACIÓN** se encuentran vinculadas a la hoja **CLIENTES**. Para probarlo, realiza alguna modificación en la hoja **CLIENTES**. Si las celdas de **UNIFICACIÓN** están vinculadas, deberán mostrar ese cambio, como se observa en la siguiente imagen (modificaciones en rojo):

PASO 3

Ahora vas a vincular la hoja **DATOS GEOG.** con la hoja **UNIFICACIÓN**, pero esta vez, mediante una función muy conocida que es **BUSCAR V()**.

Si recuerdas bien esta función, sabrás que lo que hace es buscar un valor de una tabla de destino, en una tabla de origen de datos, y devolver el valor de la columna que le indiques.

Concretamente, lo que se hace es abrir una conexión con un origen de datos para vincular dos tablas. Puedes verificarlo ya que la búsqueda se realiza en una matriz, que es la que tiene los datos de origen; en este caso, está dada por el segundo argumento de la función:

'DATOS GEOG.'!$A$1:$C$100

Ubícate entonces en la celda **G2** y escribe **=BUSCARV(A2; 'DATOS GEOG.'!$A$1:$C$100;2;FALSO)**.

Luego, haz lo mismo con la celda **H2**, pero esta vez, como columna, coloca 3, porque los datos que necesitas están en esa ubicación (orden).

Copia hacia abajo la función hasta la última celda con datos, y verás que se completan con la información de la celda correspondiente en la tabla de origen.

| C9 | | ∨ : × √ fx | The Bronx | | | G5 | | ∨ : × √ fx | =BUSCARV(A5;'DATOS GEOG.'!$A$1:$C$100;2;FALSO) | |

	A	B	C			A	G	H	L
1	ID CLIENTE	PROVINCIA	CIUDAD / LOCALIDAD / BARRIO		1	ID CLIENTE	PROVINCIA	CIUDAD / LOCALIDAD / BARRIO	
2	1-001	Ciudad Autónoma de Buenos Aires	San Cristóbal		2	1-001	Ciudad Autónoma de Buenos Aires	San Cristóbal	
3	1-002	La Pampa	Santa Rosa		3	1-002	La Pampa	Santa Rosa	
4	1-003	Santa Fe	Rosario		4	1-003	Santa Fe	Rosario	
5	1-004	Guadalajara	Villa Carlos Paz		5	1-004	Guadalajara	Villa Carlos Paz	
6	1-005	Córdoba	Villa Carlos Paz		6	1-005	Córdoba	Villa Carlos Paz	
7	1-006	Córdoba	Villa Carlos Paz		7	1-006	Córdoba	Villa Carlos Paz	
8	1-007	Córdoba	Salsipuedes		8	1-007	Córdoba	Salsipuedes	
9	1-008	Córdoba	The Bronx		9	1-008	Córdoba	The Bronx	
10	1-009	Córdoba	Córdoba		10	1-009	Córdoba	Córdoba	
11	1-010	Córdoba	Córdoba		11	1-010	Córdoba	Córdoba	
12	1-011	Tucumán	San Miguel		12	1-011	Tucumán	San Miguel	
13	1-012	La Rioja	Las Pirquitas		13	1-012	La Rioja	Las Pirquitas	
14	1-013	La Pampa	Santa Rosa		14	1-013	La Pampa	Santa Rosa	
15	1-014	Santa Fe	Rosario		15	1-014	Santa Fe	Rosario	
16	1-015	Santa Fe	Casilda		16	1-015	Santa Fe	Casilda	
17	1-016	La Pampa	Toay		17	1-016	La Pampa	Toay	
18	1-017	Tucumán	San Miguel		18	1-017	Tucumán	San Miguel	
19	1-018	Tucumán	Los Cañaverales		19	1-018	Tucumán	Los Cañaverales	
20	1-019	Tucumán	Los Cañaverales		20	1-019	Tucumán	Los Cañaverales	
21	1-020	Tucumán	San Miguel		21	1-020	Tucumán	San Miguel	
22	1-021	Ciudad Autónoma de Buenos Aires	Balvanera		22	1-021	Ciudad Autónoma de Buenos Aires	Balvanera	
23	1-022	Santa Fe	Rosario		23	1-022	Santa Fe	Rosario	
24	1-023	Santa Fe	Rosario		24	1-023	Santa Fe	Rosario	
25	1-024	Santa Fe	General Urquiza		25	1-024	Santa Fe	General Urquiza	

PASO 4

La tercera vinculación se realizará mediante una conexión de datos que vas a crear a través de Microsoft Power Query. Aquí solo se mostrará el resultado, aunque más adelante verás de forma práctica cómo realizar una consulta con esta herramienta.

Esta es otra manera de vincular los datos de una tabla. En este caso, para ver las modificaciones debes actualizar la tabla, ya que esto no se hace inmediatamente como en los casos anteriores.

| Portapapeles | | Mis Herramientas | | Fuente | | Portapapeles | | Mis Herramientas | | Fuente | |

| B11 | | ∨ : × √ fx | | | | J20 | | ∨ : × √ fx | 91616 | | |

	A	B	C	D			A	I	J	K
1	ID CLIENTE	ULT. COMPRA F	ULT. COMPRA IMP	VENTAS A		1	ID CLIENTE	ULT. COMPRA FE	ULT. COMPRA IMP.	VENTAS AC
2	1-001	03/10/2021	$ 97.542,00	$ 244.791,00		2	1-001	03/10/2021	$ 97.542,00	$ 244.791,00
3	1-002	11/08/2021	$ 40.236,00	$ 554.457,00		3	1-002	11/08/2021	$ 40.236,00	$ 554.457,00
4	1-003	06/08/2019	$ 12.691,00	$ 587.456,00		4	1-003	06/08/2019	$ 12.691,00	$ 587.456,00
5	1-004	06/08/2021	$ 82.455,00	$ 504.726,00		5	1-004	06/08/2021	$ 82.455,00	$ 504.726,00
6	1-005	12/05/2022	-$ 46.000,00	$ 643.219,00		6	1-005	12/05/2022	-$ 46.000,00	$ 643.219,00
7	1-006	24/08/2023	$ 26.256,00	$ 369.696,00		7	1-006	24/08/2023	$ 26.256,00	$ 369.696,00
8	1-007	03/03/2019	$ 61.169,00	$ 691.561,00		8	1-007	03/03/2019	$ 61.169,00	$ 691.561,00
9	1-008	14/08/2023	$ 26.203,00	$ 489.303,00		9	1-008	14/08/2023	$ 26.203,00	$ 489.303,00
10	1-009	12/10/2022	$ 56.384,00	$ 587.402,00		10	1-009	12/10/2022	$ 56.384,00	$ 587.402,00
11	1-010		$ 77.628,00	$ 633.753,00		11	1-010		$ 77.628,00	$ 633.753,00
12	1-011	10/05/2022	$ 87.343,00	$ 426.198,00		12	1-011	10/05/2022	$ 87.343,00	$ 426.198,00
13	1-012	17/10/2023	$ 10.449,00	-$ 398.000,00		13	1-012	17/10/2023	$ 10.449,00	-$ 398.000,00
14	1-013	01/12/2022	$ 95.102,00	$ 93.332,00		14	1-013	01/12/2022	$ 95.102,00	$ 93.332,00
15	1-014	01/09/2023	$ 59.495,00	$ 759.965,00		15	1-014	01/09/2023	$ 59.495,00	$ 759.965,00
16	1-015	25/02/2020	$ 84.809,00	$ 747.951,00		16	1-015	25/02/2020	$ 84.809,00	$ 747.951,00
17	1-016	04/10/2021	$ 88.083,00	$ 511.361,00		17	1-016	04/10/2021	$ 88.083,00	$ 511.361,00
18	1-017	19/12/2023	$ 24.145,00	$ 786.691,00		18	1-017	19/12/2023	$ 24.145,00	$ 786.691,00
19	1-018	25/01/2020	$ 73.632,00	$ 826.783,00		19	1-018	25/01/2020	$ 73.632,00	$ 826.783,00
20	1-019	02/02/2021	$ 91.616,00	$ 574.838,00		20	1-019	02/02/2021	$ 91.616,00	$ 574.838,00
21	1-020	04/10/2020	$ 32.620,00	$ 214.242,00		21	1-020	04/10/2020	$ 32.620,00	$ 214.242,00
22	1-021	01/05/2019	$ 97.519,00	$ 532.962,00		22	1-021	01/05/2019	$ 97.519,00	$ 532.962,00
23	1-022	19/01/2019	$ 46.686,00	$ 371.809,00		23	1-022	19/01/2019	$ 46.686,00	$ 371.809,00
24	1-023	04/07/2022	$ 14.151,00	$ 501.003,00		24	1-023	04/07/2022	$ 14.151,00	$ 501.003,00
25	1-024	09/02/2020	$ 87.990,00	$ 105.505,00		25	1-024	09/02/2020	$ 87.990,00	$ 105.505,00

ⓘ VINCULAR OTROS LIBROS

Si en vez de otras hojas dentro del mismo libro tienes que vincular dos libros diferentes, el procedimiento es idéntico, y las vinculaciones se pueden hacer de la misma manera vista anteriormente, con la salvedad de que, en lugar de vincular la hoja, deberás abrir el libro que tiene los datos que deseas vincular y realizar la vinculación, ya sea mediante una función, pegando un vínculo o con una conexión de datos, como puede ser una consulta de **Power Query** o algún otro tipo de conexión dentro de las muchas posibles.

Cuando vinculas dos hojas de un mismo libro, el vínculo asumirá la siguiente forma, como ya lo has podido ver en la vinculación realizada recientemente:

=Nombre de hoja!Coordenadas de la celda origen / Rango de datos (por ejemplo =Hoja1!F23)

Al vincular un libro con otro, verás, por el contrario:

=[Nombre del Libro]Nombre de hoja!Coordenadas (por ejemplo =[LibroMaestro] Ventas!B2)

De esta manera, Excel 365 diferencia un vínculo de otro.

13.3 LAS CONEXIONES DE DATOS

A continuación verás cómo establecer una conexión de datos que te permitirá obtener datos externos, ya sea de otras tablas, de otros tipos de archivos o desde la Web.

Puede ocurrir que los datos no estén en otras hojas de cálculo o en otros libros de Excel 365, sino que se encuentren en fuentes muy diferentes de las que hasta aquí has visto.

Estas fuentes pueden ser muy variadas, desde bases de datos en Access o otras herramientas de BD, archivos de texto separados por tabulaciones, Internet, Facebook, y más.

Podrás acceder a todas estas conexiones desde la pestaña de la cinta de opciones **Datos**. En el grupo **Obtener y transformar datos**, haz clic en el botón **Obtener datos**. Se desplegarán todas las posibilidades de conexión de datos externos, que se describirán luego de la siguiente imagen y que podrás elegir según te resulte más adecuado para tu tarea (**Figura 13.4.**).

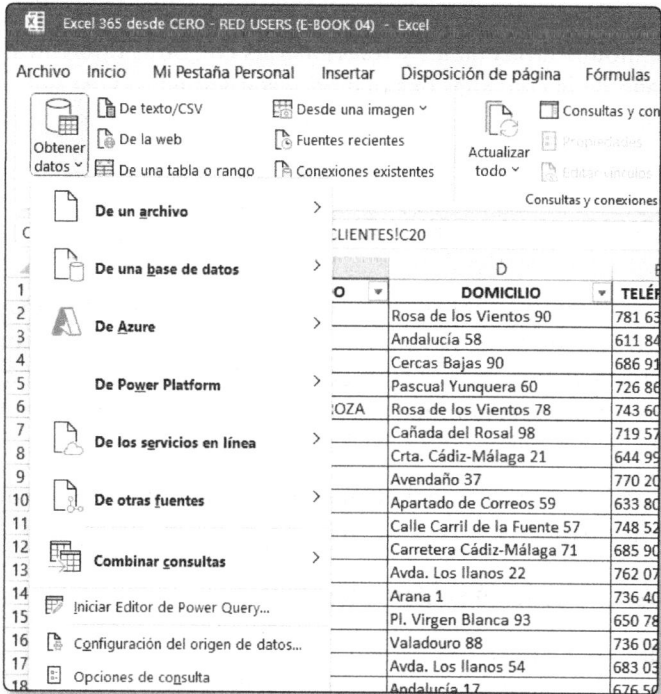

Figura 13.4. Desde este botón puedes realizar todas las conexiones de datos externos de que dispones, así como también administrar las que ya hayas realizado.

▰ **De un archivo**: puede ser de un libro de Excel, de un archivo de texto o **CSV** (valores separados por comas, como puede ser una agenda de contactos exportada a este formato), de un archivo **XML** (tipos de archivos compatibles con muchos programas y que, básicamente, permiten estructurar datos en las páginas web), **JSON** (archivos parecidos a los XML, derivados de **Java Script**), PDF, de una carpeta, etc.

▰ **De una base de datos**: aquí las opciones disponibles son **SQL**, Access, **Oracle**, IBM y Teradata.

▰ **Power Platform**: **Power Bi**, de Microsoft; **Flujos de datos** y **Dataverse**.

▰ **De servicios en línea**: por ejemplo, **Microsoft Exchange Online**, **Dynamics 365** (en línea) y **Salesforce**.

▰ **De otras fuentes**: engloba todas las otras fuentes menos específicas, como una tabla o rango, la Web, Microsoft Query, Active Directory, Microsoft Exchange, una imagen o, incluso, una nueva consulta en blanco.

▰ **Combinar consultas**: aquí también puedes combinar consultas o, incluso, editar consultas y acceder a sus propiedades.

También desde aquí puedes iniciar el editor de **Power Query** para realizar una consulta, modificar las tablas y relacionarlas con otras diferentes, para así modificar el resultado de la consulta. Las opciones son variadas, y en todo momento tú tienes el control de los datos y puedes modificar la forma de presentación a través de la conexión que hayas establecido.

13.4 ESTABLECER UNA CONEXIÓN DE DATOS EXTERNA

A continuación aprenderás a establecer una conexión de datos externa tomando un archivo de texto separado por tabulaciones. Crearás la tabla correspondiente en la que, modificando los datos de origen, verás los cambios en la tabla resultante. Esto es útil cuando agregas información en una base de datos, la exportas en este formato, manteniendo el nombre del archivo, y luego actualizas tu tabla.

Tanto la creación como la modificación y actualización del archivo se verán en un Paso a paso.

Establecer una conexión externa de datos

PASO 1

Abre el archivo con el que realizarás la conexión. Para hacerlo, ve a **Datos** y, dentro de la pestaña, en el grupo **Obtener y transformar datos**, ve al subgrupo **(Botón) Obtener datos**.

Selecciona la primera opción, **De un archivo**, y en el desplegable de la derecha, haz clic en el botón **De texto/CSV**. Previamente deberás haber creado el archivo de texto.

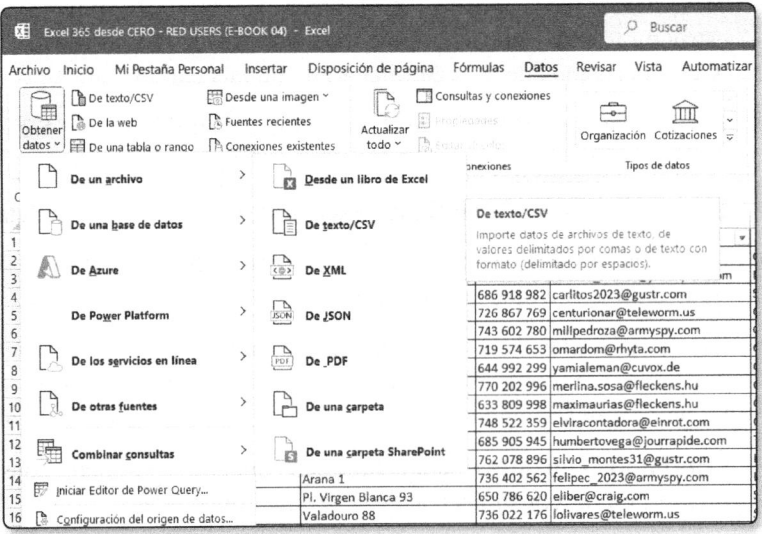

PASO 2

Se abrirá una instancia del Explorador de Windows en donde podrás buscar dentro de tu computadora el archivo que cumpla con las características compatibles para ser abierto (en este caso, un archivo de texto o CSV).

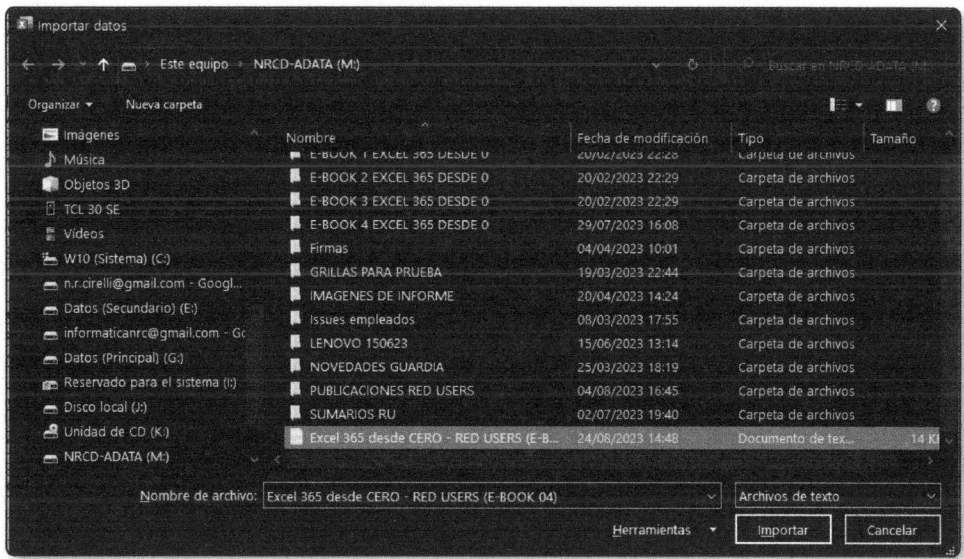

PASO 3

Dentro de la ventana del Explorador, y una vez que hayas seleccionado el archivo, pulsa en **Importar**. Se abrirá la vista previa del archivo que importarás, y en la parte derecha inferior, podrás acceder a los botones **Cargar**, **Transformar datos** y **Cancelar**. Veamos brevemente en qué consiste cada uno:

> ▼ **Cargar**: contiene dos opciones. **Cargar** importa los datos a una nueva hoja dentro del archivo desde el que se hizo la importación, es decir que agrega una hoja con la tabla importada. **Cargar en...** abre el cuadro de diálogo que te permitirá importar la tabla en una nueva hoja de datos, o seleccionar la hoja o celda en la que desees importar la información.

> ▼ **Transformar datos**: abre la ventana de Power Query, para que puedas modificar la tabla y luego importarla con las modificaciones que hayas realizado.

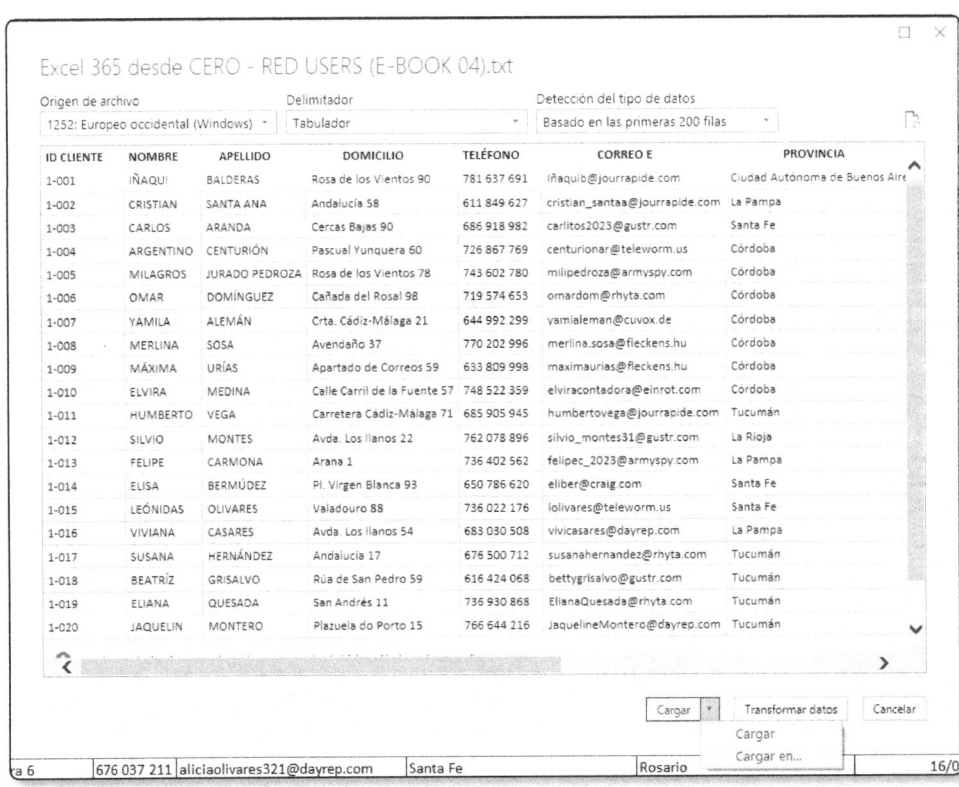

Figura 13.5. La vista previa de la importación con las distintas opciones para importar los datos.

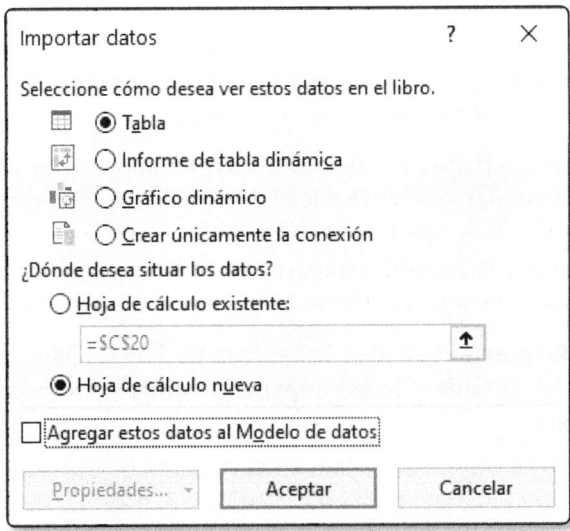

Figura 13.6. Este es el cuadro de diálogo que se abre al pulsar en la opción *Cargar en...*

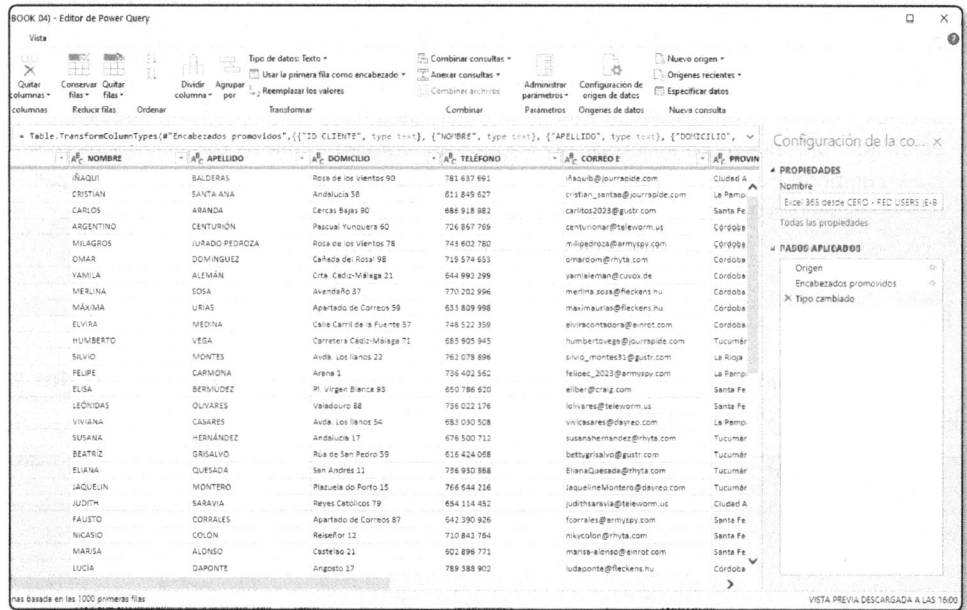

Figura 13.7. Cuando pulsas en el botón *Transformar datos*, abrirás el Editor de
Power Query, en el que podrás modificar tu consulta antes de importarla.

Te mostraremos a continuación cómo funciona la conexión de datos que has
establecido. Para hacerlo, modifica un valor o dos en el archivo de texto origen de
los datos, y verás cómo ese cambio se refleja en la tabla que has importado. Este es
el procedimiento:

PASO 1

Abre el archivo de texto del que has extraído la información para tu tabla, y
modifica algún dato existente. Al finalizar, guarda el archivo modificado.

(i) **NOTA**

Recuerda que, al guardar el archivo luego de una modificación, debes hacerlo en la ubicación actual y con el nombre que tiene, o, si vas a hacer algún cambio, necesitarás establecer una nueva conexión con el origen de datos en la nueva ubicación y bajo el nuevo nombre. Para esto, sigue los pasos 1 a 3 descriptos anteriormente. Si no realizas una de estas dos acciones, la conexión no funcionará.

PASO 2

En la hoja en la cual ya has realizado la conexión, ve a la pestaña **Datos** y haz clic en el botón **Actualizar todo**.

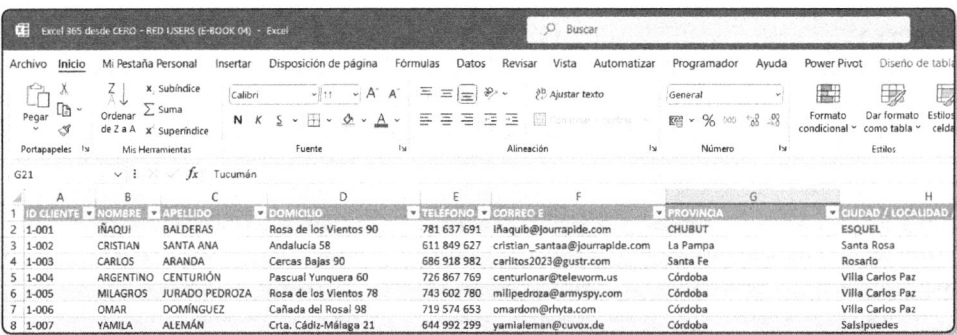

Figura 13.8. Los datos modificados en el archivo de origen se reflejarán en tu hoja de datos, como puedes ver en esta imagen.

ⓘ MANEJO DE LOS DATOS DE ORIGEN

Cuando manejas este tipo de archivos de texto con tabulaciones, debes tener en cuenta que, al realizar una modificación en cualquiera de las columnas, puedes también cambiar la ubicación de otros datos adyacentes, por lo cual, al actualizar la información, estos pueden ubicarse en columnas que no corresponden a esos datos.

Dicho de otra forma, al actualizar este tipo de modificaciones, quizá se produzca un corrimiento de los datos hacia otro sector y estos se muestren de manera errónea.

Por esta razón, es muy importante que, antes de realizar una modificación, consideres cuál es la ubicación de los demás datos y mantengas esa posición sin cambios, independientemente de que los datos puedan parecer mal encolumnados en el archivo origen, para evitar este corrimiento.

Una forma muy sencilla de acceder a la visualización de todas las conexiones hechas en el libro en el que estás trabajando es acceder, a través del botón **Consultas y conexiones**, a todas las conexiones disponibles en tu libro.

Si haces clic en cualquiera de las consultas, o conexiones del panel de la derecha, accederás al Editor de Power Query, donde podrás realizar modificaciones en la consulta o en la conexión de origen.

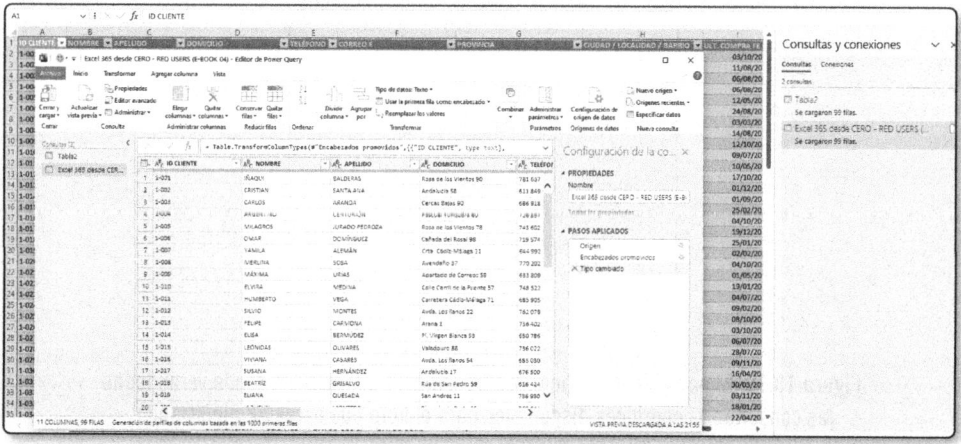

Figura 13.9. A través del botón *Consultas y conexiones*, podrás acceder al Editor de Power Query para modificar la consulta o conexión que desees y que esté disponible para tu libro actual.

> (i) **IMPORTANTE**
>
> Ten presente que, al modificar una consulta en el Editor de Power Query, no estás modificando el archivo de origen de datos, sino solamente la forma en que visualizas la información. Vale decir que, si quitas una columna o la mueves en su ubicación dentro de la consulta, los datos no desaparecen del archivo original ni se modifican. De esta manera, si este ordenamiento no te resulta satisfactorio, puedes volver a obtener la información original y trabajar en una nueva consulta.

13.5 EL EDITOR DE POWER QUERY

A continuación te presentamos el Editor de **Power Query**, una gran herramienta que tal vez conozcas en su versión anterior como **Editor de consultas** (**Excel 2016**), solo que ahora, en **Excel 365**, se presenta en su versión más completa, con algunos agregados interesantes. Veamos su composición y qué puedes hacer.

Dentro de la pestaña **Datos**, haciendo clic en el botón **Consultas y conexiones**, accederás al panel de navegación de las consultas disponibles en tu libro actual (panel de la derecha). Por defecto se muestran los primeros 100 registros, aunque las modificaciones se reflejarán en la totalidad de los datos incluidos en la consulta.

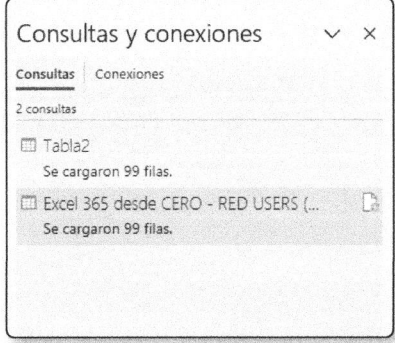

Figura 13.10. El panel de navegación de *Consultas y conexiones*, donde verás todas las consultas y conexiones disponibles para el libro que estás administrando.

Verás que, en su formato, el Editor de Power Query se asemeja a una hoja de Microsoft Excel 365, con columnas, filas, cinta de opciones y diferentes menús o pestañas. Las herramientas que tienes en Power Query se utilizan de la misma manera en que interactúas con la cinta de opciones en cualquier hoja de cálculo, solo que son específicas para la consulta que estás creando. A continuación veremos en profundidad cada una de las pestañas, y qué opciones tienes para modificar y adecuar la consulta a tu gusto.

13.5.2.1 PESTAÑA ARCHIVO

Puedes cerrar o guardar tu consulta, acceder a las **Opciones** y **Configurar** el origen de datos (lo verás con más detalle al analizar la pestaña **Inicio**).

13.5.2.2 PESTAÑA INICIO

- ▸ Grupo **Cerrar**: permite la carga de la consulta, ya sea en la ubicación existente o en una nueva.

- ▸ Grupo **Consulta**: desde aquí podrás actualizar las modificaciones hechas en tu consulta, acceder a sus **Propiedades** y **Administrar** (**Eliminar**, **Duplicar** o **Referenciar** la consulta actual en una nueva) tu consulta.

- ▸ Grupo **Administrar columnas**: permite seleccionar las columnas que quieres mostrar en la consulta, quitar columnas o ir a una columna en particular (ideal cuando la consulta tiene muchas columnas).

- ▸ Grupo **Reducir filas**: permite quitar una cantidad de filas específica o una fila determinada, o conservarlas.

- ▸ Grupo **Ordenar**: al igual que en una hoja de datos, puedes ordenar la información de manera ascendente o descendente.

- ▸ Grupo **Transformar**: aquí puedes dividir una columna; cambiar el tipo de datos de las columnas; agrupar los datos; contar las filas; realizar operaciones tales como suma, porcentaje, promedio, mínimo, máximo, media, etc.

- ▸ Grupo **Combinar**: permite crear una nueva consulta anexando otras consultas disponibles, o combinar consultas diferentes.

- ▸ Grupo **Parámetros**: en este grupo podrás administrar los distintos parámetros de consulta que hayas creado, o generar uno nuevo.

- ▸ Grupo **Orígenes de datos**: ofrece la posibilidad de administrar la configuración del origen de datos, cambiar el origen, elegir otro documento para el origen de datos, editar los permisos, otorgar o limitar permisos de usuarios, etc.

- ▸ Grupo **Nueva consulta**: con esta opción puedes crear un nuevo origen de datos, consultar los orígenes de datos más recientes y generar una nueva consulta desde allí, o crear una nueva tabla de consulta, agregando o quitando la información que necesites.

13.5.2.3 PESTAÑA TRANSFORMAR

▼ Grupo **Tabla**: permite agrupar los datos de la tabla, al igual que en la pestaña **Inicio/Grupo Transformar**, además de otras opciones como **Transponer filas y columnas**, **Invertir las filas**, o contar las filas de la consulta.

▼ Grupo **Cualquier columna**: da la posibilidad de modificar el tipo de datos de una columna que selecciones, reemplazar valores de una columna, cambiar el nombre (también lo puedes hacer con un doble clic sobre el encabezado de la columna), y mover una columna hacia la derecha, izquierda, o al principio y al final de la consulta.

▼ Grupo **Columna de texto**: podrás dividir la columna, combinar columnas en una, cambiar el formato del texto (mayúsculas, minúsculas, poner cada palabra en mayúsculas, etc.), extraer una cantidad específica de caracteres de cualquier columna y analizar con **XML** o **JSON** los datos de una columna seleccionada.

▼ Grupo **Columna de número**: permite trabajar y editar las columnas que tengan valores con este formato. Solo puedes aplicarlo a columnas que tengan formato de número, ya que si lo haces sobre otro tipo de datos (texto, **boolean**, o cualquier otro), te dará error.

▼ Grupo **Columna de fecha y hora**: en este grupo podrás realizar cambios en valores con este formato.

13.5.2.4 PESTAÑA AGREGAR COLUMNA

▼ Grupo **General**: da la opción de crear una columna nueva a partir de una seleccionada, crear una columna con una fórmula personalizada, invocar una función y crear una columna condicional (es decir, que genere un determinado valor si se cumplen ciertas condiciones).

▼ Grupo **De texto**: contiene las opciones para dar formato a los datos (minúsculas, mayúsculas, etc.), extraer o analizar cadenas de texto (**XML, JSON**).

▼ Grupo **De número**: accediendo a este grupo, podrás realizar modificaciones en la consulta a los valores que tengan formato de número.

▼ Grupo **De fecha y hora**: permite agregar columnas con valores de fecha y hora que determines.

13.5.2.5 PESTAÑA VISTA

- ▶ Grupo **Diseño**: permite acceder a la **Configuración de la consulta**, así como también ocultar o mostrar la barra de fórmulas.

- ▶ Grupo **Vista previa de datos**: puedes modificar todo lo que refiere a la vista previa de una consulta.

- ▶ Grupo **Columnas**: permite ir a una columna determinada dentro de la consulta.

- ▶ Grupo **Parámetros**: solo puedes marcar o desmarcar la única opción disponible según quieras permitir el agregado de parámetros o no.

- ▶ Grupo **Uso avanzado**: si sabes programar en código M, un código diseñado por Microsoft para manipular y transformar datos, puedes modificar tus consultas con esta herramienta.

- ▶ Grupo **Dependencias**: muestra en un diagrama todas las dependencias y relaciones de las distintas tablas que estés utilizando en una consulta.

Ten en cuenta que muchas de las opciones de una pestaña de la cinta se repiten en grupos de otra pestaña, por lo que muchas de las herramientas estarán duplicadas, según la pestaña en la que te encuentres.

Además, puedes ver en el panel de la derecha cada una de las modificaciones aplicadas a tu consulta y deshacer cada una de estas modificaciones, sin perjuicio de otras que se mantendrán.

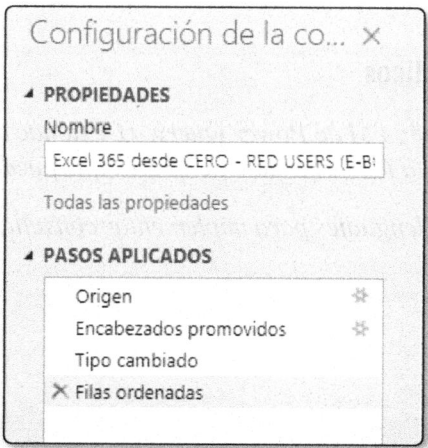

Figura 13.11. El panel de navegación de *Configuración de la consulta* es muy similar al de *Consultas y conexiones*, aunque, a diferencia de este, permite ver cada una de las modificaciones que realizaste en tu consulta y eliminar aquellas que no te hagan falta.

13.6 ACTIVIDADES

A continuación se presentan las preguntas y los ejercicios que deberías saber responder y resolver para considerar aprendido el capítulo.

13.6.1 Test de autoevaluación

1. ¿Cuántos tipos de fuentes de orígenes de datos existen?

2. ¿Con qué tipos de orígenes de datos debes realizar una actualización manual?

3. ¿Qué función ya conocida establece un vínculo con orígenes de datos externos?

4. ¿Qué diferencia existe entre copiar y pegar datos de otras tablas, y establecer un vínculo con un origen de datos?

5. ¿Por qué es importante no modificar la ubicación ni el nombre del archivo de origen de datos al realizar una consulta?

6. Si modificas una consulta, ¿se modifica el archivo de origen de los datos?

7. ¿Qué puedes hacer con el Editor de Power Query? ¿Existía esta herramienta antes de Excel 365? En caso afirmativo, ¿cómo se llamaba y en qué versión de Excel apareció?

13.6.2 Ejercicios prácticos

1. Investiga sobre el código M de Power Query. ¿De dónde deriva? ¿En qué año se dio a conocer? Aporta todo otro dato de interés que puedas encontrar.

2. Investiga sobre otros lenguajes para implementar consultas que sean compatibles con Excel 365.

IMPORTACIÓN Y CONTROL DE DATOS EXTERNOS

En este capítulo, verás desde cómo moverte en una hoja de Excel 365 hasta la **importación** de datos, pasando por todas las herramientas que este programa te ofrece, y aprenderás a importar datos desde una página web u otro origen.

14.1 INFORMACIÓN EXTERNA

Anteriormente viste cómo vincular datos con orígenes externos, primero desde otras hojas, luego desde otros libros y finalmente desde otro archivo. En esta sección de nuestro curso de Microsoft Excel 365 desde 0 a experto, aprenderás a importar y controlar los datos externos obtenidos desde otras páginas web y de qué forma actualizarlos.

Pero antes veremos un tema que quedó en el tintero del capítulo anterior y que te servirá mucho más en este momento. En capítulos anteriores nos referimos a la actualización de un **vínculo** y dijimos que debe hacerse de forma manual. Esto no es del todo así; si bien puedes actualizar manualmente en el momento en que lo desees, hay dos formas de hacerlo de modo automático, o casi, tal que si los datos cambian en el origen, se modificarán en la hoja o **tabla de destino**.

Ya entenderás por qué este tema te servirá mucho más en este capítulo: en efecto, si actualizas datos desde la Web, lo más útil será que esas actualizaciones estén disponibles apenas cambien en la **página de origen**, por lo que actualizar de manera automática al abrir el libro o bien reducir el tiempo entre actualizaciones puede ser una alternativa muy interesante a la actualización manual.

Esto es muy sencillo de realizar y te lo mostraremos mediante un corto Paso a paso, con las etapas que deberás tener presentes para que tu hoja de datos siempre cuente con la última información disponible en la Web.

14.1.1 Realizar una actualización periódica de información externa

PASO 1

En la pestaña **Datos**, dentro del Grupo **Consultas y conexiones**, haz clic en el subgrupo (botón) homónimo.

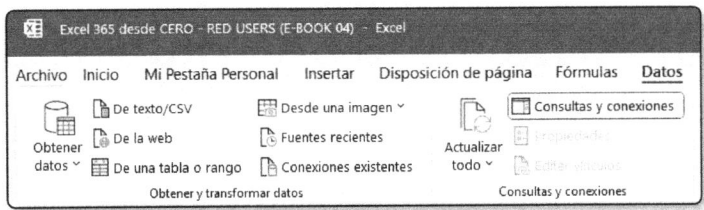

PASO 2

Sobre la derecha de la hoja de datos se abrirá la ventana de **Consultas y conexiones**, donde encontrarás todas las conexiones a consultas o conexiones abiertas con orígenes de datos externos. Accede al menú contextual (clic derecho) y selecciona la opción **Propiedades...**.

PASO 3

En la siguiente ventana puedes marcar las opciones que se indican a continuación y que te ayudarán a actualizar más rápidamente la consulta:

▼ **Actualizar cada "X" minutos**: seleccionando esta casilla de verificación, podrás activar la posibilidad de modificar la frecuencia de actualización de tu conexión de datos desde 1 minuto, hasta 9999. En este caso elegiremos una frecuencia lógica, digamos, cada 10 minutos.

▼ **Actualizar al abrir el archivo**: si seleccionas esta opción, también puedes hacer que, cada vez que abras el archivo, esta conexión se actualice con la nueva información que pudiera llegar a tener.

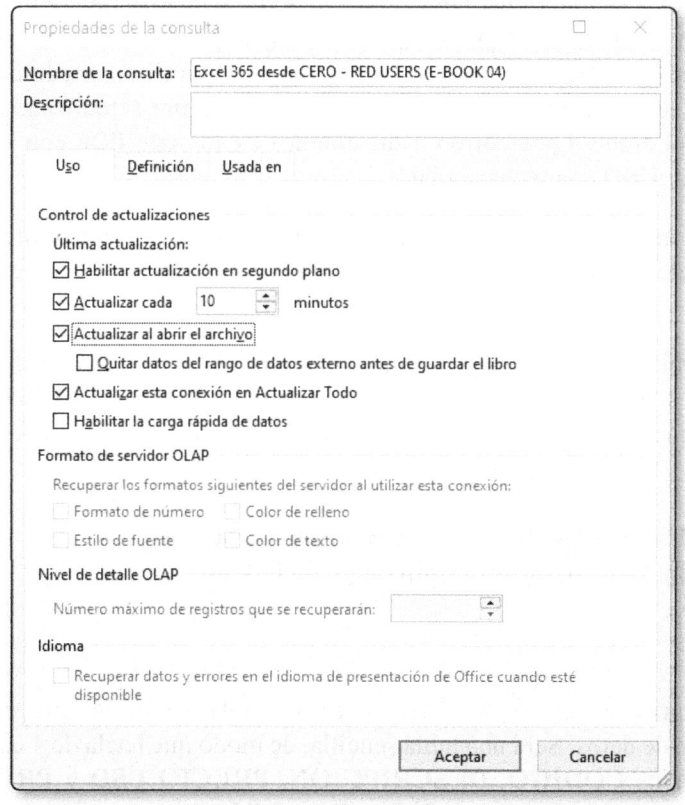

Solo resta hacer clic en **Aceptar**, y se actualizará en tu tabla de datos la información en los períodos especificados.

14.2 IMPORTAR DATOS EXTERNOS

Como es habitual en este curso de Excel 365 desde 0 (actualización de Excel 2016), presentaremos un **caso hipotético** en el que podrás ver cuál es la relevancia de la importación de datos externos desde una página web.

Vamos a suponer que tienes un negocio de **hardware** de computación y los precios están en **USD**, pero quieres que tus clientes puedan pagar en moneda local (digamos que en **ARS**, pero puedes hacer lo mismo para la moneda que necesites manejar). A su vez, quieres que los precios estén siempre actualizados en tu lista, para enviar el archivo por correo a tus clientes en **formato PDF** con el valor y la cotización del USD a la fecha actual.

Para este caso, vas a crear una conexión de datos externos directa con una página web de cotización del USD y vincularás dos hojas para obtener el valor en ARS.

También generarás una macro mediante un botón para actualizar manualmente la conexión, y la optimizarás para que se actualice de manera periódica. Esto es mucho más fácil de lo que parece a simple vista; lo veremos en un paso a paso.

14.2.1 Crear una lista de precios que actualice sus valores desde datos externos importados de la Web

Lo primero que harás será crear la tabla sobre la que realizarás la actualización de datos. Será una tabla sencilla, de modo que hazla de 4 columnas con los encabezados **CÓDIGO**, **DESCRIPCIÓN**, **PRECIO USD** y **PRECIO ARS**. Colócala en una hoja denominada **LISTA DE PRECIOS**. Crea además una segunda hoja llamada **COTIZACIÓN**, en la que importarás luego los datos desde la Web.

A	B	C	D
CÓDIGO	**DESCRIPCIÓN**	**PRECIO USD**	**PRECIO ARS**
			0
			0
			0
			0
			0
			0
			0
			0
			0
			0
			0
			0
			0
			0
			0
			0
			0
			0
			0
			0
			0
			0
			0
			0
			0
			0
			0
			0
			0
			0

LISTA DE PRECIOS   COTIZACIÓN   +

PASO 2

Una vez que tengas la tabla, complétala con los ítems que tienes en tu lista de precios. Aquí te mostramos un ejemplo de marcas y hardware conocido, aunque no están los modelos y solo ponemos nombres genéricos, ya que es una lista de ejemplo y no se ajusta a la realidad.

	A	B	C	D
1	CÓDIGO	DESCRIPCIÓN	PRECIO USD	PRECIO ARS
2	0001	MOTHERBOARD ASUS - INTEL		0
3	0002	MOTHERBOARD GIGABYTE - INTEL		0
4	0003	MOTHERBOARD MSI - INTEL		0
5	0004	MOTHERBOARD SOYO - INTEL		0
6	0005	MOTHERBOARD ASUS - AMD		0
7	0006	MOTHERBOARD GIGABYTE - AMD		0
8	0007	MOTHERBOARD MSI - AMD		0
9	0008	MOTHERBOARD SOYO - AMD		0
10	0009	PROCESADOR INTEL I3		0
11	0010	PROCESADOR INTEL I5		0
12	0011	PROCESADOR INTEL I7		0
13	0012	PROCESADOR INTEL I9		0
14	0013	PROCESADOR AMD RYZEN 3		0
15	0014	PROCESADOR AMD RYZEN 5		0
16	0015	PROCESADOR AMD RYZEN 7		0
17	0016	PROCESADOR AMD RYZEN 9		0
18	0017	MEMORIA KINGSTON DDR 3 4Gb		0
19	0018	MEMORIA KINGSTON DDR 3 8Gb		0
20	0019	MEMORIA KINGSTON DD3 16 Gb		0
21	0020	MEMORIA KINGSTON DDR 4 4Gb		0
22	0021	MEMORIA KINGSTON DDR 4 8Gb		0
23	0022	MEMORIA KINGSTON DD4 16 Gb		0
24	0023	MEMORIA KINGSTON DDR 5 8Gb		0
25	0024	MEMORIA KINGSTON DD5 16 Gb		0
26	0025	SSD KINGSTON 256 GB		0
27	0026	SSD KINGSTON 512 GB		0
28	0027	SSD KINGSTON 1 TB		0
29	0028	SSD KINGSTON 2 TB		0
30	0029	TARJETA GRÁFICA GIGABYTE		0
31	0030	TARJETA GRÁFICA ASUS		0

PASO 3

Una vez que hayas confeccionado la lista de precios, lo primero que debes hacer es vincular la columna de precios en ARS (o la moneda local de tu preferencia), con la celda en la que colocarás el valor actualizado de la cotización del USD, y que provendrá de una conexión de datos desde la Web.

Este vínculo se realiza mediante una fórmula simple (multiplicación) y la celda que contendrá el valor actualizable, es decir **COTIZACIÓN!$B$2**, como ya aprendiste en el capítulo anterior al hablar de vinculaciones entre hojas.

ⓘ IMPORTANTE

Debes tener en cuenta que, cuando realizas vinculaciones con datos externos, el vínculo se efectúa a través de una conexión que no puede ser incluida en una fórmula, ya que dará un error de #¡VALOR! al pegarla. Por lo tanto, el vínculo debe escribirse en vez de seleccionarse en la hoja, o bien tendrás que generar el vínculo antes de conectar con el origen de datos externo. En la siguiente imagen mostramos el error, y en la que se encuentra a continuación, la forma de corregirlo.

D3	⌄ ⋮ ✕ ✓ *fx*	=C3*Table_0__2[@Compra]	
	A	**B**	**C**	**D**
1	**CÓDIGO**	**DESCRIPCIÓN**	**PRECIO USD**	**PRECIO ARS**
2	0001	MOTHERBOARD ASUS - INTEL		$ 0,00
3	0002	MOTHERBOARD GIGABYTE - INTEL		#¡VALOR!
4	0003	MOTHERBOARD MSI - INTEL		#¡VALOR!
5	0004	MOTHERBOARD SOYO - INTEL		#¡VALOR!
6	0005	MOTHERBOARD ASUS - AMD		#¡VALOR!
7	0006	MOTHERBOARD GIGABYTE - AMD		#¡VALOR!
8	0007	MOTHERBOARD MSI - AMD		#¡VALOR!
9	0008	MOTHERBOARD SOYO - AMD		#¡VALOR!
10	0009	PROCESADOR INTEL I3		#¡VALOR!
11	0010	PROCESADOR INTEL I5		#¡VALOR!
12	0011	PROCESADOR INTEL I7		#¡VALOR!
13	0012	PROCESADOR INTEL I9		#¡VALOR!
14	0013	PROCESADOR AMD RYZEN 3		#¡VALOR!
15	0014	PROCESADOR AMD RYZEN 5		#¡VALOR!
16	0015	PROCESADOR AMD RYZEN 7		#¡VALOR!
17	0016	PROCESADOR AMD RYZEN 9		#¡VALOR!
18	0017	MEMORIA KINGSTON DDR 3 4Gb		#¡VALOR!

Figura 14.1. Este tipo de error se produce al querer vincular la celda con el *origen de datos web*, directamente cliqueando en la celda.

D2			f_x	=C2*COTIZACIÓN!$B$2	

	A	B	C	D
1	**CÓDIGO**	**DESCRIPCIÓN**	**PRECIO USD**	**PRECIO ARS**
2	0001	MOTHERBOARD ASUS - INTEL		$ 0,00
3	0002	MOTHERBOARD GIGABYTE - INTEL		$ 0,00
4	0003	MOTHERBOARD MSI - INTEL		$ 0,00
5	0004	MOTHERBOARD SOYO - INTEL		$ 0,00
6	0005	MOTHERBOARD ASUS - AMD		$ 0,00
7	0006	MOTHERBOARD GIGABYTE - AMD		$ 0,00
8	0007	MOTHERBOARD MSI - AMD		$ 0,00
9	0008	MOTHERBOARD SOYO - AMD		$ 0,00
10	0009	PROCESADOR INTEL I3		$ 0,00
11	0010	PROCESADOR INTEL I5		$ 0,00
12	0011	PROCESADOR INTEL I7		$ 0,00
13	0012	PROCESADOR INTEL I9		$ 0,00
14	0013	PROCESADOR AMD RYZEN 3		$ 0,00
15	0014	PROCESADOR AMD RYZEN 5		$ 0,00
16	0015	PROCESADOR AMD RYZEN 7		$ 0,00
17	0016	PROCESADOR AMD RYZEN 9		$ 0,00
18	0017	MEMORIA KINGSTON DDR 3 4Gb		$ 0,00
19	0018	MEMORIA KINGSTON DDR 3 8Gb		$ 0,00

Figura 14.2. El error de #¡VALOR!, en una celda con datos externos se corrige escribiendo el nombre de la celda que se vincula, y luego, entonces sí, puedes copiarla a las celdas correspondientes.

PASO 4

Los siguientes pasos serán clave para crear la conexión de actualización desde la Web, por lo que deberás seguirlos al pie de la letra para evitar errores.

Lo primero que harás será seleccionar la celda en la que colocarás los datos externos, es decir, la cotización importada desde la Web. Puedes hacerlo en la misma hoja de cálculo o en una hoja distinta e, incluso, desde otro libro. En este caso y para mayor claridad, se realiza en el mismo libro, aunque en distinta hoja de cálculo, la que denominamos anteriormente **COTIZACIÓN**. De esta hoja selecciona la celda B2, dado que en A2 se incluye el nombre del tipo de moneda que se importará. En un futuro, si quieres colocar más monedas diferentes o bien cambiar el nombre de la moneda de cotización, no se afectará el resultado. Eso sí, deberás cambiar el origen de conexión de datos para que traiga en la **consulta** el valor de la moneda que quieres utilizar.

ⓘ ACLARACIÓN

Antes de continuar, cabe hacer una aclaración fundamental en el caso de la importación de datos web.

No siempre podrás importar datos desde cualquier página web, ya que algunas no permiten hacerlo y devuelven tablas con valor 0 o Null (NULO), lo que, claramente, no servirá a tus fines de actualización. Por esta razón, te recomendamos que busques en más de una página el dato que necesites y que verifiques que sea exportable, es decir, que puedas tomar esa información y convertirla en un dato válido. De otra manera, no podrás actualizar los valores.

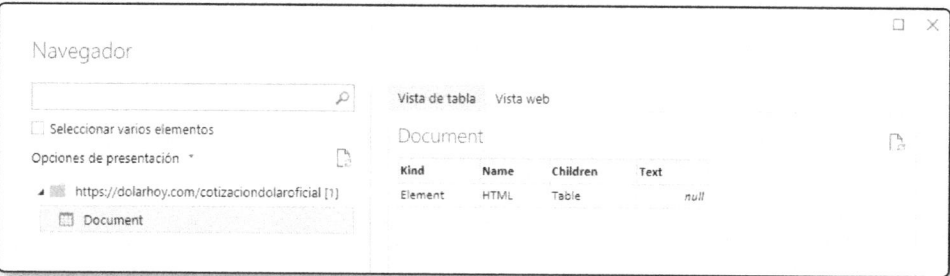

Figura 14.3. Aquí puedes ver que la tabla que importarás no tiene datos válidos, es decir que no tiene datos exportables a Excel 365, por lo cual no obtendrás información relevante (página dolarhoy. com). En este caso, conviene buscar otro origen de datos que sí te sirva para la consulta.

PASO 5

Resta ahora realizar la conexión con el origen de datos externo. Para hacerlo, dirígete a la página que tiene los datos que vas a importar, mediante el botón del grupo **Obtener y transformar datos**, **De la web**. Introduce en la ventana la dirección web desde donde extraerás los datos de la consulta y haz clic en **Aceptar**.

PASO 6

Se abrirá el navegador con todas las tablas de la página web disponibles a la izquierda. La información puede verse seleccionando con un clic la tabla, y aparecerá en el panel de vista previa en el centro del cuadro de diálogo.

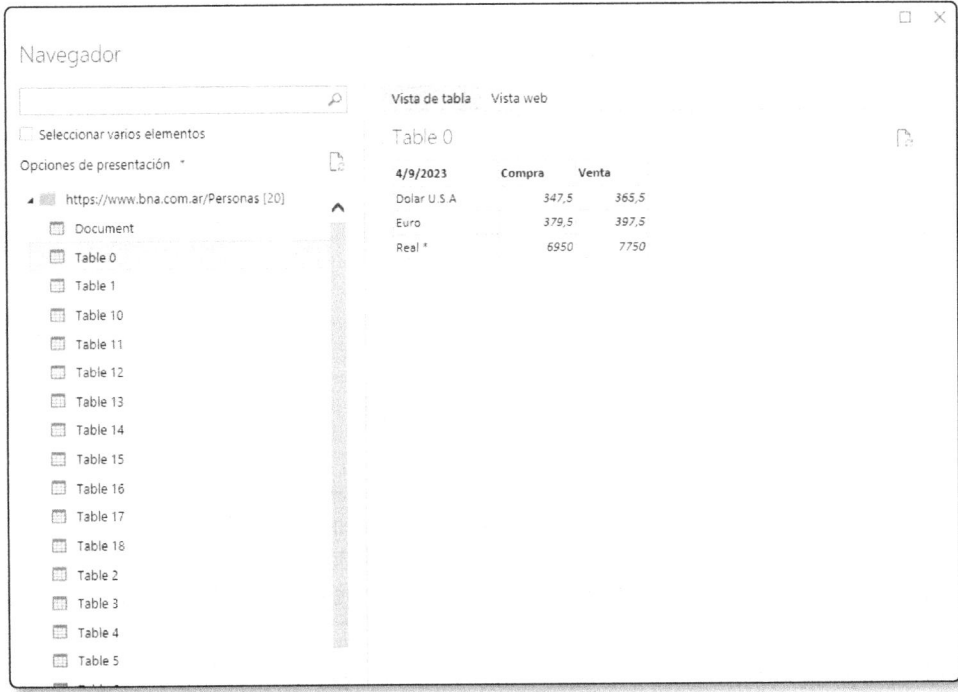

PASO 7

En este paso tienes que definir los campos de la consulta que mantendrás, o bien las modificaciones que realizarás en ella antes de importarla a Excel 365. Te recomendamos verificar que las modificaciones no produzcan errores en la tabla que luego puedan reproducirse en la consulta. Por esta razón, nuestro consejo es que no cargues los datos hasta no asegurarte de que la consulta esté bien definida.

Para esto, abre el Editor de Power Query con el botón **Transformar datos** y, en la consulta que aparece, modifica lo que desees. En este ejemplo, como no necesitamos otra cotización más que la del USD, eliminamos las filas siguientes (correspondientes al Euro y el Real), valiéndonos de la opción de la pestaña **Inicio/ Reducir filas**, **Quitar filas**, y luego **Quitar filas inferiores**.

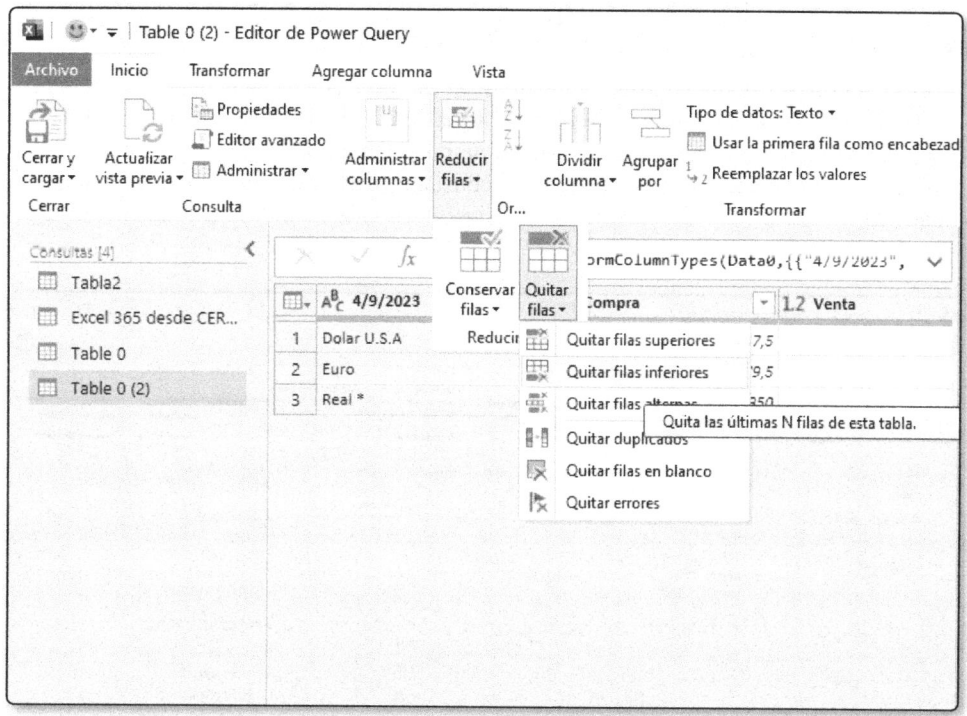

PASO 8

Mediante la opción **Administrar columnas**, podrás quitar las columnas que no te sirvan, de la misma forma en que lo hiciste con las filas. Elimina la columna VENTA, ya que no la necesitarás para tu consulta. El otro paso importante es transformar los datos. Observa que si tienes la columna con la cotización en formato de texto, no te servirá para actualizar datos, ya que te dará un error. En efecto, las fórmulas en general no aceptan valores con este formato, excepto algunas funciones específicas. La multiplicación solo acepta formato de número, o moneda, por lo que deberás modificar el **tipo de datos** de tu consulta. Esto se hace en la pestaña **Inicio**, dentro del grupo **Transformar**, subgrupo **Tipo de datos**.

(i) **TIP**

Observa que, en algunos casos, al modificar el tipo de valor, la tabla puede devolverte "Error", como en la imagen que verás a continuación. Esto significa que el tipo de dato seleccionado no es válido para los valores de determinada fila o columna. En tal caso deberás elegir un tipo que sí te sirva para tu consulta, ya sea Moneda, Número o Número decimal.

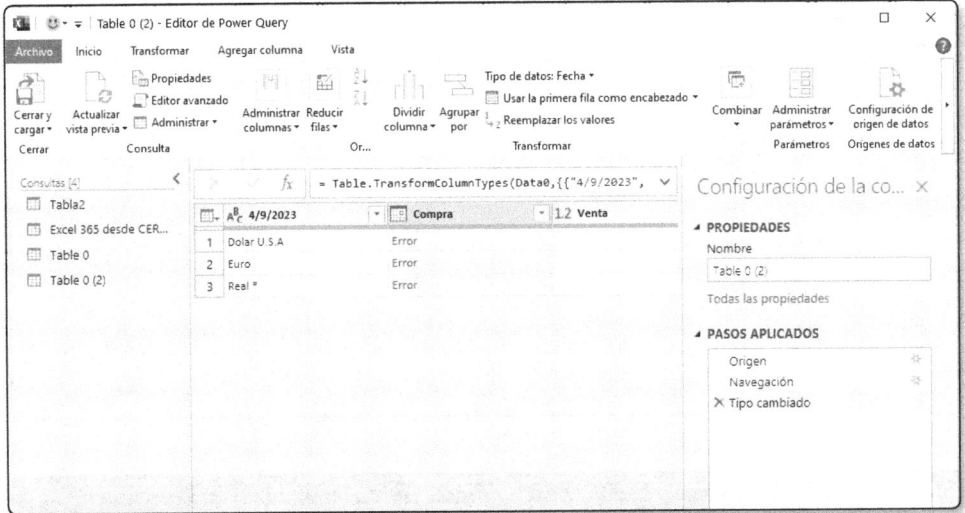

Figura 14.4. El tipo de dato seleccionado aquí dará un Error, ya que la columna COMPRA solo acepta valores de número (entero, decimal o moneda), y no de fecha, como es el caso expuesto.

PASO 9

Una vez que modificaste la consulta y te aseguraste de que esta refleja la información que deseas, solo resta ubicarla en la hoja donde va a quedar definitivamente. Para hacerlo, dirígete a la pestaña **Archivo** del editor de Power Query, donde allí tienes dos posibilidades:

▶ Si ya tienes seleccionada la hoja y la celda en la que quieres insertar la consulta, haz clic en **Cerrar y cargar**, y la consulta se importará a las coordenadas seleccionadas.

▶ Por el contrario, si quieres elegir dónde vas a colocar la consulta, haz clic en **Cargar en...** y se abrirá el cuadro de diálogo **Importar datos**, donde podrás especificar, entre otras cosas, en qué formato quieres importar la información (Tabla, Tabla dinámica, Gráfico dinámico, o solo quieres establecer la conexión), y dónde ubicarás los datos, con la posibilidad de elegir en una hoja nueva o en una que ya has creado.

Luego de seleccionar los parámetros deseados, presiona en Aceptar para comenzar la importación de la consulta a la ubicación seleccionada.

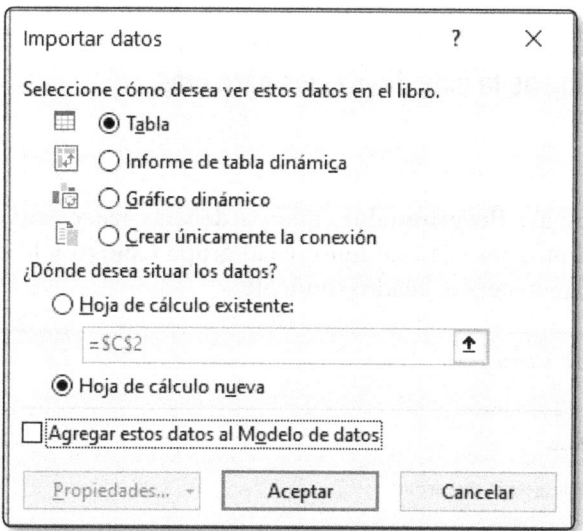

En este punto, solo falta colocar los valores en USD de tus productos, y en la columna de la moneda elegida, en nuestro caso "ARS", obtendrás el valor en moneda local del producto seleccionado.

También podrías importar los precios en USD directamente desde la web de tu proveedor (si esta lo permite), y entonces no habría necesidad de actualizar la lista manualmente, sino que modificando las frecuencias de actualización y haciendo que al abrir el archivo se actualicen los datos, los tendrías siempre frescos.

14.3 UN PASO MÁS ALLÁ DE LA ACTUALIZACIÓN MANUAL

Como mencionamos anteriormente, también podrías agregar un botón que, mediante una macro, actualice la cotización, y así le darías un aspecto más profesional a tu lista de precios. Luego, podrías guardarla en PDF para distribuirla por e-mail a tus clientes. Este archivo en PDF se actualizará cada vez que pulses en el botón que contiene la macro.

Veremos a continuación cómo hacer esto para finalizar con la importación de consultas, y luego hablaremos sobre bases de datos en Excel 365.

Como ya es habitual, este método de actualización automática lo veremos en otro Paso a paso, para que puedas realizar tú mismo esta operación.

14.3.1 Generar una macro de actualización y guardado automático de la lista de precios para mail

PASO 1

En la pestaña **Programador**, que ya deberás tener activada de la forma que aprendiste al principio de este libro, ve al grupo **Código** y haz clic en el botón **Grabar macro**. Aparecerá el cuadro siguiente.

PASO 2

En el cuadro, especifica el nombre de la macro; te recomendamos que lo modifiques por uno que te permita recordar su acción, por ejemplo, ActualizaryGuardar o ActualizarGuardar.

También puedes poner una breve descripción de la tarea que realiza, como puedes ver a continuación:

Grabar macro   ?   ✕

Nombre de la macro:

Actualizar_Guardar

Tecla de método abreviado:

CTRL+ [   ]

Guardar macro en:

Este libro   ⌄

Descripción:

Actualiza la información externa de la web https://bna.com.ar/Personas, y
Guarda la lista de precios en la carpeta Documentos del disco.

Aceptar   Cancelar

PASO 3

Ve a la pestaña **Datos**, y dentro del Grupo **Consultas y conexiones** haz clic en **Actualizar todo**. Selecciona con el botón derecho la hoja **LISTA DE PRECIOS** y marca **Mover o copiar…**.

Realiza una copia de la hoja como ya saber hacerlo. Guarda esa copia en la carpeta Documentos de tu disco (o en la ubicación que quieras), con el nombre que quieras para hacerlo, que no sea el nombre **por defecto**, para no crear duplicados.

Presiona en la pestaña **Archivo** y selecciona **Guardar como…**. En la misma carpeta y en formato PDF, guarda el archivo con el nombre **LISTA DE PRECIOS ACTUALIZADA** (o el que prefieras). Cierra el archivo PDF si llegara a abrirse.

Una vez que hayas hecho todo esto, puedes pulsar el botón **Detener grabación** de la pestaña **Datos**, para finalizar la grabación de la macro.

Lo que resta por hacer en el libro de la macro es crear un botón y asignarle la macro creada. No volveremos sobre este particular, ya que aprendiste a hacerlo cuando nos referimos a las macros.

	Excel 365 desde CERO - RED USERS (E-BOOK 04) ⌄						🔍 Buscar		

Archivo　Inicio　Mi Pestaña Personal　Insertar　Disposición de página　Fórmulas　Datos　Revisar　**Vista**　Automatizar　Prog

	A	B	C	D	E	F	G
1	CÓDIGO	DESCRIPCIÓN	PRECIO USD	PRECIO ARS			
2	0001	MOTHERBOARD ASUS - INTEL	$ 98,00	$ 34.055,00			
3	0002	MOTHERBOARD GIGABYTE - INTEL	$ 88,00	$ 30.580,00		**ACTUALIZAR Y**	
4	0003	MOTHERBOARD MSI - INTEL	$ 72,00	$ 25.020,00		**GUARDAR**	
5	0004	MOTHERBOARD SOYO - INTEL	$ 77,00	$ 26.757,50			
6	0005	MOTHERBOARD ASUS - AMD	$ 104,00	$ 36.140,00			
7	0006	MOTHERBOARD GIGABYTE - AMD	$ 101,00	$ 35.097,50			
8	0007	MOTHERBOARD MSI - AMD	$ 98,00	$ 34.055,00			
9	0008	MOTHERBOARD SOYO - AMD	$ 78,00	$ 27.105,00			
10	0009	PROCESADOR INTEL I3	$ 208,00	$ 72.280,00			
11	0010	PROCESADOR INTEL I5	$ 222,00	$ 77.145,00			
12	0011	PROCESADOR INTEL I7	$ 350,00	$ 121.625,00			
13	0012	PROCESADOR INTEL I9	$ 387,00	$ 134.482,50			
14	0013	PROCESADOR AMD RYZEN 3	$ 205,00	$ 71.237,50			
15	0014	PROCESADOR AMD RYZEN 5	$ 218,00	$ 75.755,00			
16	0015	PROCESADOR AMD RYZEN 7	$ 335,00	$ 116.412,50			
17	0016	PROCESADOR AMD RYZEN 9	$ 380,00	$ 132.050,00			
18	0017	MEMORIA KINGSTON DDR 3 4Gb	$ 78,00	$ 27.105,00			
19	0018	MEMORIA KINGSTON DDR 3 8Gb	$ 82,00	$ 28.495,00			
20	0019	MEMORIA KINGSTON DD3 16 Gb	$ 94,00	$ 32.665,00			
21	0020	MEMORIA KINGSTON DDR 4 4Gb	$ 86,00	$ 29.885,00			
22	0021	MEMORIA KINGSTON DDR 4 8Gb	$ 103,00	$ 35.792,50			
23	0022	MEMORIA KINGSTON DD4 16 Gb	$ 116,00	$ 40.310,00			
24	0023	MEMORIA KINGSTON DDR 5 8Gb	$ 137,00	$ 47.607,50			
25	0024	MEMORIA KINGSTON DDR 5 16 Gb	$ 162,00	$ 56.295,00			
26	0025	SSD KINGSTON 256 GB	$ 204,00	$ 70.890,00			
27	0026	SSD KINGSTON 512 GB	$ 225,00	$ 78.187,50			
28	0027	SSD KINGSTON 1 TB	$ 360,00	$ 125.100,00			
29	0028	SSD KINGSTON 2 TB	$ 387,00	$ 134.482,50			
30	0029	TARJETA GRÁFICA GIGABYTE	$ 352,00	$ 122.320,00			
31	0030	TARJETA GRÁFICA ASUS	$ 396,00	$ 137.610,00			
32							
33							
34							
35							

LISTA DE PRECIOS　COTIZACIÓN　+

ⓘ PARA TENER EN CUENTA

Luego de la primera vez que hayas guardado la copia en Excel, en las siguientes oportunidades en que realices la actualización mediante el botón ACTUALIZAR Y GUARDAR, deberás **sobrescribir** el archivo, como te lo pedirá en el procedimiento. Si no lo guardas, tendrás abierto un archivo con el nombre Libro1, el que deberás descartar. Por el contrario, si lo haces por sobrescritura, no deberás realizar ninguna acción adicional.

También existe la alternativa de modificar la macro programando con VBA para que esto no suceda. Esta macro es lo suficientemente funcional para esta etapa del Curso de Excel 365 desde 0.

El conector de datos de Facebook

En general, cuando Excel agrega una funcionalidad a su última versión, esta puede mejorar y evolucionar en otra, y muy raramente ser retirada en posteriores versiones. No es este el caso del **Conector de datos de Facebook**, que apareció con la versión 2013 de Excel y fue retirado en 2020 por la propia Microsoft.

Si bien nunca se dieron explicaciones al respecto, se puede ensayar una respuesta en base a algunos hechos y datos recopilados por distintas fuentes. Veamos:

- ▶ La preocupación por la privacidad de los usuarios: en los últimos años, Facebook (ahora META) ha sido muy criticado por su manejo de la privacidad de los datos de sus usuarios, y quizá por esta razón Microsoft decidió retirar dicha conexión, como una forma de proteger a sus clientes.

- ▶ La falta de uso: según un estudio realizado por la compañía de Redmond en 2019, solo el 0.1% de los usuarios de Excel que también usaba Facebook había utilizado el conector de datos, y esto puede haber decidido su retiro.

- ▶ La creciente popularidad de las APIs de Facebook: Facebook ofrece una serie de **APIs** mucho más seguras para que los desarrolladores accedan a sus datos, y tal vez la compañía que fundó Bill Gates haya decidido enfocarse en ellas y no en su conector.

También puede haber sido una combinación de estas tres causas la que decidió a la firma a retirar dicho conector. Lo cierto es que desde hace más de tres años no es posible utilizarlo, y en verdad, desde la opinión de quien suscribe este libro, tampoco era demasiado necesario, por lo que parece haber sido una decisión acertada.

14.4 ACTIVIDADES

A continuación se presentan las preguntas y los ejercicios que deberías saber responder y resolver para considerar aprendido el capítulo.

14.4.1 Test de autoevaluación

1. ¿Existe otra forma de actualizar los datos de origen externo (de una web, por ejemplo) que no sea la actualización manual?

2. Explica brevemente de qué forma puedes realizar una actualización cada cierto tiempo.

3. ¿Cómo se indica en Excel un vínculo a otra hoja en el mismo libro?

4. ¿Cómo se indica en Excel un vínculo a otro libro?

5. ¿Por qué al crear una conexión de datos desde la Web no es recomendable copiar y pegar en una fórmula la celda donde se encuentran los datos necesarios?

6. ¿Cuál es la manera más correcta de realizar esta vinculación?

7. ¿Cualquier página web sirve para importar datos?

8. ¿Cómo se puede verificar si una web tiene datos válidos para importar?

9. Si te equivocas al realizar la consulta, ¿se puede subsanar el error? ¿De qué forma?

10. ¿Qué diferencia existe entre los comandos de Power Query **Cerrar y Cargar** *y* **Cargar en…**?

14.4.2 Ejercicios prácticos

1. Investiga sobre usos de conexiones con otras aplicaciones, como Azure o Power BI.

2. Investiga qué era el conector de Facebook y para qué podía utilizarse.

3. Averigua en qué versión de Excel comenzaron a usarse las conexiones de datos externos.

4. Averigua también en qué versión de Excel estas conexiones de datos externos se renombraron como Origen de datos.

15

CREACIÓN Y MANTENIMIENTO DE UNA BASE DE DATOS

Para empezar a trabajar con bases de datos, lo principal es saber qué son, ya que no podemos manejar lo que no conocemos, y como dijimos en otra parte de esta obra: "La información es poder". Saber qué es, qué puedes y qué no puedes hacer con una base de datos te dará una estructura sólida, para luego poder crear y mantener cualquier base.

15.1 BASES DE DATOS

Una base de datos (desde aquí nos referiremos a ella como BD) es "una recopilación organizada de información o datos estructurados, que normalmente se almacena de forma electrónica en un sistema informático", según una definición de Oracle, uno de los mayores desarrolladores de BD en la actualidad, proveedor de novedosas soluciones de almacenamiento y manejo de datos estructurados para grandes empresas de cualquier rubro.

En otras palabras, el principal objetivo de una BD es organizar y estructurar grandes volúmenes de datos, de manera que sea fácil su lectura e interpretación por quienes tienen acceso a ella.

Además, por propia definición, sabemos que se almacenan en sistemas informáticos, es decir que necesitan un soporte computacional.

Ahora, bien: no todas las BD son iguales, ni se comportan de la misma forma, o estructuran los datos con igual criterio, si bien comparten elementos que son comunes a todas. A continuación los enumeraremos y te daremos una breve explicación de su función:

- ▶ **Tablas**: elementos muy comunes en Excel, son la estructura básica de una BD, donde se almacenan los valores que contendrá, en filas y columnas. Cada columna tiene un nombre único, y muchas veces define el tipo de datos que almacenarán. Por ejemplo, MONEDA, CORREO, FECHA DE NACIMIENTO, TELÉFONO, definen tipos de datos Moneda, Texto, Fecha y Número, respectivamente.

- ▶ **Consultas**: son operaciones que se realizan sobre las tablas, para acceder, modificar, agregar, eliminar o mostrar los datos de acuerdo con ciertos criterios o condiciones.

- ▶ **Formularios**: se trata de interfaces gráficas que facilitan la introducción de datos o su visualización en tablas o consultas. Pueden tener botones, cuadros de texto, listas desplegables u otros elementos que ayudan al usuario a interactuar con la BD.

- ▶ **Informes**: son documentos que muestran los datos de las tablas o consultas de manera organizada y con un diseño personalizado. Los informes ayudan a visualizar mejor la información contenida en una BD, a la vez que mejoran la presentación de los datos. En el caso de Excel, un gráfico dinámico puede ser un tipo de informe de BD.

- ▶ **Macros**: ya sabes de qué se trata este tipo de elemento, pero de todas maneras, no está de más recordarlo. Las macros son una serie de acciones que se ejecutan automáticamente al realizar un evento determinado, como abrir un formulario, pulsar un botón o presionar una combinación de teclas. Ayudan a minimizar errores, al efectuar automáticamente tareas repetitivas o complejas de una BD.

- ▶ **Módulos**: si bien en Excel 365 estos elementos no aparecen a simple vista, son creados por VBA siempre que se genera una macro, y por eso los colocamos como un aspecto común a cualquier BD. Los módulos son un conjunto de procedimientos, declaraciones y/o funciones, escritos en un lenguaje de programación como VBA, que se pueden llamar desde las macros, los formularios o los informes. Permiten crear funciones avanzadas o personalizadas en las BD.

Estos elementos, comunes a todas las BD, pueden variar según el tipo de Sistema de Gestión de Datos (SGBD, o DBMS, según sus siglas en español e inglés, respectivamente). Algunos SGBD son: **Access**, **Oracle**, MySQL o SQL Server, por ejemplo.

Hablaremos ahora sobre los diferentes tipos de BD. Estos son definidos por el lenguaje o bien por el tipo de programa con el que se crea la base. Están bien diferenciados y se clasifican de la siguiente manera, si bien existen otros no tan utilizados:

▶ **BD relacionales**: se organizan en tablas con columnas y filas, y se usan para acceder y manipular datos de forma flexible y eficaz. Se conectan entre sí mediante lo que llamamos relaciones, en general, identificadorcs en común entre una tabla y otra. De este tipo son las BD de **Microsoft Excel** y **Access**.

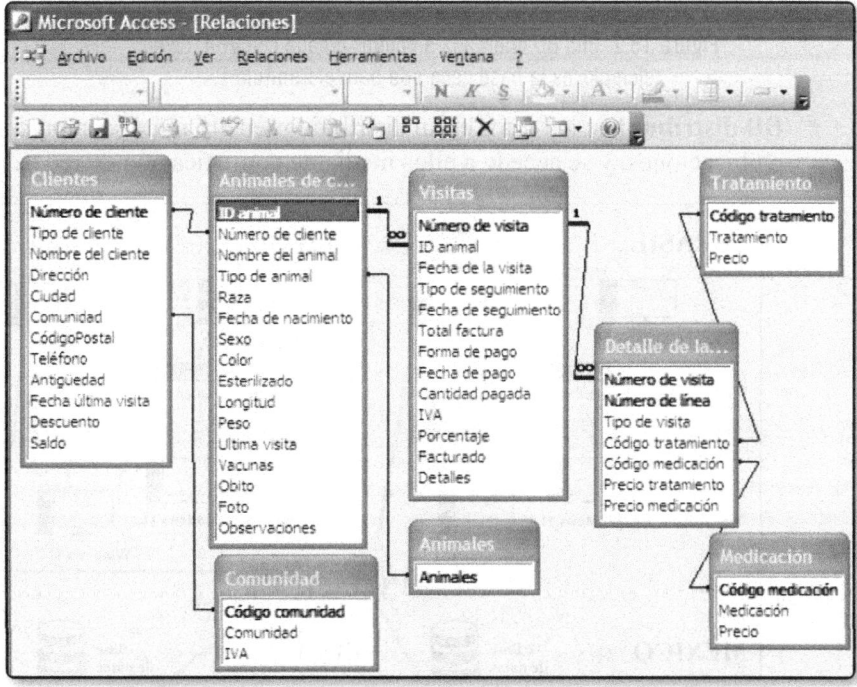

Figura 15.1. Diseño de una BD relacional, en la que se pueden ver las distintas tablas y sus relaciones con otras, de ahí su nombre.

▶ **BD orientadas a objetos**: se basan en la POO (Programación Orientada a Objetos, como VBA), y almacenan los datos como objetos con atributos y métodos.

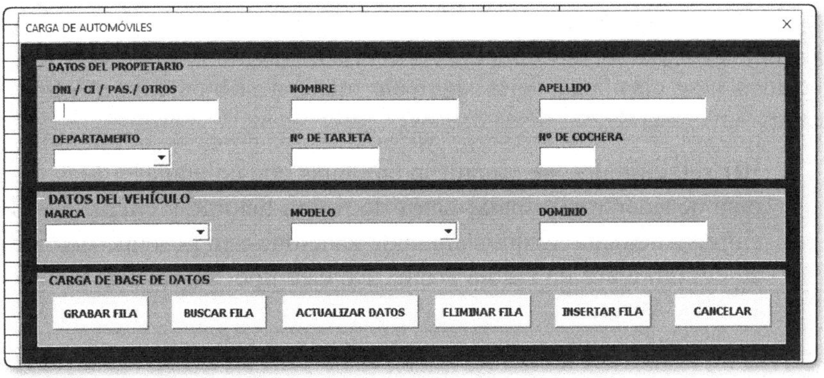

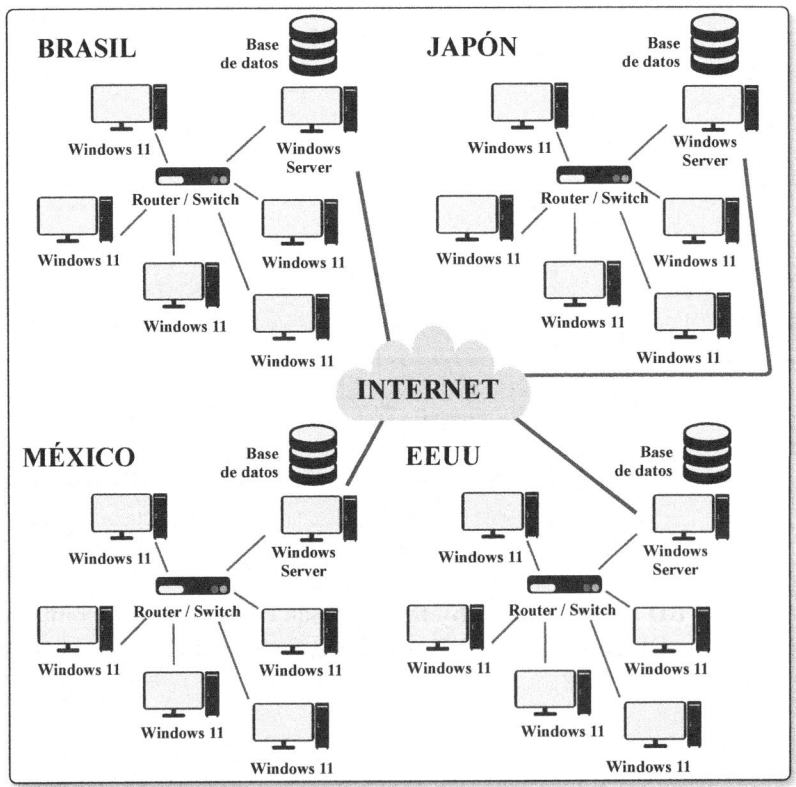

Figura 15.2. Una BD orientada a objetos creada con VBA. En el ejemplo, es la base generada para el Capítulo 1.

▶ **BD distribuidas**: los datos están distribuidos en diferentes computadoras o ubicaciones, y se accede a ellos mediante comunicación de redes.

Figura 15.3. En este esquema de BD distribuida, puedes apreciar cómo los datos están en distintas ubicaciones y se relacionan o unen a través de una red, en este caso, Internet, aunque puede ser también una red local o una VPN.

- **BD no relacionales o NonSQL**: son las que se usan para tratar con datos no estructurados, o semiestructurados, como los que se pueden encontrar en una aplicación web o móvil (**Figura 15.4.**).

Figura 15.4. Una representación (ficticia) de una BD no relacional o NO SQL, en la que puedes apreciar que los datos no están estructurados o, en algunos casos, están semiestructurados.

15.2 CRUD, LOS 4 ELEMENTOS SOBRE LOS QUE SE APOYA UNA BASE DE DATOS

¿Qué operaciones pueden hacerse con una BD? En realidad, mucho es lo que se puede realizar con esta herramienta de análisis de la información, pero, técnicamente, las acciones se reducen a cuatro operaciones principales, resumidas en el acrónimo CRUD.

¿Y qué es el CRUD? Pues, ni más ni menos que la columna vertebral de toda BD, y, casi te diríamos, su razón de ser.

CRUD es el acrónimo en inglés de las cuatro operaciones fundamentales que toda base de datos debe poder realizar: Crear (CREATE) nuevos datos, Leer (READ) los datos de una BD, Actualizar (UPDATE) la información de la BD y Eliminar

(DELETE) datos existentes que ya no son necesarios porque los dimos de baja o porque son antiguos.

Dependiendo del tipo de BD, el lenguaje y los elementos de los que se dispone, se implementará el CRUD. En nuestro ejemplo de BD, el CRUD está representado por los botones GRABAR FILA (C), BUSCAR FILA (R), ACTUALIZAR DATOS (U) y ELIMINAR FILA (D).

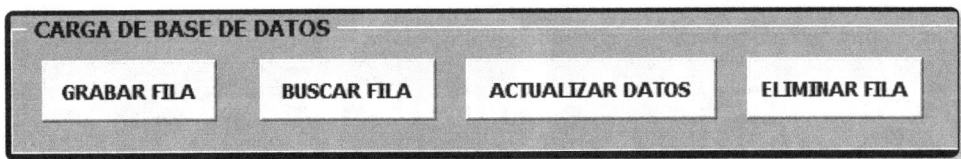

Figura 15.5. El CRUD de nuestra BD de automóviles y cocheras.

Los otros dos son botones adicionales, con funcionalidad, pero que no forman parte del CRUD de la BD.

ⓘ ACLARACIÓN

De más está decir que no necesariamente los botones deben tener el nombre para formar el acrónimo, es decir, CREAR, LEER, ACTUALIZAR y ELIMINAR, sino que es la FUNCIÓN la que determina si son parte del CRUD o no. Tampoco es obligatorio que sean botones, puede tratarse de un menú, una función o una propiedad de la base de datos, que permita estas operaciones. Lo cierto es que en toda BD existen estas cuatro operaciones o funciones.

Si bien en Excel 365 y en Excel en general, es posible crear y mantener una BD, debes tener en cuenta que esta es muy limitada: apenas 1.048.576 registros, el máximo de filas de una hoja de datos, lo que para una BD es poco, y dependiendo del tipo de registros, la cantidad de funciones y fórmulas de cálculo que tenga, puede hacerse increíblemente lenta y pesada, aunque empleando VBA, y realizando los cálculos mínimos en la hoja de datos de la BD, puedes resolver muchas de estas falencias.

Vale decir que no podrás manejar enormes cantidades de datos, como en un sistema de BD creado para tal fin.

De todas maneras, en muchos casos, y según la cantidad de datos que maneje una empresa, Excel 365 puede satisfacer plenamente su necesidad de control de datos, por lo que es bueno saber acerca del manejo de esta herramienta en el sistema de hojas de cálculo de Microsoft.

15.3 MANTENIMIENTO DE LAS BD: EL 5º ELEMENTO

Cuando hablamos sobre CRUD, en realidad no estamos haciendo otra cosa que hablar de este quinto elemento; en efecto, esto es, el mantenimiento de una BD.

Mantener funcionando una BD con su información correctamente organizada es una tarea muy importante para cualquier empresa. Las personas, empresarios y comerciantes, u otras empresas y negocios, necesitan poder acceder, muchas veces, a grandes volúmenes de información contenidos en una BD. Precisas que esa información, además de disponible en todo momento, esté siempre bien organizada, funcione correctamente y con la rapidez suficiente para poder tomar decisiones en el menor tiempo posible según el análisis que se haga de estos datos. Por esta razón, el mantenimiento no es una tarea menor cuando hablamos de BD.

15.3.1 ¿Cuáles son las tareas de mantenimiento de las BD?

Nos referiremos ahora, brevemente, a lo que tienes que hacer cuando realizas el mantenimiento de una BD.

Por lo general, al tratarse de información a la que acceden muchas personas, con el tiempo, esta se puede ir deteriorando por varias razones:

▸ Los constantes agregados y eliminaciones, y el movimiento de la información pueden generar problemas como lentitud, ruptura de índices (estos son muy importantes porque son la clave para que el sistema identifique y encuentre los archivos de modo eficaz), desaparición de información, etc. (por lo general, la información no desaparece, salvo que se la elimine a propósito, sino que por algún error o falla, permanece inaccesible).

▸ Los usuarios a veces definen sistemas propios de indexación que pueden provocar fallas al no mantener los formatos establecidos en la carga de la información (o bien, no respetar mayúsculas / minúsculas, realizar agregados en campos que no son necesarios, y otras "licencias"). En la práctica esto pueden llevar a errores, a que una búsqueda de información no recoja la totalidad de la información disponible, y a todo tipo de sesgado de datos, que vuelven a las BD imprecisas con el tiempo.

▸ Los criterios diferentes de almacenamiento de la información entre los departamentos de una empresa también puede hacer que los datos almacenados en una BD no sean del todo precisos.

Por todas estas razones, es necesario realizar el mantenimiento periódico en una BD. En cuanto a cuáles son, específicamente, las tareas de mantenimiento, las mencionamos a continuación:

▸ **Backup o resguardo de las BD**: el backup, o resguardo de la información de las BD, consiste en la preservación de la información contenida, sus índices, claves principales y toda la estructura de la base, en soportes informáticos que pueden ser digitales o en la nube. Hasta hace un tiempo, el backup se realizaba en medios ópticos (DVD, BLUE RAY) o mecánicos (otro disco, discos externos), pero hoy, el almacenamiento en la nube ha cobrado fuerza por los bajos costos de mantenimiento, y la seguridad y el volumen que se ofrecen a precios muy convenientes.

De hecho, comprar o reservar un espacio en la nube, con servidores dedicados y mantenidos por la empresa locataria, implica no tener que contar con espacio destinado a la colocación de servidores y evita la contratación de personal; esto se realiza por unos pocos USD o EUR.

▸ **Búsqueda e identificación de posibles datos corruptos**: por la misma razón que ya expusimos antes, la corrupción de datos en las BD es muy común y ocurre con frecuencia, debido, en su mayor parte, al tratamiento que de los datos hacen personas inexpertas. No olvides que a las BD acceden quienes pueden estar familiarizados con el tratamiento de ellas y quienes solo se valen de la información y desconocen en absoluto la complejidad de las operaciones que se realizan para que funcionen correctamente.

▸ **Búsqueda e identificación de posibles problemas**: al igual que en el caso anterior, con el tiempo las BD pueden tener información desactualizada, o directamente cargarse de datos y de información inútil, por lo que su precisión también se verá amenazada. A su vez, también pueden desactualizarse para los soportes modernos. Imagina esto: una empresa migra de un sistema informático a otro, ya que el nuevo sistema le brindará mayores posibilidades de negocio, o una mayor rapidez le permitirá ahorrar tiempo y dinero en otras tareas, pero la BD ya no podrá funcionar en este sistema. Identificar este inconveniente y buscar posibles soluciones antes de la migración puede ahorrarle millones a una compañía.

▸ **Reconstrucción de índices**: unas líneas más arriba dijimos que los índices son los que colaboran en las conexiones entre tablas de BD relacionales y otros tipos, y aceleran la búsqueda de la información. Pero a veces, estos índices, debido a usos no del todo correctos, maniobras o intentos de reparación o, directamente, por la acumulación de información obsoleta, se rompen o no funcionan como deberían hacerlo. También esta es una tarea de mantenimiento de bases de datos.

▶ **Eliminación de registros duplicados**: en muchos casos, y debido a la naturaleza o necesidad de la BD, se puede permitir la duplicación de registros. Por ejemplo, nuestro sistema de carga en BD para las cocheras de los empleados debe permitir un mismo registro de DNI, Nombre, Apellido, Departamento y Tarjeta, no así, por ejemplo, en el caso de Dominio, ya que la patente de un automóvil es única y no admite duplicados. Pero un empleado puede tener más de un vehículo, por lo que sus datos DEBEN admitir duplicados.

Ahora bien, siguiendo con este ejemplo, supongamos que un empleado vende uno de sus automóviles. Lo lógico sería que ese registro duplicado (de datos personales) dejara de existir en la base. De esta manera, en una eventual búsqueda, evitaríamos obtener datos erróneos o generar archivos o listados con un montón de información inútil que puede dar lugar a errores en la lectura e interpretación de la información obtenida. La eliminación de duplicados es una tarea fundamental en el mantenimiento de una BD.

En cuanto a quiénes realizan el mantenimiento de la BD, en general se trata de perfiles relacionados con la tecnología e IT, que estén familiarizados con el tipo de base o con la manera en que se estructuran los datos en el software de manejo de BD (nos referiremos a este tema a continuación).

No obstante, con los conocimientos que te hemos brindado a lo largo de este curso, tú estás en condiciones de poder mantener una BD en Excel sin ningún inconveniente y de corregir errores que se presenten. Tienes todas las herramientas (y más aún) para llevar adelante el mantenimiento y la corrección de cualquier BD basada en Microsoft Excel y Excel 365.

15.4 SOFTWARE DE BD, LA INTELIGENCIA DETRÁS DE LAS ESTRUCTURAS

Recuerda que existen bases de datos estructuradas y no estructuradas (las NO SQL, de las que hablamos al pasar al comienzo de este capítulo). Cada tipo de BD tiene modos de manejar la información (es la estructura interna de la BD), así como software desde donde se controlan. Por ejemplo, Office tiene el software Access, para creación, control y mantenimiento de BD. Oracle tiene su propio software, MySQL es un software de gestión y mantenimiento compatible con muchos tipos de BD.

Es decir que el software de BD es el que está dedicado y sirve para crear, mantener, modificar y cargar BD de todo tipo, aunque no cualquier software, como ya dijimos, puede manipular cualquier tipo de base.

Para terminar, aquí te presentamos una lista de software de las BD más conocidas:

- **MariaDB**: es un software de BD relacional y de código abierto que se basa en MySQL. Es utilizado por empresas como Google, Facebook y Wikipedia. En la Argentina, la AFIP (Administración Federal de Ingresos Públicos) utiliza el sistema María para el registro de obligaciones impositivas. Ofrece alta escalabilidad, acceso en tiempo real, motores de almacenamiento alternativos y una amplia base de conocimiento.

- **MySQL**: es el software de BD relacional y de código abierto más popular utilizado en la Web, especialmente con el lenguaje PHP. Es eficiente, fiable y fácil de usar. Algunas aplicaciones web que lo usan son Facebook y Twitter. Soporta SQL, arquitectura cliente/servidor, procedimientos almacenados, consulta de caché y cifrado SSL2.

- **PostgreSQL**: es un software de BD relacional orientado a objetos que extiende las funciones de SQL. Es compatible con múltiples plataformas y admite transacciones, subselecciones, disparadores, vistas e integridad referencial. Tiene tipos definidos por el usuario, herencia de tablas, extensibilidad y control de concurrencia multi-versión2.

- **MongoDB**: es el software de BD no relacional y orientado a documentos más popular del mundo. Tiene gran escalabilidad y flexibilidad. Almacena los datos en documentos similares a JSON, lo que permite variar los campos y la estructura de los datos. Es usado por empresas como Adobe, eBay y Netflix.

- **Oracle Database**: es el software de BD relacional que compite con SQL Server en el mercado de los manejadores de base de datos empresariales. Cuenta con diferentes versiones de software según los requisitos y el presupuesto. Admite una amplia variedad de aplicaciones de procesamiento de transacciones, visualización de datos e informes en dispositivos móviles, compatibilidad con nube híbrida, escalabilidad y seguridad.

Bien, hasta aquí hemos llegado con esta obra. Hemos recorrido un largo camino desde la A hasta la Z de Microsoft Excel 365. De ahora en más, queda en tus manos la profundización de los conocimientos adquiridos. Tienes en estos cuatro libros las herramientas para convertirte en un experto en Excel 365, aunque todo dependerá del tiempo que le dediques a esta maravillosa herramienta de Microsoft Office.

15.5 ACTIVIDADES

A continuación se presentan las preguntas y los ejercicios que deberías saber responder y resolver para considerar aprendido el capítulo.

15.5.1 Test de autoevaluación

1. ¿Qué son las BD?

2. Una BD para funcionar necesita de un soporte: ¿de qué tipo es ese soporte?

3. Nombra al menos tres elementos comunes a todas las BD y explícalos brevemente.

4. ¿Qué significa SGBD, o DBMS? Nombra algunos SGBD.

5. ¿Cuáles son los cuatro tipos de BD y cuáles son sus principales diferencias?

6. ¿Cuál es el significado del acrónimo CRUD y a qué refiere?

7. ¿Qué es lo que define a los cuatro elementos del CRUD?

8. ¿Cuál o cuáles son las razones que hacen que una BD necesite ser mantenida?

9. Nombra tres o más tareas de mantenimiento de BD y en qué consisten.

10. ¿Cualquier persona puede realizar el mantenimiento de una base de datos?

15.5.2 Ejercicios prácticos

1. Investiga sobre otros tipos de BD de la actualidad.

2. Investiga sobre la historia de las BD. ¿Cuándo empezaron a utilizarse?

3. Averigua cómo se fue modificando Microsoft Access, y qué nuevas funcionalidades fue aportando en diferentes versiones.

4. Investiga de qué forma, además de las que ya conoces, pueden establecerse relaciones entre diferentes tablas en Excel 365.

GLOSARIO

- **API:** conjunto de definiciones y protocolos que permiten que dos aplicaciones se conecten entre sí y compartan información.

- **ARS:** en finanzas modernas, abreviatura del Peso de la República Argentina.

- **BackColor:** (color de fondo), propiedad de VB y otros lenguajes de programación orientada a objetos, mediante la cual se puede establecer el color de fondo de un formulario, o subformulario, u otro objeto que tenga un fondo susceptible de ser modificado.

- **Boolean:** en español, booleano (también buleano o VF, por Verdadero / Falso); tipos de datos que solo admiten estas dos variables, sin argumentos adicionales.

- **BorderColor:** (color de borde), propiedad de los lenguajes de POO como VB y otros. Permite modificar los colores de borde de los marcos de grupo y otros objetos de VB.

- **Caption:** (título), propiedad de VB y otros lenguajes de programación orientada a objetos mediante la cual se puede cambiar el título que se muestra en un objeto, como un formulario o un botón.

- **Caso hipotético:** conjetura o suposición que puede ser demostrable mediante investigación, o por medios científicos o tecnológicos.

- **ComboBox:** cuadro combinado; elemento de VB y otros lenguajes de POO que almacena diferentes variables (pueden ser letras, símbolos y/o números) y luego se muestran en forma de lista desplegable que puede seleccionarse. No funcionan sin codificar.

▼ **Conector de datos de Facebook**: herramienta de Excel 2016 que permitía a los usuarios de Facebook importar sus datos desde sus hojas de cálculo. Discontinuado en 2020 por Microsoft.

▼ **Conexión de datos**: canal por el que un origen de datos se conecta con la hoja de destino de los datos.

▼ **Consulta:** herramienta de base de datos que permite obtener datos de una fuente de origen externa, como una base de datos, un archivo de texto, de Excel 365 o de la Web.

▼ **ControlButton:** botón de control, elemento de VB y otros lenguajes de POO que pueden realizar diversas acciones con solo pulsar en él. No puede funcionar sin programación.

▼ **CSV:** del inglés Comma Separate Value (valores separados por comas). Son archivos que utilizan como tabulador de columnas este signo ortográfico. Son susceptibles de ser transformados en tablas cuyas columnas serán delimitadas por las comas del archivo original.

▼ **Dataverse:** servicio que permite crear y gestionar bases de datos relacionales sin necesidad de tener conocimientos técnicos ni de programación. Además, ofrece una serie de ventajas que lo convierten en una opción muy atractiva para cualquier tipo de organización.

▼ **Dynamics 365**: conjunto de aplicaciones empresariales desarrollado por Microsoft, que integra funcionalidades ERP y CRM (de planeamiento y control de las relaciones con los compradores); permite automatizar procesos de negocios y aumenta la productividad.

▼ **Etiqueta:** elemento de valor meramente informativo. Puede contener el título de una sección del formulario, o dar una indicación precisa y necesaria para el usuario. Son objetos inmodificables si no se puede acceder al código de programación.

▼ **Flujos de datos**: movimiento de los datos desde un origen a un destino. Es la forma en que fluyen los datos en un sistema, base de datos, etc.

▼ **Hardware:** en computación, conjunto de elementos físicos que componen un sistema informático, y que incluye componentes eléctricos, electrónicos, electromecánicos y mecánicos. Podría decirse que el hardware es todo lo que se puede ver y palpar en una computadora.

▼ **Height:** (altura), propiedad de VB y otros lenguajes de POO, que modifica la altura de formularios, cuadros combinados, TextBox y otros objetos de formularios.

▶ **ID:** del inglés Identifier (identificador), índice común en el origen de datos y en la hoja de destino, que sirve para establecer la conexión de datos mediante una función (por ejemplo BUSCARV()).

▶ **Importación:** en Microsoft Excel 365, procedimiento de traer datos de un origen externo (puede ser otro libro u otra hoja de cálculo o base de datos) a una hoja de cálculo sobre la que se está trabajando. Se podría decir que es como un espejo, en el cual se reflejan datos de otro origen en una hoja de cálculo.

▶ **JavaScript:** lenguaje de programación por secuencias de comandos que permite crear e implementar funciones complejas en una página web.

▶ **JSON:** lenguaje para almacenar y compartir datos entre diferentes sistemas. Similar a XML, solo que deriva de JavaScript, y es más liviano y simple que XML.

▶ **Label:** etiqueta.

▶ **Lenguaje de alto nivel**: lenguajes que están más alejados del código de máquina (unos y ceros), y utilizan sintaxis y lenguaje más cercano al humano (VB, Python, C++, etc.). Necesitan de un compilador de código, que traduce el lenguaje de alto nivel a uno de bajo nivel que puede ser comprendido por la computadora.

▶ **Microsoft Exchange**: servidor de correo semejante a Outlook, que permite otras funciones como realizar copias de seguridad; incluye filtros y motores antivirus, posibilidad de compartir agendas y disponer de un espacio en la nube para almacenar documentos. Es la alternativa empresarial a Outlook.

▶ **Oracle:** herramienta de gestión de bases de datos que permite controlar y gestionar grandes volúmenes de datos desde un solo archivo.

▶ **Origen de datos**: todo archivo, celda, tabla, hoja de datos, libro o conexión de Internet, página web, que se utiliza para extraer datos de forma vincular con otro libro u hoja de datos de Excel 365. Puede ser de dos tipos, según de donde provengan: locales, o de la misma hoja de datos; o externos, o de otras hojas, tablas, archivos, libros o de la Web u otros programas de bases de datos como Access.

▶ **Origen de datos web**: tipo de origen de datos que permite conectarse a datos que se encuentran en una página web, y que pueden importarse a Excel 365 para ser utilizados en una tabla o consulta.

▶ **Página de origen**: página web que contiene los datos que se están importando o vinculando.

▶ **PDF:** acrónimo de Portable Document Format, formato de documento de **Adobe**, creado en 1993 para el transporte de información en archivos pequeños y de gran versatilidad y calidad de impresión y visualización.

▶ **Power BI**: servicio de análisis de datos de Microsoft que proporciona visualizaciones interactivas y capacidades de inteligencia empresarial (de ahí su nombre BI, por Business Intelligence), a través de una interfaz simple para que los usuarios puedan generar sus propios informes y paneles.

▶ **Power Query**: herramienta de Excel que permite importar, limpiar y transformar datos de otros orígenes. Aparecida como Power Pivot, como complemento descargable de Excel 2016, luego cambió su nombre al actual en la versión 2019. Permite crear las consultas que luego se utilizan en hojas de cálculo para importar datos desde otros orígenes.

▶ **Por defecto**: de manera predeterminada, en programación o desarrollo de aplicaciones, configuración que le dio originalmente el programador a un valor, o una función o propiedad de un objeto.

▶ **Programación orientada a objetos**: POO, paradigma de programación basada principalmente en clases y objetos; a su vez, crea porciones de código pequeñas que son reutilizables en otros programas, a diferencia de la programación estructurada, en la que el código sirve solo al programa al que está aplicado.

▶ **Rutina o subrutina**: (también conocida como función o subrutina, entre otros nombres), secuencia invariable de instrucciones que forma parte de un programa y que puede utilizarse una y otra vez. Permite la resolución de una tarea específica. Un ejemplo de rutina lo constituye la función If – Then – Else, utilizada en este capítulo.

▶ **Sales Force**: semejante a Dynamics 365, pero solo ofrece funciones de CRM.

▶ **Serif:** pequeños adornos o remates colocados en los extremos de las tipografías. Generalmente son las más usadas en la literatura impresa, debido a que son más legibles que las denominadas de "palo seco" o "sans-serif" (derivado del francés: sans="sin"), aunque en medios digitales se tiende a utilizar las sans-serif, ya que son más legibles.

▶ **Sobrescribir:** "escribir por encima de", operación de datos que se realiza cuando el contenido de un archivo, base de datos u hoja de cálculo se reemplaza en su totalidad por otro diferente. No es un mero copiar y pegar datos diferentes, sino que se reemplaza la totalidad de la información, y también las propiedades y características de un archivo por otro.

▶ **Subproceso:** parte o porción de código en VB y otros lenguajes de POO que permite encapsular los pasos relacionados dentro de un proceso; estos pasos pueden acceder a las variables sin necesidad de correlación de datos.

▶ **SQL:** lenguaje específico de dominio, diseñado para administrar y recuperar información de sistemas de gestión de base de datos relacionales.

▶ **TabIndex:** (índice de tabulación), propiedad de VB y otros lenguajes de POO que permite indexar (ordenar) la tabulación de un elemento como un TextBox, un cuadro combinado, un ComboBox, o cualquier otro que se coloque en un formulario, de forma tal que al pulsar ENTER, el cursor se mueva al elemento que se quiere modificar en segunda instancia, y así sucesivamente. El beneficio que otorga es la funcionalidad de un formulario, al permitir su carga ordenada, sin necesidad de recurrir al mouse para posicionarse en un elemento.

▶ **Tabla de destino**: tabla de datos en la que se almacena el resultado de una consulta o de una operación de importación de datos.

▶ **TextBox:** cuadro de texto; elemento de VB y otros lenguajes de POO que almacenan texto y números. No requieren de programación para funcionar adecuadamente.

▶ **Tipo de datos**: en Microsoft Excel, propiedad que tiene un valor que determina qué valores puede tomar, qué funciones u operaciones se le pueden aplicar, y cómo es representado por la computadora. Todos los valores representables tienen un tipo de datos. Algunos tipos de datos son: Texto, Fecha, Hora, Boolean (recuerda: Verdadero/Falso), Número, Porcentaje, etc.

▶ **USD:** en finanzas modernas, abreviatura del dólar estadounidense, compuesto por las palabras US, por United States, y D, por Dollar.

▶ **VBA:** abreviatura de Visual Basic for Applications (Visual Basic para Aplicaciones), compendio de Visual Basic incorporado como herramienta en todas las versiones de Microsoft Excel a partir de la versión 5.0 del año 1993. Supuso una gran mejora, al poder potenciar y llevar más allá de su límite las funciones de Excel.

▶ **Vínculo:** forma de conectar orígenes de datos externos a una determinada hoja de cálculo en Excel; es como un enlace de Internet, que permite acceder a datos externos.

▶ **Visual Basic**: lenguaje de POO muy potente, que ha sido muy popular por su funcionalidad. Hoy discontinuado. De este lenguaje deriva VBA.

▶ **Width:** (ancho), propiedad que, a diferencia de la anterior, modifica el ancho de los objetos utilizados en la POO.

▶ **XML:** (Lenguaje de Marcado Extensible), lenguaje similar al HTML, que permite definir y almacenar datos que pueden compartirse entre diferentes sistemas, tales como páginas web, bases de datos y aplicaciones de terceros.

MATERIAL ADICIONAL

El material adicional de este libro puede descargarlo en nuestro portal web: *https://www.ra-ma.es*.

Debe dirigirse a la ficha correspondiente a esta obra, dentro de la ficha encontrará el enlace para poder realizar la descarga.

Cuando descomprima el fichero obtendrá los archivos que complementan al libro para que pueda continuar con su aprendizaje.

INFORMACIÓN ADICIONAL Y GARANTÍA

- ▶ RA-MA EDITORIAL garantiza que estos contenidos han sido sometidos a un riguroso control de calidad.

- ▶ Los archivos están libres de virus, para comprobarlo se han utilizado las últimas versiones de los antivirus líderes en el mercado.

- ▶ RA-MA EDITORIAL no se hace responsable de cualquier pérdida, daño o costes provocados por el uso incorrecto del contenido descargable.

- ▶ Este material es gratuito y se distribuye como contenido complementario al libro que ha adquirido, por lo que queda terminantemente prohibida su venta o distribución.

SÍGUENOS EN INSTAGRAM Y ACCEDE GRATIS A NUESTRA BIBLIOTECA DIGITAL DURANTE 30 DÍAS.

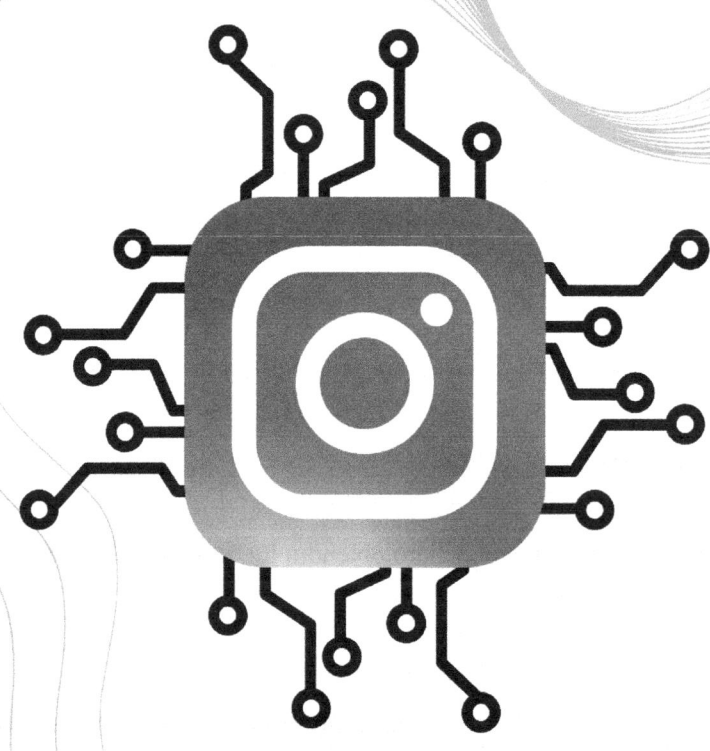

@grupoeditorialrama

¡ENVIANOS TU MAIL POR PRIVADO!

Grupo Editorial
ra-ma 40 ANIVERSARIO